图解《说文解字》

画说汉字

1000个汉字的故事

（东汉）许慎 / 原著

《图解经典》编辑部 / 编著

北京联合出版公司
Beijing United Publishing Co., Ltd.

序 言

汉字若只如初见
——汉字的发展与汉字背后的故事

　　傍晚，西方天空云霞灿烂，暮色中的江面一片火红。一个神情肃穆的大汉低着头正在沉思。近看，他面目神异，双眸都有两个瞳孔，张合之间，神光湛然。他低着头，右手拿着一根树枝在地上画来画去，忽然一阵狂喜，写下了一个字——这时，原本晴朗的天空突然阴云密布，雷电闪耀，金色大雨滂沱而下，落地后细看却是金黄的粟米。远方响起幽咽的鬼哭："他写出来了！他写出来了！"一条金色巨龙自云层中游弋而下，金鳞闪闪绕着这个男人转了一圈，悄然远去，据说是隐入深渊中去了。男人自己也难掩喜色："看来这次是真的成功了。"

　　——自然，这是编者臆想中的一幕。传说中，这个男人是仓颉，他正为发明了文字而欣喜，天地神鬼也全都为此事而起了震动，可见文字的诞生是何等重要。事实上，历史上并没有这么一个确定的时刻，文字一下子被完美地创造出来，相反，文字的产生和发展，是一个不断变化，不断前进的过程。

　　一开始，人类先是进化出了语言，在语言相当丰富的基础上，需要记录的事情也越来越多。后来，人类采用堆放石块的方式来记事，称之为"堆石记事"。这样记事还是很不精准，紧接着"结绳记事"出现了。用在绳子上打结的方式来记事，根据绳结的大小、先后顺序来判断事情的大小和发生顺序。到了公元前一万年左右，"符号文字"被发明出来。最初只有"○""△""米"三个符号，后来出现了数十种不同的符号，这是我国远古时代最初的文字。

　　符号文字大约在历史上延续了五千年之久，因为随意性太强，近乎密码，所以很难流传。于是，图画文字出现了。所谓图画文字也就是画个山来代表"山"字，画个弯月来代表"月"字，这样识别度很高，也有利于传播。图画文字大多转化为后来的象形文字。真正的文字自此出现。自此之后，中国人的历史开始被记录下来，光辉灿烂的中华文明纪元正式开始。

文字出现后并非是固定不变的，相反，其载体和字体随着时代发展一直在不断演变。古人认为把与疾病、梦境、狩猎、天时相关的问题刻在龟板或兽骨上，然后再用火来烘烤，根据被烤出的裂缝的形状和走向就可以占卜吉凶，这就是甲骨文。迄今为止，中国已经被发现的"甲骨文"有五千多个，而被解读出来的有一千多个。

进入西周，青铜器开始大量出现，文字开始更多地被铸刻在青铜钟鼎或石鼓上，这种文字称为"大篆"，或钟鼎文、石鼓文。在甲骨文和金文时期，很多字的写法还没有完全固定，同一个字的左右结构可以互换。

公元前221年，秦始皇嬴政统一六国，中国第一次出现了大一统政权。因为战国时代诸侯割据，各地文字不统一的局面还在持续。秦始皇发布的诏书抵达桂林一带后，已经没有人认识了。这时，统一文字必须进入议事日程了。于是，秦始皇命丞相李斯和赵高等人一起，以小篆为标准，统一了文字。同时，最早的隶书"秦隶"也已出现，它比小篆书写起来更为简便，成为汉字从古体向今体转变的里程碑。到了这个时候，每个字的书写方式基本上已经确定，也就是说，"羊"字只能写成"羊"，而不能写成另外的字了。此后，随着社会发展，又出现了诸多字体，直至现在的简体汉字。

在漫长的文字转化过程中，大部分的字已经丧失了画面性。如果不是专业人士指导，我们即使认识了这个字，会写这个字，却很难知道它的原始意义。谁能想到，"虹"的原意是一条横贯天空的双头蛇，"身"的原意是腹中有孕的女子呢？当我们拂去古老汉字身上厚重的历史尘埃，用一颗重新认识世界、发现美的心来审读，才会发现，原来每一个汉字背后，都有一个或充满想象，或血腥残忍，或温馨有趣的专属故事。这些每天被我们使用，好像已经丧失了新鲜感的文字，其实有着我们从未发现的新鲜一面。重新发现这些字，更多的时候是发现古人的生活，他们的悲喜歌哭，他们的生死离合，他们的爱恨喜恶，透过汉字，一丝一缕与现在的我们产生连接，让人觉得，时间并未逝去，一切曾存在的，依然存在。

索引

A
爱……… 10
安……… 10
按……… 11
澳……… 11

B
八……… 12
拔……… 12
把……… 13
白……… 13
百……… 14
柏……… 14
摆……… 15
败……… 15
拜……… 16
班……… 16
般……… 17
半……… 17
邦……… 18
包……… 18
雹……… 19
宝……… 19
保……… 20
报……… 20
抱……… 21
豹……… 21
暴……… 22
卑……… 22
北……… 23
贝……… 23
狈……… 24
备……… 24
奔……… 25
本……… 25
笨……… 26
逼……… 26
匕……… 27
比……… 27
鄙……… 28
必……… 28
毕……… 29

闭……… 29
辟……… 30
避……… 30
彪……… 31
表……… 31
宾……… 32
冰……… 32
兵……… 33
并……… 33
病……… 34
播……… 34
脖……… 35
驳……… 35
搏……… 36
卜……… 36
捕……… 37
不……… 37
步……… 38

C
才……… 38
财……… 39
采……… 39
菜……… 40
参……… 40
残……… 41
蚕……… 41
仓……… 42
曹……… 42
草……… 43
册……… 43
插……… 44
茶……… 44
拆……… 45
掺……… 45
孱……… 46
蝉……… 46
长……… 47
厂……… 47
抄……… 48
巢……… 48
朝……… 49

吵……… 49
炒……… 50
车……… 50
彻……… 51
尘……… 51
臣……… 52
辰……… 52
称……… 53
成……… 53
承……… 54
城……… 54
乘……… 55
齿……… 55
赤……… 56
虫……… 56
宠……… 57
丑……… 57
臭……… 58
出……… 58
初……… 59
处……… 59
触……… 60
川……… 60
传……… 61
床……… 61
创……… 62
吹……… 62
垂……… 63
春……… 63
此……… 64
匆……… 64
葱……… 65
从……… 65
猝……… 66
寸……… 66

D
打……… 67
大……… 67
逮……… 68
歹……… 68
带……… 69

丹……… 69
单……… 70
担……… 70
旦……… 71
弹……… 71
刀……… 72
导……… 72
岛……… 73
到……… 73
盗……… 74
道……… 74
稻……… 75
德……… 75
得……… 76
登……… 76
弟……… 77
帝……… 77
典……… 78
电……… 78
奠……… 79
蝶……… 79
丁……… 80
冬……… 80
冻……… 81
斗……… 81
鼎……… 82
定……… 82
东……… 83
豆……… 83
读……… 84
肚……… 84
队……… 85
对……… 85
兑……… 86
盾……… 86
多……… 87
夺……… 87
朵……… 88

E
儿……… 88
而……… 89

尔	89	甘	110	函	131	缉	153
耳	90	赶	110	寒	132	激	153
F		港	111	旱	132	几	154
发	90	羔	111	好	133	吉	154
伐	91	高	112	禾	133	级	155
法	91	膏	112	合	134	即	155
番	92	告	113	何	134	急	156
凡	92	戈	113	和	135	疾	156
反	93	歌	114	貉	135	集	157
饭	93	革	114	黑	136	及	157
范	94	各	115	恨	136	己	158
方	94	根	115	恒	137	挤	158
房	95	更	116	洪	137	脊	159
非	95	工	116	虹	138	既	159
肥	96	弓	117	厚	138	继	160
分	96	公	117	乎	139	祭	160
氛	97	攻	118	狐	139	夹	161
焚	97	宫	118	壶	140	枷	161
粪	98	共	119	虎	140	家	162
丰	98	沟	119	户	141	甲	162
封	99	苟	120	华	141	驾	163
蜂	99	古	120	化	142	嫁	163
逢	100	谷	121	画	142	间	164
凤	100	骨	121	欢	143	肩	164
奉	101	鼓	122	还	143	兼	165
缶	101	瓜	122	宦	144	监	165
夫	102	刿	123	黄	144	茧	166
弗	102	寡	123	煌	145	见	166
伏	103	关	124	灰	145	剑	167
孚	103	观	124	回	146	荐	167
扶	104	官	125	悔	146	践	168
服	104	光	125	卉	147	姜	168
福	105	广	126	汇	147	将	169
抚	105	逛	126	会	148	浆	169
斧	106	龟	127	贿	148	疆	170
父	106	鬼	127	彗	149	讲	170
付	107	贵	128	惠	149	匠	171
妇	107	郭	128	昏	150	降	171
阜	108	国	129	火	150	交	172
复	108	果	129	获	151	焦	172
		过	130	霍	151	角	173
						脚	173
G		**H**		**J**		教	174
改	109	海	130	鸡	152	揭	174
干	109	亥	131	基	152	街	175

结	175	克	197	鲁	218	秒	240
解	176	口	197	陆	219	灭	240
介	176	寇	198	鹿	219	蔑	241
戒	177	哭	198	禄	220	民	241
界	177	夸	199	麓	220	皿	242
巾	178	块	199	吕	221	名	242
今	178	快	200	旅	221	明	243
斤	179	筷	200	率	222	鸣	243
金	179			乱	222	命	244
劲	180	**L**		罗	223	摸	244
近	180	来	201			末	245
进	181	懒	201	**M**		莫	245
京	181	狼	202	麻	223	墨	246
经	182	牢	202	马	224	牟	246
晶	182	老	203	骂	224	母	247
睛	183	乐	203	埋	225	亩	247
井	183	雷	204	买	225	牡	248
阱	184	冷	204	迈	226	木	248
竞	184	离	205	麦	226	目	249
竟	185	里	205	莽	227	牧	249
镜	185	力	206	毛	227	幕	250
囧	186	历	206	矛	228	慕	250
纠	186	立	207	卯	228		
九	187	吏	207	茂	229	**N**	
酒	187	丽	208	帽	229	内	251
旧	188	利	208	枚	230	乃	251
臼	188	栗	209	玫	230	男	252
举	189	莲	209	眉	231	南	252
句	189	恋	210	梅	231	囊	253
巨	190	良	210	每	232	能	253
具	190	疗	211	美	232	尼	254
炬	191	聊	211	妹	233	泥	254
捐	191	燎	212	媚	233	逆	255
绝	192	料	212	魅	234	匿	255
爵	192	列	213	门	234	溺	256
军	193	猎	213	闷	235	年	256
君	193	林	214	蒙	235	廿	257
		霖	214	孟	236	鸟	257
K		陵	215	梦	236	尿	258
开	194	令	215	米	237	宁	258
坎	194	六	216	秘	237	牛	259
看	195	龙	216	蜜	238	农	259
康	195	聋	217	棉	238	弄	260
扛	196	隆	217	面	239	奴	260
考	196	卤	218	苗	239	女	261

暖……… 261	羌……… 281	**S**	士……… 324
虐……… 262	强……… 281	塞……… 302	世……… 325
	抢……… 282	三……… 303	示……… 325
O	敲……… 282	丧……… 303	视……… 326
藕……… 262	乔……… 283	扫……… 304	室……… 326
	茄……… 283	嫂……… 304	誓……… 327
P	且……… 284	色……… 305	手……… 327
拍……… 263	侵……… 284	啬……… 305	守……… 328
庞……… 263	芹……… 285	森……… 306	首……… 328
旁……… 264	秦……… 285	杀……… 306	寿……… 329
胖……… 264	禽……… 286	刹……… 307	受……… 329
跑……… 265	勤……… 286	晒……… 307	兽……… 330
配……… 265	寝……… 287	山……… 308	书……… 330
朋……… 266	清……… 287	删……… 308	叔……… 331
彭……… 266	庆……… 288	伤……… 309	熟……… 331
捧……… 267	丘……… 288	商……… 309	束……… 332
皮……… 267	秋……… 289	上……… 310	衰……… 332
骗……… 268	囚……… 289	尚……… 310	双……… 333
贫……… 268	求……… 290	少……… 311	爽……… 333
品……… 269	酋……… 290	舌……… 311	水……… 334
牝……… 269	区……… 291	蛇……… 312	丝……… 334
屏……… 270	驱……… 291	舍……… 312	司……… 335
仆……… 270	曲……… 292	设……… 313	私……… 335
	取……… 292	射……… 313	死……… 336
Q	去……… 293	涉……… 314	四……… 336
七……… 271	泉……… 293	申……… 314	祀……… 337
妻……… 271	犬……… 294	身……… 315	松……… 337
期……… 272	雀……… 294	深……… 315	嵩……… 338
漆……… 272	群……… 295	沈……… 316	宋……… 338
齐……… 273		升……… 316	搜……… 339
其……… 273	**R**	生……… 317	夙……… 339
旗……… 274	冉……… 295	声……… 317	素……… 340
祈……… 274	热……… 296	牲……… 318	速……… 340
企……… 275	人……… 296	省……… 318	宿……… 341
启……… 275	仁……… 297	圣……… 319	粟……… 341
气……… 276	刃……… 297	尸……… 319	蒜……… 342
弃……… 276	扔……… 298	失……… 320	岁……… 342
汽……… 277	日……… 298	湿……… 320	孙……… 343
契……… 277	戎……… 299	十……… 321	所……… 343
器……… 278	荣……… 299	石……… 321	索……… 344
千……… 278	肉……… 300	时……… 322	
前……… 279	如……… 300	实……… 322	**T**
虔……… 279	乳……… 301	食……… 323	谈……… 344
钱……… 280	入……… 301	史……… 323	探……… 345
欠……… 280	若……… 302	屎……… 324	汤……… 345

索引 7

逃……346	闻……367	香……389	**Y**
提……346	蚊……368	享……389	鸭……410
惕……347	紊……368	向……390	牙……411
天……347	问……369	象……390	涯……411
田……348	我……369	器……391	亚……412
挑……348	乌……370	小……391	烟……412
跳……349	巫……370	孝……392	言……413
听……349	屋……371	效……392	炎……413
亭……350	无……371	协……393	颜……414
同……350	吴……372	谐……393	衍……414
童……351	五……372	鞋……394	燕……415
偷……351	午……373	谢……394	央……415
头……352	武……373	蟹……395	殃……416
投……352	捂……374	心……395	扬……416
突……353	舞……374	辛……396	羊……417
徒……353	勿……375	新……396	阳……417
土……354	雾……375	信……397	养……418
兔……354		兴……397	夭……418
屯……355	**X**	星……398	谣……419
拓……355	西……376	腥……398	舀……419
	昔……376	刑……399	药……420
W	析……377	行……399	要……420
哇……356	奚……377	幸……400	也……421
瓦……356	嬉……378	凶……400	冶……421
晚……357	熹……378	兄……401	野……422
碗……357	习……379	休……401	业……422
万……358	袭……379	羞……402	叶……423
亡……358	洗……380	秀……402	页……423
王……359	喜……380	须……403	夜……424
网……359	系……381	需……403	一……424
往……360	隙……381	许……404	衣……425
忘……360	虾……382	畜……404	医……425
望……361	瞎……382	宣……405	依……426
威……361	下……383	悬……405	宜……426
为……362	夏……383	旋……406	遗……427
韦……362	先……384	穴……406	疑……427
尾……363	鲜……384	学……407	彝……428
委……363	闲……385	雪……407	义……428
卫……364	咸……385	血……408	艺……429
未……364	显……386	巡……408	亦……429
畏……365	限……386	旬……409	异……430
胃……365	陷……387	讯……409	邑……430
喂……366	献……387	迅……410	易……431
温……366	乡……388		益……431
文……367	相……388		逸……432

裔………432	元………455	者………476	卓………499
翼………433	员………455	贞………477	浊………499
因………433	垣………456	珍………477	兹………500
阴………434	原………456	真………478	姿………500
殷………434	缘………457	振………478	资………501
银………435	远………457	震………479	滋………501
引………435	曰………458	争………479	子………502
饮………436	月………458	正………480	仔………502
瘾………436	岳………459	之………480	字………503
印………437	阅………459	支………481	自………503
婴………437	越………460	织………481	宗………504
樱………438	云………460	执………482	踪………504
鹰………438	匀………461	直………482	走………505
拥………439	允………461	止………483	足………505
庸………439	孕………462	至………483	卒………506
雍………440	晕………462	志………484	族………506
永………440	韵………463	智………484	组………507
勇………441		置………485	祖………507
用………441	**Z**	中………485	罪………508
忧………442	灾………463	忠………486	尊………508
幽………442	宰………464	钟………486	左………509
尤………443	载………464	众………487	坐………509
游………443	再………465	重………487	
友………444	在………465	州………488	
有………444	臧………466	舟………488	
酉………445	葬………466	周………489	
又………445	早………467	粥………489	
余………446	枣………467	帚………490	
鱼………446	澡………468	宙………490	
渔………447	造………468	昼………491	
舆………447	噪………469	朱………491	
与………448	则………469	竹………492	
宇………448	责………470	逐………492	
羽………449	贼………470	主………493	
雨………449	曾………471	助………493	
玉………450	乍………471	贮………494	
聿………450	宅………472	祝………494	
育………451	占………472	铸………495	
郁………451	斩………473	抓………495	
狱………452	章………473	爪………496	
浴………452	账………474	转………496	
寓………453	召………474	妆………497	
裕………453	兆………475	壮………497	
遇………454	折………475	隹………498	
渊………454	哲………476	追………498	

爱

甲骨文
小篆
隶书
楷体

(ài)

真实的爱要捧出心来对待，简写的汉字"爱"却省略了"心"。

"爱"字原来写作"𢖻"，其字形很像一个人双手捧着"心"，他的嘴巴张得很大，好像在诉说心中的爱意。"爱"字的繁体形式为"愛"，"心"字仍然保留着，这说明"爱"是一种发自内心的深厚的感情。这就是"爱"的本义。现在，"爱"除了指男女情爱以外，还指广义上的人与人之间的情感，包括亲情、友情等。

安

甲骨文
小篆
隶书
楷体

(ān)

女子在家里才安全，家里有了女人才安定。

从字形上来看，"安"字就是一个女子面向右跪坐在屋子里，表示很安全，不会遇见危险，所以本义就是安定、安全。做动词则是"使安定"，如"治国安邦"就是"使邦国安定"的意思。安还可做疑问词，意思是"怎么，如何"，如"安能摧眉折腰事权贵"。在现代，"安"字越来越重要。联合国安全理事会、食品安全、安全施工……有了安全，才有其他。

（àn）

能按下去的都不是问题，按不下去强按着总会出问题。

"按"字是一个形声字，本义是用手向下压或摁。该字左边为"扌"（手），代表字义；右边为"安"，代表字音。"按"字后来引申为控制、抑止，如"按不住心头怒火"。"按"用作介词，意思是"按照、依照"，如"按图索骥"，意思是按照既得的线索寻找自己想要的东西，现在常用来比喻做事拘泥成法，不懂变通。在现代重视创新的社会，这种"按图索骥"的人已经失去市场了。

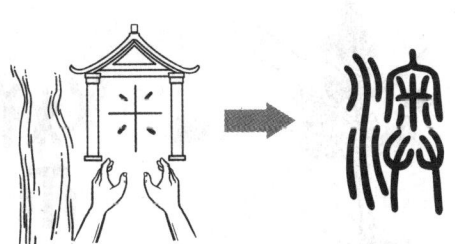

（ào）

原本是江海边的凹陷处，后引申为港湾。

"澳"字本义是水边地，是一个会意字。这个字左边为"氵"（水），表示与水有关；右边为"奥"，意思是幽深，指"澳"为江海边凹进去的地方。后来，"澳"字引申为港湾，即海边弯曲可以停靠船只的地方，常用于地名，如澳门。澳门是我国"一国两制"政策下的特别行政区，如今经济繁荣，是全球最富裕的城市之一。

八 (bā)

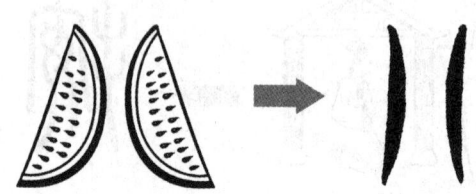

分开、分离就是"八",现在却成了吉祥数字"发"。

现在,"八"一般只表示数字,古代汉语中固然也有将其用为数字的例子,如《战国策·齐策》中的"邹忌修八尺有余",但其本义却不是数字。从字形上来看,它就是一个物品被分成了两半,所以本义是相背、分开。现在江浙一带还把送东西给别人叫做"八",说东西和原主人分别了。另外在其他一些合成字中,也可以看到"八"的本义,如"分""半""公"等。

拔 (bá)

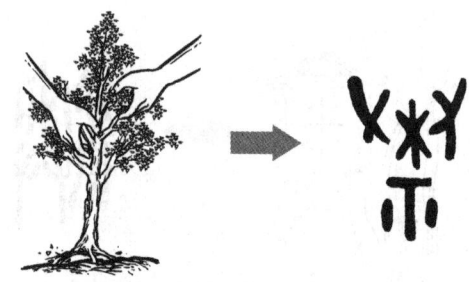

用两只手把树木连根拔起,就像把人才从人群中拔出一样。

"拔"是个形声兼会意字,本义是抽出来。甲骨文的"拔",字形上方是两只"手"的形状,中间是个"木"字,代表树木,连起来意思是人用双手将树木连根拔起。小篆中的"拔"字,变成了形声字,左边的"手"代表形旁,右边的"犮"代表声旁。"拔"字的本义沿用至今,如"拔草""拔牙"。现代汉语中,"拔"字还有选取、提升之义,如当今社会的热门话题"选拔人才"。

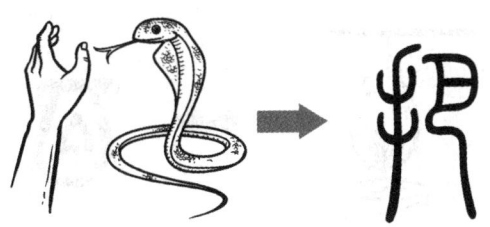

把
(bǎ)

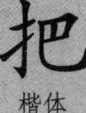

捕蛇一定要紧紧抓住蛇头，才能把蛇捉住。

"把"字本义为双手握着、抓住，是一个形声字。该字左边为"扌"（手），其古文字形像手，代表字义；右边为"巴"，代表字音。同时"巴"的字形很像一条巨头大蛇。这里是说捕蛇一定要紧紧抓住蛇头。"把"字的本义一直沿用至今。"把"字也可用作量词，如"一把刀"。此外，"把"字有"掌管、控制"的意思，如"他把持了企业的决策权"。现在，"把"字成为最常用的字之一，汉语中专门有"把字句"这个句式。

白
(bái)

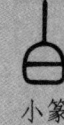

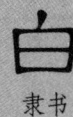

蜡烛燃烧的白光，把黑暗中的一切照得清清楚楚。

看字形，"白"就像是燃烧的蜡烛，中间是烛心，周围是火焰。古文中，太阳的光就叫"白"，现在这个意义多体现在以"白"字为偏旁的字中，如"皓""皎""晳"等。因此，其本义就是"明亮""清楚""白色"。"不白之冤"中的"白"就是"清楚"的意思。"白色"也为常用义。在甲骨文和金文中，"白"也常假借为"伯"字。

| 甲骨文 | 小篆 | 隶书 | 楷体 |

(bǎi)

十个十是一百，"数以百计"才算够得着"多"的初级标准。

"百"字本义指代数字，即"十个十为一百"。该字是一个指事字。在甲骨文中，"百"字上边为一横画，下边是"白"字。这里，一横画为指事符号，也好与"白"区别开来。后来，"百"字引申为众多，如"百战不殆"，这里的"百"就不为确数，而是指多数。再如"百姓"，指的是广大的人民。

(bǎi)

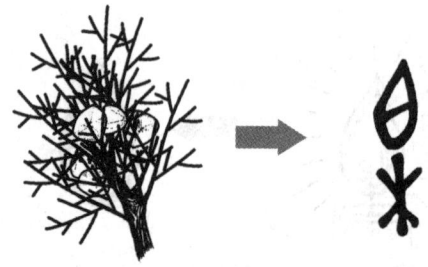

柏树曾是镇压恶兽的神树，曾被誉为节操高雅的君子，现在则是常见的绿化树。

柏的下部是木，上面是一颗尖卵圆形的"柏子"，也就是柏树的球果。可以说这是非常形象的一棵微型柏树。但在小篆中，柏子讹变为"百"字，并移到了木的右边。古人认为，恶兽"魍魉"会在夜间盗食尸体，而它畏惧柏树，所以墓地边常会种柏。同时，因松柏四季不凋，古人将其视为有节操的君子，孔子曾说："岁寒，然后知松柏之后凋也"。现在，柏树多作为景观、绿化树种使用。

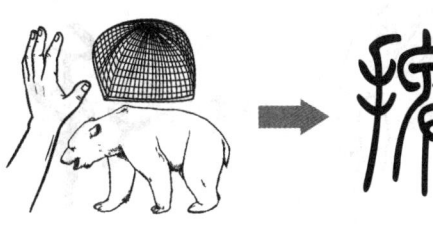

过去曾被拨开、拔除的,后来有可能重新摆上台来。

"摆"字是一个形声字,其繁体形式为"擺",左边为"扌"(手),右边为"罷"。"罷"是一个会意字,上边为"网",现在常写作"罒"。"罢"有废除、取消的意思。后来,"擺"简化为现在的"摆"字,其本义是拨开、排除。"摆"字在现在的引申义很多,如"陈列"(摆放)、"随意操纵"(摆布)、"来回摇动"(摆动),等等。

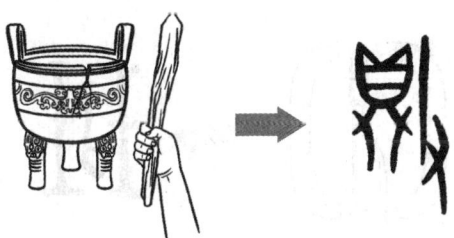 

(bài)

被毁坏的金鼎,成为破败和失败的象征。

这是一个会意字,从甲骨文的字形来看,败字就好像一只手拿着棍杖之类的东西在敲击金鼎,在金文中,"鼎"被"贝"所代替,所以这个字的本义就是"毁坏""搞坏"。后来,逐渐引申出"失败""解除""衰落"等意思,如"立于不败之地"中的"败"就是失败。现代社会中,"失败"与"成功"一样,成为人们日常生活中曝光率最高的词汇之一。

15

拜

(bài)

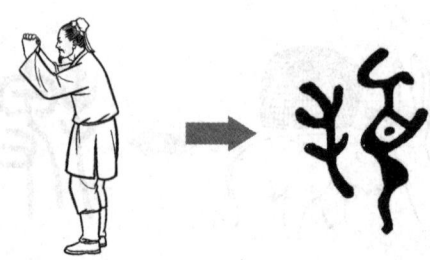

双手拱至额头，向前方深深一拜，表示感谢和礼节。

"拜"是个会意字，本义为表示恭敬的礼节。甲骨文的"拜"，左边是个"手"形，右边是个"页"字，"页"的本义就是人的头部，合起来的意思就是将手举到头部上方，再向前方下拜。小篆的"拜"，左右两边都是"手"形，表示拱手向前拜。后来的"拜"一般指的是下跪叩头，即两腿跪地，两手至地，然后叩头。"拜"也引申为拜见、感谢之义。

班

(bān)

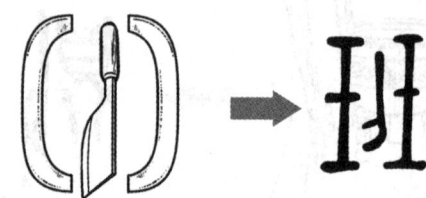

将玉石一分为二就是"班"，现在大多是指班级或公司之类的机构。

"班"是个会意字，本义是将玉分割成两半。金文的"班"，字形左右两侧各是一个"玉"字，中间是"刀"字，整个字形就像是用刀具将整个玉石从中间分成了两块。小篆的"班"字，形态和金文相近。"班"还假借为"颁"，是颁布之义。现在，"班"字常用来指工作或学习的组织，如班级、领班。此外，"班"还有多个含义，如"上班""班车"等。

般 (bān)

勺子从盘子中"搬"出了千般万种美味食物。

"般"原为"盘"的本字。甲骨卜辞中的"盘庚"也写作"般庚"。看字形，就像一只手拿着勺子从盘子里取食。后来，"盘"字形逐渐讹变为"舟"旁，就无法从字形看出本义了。同时，在古文中，它还是"搬"的通假字，意思是搬运；有时也作为"斑"的通假字，意思是斑点。现在该字一般意义为"样、种、类"，如"百般刁难"。

半 (bàn)

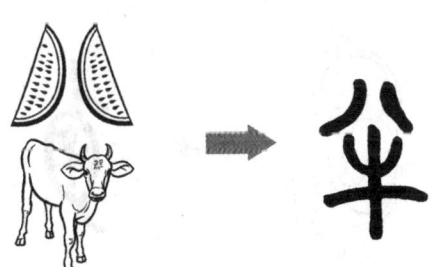

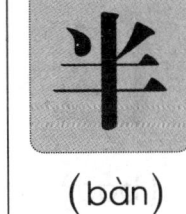

把牛扒开，分成两半。

"半"是个会意字，本义为一半、二分之一。金文的"半"字，上半部是个"八"字，代表分开之义。下半部是一个"牛"字，代表将这头牛扒开，分成两半，正好呼应了"半"的本义。在小篆中，"半"的字形和金文大体相同。楷书中"半"字的写法发生了变化，上部的"八"简化成了两个点，下半部分的"牛"则讹变为两横一竖。"半"体现的是一种平均思想。

邦

甲骨文 / 小篆 / 隶书 / 楷体

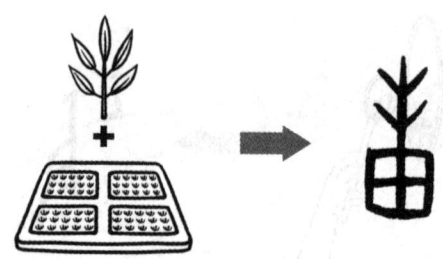

（bāng）

树木圈出的独立邦国，逐渐发展为广大的国家。

    甲骨文的字形由"田"和"木"两部分组成，"田"指的是人们的聚居之地，而"木"则是分割聚居地的树木。金文用"邑"字替代了"田"。由此可见，"邦"字象征的就是独立的有一定规模的城邑。《说文》解释："邦，国也。"随着时代的发展，这个字就成了国家的泛称。现在世界上还有20多个国家实行联邦制，其中最典型的就是美国、德国、澳大利亚。

包

甲骨文 / 小篆 / 隶书 / 楷体

（bāo）

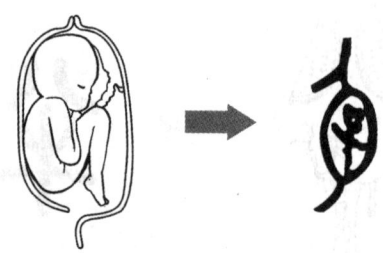

当年包着的是一个孩子，现在代表的是一个人的品位。

    "包"字是一个会意字，本义为裹。在小篆文中，"包"字看上去很像妇女怀孕的样子，中间为"巳"，很像是还没有成形的婴儿。人们常说"包你满意"，这里的"包"是"保证""担保"的意思。"包"用作名词，意思是书包、包裹。而在目前，用来携带随身物品的手包、挎包成了女性尤其是时尚女性一刻都不离身的东西，并上升为代表个人品位的重要器具。

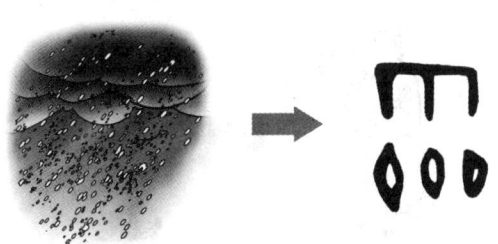 

（báo）

冰雹来自强对流天气，一般时间短，范围小，但伤害较大。

"雹"是个象形字，本义指冰雹。甲骨文的"雹"字，上方是"雨"字，下方的三个小圆圈，就像冰雹的形状。小篆的"雹"，变成了形声字，上面的"雨"是形旁，下面的"包"是声旁。楷书之后，"雹"形成了现在所使用的写法。适时的雨水能滋润麦田，但能给麦田带来灾祸的冰雹却不受人们欢迎。

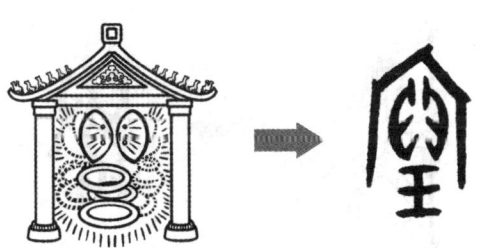  

（bǎo）

玉石和贝壳是珍宝，要深藏在屋子里。

从甲骨文的字形来看，"宝"字是一个屋子里有"贝"和"玉"。金文在此基础上又加上了"缶"。这些东西在古代都是很珍贵的，意味着家里藏着珍宝，所以"宝"字的本义就是珍贵的东西。在古代，这个字也多用于与帝王、佛事等有关事物的敬称，如"宝位""宝鼎""宝诀"等。在现代汉语中，"宝"一直沿用了其本义，如"财宝""珍宝""宝贝"。

保
(bǎo)

用手安妥地抱着婴儿，好好地保护他，养育他。

　　从甲骨文和早期的金文来看，"保"字字形好像一个人用手抱着婴儿，所以它的本义就是"养育""抚养"。在古汉语中，这个字也是"褓""堡"的通假字。其中，"褓"指的是保护婴儿的包裹衣；"堡"的意思则是城堡。现在，"保"字引申为"保佑""保证""保持"等义。此外，该字还有"保护""爱护"的意思。现代社会提倡珍爱生命，有的时候保护好自己，也是责任的体现。

报
(bào)

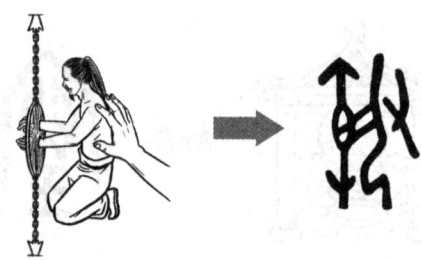

抓住犯人将其押解归案，从古至今都是振奋人心的报道。

　　"报"是个会意字，本义是审判罪犯。甲骨文的"报"，字形左边是古代所使用的刑具，中间是个跪在地上的人，右上方有一只大"手"，合在一起的意思就是用手按着这个戴着刑具的人，表示正在押解罪犯。金文的字形和甲骨文大体相同。"报"字还引申为"传达""告知"等义，如"报告"。人们常说"滴水之恩，当涌泉相报"，这里的"报"是报答之义。

(bào)

用手臂环绕，以这种爱护之心为基础产生了抱负。

"抱"字是一个形声字，其本义是用手臂围住。在小篆文中，其字形左边是一只手，代表字义；右边为"包"，代表字音。因为用手臂围住呈环绕之势，所以"抱"字后来引申为"环绕"之义。"抱"字还通"保"，意思是保护、爱护。此外，"抱"字用作名词，是"胸怀""理想"的意思，如"某某有很大的人生抱负"。

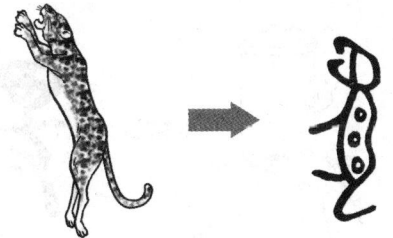

(bào)

凶猛的豹子因美丽的皮毛而被捕杀殆尽，暴利猛于豹。

"豹"是个象形兼形声字，本义就是豹子。甲骨文的"豹"，字形就像是一只侧向站着的豹子形象，中间的三个圆圈，代表豹子身上的纹路。小篆的"豹"，左半部是"豸"（zhì），作为形旁，"豸"是个象形字，本义是一种长脊的野兽，右半部的"勺"，代表声旁。现在，豹子已经成为珍稀动物，被我国列为一级保护动物，严禁捕杀。

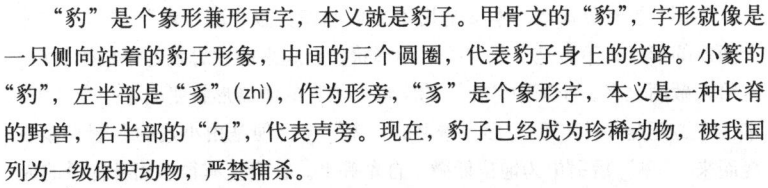

小篆
暴 隶书
暴 楷体

(bào)

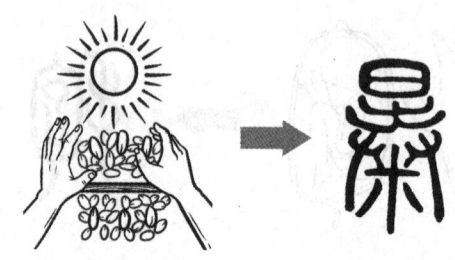

手里捧着米粒，在暴烈的阳光下曝晒。

"暴"是个会意字，是"曝"的本字，本义也就是晒。小篆的"暴"，字形上部是"日"，中间是"出"，表示太阳正在从东方升起，下方的左右两侧各是一个"手"形，"手"形的中间是"米"，合在一起的意思就是用双手将谷物捧到太阳底下进行晾晒。"暴"后引申为暴露。如用作形容词，意思则是"又猛又急的"，如"暴风雨来势猛烈，自然界幼小的植物不堪一击"。

甲骨文
小篆
卑 隶书
卑 楷体

(bēi)

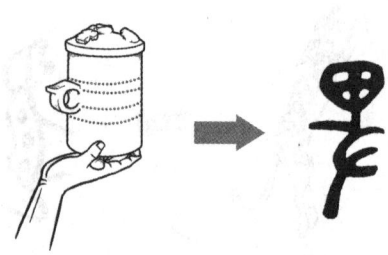

手捧酒杯给人敬酒，似有卑躬屈膝之态。

"卑"是个会意字，本义是用手去拿酒杯。金文的"卑"字，上方是个酒器的形状，下方是一只"手"的形状，合起来的意思就是手里捧着酒，有给人敬酒之义。小篆中"卑"的字形，上方的酒器形状变成了一个"甲"字，下方还是一个"手"形。楷书的"卑"字，便是由小篆的字形直接演变而来。"卑"后引申为地位低微、自卑等义。社会上有很多出身低微的人取得了非凡的成就，让人敬仰。

北 (běi)

两个人相背而行,一个在南,一个在北。

"北"是"背"的本字,在古文字中,该字字形是两个人背对站立。因此,"北"字的本义是相背。在古文中,这个字也指代打了败仗的军队,打了败仗逃跑的行为,称为"败北"。后来,"北"字就逐渐专指方位,即与南相对的北方,如首都北京位于我国的北方。

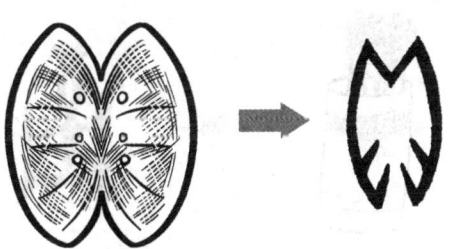

贝 (bèi)

贝壳一身两用,既是美丽的装饰品,又可以充当钱币。

从字形上来看,这个字就像一个被打开了壳且壳间由韧带连接的贝。因此,这个字的本义就是海贝。在古代,人们把贝壳当做货币来用。因为古人也把贝壳作为装饰品来用,所以以贝作偏旁部首的字大多数都和财物、饰品或者买卖商品相关,如"财""赔""赠"等。与贝相关的词组也大多表示钱财或者装饰,如"贝货""贝阁""贝阙""贝雕"等。

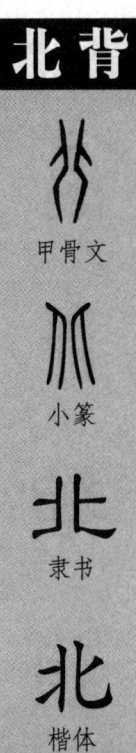

狈	
 金文	
𧈢 小篆	
狽 隶书	
狈 楷体	

狈
(bèi)

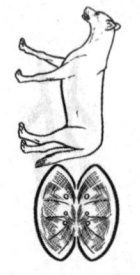
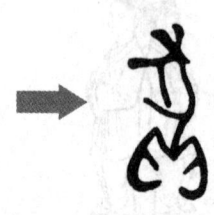

狈性奸诈，狼性残忍；狼负狈而行，狈为狼出谋划策，这就是狼狈为奸。

"狈"是个形声字，本义是一种类似于狼的野兽。甲骨文的"狈"，字形上方是一只狼的形状，中间连接的斜线，表示尾巴，下方的"贝"是声旁。金文的"狈"，将"狼"字移到了字形的左边，"贝"放到了右边，字义没有变化。"狈"的前腿特别短，走路时需要趴在狼身上，没有狼，"狈"便不能行动，所以古时有"狼狈为奸"的说法，表示互相勾结起来做坏事。

备	
 甲骨文	
𤰇 小篆	
備 隶书	
備 楷体	

备
(bèi)

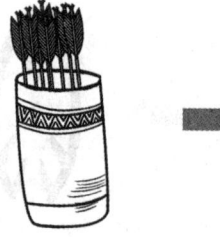
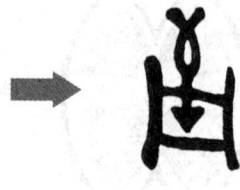

把箭放在容器中，随时做好准备，有备才能无患。

"备"是个会意字，本义是盛放箭矢的器具。甲骨文的"备"，中间是一支箭的形状，下方像是个容器，合起来就是将弓箭收放在这个容器之中，表示早已做好了准备。金文的字形和甲骨文相近。小篆的"备"，字形发生了讹变。楷书的"备"，又在小篆的基础上，在字形的左边加了人字旁。"备"后引申为警戒、警惕，正所谓"有备"才"无患"，未雨绸缪永远是一种智慧。

奔 (bēn)

挥舞着双臂加速奔跑，全是为了生存。

"奔"是一个会意字，本义是跑。金文的字形，上半部分就像是一个挥舞着双臂的人，下半部分是三个"止"字，意思是人长出了三只脚，代表跑得快之义。在小篆的字形中，"奔"字下方的"止"变成了三个草的形状，就像是人正在草地上奔跑。楷书繁体的"奔"，下方则变成了三个"十"，并没有实际意义。现在，"奔跑""奔波"都是人们很熟悉的字眼。

本 (běn)

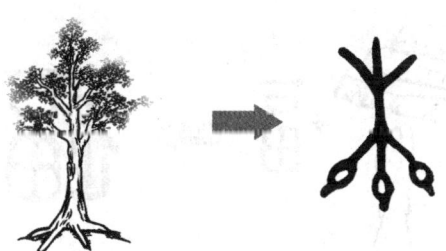

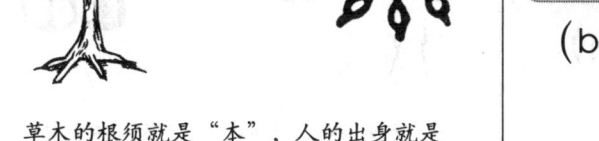

草木的根须就是"本"，人的出身就是"本"，爬得再高、走得再远也不能忘本。

"本"是个指事字，指代树木的根部。甲骨文的"本"，上半部是一个"木"字，下面有三个小圆圈，用指事符号来指出草木的根须。小篆的字形中，"本"的字形下部变成了竖线，含义并没有改变。楷体的字形，又在下面加上了一个横画。"本"后引申为事物的源头和基础，如"物有本末，事有始终"，意思就是各种事物都有根源和末流，也都有开始和结束。

笨
笨 小篆
笨 隶书
笨 楷体

(bèn)

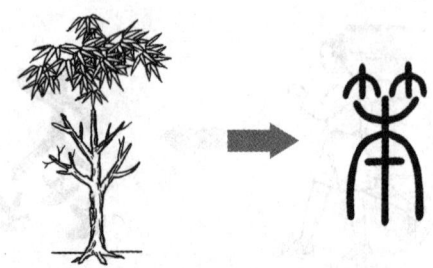

竹的内表面那层白膜就是笨，大概因为太不透明、不灵光，才变成了愚笨的代名词。

"笨"字是一个形声字，本义是竹里，即竹子的内表面，也就是人们通常说的"竹黄"。在小篆文中，该字上边为"竹"，代表字义；下边为"本"，代表字音。后来，"笨"字用作形容词，意为"笨重"，其本义逐渐消失不用。现在人们常用"笨"字来形容一个人智力差，如"愚笨"。此外，"笨"还指做事刻板，不灵活。有这样行事风格的人，一般在个性上也比较保守。

逼
逼 小篆
逼 隶书
逼 楷体

(bī)

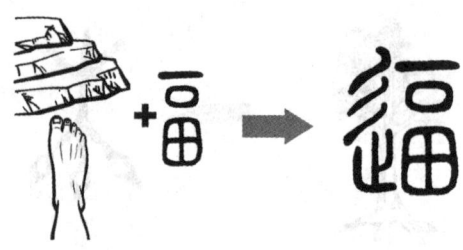

紧紧逼迫过来的，不管是人还是局势都会令人难受。

"逼"是个形声字，本义是靠近。在甲骨文和金文中，还没有发现"逼"字。小篆的"逼"字，左边的"辶"是形旁，表示和行走有关，右边的"畐"是声旁。"逼"还引申为"强迫""威胁"，如"逼迫"。现实生活中，我们常常会陷入被迫的境地，如为生存所迫，有些人不得已从事自己不喜欢的工作。

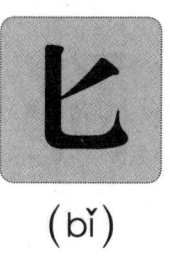

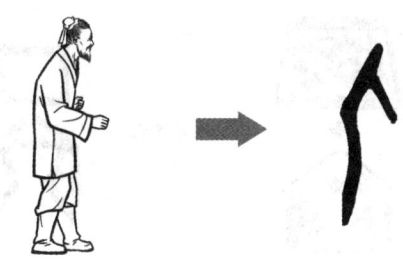

本为人形,却演化成行凶害人的武器。

"匕"是一个象形字,本义是人。甲骨文的"匕"字,就像是一个脸面朝向右方侧立着的人。金文的写法与甲骨文相似,也是一个人形。小篆中"匕"的字形,像是一个低头弯腰的人形,类似于"比"字的半边。"匕"也有勺子的意思,现在人们常说的"匕首",指短剑或窄的短刀,常作为武器使用。

原来的"两人并肩而行",变成了现在的"比较高低"。

从甲骨文的字形来看,"比"字就好像两个人前后并靠而行,所以其本义就是并列、并排。后来,"比"字引申为"紧靠""连接""接近"之义,如"比邻"。人们常说"海内存知己,天涯若比邻",相识相知的朋友,即便远隔千里,也心心相印。现在"比"更经常用的是"比较、攀比"之义,"你比我赚得多""她比你长得美"成了常见的话,而幸福也在比较中远去。

27

鄙

甲骨文 㐭
小篆 䡰
隶书 鄙
楷体 鄙

(bǐ)

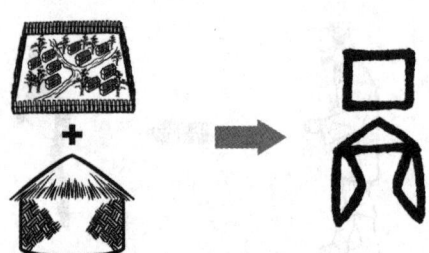

原本是指边邑，现在"鄙视"则成了最常用的表情和词语。

"鄙"字在古文中原来写作"㐭"，上面的部分象征着人们聚居的地方，下面的部分象征着放粮食的仓库，它的本义就是边邑。后来，这个字逐渐引申为见识浅薄、行为低下、粗俗等含义，如"鄙陋"。"鄙"字还是一个谦词，用来自称，如"鄙人"。现在"鄙"字常用来表示轻视、看不起之义，如"鄙视""鄙夷"，这是很多妄自尊大者的待人态度。

必

甲骨文
小篆 㲋
隶书 必
楷体 必

(bì)

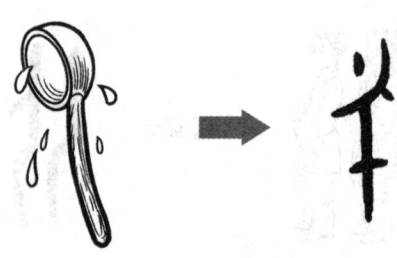

滴着水的长柄木勺，被借用为"必须"的"必"字了。

从甲骨文的字形来看，这个字就像一把长柄水勺，还带有水滴，长柄上还有表示器皿的指事符号。"必"原来是"柲"的本字，本义是标杆、标准。"必"还可用作连词，意为假如。"必"字作副词用，是必然、一定、必须的意思，表示说话的语气非常肯定，没有商量的余地。

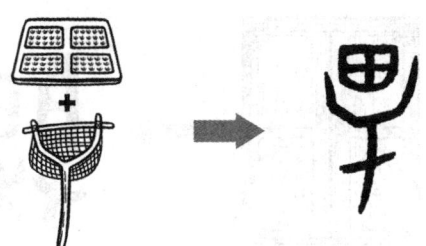 

(bì)

既然已经网住了猎物，捕猎也就完毕了，有所得即可毕其事。

"毕"字的甲骨文字形，上面像一张网，下面是个木柄，所以这个字的本义是捕猎禽兽使用的带柄的网。在金文中，这个字的上部变成了"田"，指的是捕猎禽兽的地方。此外，"毕"在古代还是一个星宿的名字，即"毕宿"，是二十八星宿之一，属于西方白虎星宿。"毕"作动词用时，多表示完毕、结束、全部使出等，如"大学毕业"，意思是结束大学的学业。

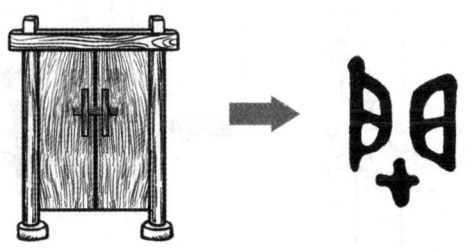 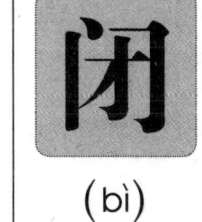

(bì)

关上门，闩上门闩，可能阻绝危险，也可能阻绝沟通。

"闭"是会意字，本义是关门。甲骨文的"闭"，字形上方是一个"门"的形状，下方是一个"十"字形，表示闭合的门闩，即把门闭合起来，并将门闩插上。小篆的字形，在"门"里面又加上了一个门闩，更形象地显现出这是一扇紧闭的门。字形讹变后，"门"字内部变成了一个"才"字，形成了楷书中的写法。身处当代社会，闭关锁国再也不适合，也不可能了。只有打开大门互相沟通，才能不断前进。

辟 (bì)

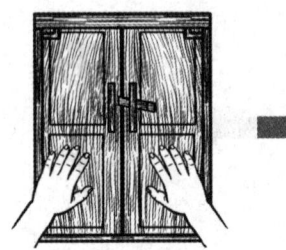

用双手打开门，开辟出新局面。

"辟"是个会意兼形声的字，本义是打开。"辟"的甲骨文字形，下方是两个"手"的形状，上方是一个"门"，合在一起就是一个人用双手开门时的情形。小篆中"辟"的字形，变得比甲骨文中的复杂了，也成了个外形内声的形声字。之后楷书的"辟"字，则是由小篆的字形演变而来。"辟"现在是个多音字，读 bì 时意思为"避开"，如"辟谷"；读 pì 时则为引申为开辟、开拓之义，预示着新局面的到来。

避 (bì)

身戴刑具的罪犯越狱而去，希望能逃避刑罚。

"避"是个形声兼会意的字，本义是躲避。甲骨文的"避"字，左边是"彳"(chì)，表示行走，中间是"人"，右边是"辛"，代表刑具，合起来就表示罪犯逃跑以躲避刑罚。小篆的"避"，字形左边的"彳"变成了"辵"(chuò)是形旁，为行进之义，右边变成了"辟"，作为声旁。"避"字的本义现在还一直沿用，如在国家全力"打假"之际，一些制假商贩都"躲避"起来了。

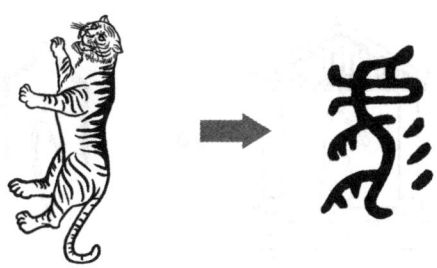

(biāo)

一头五彩斑斓的猛虎,无须向家禽解释自己彪悍的人生。

"彪"字本义是虎身上的斑纹,是一个会意字。在金文中,"彪"字俨然是一只老虎的形状。老虎头部朝上,尾巴朝下,双腿朝左,背部朝右。右边背部有三道撇,就用来指代虎背上的三道花纹。后来,"彪"被引申为"文采",如"彪炳"。此字现在基本上作为人名或在固定成语里使用。在网络上最为流行的相关语句是"彪悍的人生不需要解释"。

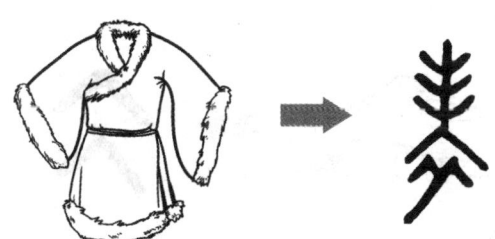

(biǎo)

身上的最外一层衣服,代表了人的外部形象。

"表"是个象形字,本义是在外面穿的衣服。古人穿衣很讲究,夏季穿"衣",冬季穿"裘"。他们所穿的裘衣,大多毛朝外,出门时外面还要再加一件外套。这件外面穿的衣服就称为"表"。古陶文的"表"字,上部是"毛",下部是"衣",表示将衣服套在裘毛之上。小篆的"表",将"毛"字放到了"衣"的中间,字义没有变化。后来,"表"字引申为表面、外部,与"里"相对,如最虚伪的人就是那些"表里不一"的人。

宾

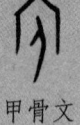
甲骨文

小篆

賓
隶书

賓
楷体

(bīn)

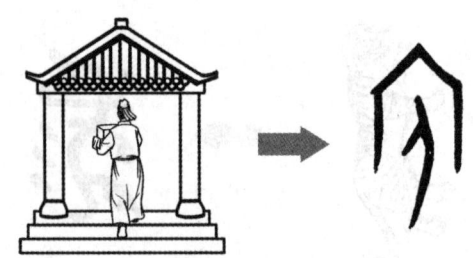

带着礼物的客人从外而来，应该好好迎接款待。

从字形上来看，甲骨文的"宾"是一个人从外向屋内走去，后来又加上了"贝"或"鼎"，这就意味着带有礼物者为"宾"。该字的本义就是地位高贵尊崇、受人尊敬的贵客。当宾作动词用时，是"傧"的通假字，意思是用宾客的礼节接待客人。现在，"宾"也用来指客人，但不像古代那样带上身份地位高低的标签。

冰

甲骨文

小篆

冰
隶书

冰
楷体

(bīng)

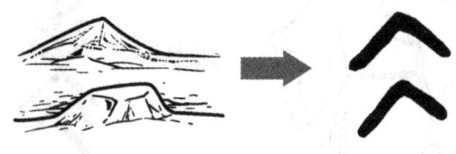

寒冬时水遇冷而凝，成了凸起的冰块。

"冰"字，是一个会意字，本义是水冻结后形成的状态。甲骨文的"冰"字，就像是寒冬时分，窗外水汽所凝结成的冰凌。金文与甲骨文类似，不过字形变得更大，表示水凝结成冰后，体积增大表面凸出，显示出拱形的样子。小篆的"冰"字，发生了较大的变化，在原有字形的基础上，在右侧又加入了一个"水"字，代表冰是由水凝固而成的。"冰"字引申为"洁白"之义，如"冰清玉洁"，比喻人高尚、纯洁。

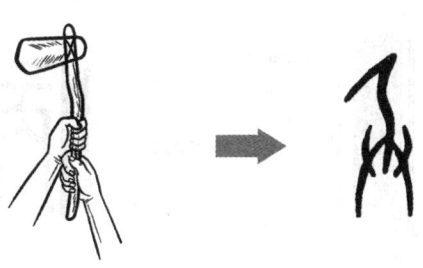 

(bīng)

双手擎着短斧的人,是保卫国土的士兵。

　　从甲骨文的字形来看,这个字的上面是代表短斧的"斤",下面的"廾"象征的则是双手,所以兵的本义就是兵器、武器。后来,这个字就逐渐引申为兵士、士卒、军队等义,是与军事或战争有关事物的统称。有了士兵、军队,我们的国家安全和幸福生活才有了保障。

(bìng)

两个人肩并肩站在一起,力量可以增加。

　　从字形上来看,这个字是两个人肩并肩站在一起,写作"並"或"竝",就是"并立""在一起"的意思。这个字还有合并、兼并之义,写作"併"。随着汉字的演化,上述两种字形合并在一起,即成现在我们常用的简化字"并"。"并立""合并"等含义在现实生活中有着广泛的应用,如企业经过收购合并以后,市场的竞争力有了明显的提高。

病
小篆

病
隶书

病
楷体

(bìng)

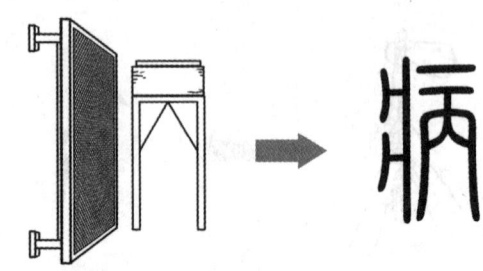

躺在病床上的重病在古代才叫"病",一般的病则叫"疾"。

"病"字原来写作"疒",在甲骨文中,其字形很像一个人正躺在床上(人和床都是竖着写),浑身冒汗,看上去身体十分不舒服。后来,古人在下边加上"丙",作为声旁。这样,"病"就成了一个形声字。古代,病情较轻称"疾",病情较重才称"病"。现在,"病"字泛指各种疾病,与健康相对。此外,"病"字也有"缺点、瑕疵"之义,如"弊病"。现在,因为生活水平提高了,人们对健康更加关注,"病"字成了每天都可能听见的一个字。

播
甲骨文

播
小篆

播
隶书

播
楷体

播
(bō)

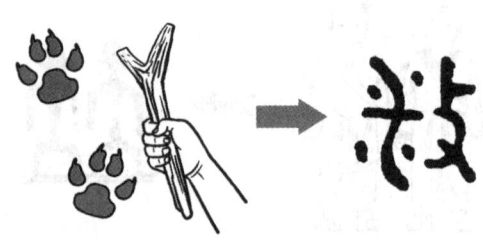

播下种子与播下信息有一个共同点,就是最后一定会导致某种结果。

"播"是个形声字,本义是撒种。金文的"播"字,左边是"采",含义是野兽行走过留下的足迹,右边是"攴",意思是敲打。《说文》中所记载的古字形,左边的"采"讹变为了"番"。小篆的"播",字形右边成了"手"字,代表形旁,右边的"番"代表声旁。"播"还引申为散布,如"传播""散播"。

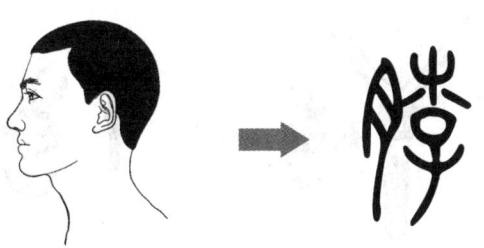

(bó)

原本是指肚脐，现在指连接头部与身体的脖颈。

"脖"字由两部分组成，左边为肉（月），右边为"孛"。在甲骨文中，"孛"字下边是一个人形，上边是头发。小篆文中，"孛"字的上边发生讹变。因为"孛"字是"勃"字的本字，所以读音为 bó。左边"肉"（月）表明其与肉体有关。"脖"字的本义是肚脐，元朝以来，才引申为脖子。现代社会因为电脑运用越来越广泛，与脖子相关的职业疾病如颈椎病等也越来越流行。

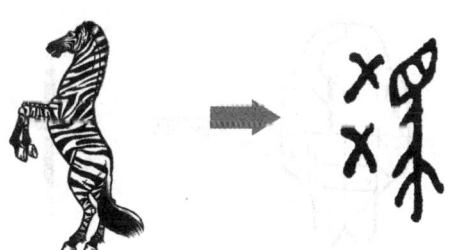

(bó)

一匹仰头向上的马，身上有斑驳的花纹。

"驳"是个会意字，本义是马匹身体上的花纹。甲骨文的"驳"字，右边是一匹仰头向上的"马"形，左边的两个叉形，代表马身上的花纹，显示出彼此之间相互交错的样子。小篆的"驳"字，将左边的叉形移到了右边，字义没有改变。"驳"还引申为驳杂、庞杂。该字用作动词，意思是否定他人的意见，如"反驳""驳斥"等。

甲骨文

小篆

搏 隶书

搏 楷体

(bó)

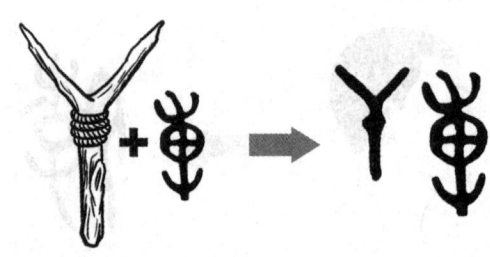

两人对打时用双手来搏斗，在社会上也要用双手来打拼。

"搏"是个形声字，本义是搏斗。甲骨文的"搏"字，左边是"干"字，是形旁，代表使用武器，右边是"尃"是声旁。小篆的"搏"，左边变为"手"形，表示两人对打的时候用手来搏斗。"搏"也是"拍"的通假字，意思是轻击，如苏轼的《石钟山记》中"水石相搏"，就是水流和石头之间相互拍打。现在，拼搏是无数正在打拼的青年人的常态。

甲骨文

小篆

卜 隶书

卜 楷体

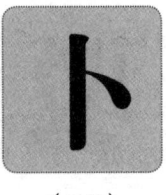
(bǔ)

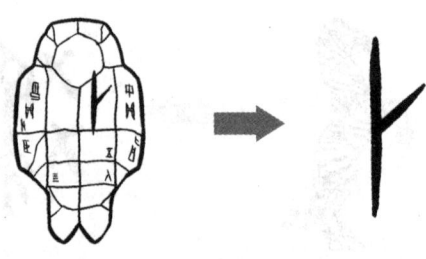

根据龟甲的裂纹来占卜祸福，前途更加难以预测。

"卜"字是一个象形字，在甲骨文中，其字形很像龟甲烧过后出现的裂纹。古人把龟甲放在火上灼烧，然后根据裂纹的形状来预测吉凶祸福，这就叫做"卜"。因此，"卜"字的本义就是占卜。"卜"是汉字部首之一，带有"卜"的汉字多与占卜有关。后来，该字引申为猜测、估计，现代汉语中，人们经常会用到"前途未卜""吉凶难卜"等成语。

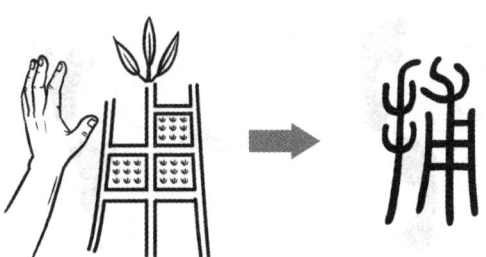 
(bǔ)

捕捉罪犯需要用手，捕捉机会更需要用手和大脑。

"捕"字本义为捕捉、捉拿逃亡的罪犯。其小篆文字形左边为手的形状，右边为"甫"。"甫"字是"圃"的本字，甲骨文中的字形为"田中生苗"；到了小篆文中，下边的"田"字变为"用"，后来即成"甫"字。因此，"捕"字是一个左形右声的形声字。"捕"字的本义一直沿用至今，如人们常用的"捕捉""捕获"。现在有一个常用的成语"捕风捉影"，意思是某种理论没有事实依据，只是凭空臆想。

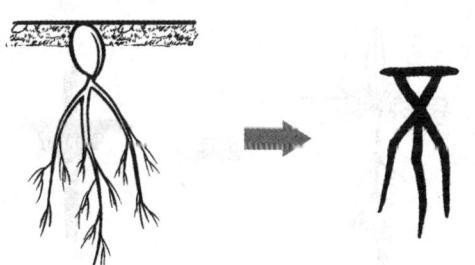

不
(bù)

地面上，一株胚苗正在发芽，根越长越深。

这个字原来是"胚"的本字，从字形上来看，"胚"字上面有一横画，用来表示地面；下边好像地面下种子萌发时向下生长的胚根。"胚"字本义是荄足。后来，"胚"字成为"丕""不""否"的假借字。当"不"作为"丕"的通假字时，意思是大。现在，这个字通常都是用在动词、形容词或副词前，表示否定的意思。现代社会，学会说"不"，也是一种处事智慧。

步 (bù)

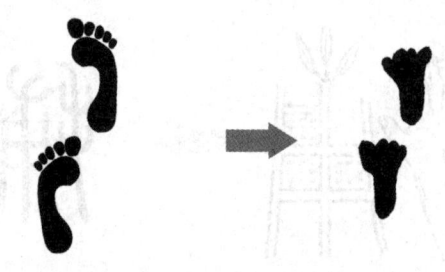

两只脚轮流迈出，就走出了坚实的一步又一步。

从甲骨文字形来看，这个字是由两只脚重叠组成的，两只脚各自跨出一次，就叫做一步，步的本义就是行走。作名词用时，"步"意为脚步、步伐。"步"字还有按照、跟随的意思，如"步人后尘""亦步亦趋"等。此外，"步"还有处境、景况之义，如现在人们常常说某件事情进展到什么"地步"，即是此意。

才 (cái)

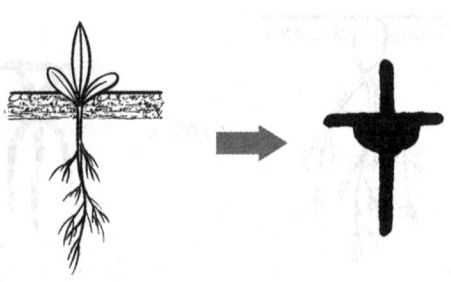

草木初生，天生其才必有用。

从甲骨文的字形来看，这个字上面是一横，这代表地面，下面是正在萌发的草木嫩芽。因此，才的本义就是草木初生。"才"是"材"的通假字，意为材资、本能。现在这个字一般解释为才能、本领。王力在《同源字典》中指出："木有用叫做'材'，物有用叫做'财'，人有用叫做'才'。故'材''财''才'三字同源。"当今社会，人才是最大的财富。

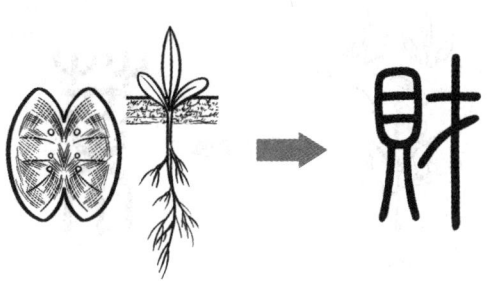 

有才才能有财,有财容易显得很"有才"。

财 小篆	
财 隶书	
财 楷体	

"财"字本义为财物,是一个形声字。在小篆文中,该字左边为"贝",表示古代曾用贝壳充当货币;右边为"才",表示读音。"财"在古代也通"才",意思是才能、才干。《易经·泰卦》:"天地交泰,后以财成天地人道。"这里的"财"也是一个通假字,即裁,意为裁成、裁制。"财"字本义一直沿用到现在,特别是当今社会物欲横流,人们欲望膨胀,"财"甚至成了很多人一生的追求。

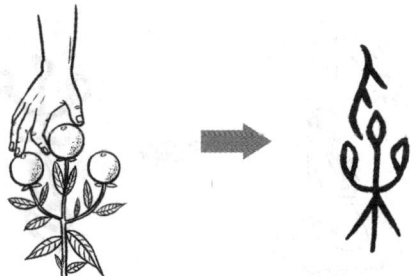 

用手指轻轻摘取果实,吃饱后才能神采奕奕。

这个字是"採"的本字,从甲骨文的字形看,"采"字就像是一只手正从树上采摘果实。因此,它的本义就是用手指或者指尖轻轻摘取。在古书中,它也作为"彩"的通假字。"采"用作名词,意为神色、精神,如神采奕奕,形容一个人精神饱满的样子。后来,该字又引申为"采集""搜集",现在人们也常用其表示"挑选""采纳"之义。

菜

小篆 菜
隶书 菜
楷体 菜

(cài)

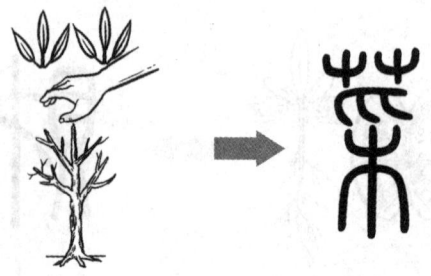

过去的人吃菜是为了下饭，现在的人吃饭就是为了吃菜。

"菜"字是一个上形下声的形声字，本义为蔬菜。在小篆文中，其字形很像是草，说明蔬菜属于草本植物；下边的"采"表示字音，意思是采摘，说明蔬菜是从田里采摘回来的。在上古时期，"菜"只包括植物性可以吃的蔬菜；到了中古时期，"菜"包括肉类、蛋类及各种熟食在内。现在，"菜"包含的范围更广，指一切可以食用的东西。现在的菜市场各种食品琳琅满目，十分齐全。

参

甲骨文 参
小篆 参
隶书 参
楷体 参

(cān)

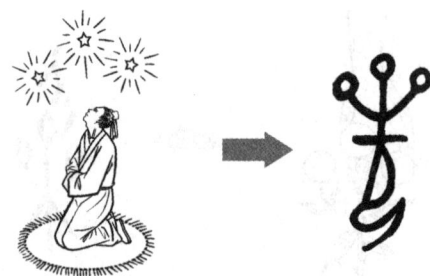

在猎户座的星光下挖人参，需要很多经验做参考。

这个字最初是二十八宿之一，写作"参"，读作 shēn，位于猎户座，极其明亮。从甲骨文字形上来看，"参"字是一个人的头上有几颗星星，三条斜线代表星光。除了表示星名以外，"参"还是植物名，如人参、党参。这个字是多音字，它还读 cān，意思是加入，如"参加"。此外，"参"还有领悟、琢磨、检验的意思，如参悟、参禅、参考等。这个字还读作 cēn，现在人们常用"参差不齐""参差错落"来形容事物处于不整齐的状态。

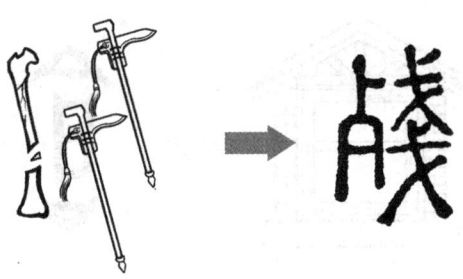

(cán)

用武器伤害肢体导致肢体残缺，残忍的恶意比一切都可怕。

"残"是个会意兼形声字，本义是伤害。小篆的"残"字，左边是"歹"是形旁，表示裂开的骨头，右边是"戈"既是声旁，也是形旁，"戈"的字形是两个"戈"（一种古代武器）互相叠加，表示用武器伤害人，使其致残。"残"字用作形容词，意思是"残忍的""凶恶的"，如残暴。此外，"残"还有"不完全"之义，如"残废""残缺"。

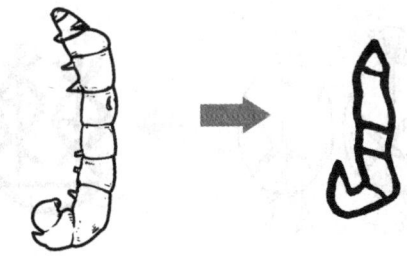

(cán)

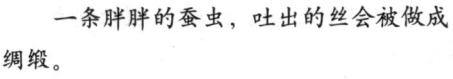

一条胖胖的蚕虫，吐出的丝会被做成绸缎。

"蚕"是个象形兼形声字，本义是能吐丝结茧的蚕。甲骨文的"蚕"字，就像是一只向上爬的蚕形，上方是蚕的头部，下面弯曲的是蚕的尾巴。小篆的"蚕"，字形发生了讹变，成为形声字，上半部是声旁，下半部的"虫"字是形旁。古代用蚕吐出的丝来制作丝绸衣物，所以说蚕丝在古时是重要的资源。蚕也因此成了奉献精神的化身。

舱苍沧
仓 甲骨文
倉 小篆
倉 隶书
倉 楷体
曹
甲骨文
小篆
曹 隶书
曹 楷体

（cāng）

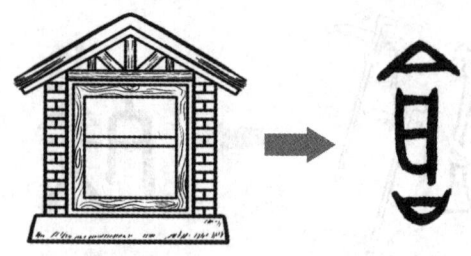

一间可以打开门进出的粮仓，粮食满仓，人心不慌。

从甲骨文字形上来看，这个字的上部像房间的顶盖，中间像一扇可供进出的门，下面则是门口的础石，合在一起表达的就是仓库的概念，它的本义也就是粮仓。在古书中，这个字还被假借为"舱""苍""沧"等。现在，"仓"字泛指用来储藏物资的建筑，如工厂的"仓库"。

曹

（cáo）

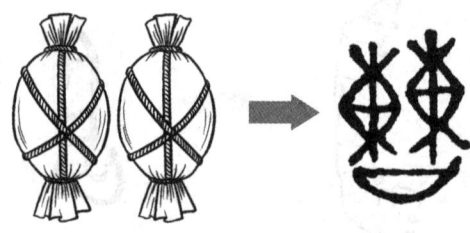

一个装满了东西的大口袋，最后变成了姓氏。

"曹"是个会意字，本义是一对或一双。甲骨文的"曹"字，上方是两个"东"，下方是个"口"字，代表大口袋，合起来的意思就是大口袋里装了很多东西。金文的"曹"，将"口"字替换为"日"，字义没有变化。小篆中"曹"的字形，和金文的写法相近。"曹"字由"对"引申为"群"，又由"群"引申为"辈"。而现在，"曹"则主要被用为姓。

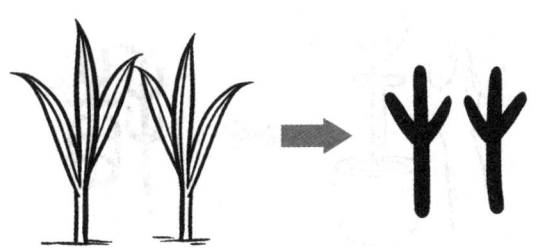

草 (cǎo)

两棵纤秀的小草，一片绵延的绿意。

"草"是个形声字，古时写作"艸"。甲骨文的"草"字，就像是两株小草的形状，这也是"草"的本字。金文和小篆的"草"，字形和甲骨文相近。现在所使用的"草"字，实际是假借字，原是"皂"的本字。"草"假借为"草木"的"草"之后，又另造了"皂"字来代替。现在，"草"字除了本义之外，还可用作形容词，意为粗糙的、粗略的，如某个人的字迹很"潦草"。

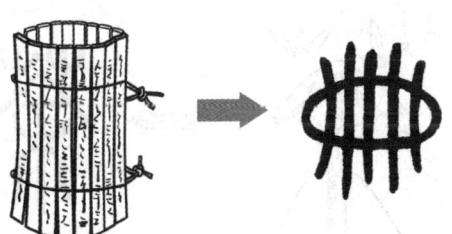 

册 (cè)

用皮绳串起来的竹、木制简册，记录着中国上下五千年的历史。

这个字在甲骨文和金文中，都是由几条竖线和横向曲线构成的，象征的就是把写有文字的竹简用皮绳编串起来，在古代称之为"简册"。"册"在古代也特指皇帝的诏书。该字作动词，意思是册封、封爵。现在，"册"常用作量词，用来计算书本的数量。

插 小篆	
插 隶书	
插 楷体	

（chā）

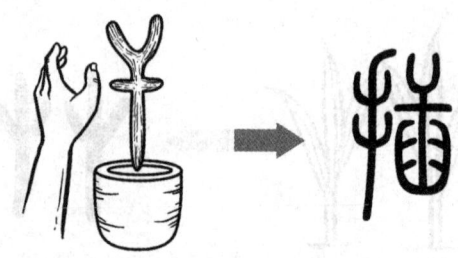

双手握着杵向下扎，就是插入。

在小篆文中，"插"字字形左边是手，表明这个字与手的动作有关；右边很像是杵插入臼中进行舂捣。因此，"插"字的本义为刺入、挤放进去。现在人们常说的"插入"其实沿用的就是"插"字的本义。"插"字还有"参加、加入"的意思，如插队、插手。现在常用的"插曲"一词，本来指穿插在电影、话剧中的乐曲，后比喻事情发展中插入的特殊片段。

茶 小篆	
茶 隶书	
茶 楷体	

（chá）

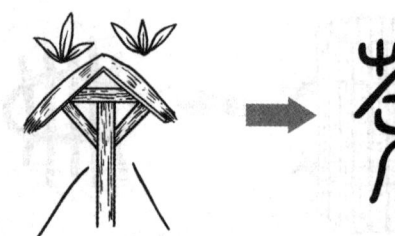

原本是指苦菜，最后成为中国最具影响力的饮料——"茶"。

"茶"字本义为苦菜，是一个会意字。小篆写作"茶"，上边的"艹"字形像是草，说明"茶"是一种草本植物；下边为"余"，字形像是简陋的房屋，并且"余"字常用作第一人称代词，这里是说茶是人人能吃的一种苦菜。简体字茶，由"木""艹""人"三部分组成，意思是茶是一种草本植物，人可以采来泡水喝。"茶"后来指茶树。现在，"茶"是一种常见的保健饮品，饮茶也是一种风尚。

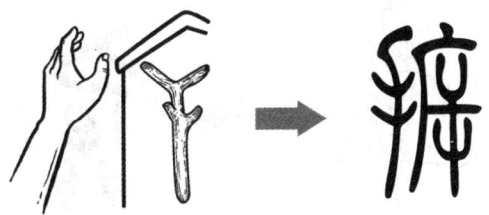

拆（chāi）

用手拆开一件东西，使其分离。最宏大的方式是拆迁。

在小篆文中，"拆"字左边是手的形状，表明这个字与手的动作有关；右边为"斥"，"斥"字意思是离开、分散。因此，"拆"字的本义是"拆开"。这一本义现在仍然沿用，如拆信、拆除、拆毁，等等。点破、说穿一个人的谎言，称为"拆穿"。"拆"字更入选了2010网络最热词，让人对我国轰轰烈烈的房屋拆迁、重建工作有了直观的印象。

掺（chān）

用手把三样东西混合在一起，重在掺和。

"掺"字左边为手的形状，右边为"参"。在甲骨文中，"参"字有三星的含义，可引申为三样东西。"掺"字就是用手将三样东西混合在一起，因此，它的本义就是混合。在古代，"掺"通"纤"，形容女性双手纤美的样子。现在人们常常说"掺和"，意思是将不同的事物混合在一起，还引申为参与，如"我的事情不用你掺和"。

孱 (chán)

金文
小篆
隶书
楷体

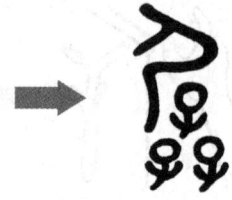

一个凶恶的大人,吓坏了三个瘦弱的孩子。

在金文中,"孱"字的字形左上方像一个大人,右下方像三个孩子。整体看上去,大人很凶恶,三个小孩子受到了惊吓,好像在举起双手逃跑。因此,"孱"字的本义是懦弱。后来,"孱"字引申为"卑微"之义,如"孱琐""孱微"。现在人们常用"孱弱"来形容一个人瘦小虚弱,缺乏一定的权威和能力。

蝉 (chán)

甲骨文
小篆
隶书
楷体

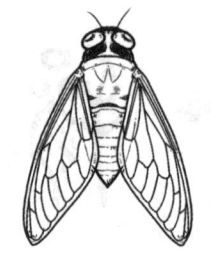

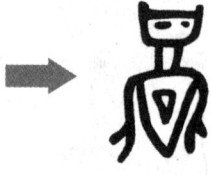

夏日里第一声蝉鸣,唤醒了孩子的童年和成年人的尘梦。

"蝉"是个象形字,本义就是指"知了"这种生物。甲骨文的"蝉",字形上就像是一只知了的形状,上面是头部,下面是身体,两侧还有一对翅膀。小篆的"蝉",变成了形声字,左边的"虫"表示形旁,表明"知了"是一种昆虫,右边的"单"代表声旁。"蝉"字的本义一直沿用至今。现在人们常常用"金蝉脱壳"这个词语来形容一个人巧妙地脱身逃遁,而使对方不能及时发觉。

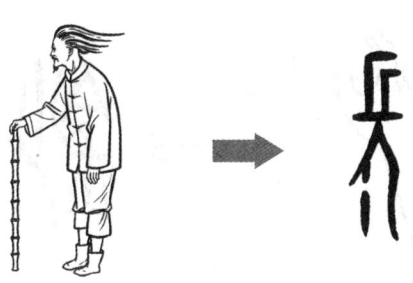 

长 (cháng)

一头疯长的长发，让人明白了长和短的对比。

在甲骨文中，这个字就好像是一个长着很长的头发的人。它的本义为两点间的距离大，也就是长短的长。为了方便刻写，人的头部都用短横来替代，"天""元"等字也是这样的。"长"字还可表示时间久，还有路途遥远之义。此外，它用作名词，意思是长处、优点。"长"还读作 zhǎng，意思是长大、成长。人长大了，越来越能客观地认识到自己的长处和短处。

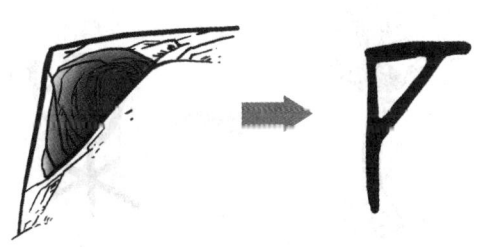 

厂 (chǎng)

一座悬崖边上的简陋山洞，也是栖身之所。

"厂"是个形声字，本义为没有墙壁的简易房舍。金文的"厂"字，字形外部的"厂"代表声旁，内部的"干"，代表形旁，合在一起就像悬崖边上有一个简陋山洞，可以供人们居住。在古文中，"厂"和"广"经常相互通用，如"厦"字也常写作"厰"。另外，带有厂字旁的字一般也都和房屋、山崖相关。现在，"厂"字常用来指代工厂，是现代企业的一种形式。

抄
 小篆
抄 隶书
抄 楷体

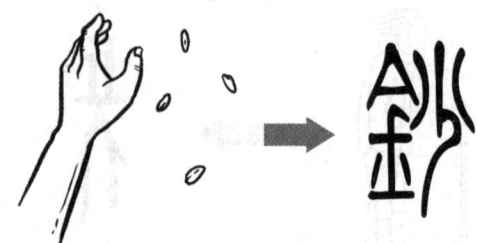

(chāo)

叉取可能是取得属于自己的东西，抢掠是抢夺他人的东西，抄袭是侵犯他人的版权。

"抄"字本为"钞"，本义是叉取。后来，左边演变成手形，即成为今天左形右声的形声字。"抄"在古代有"掠取、抢掠"之义，如"抄暴"，意思是采用武力的方式掠取。现在，"抄"指誊写，即照原文写，如抄袭、传抄。"抄"也有"搜查而没收"之义，如"抄家"。古代贪官被绳之以法后，所有的财产都会被抄没。现在人们常说"抄小道"，意思是走近路。抄袭也成为日益严重的问题，不少成名作者都被曝曾抄袭他人作品。

巢
 甲骨文
巢 小篆
巢 隶书
巢 楷体

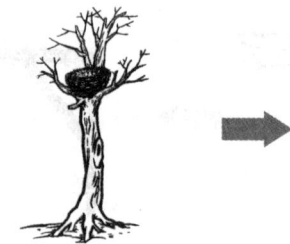

(cháo)

一棵树上搭着一个鸟巢，奥运会主场地鸟巢则栖息在北京。

"巢"是个象形字，本义是鸟窝。甲骨文的"巢"字，下方是"木"字，代表树木，上方是个鸟巢的形状，合起来的意思就是一棵树上面搭着个鸟巢。金文的"巢"，字形和甲骨文相近。小篆的"巢"，字形上方加了三个弯折线，好像是三只鸟儿的形状。现在，"巢"泛指各种动物的窝，也常用来指敌人的藏身之处。但人们也常常亲昵地将自己的小家称为"小巢"，营造出温馨、浪漫的氛围。

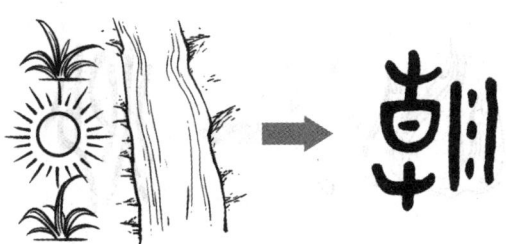

朝阳升起,阳光照在草地上,河水上涨,新的一天开始了。

(cháo)

"朝"是个会意字,本义为早晨。金文的"朝",字形左侧上下各有个"草"字,中间是"日",右侧是"水"字,合在一起就是早晨太阳从地平线上升起,照耀在河边碧绿的草地上,河水也随之上涨起来。因为君王早上要升堂理政,所以称为"上朝"(cháo)。所以,"朝"字又引申为"朝廷""朝代"之义。"朝"(cháo)用作介词,意思是"向着""对着"。现在,"朝"(zhāo)引申为"日""天",如"今朝"。

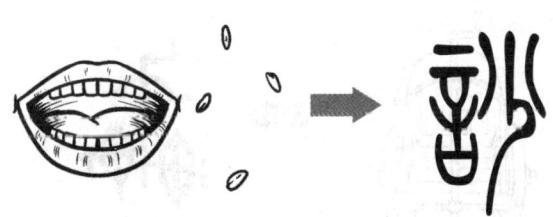

(chǎo)

吵架是一种激烈的沟通,吵嚷还是一种不常见的婚庆方式。

"吵"字本义为叫嚷,是一个形声字。其字形左边为"口",代表字义(叫嚷自然离不开口);右边为"少",代表字音。"吵"字的本义沿用至今,在现实生活中有着广泛的应用,如"吵架""吵闹""吵嘴",等等。民间有"吵喜"之说,意思是在办喜事人家吵吵嚷嚷讨取赏钱,这样做是为了增加喜庆的气氛。

炒

(chǎo)

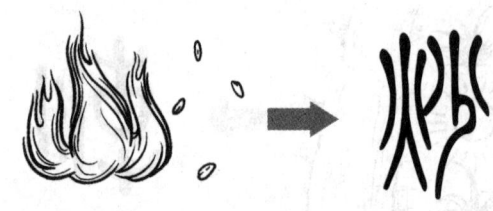

炒菜所需时间很少,考验的就是把握火候的能力,炒股、炒作也是如此。

"炒"字左边为"火",说明这个字离不开火;右边为"少",意思是所用时间少。"炒"字的本义是煎炒。这一本义沿用至今,衣食住行是人类的基本需要,"炒"与食紧密联系,对人们的生活十分重要。此外,现实生活中还有很多与"炒"字相关的俗语,如"炒地皮""炒鱿鱼"。人们在形容一个人说话、办事总是重复以前内容时,常常会说"炒冷饭"。如今最火的词则是"炒股""炒作"。

车

(chē)

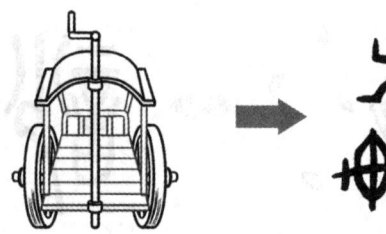

从古至今,坐什么样的车子就标志着你属于哪个阶层的人。

在甲骨文和金文中,这个字的字形就像一辆形象而完整的车,有车厢、车辕和车轮。随着汉字的演化,"车"的字形逐渐简化为一个轮子的形状。但它的本义没变,即表示交通工具——车。车也指利用轮轴旋转的工具,如水车、纺车等。车还可以当做动词用,如用水车抬高水位的车水、用车床来车零件等。作为量词,它表示一车所载的容量单位。现在,车成了财富的代表,有车一族越来越多。

彻 (chè)

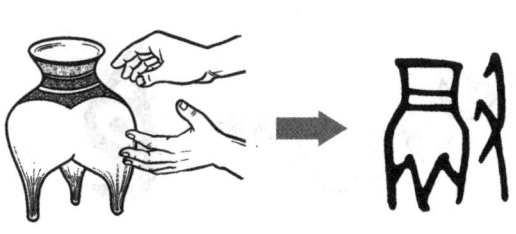

吃完饭要把餐具撤走，后来变成了拆除、彻底等义。

"彻"是个会意兼形声字，"彳"（chì）是声旁，"鬲"和"丑"是意旁，本义是撤离、撤出。甲骨文和金文的"彻"字，左半部分是"鬲"，表示吃饭用的器具，右半部的手形，表示吃完后将饭菜端走。小篆的字形发生了讹化，字义并没有改变。"彻"在古代也有"拆除"的意思。后来，"彻"还引申为通达、清明之义，如"彻朗"。在现代这个物欲横流的社会里，心地清净光明的人越来越少了。

尘 (chén)

一群美丽的鹿狂奔而去，激起尘土一片。

"尘"是个会意字，本义是尘土。《说文》中所记载的"尘"，中间有三只"鹿"的形状，左右两侧各有一个"土"字，整个字形就像是鹿群奔跑时扬起尘土的情形。小篆"尘"的字形，只留下一个"土"字，放到了字形的下方。楷书中繁体"尘"的写法，则省略了重叠的部分，只保留了一个"鹿"字。现行简化字"尘"，上面一个"小"，下面为"土"，意思是微尘。

(chén)

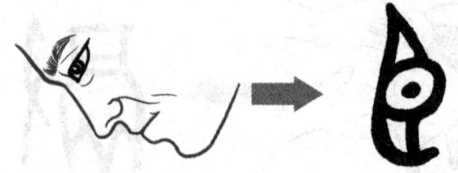

奴隶低下了头，对奴隶主低头臣服。

从甲骨文的字形看，这个字就如同一只竖立的眼睛。人在低头的时候，眼睛恰巧是竖立着，这个字就代表了俯首屈从的意思，所以它的本义就是奴隶。在封建社会，这个字就代表了国君统治下的官吏、众民。这个字作动词用时，是役使、臣服的意思。为臣子者，对国家和君主要忠诚。现在时代不同了，现代意义上的"忠臣"，可以理解为具有责任感的人，如人们常说"企业需要什么样的忠臣"。

(chén)

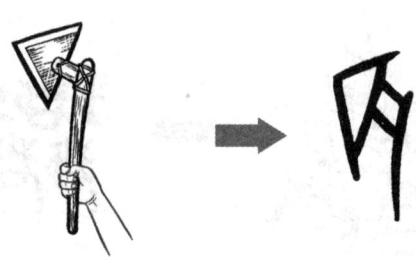

原本是用蛤蚌壳磨成的农具，又指时间。

这个字是"蜃"的本字，从金文字形来看，"辰"字就好像是蛤蚌之类的软体动物，它的本义就是用蛤蚌壳磨制成的农具。在十二地支中，辰排第五位，可以用以纪年、纪月、纪日、纪时等。这个字也可作为"晨"的通假字，意思是清早。辰也有时光之义，如"良辰"，指美好的时光。现代社会，人们工作繁忙，很少有闲暇的时间来享受人生美好的一面。

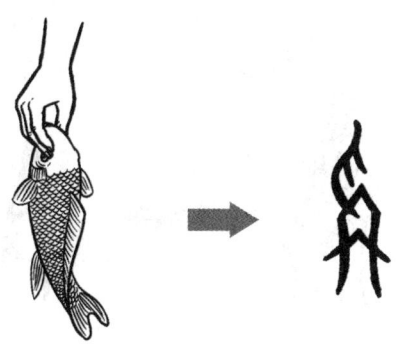

称 (chēng)

用手提起鱼来掂量重量，符合内心的预期才能称心如意。

"称"原写作"爯"，形似一只手提起一条鱼，以掂量出它的重量。从这个意义上来讲，"爯"通"称"（chèng），是一种用来计量体重的器具。"称"用作动词，读音为 chēng，意思是"称量"，即称出一件东西的重量。"称"又引申为"声称""号称""称赞"之义。"称"还有一个读音为 chèn，意思是"符合、相当"，如人们常说的"称心如意"，是一句美好的祝愿语。

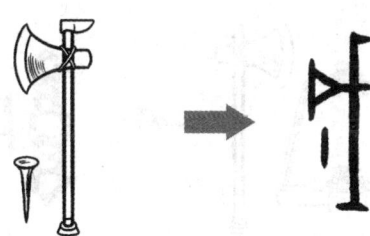

成 (chéng)

拿起战斧，努力作战，直至成功。

从甲骨文字形看，它左边是"斧"，右边是"丨"（"杵"的本字），斧和杵都有了就可以把事情做好。因为这个字本义与战争相关，所以，它就用"戊"作为形旁，"丁"作为声旁，其本义就是平定。这个字还有"讲和"的意思，后引申为完成、成为等义。作为名词用时，"成"是成功、成就之义。每个人都追求成功，或者拥有幸福的婚姻，或者开创一番事业。

承
甲骨文

肃
小篆

承
隶书

承
楷体

(chéng)

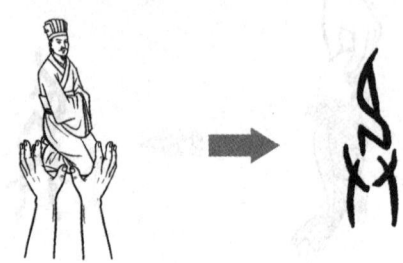

双手捧着一个人，承受了更多的担当和责任。

双腿着地跪着的人形，被结实的双手托举着，这是最早的甲骨文字形"承"。由此也可看出"承"字的本义就是捧着。从小篆书写开始，中间又增添了一只手，逐渐演变成今天的"承"。"承"字后来引申为"承接、继承"之义，表示一种担当和延续。"承"用作名词，指的是起承载作用的物件，如轴承。

城
金文

城
小篆

城
隶书

城
楷体

城
(chéng)

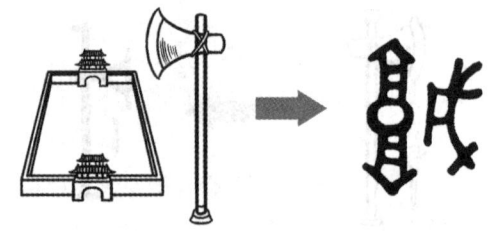

城墙是城的筋骨，城府是人的城墙。

"城"会意兼形声字，本义是城墙。甲骨文的"城"，字形的左半边是两个城楼相对而立的样子，右半边是一把利刃朝左的斧头形状，合在一起的意思就是用斧刃这种武器来守卫城池。古代的城邑，四周都建有用于防御的高墙。在现代汉语中，"城"常用来指城市、都市。此外，有成语"胸无城府"，这里的"城府"比喻的是难以揣测的深远用心。

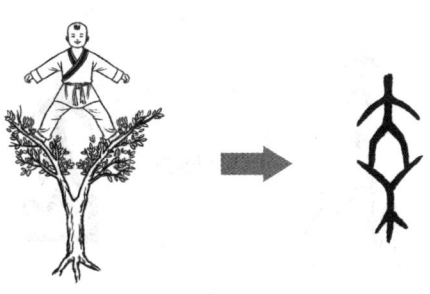

(chéng)

一个人高高地站在树上,乘风而立。

从字形上来看,"乘"字就好像一个人高高地站在树上,其本义就是"登上"。因为"登"字可释义为"凌",所以"乘"后来引申为"欺凌"之义。当这个字读作 shèng 时,通常都是作为名词或者量词来用,用以指兵车或者兵车的数量。现在,人们常常用其来表示"坐""驾""骑"等义,如"乘车"。

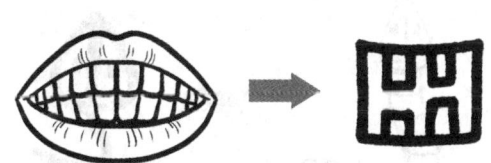

(chǐ)

标准笑容是上下各露出8颗牙齿。

"齿"字字形一目了然,就像口里的几颗牙齿;之后又加上了声旁"止",变为"齿"。古人在幼小牛马每年生一颗牙齿的启发下,又将"齿"借指年龄。有些资料中常会出现"令人齿冷"一词,因为人笑的时候,一定会张开嘴巴,所以时间长了,牙齿会感觉到冷。这个词语其实比喻的是使人瞧不起。此外,"不齿"意思是不愿意看到,表示极度鄙视,如地震中最不齿的是发国难财的那些人。

赤
甲骨文
小篆
隶书
楷体

（chì）

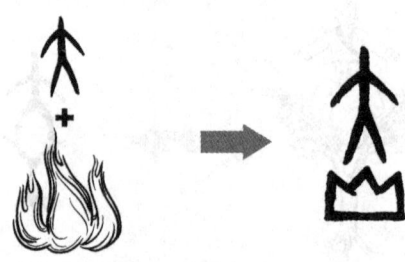

红色是最热烈的色彩，也是最赤裸裸地展示自己的色彩。

　　象形字"赤"是由"大"和"火"相组合而成，大火的颜色为红色，则"赤"自然衍生为红色之义。"赤"又有"空、尽、一无所有"之义，如"赤手空拳"；在此义的基础上又意为"裸露"，如"赤足""赤膊"；另外，它还有"纯净、真纯、忠诚"之义，如"赤胆忠心""赤子""赤诚"。人与人之间相处最需要的就是一份赤诚之心。

虫
甲骨文
小篆
隶书
楷体

（chóng）

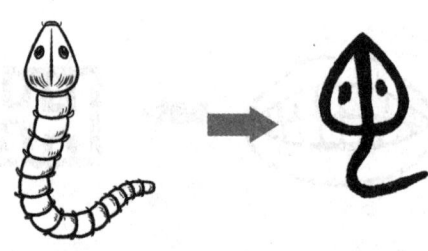

一种三角形脑袋的剧毒之蛇，后用来指代一切虫子。

　　尖尖的三角形脑袋，连接弯弯的细长形虫身，俨然是条虫的形象。这是"虫"字在甲骨文中的字形。"虫"是"虺"的本字，是一种带有剧毒的蛇，后泛指昆虫的统称。古代"虫"还泛指一切动物，如《水浒传》中最精彩的片段之一——"武松打虎"，其时人们称"虎"为大虫，古人还把一些野蛮厉害的老婆调侃为"母大虫"。现在常见的"网虫"在古代也有类似的，如"书虫"，形容人们沉迷某事某物而无法自拔。

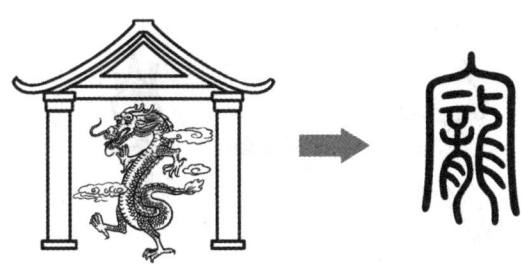 

宠
(chǒng)

龙的居处尊贵无比，宠爱一个人时比尊崇龙更为热诚。

在小篆文中，"宠"字字形上边很像一座房屋，下面是一只龙的形状。整个字形连起来就是龙居住的房子。由于龙为万兽之首，所以该字的本义是尊崇，意思是对龙持以尊崇的态度。"宠"字也因此引申为宠爱之义。这个字用作名词，意思是恩惠。现代社会，大部分孩子都是独生子女，所以很受父母的宠爱。

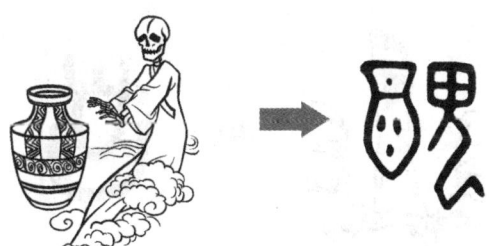 

丑
(chǒu)

丑是时间的坐标，又是相貌的评判。

"丑"字有两个来源，一个本义是手的形状，就像一个人手，字形前面的三点代表指甲。金文的"丑"，字形上与甲骨文方向相反，字义未变。后来成为十二地支中的一个，专门用来计时。另外一个丑字是指相貌丑陋。古人认为鬼的面貌最为丑陋，甲骨文的写法，也正反映了这种说法。后来"丑"还引申为丑恶、不好的事物，由丑恶又引申出不光彩和可耻。

臭

(chòu)

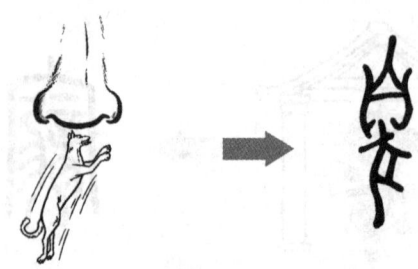

狗鼻子的嗅觉特别灵敏，辨别任何气味都不成问题。

"臭"是个会意字，本义是闻气味。甲骨文的"臭"，上部是个"鼻"子的形状，下部是"犬"字，表示一只站立着的狗，因为狗的嗅觉非常灵敏，所以古人用"犬"字来表示闻气味。小篆的"臭"，字形和甲骨文相似。现在，"臭"字一般用作名词，指味道特别难闻的气味。人们常常说"铜臭之气"，意思是现代人物欲膨胀，过分看重金钱。

出

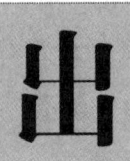
(chū)

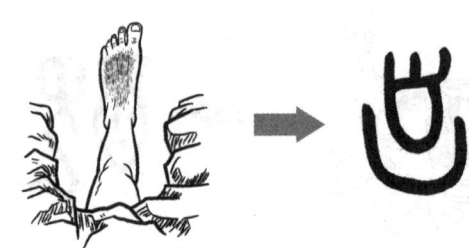

一只脚伸出了洞口，正准备走出去。

从字形上来看，"出"字很像是一只脚从洞口中伸出来。因此，"出"的本义为出去，后来引申为"发出"，如发出信件、发出命令，等等。因为只有出去了，才能显露出来，所以"出"字又引申为"出现""显露""展示"之义。在体育比赛中，我们常会听到一个词"出线"，意思是在分组比赛中成绩突出，成功进入下一轮比赛。

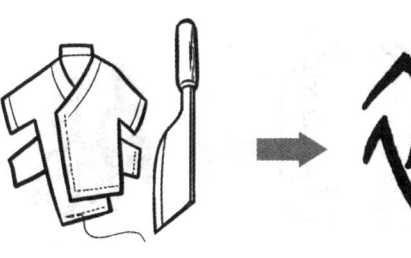

(chū)

用刀剪裁布料是做衣服最开初的步骤，也是最美好的开始。

"初"字左边是"衣"，右边为"刀"。拿着刀裁剪衣物是制作衣服最开始的步骤，因此，"初"的本义就是开始，由此义引申出"原本、从前"之义。三字经中"人之初，性本善"，这里的"初"则表示刚刚出生。现在，"初"字常用作副词，表示"刚刚、才"。人们常常会说到"初衷"这个词，意思是最初的愿望和心意。

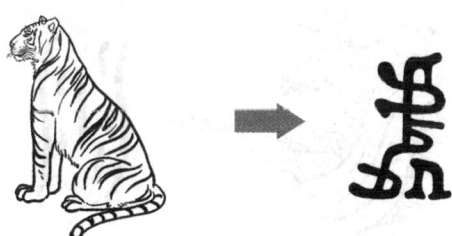

(chù)

蹲坐着的虎，逐渐演化成平安的居处。

"处"是个会意字，本义是居住，古代写为"處"。甲骨文的"处"，字形上方就像是一只蹲坐着的老虎，下方的"几"字，代表虎爪。金文"处"的字形，将上方的老虎形状去掉了。小篆的"处"，字形中又加入了虎形。"处"，后来引申为靠着坐具休息，常常作为隐身世外高人的住所。现在"处"，早已没有了古人的那种高雅和闲适，平常百姓"蜗居"的地方，也可以称为住处。

触

触
(chù)

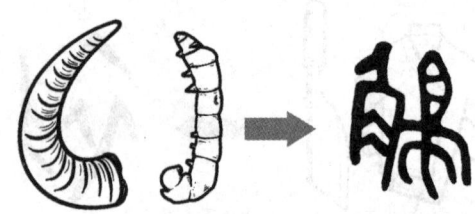

用角来顶栅栏就是触,触就是靠近并碰到。

"触"是个形声字,本义是以角撞物。《易经·大壮》中"羝羊触藩",意思就是公羊用头上的角顶撞栅栏。金文的"触",字形左半部是"角",作为形旁,表示羊角,右半部是"蜀"字,表示字音。楷书繁体的"触",则是由小篆直接变化而成。"触"也引申为靠近、接触。现在,各种触摸式的电子用品成为了时尚潮流。

觸 金文
觸 小篆
觸 隶书
觸 楷体

川

川
(chuān)

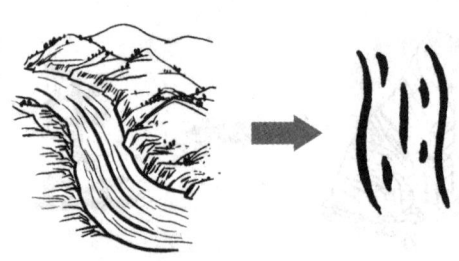

淙淙的逝水流川,带走的是如锦华年。

古人认为"川"是从江河湖泊中流出来的小溪水。从甲骨文的字形来看,这个字两边是河岸,中间是弯曲的河流。因此,随着文字的发展变化,川也指山间和高原之间的平地,如著名的北朝乐府诗《敕勒川》就写道:"敕勒川,阴山下,天似穹庐,笼盖四野",好一派开阔景象。现在"川"字经常作为四川省的简称。那漂亮的川妹子,就出生在"天府之国"这片辽阔美丽的土地上。

川 甲骨文
川 小篆
川 隶书
川 楷体

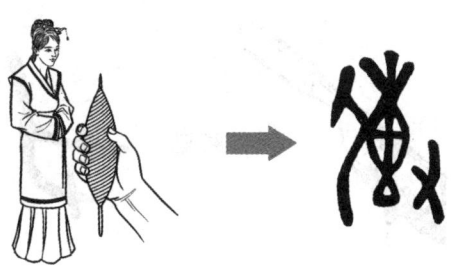

传 (chuán)

过去送信用驿车，现在只要一个短信、一个电话就搞定了。

"传"是个形声字，本义是驿车，也就是古人送信所使用的马车。"急传"也就是指驾着飞快的驿车，将这份信件传达出去。甲骨文的"传"，字形的左边是一个人形，表示字义。右边是一个"专"字，代表声旁。由于"传"的本义是送信，所以后来还引申为传递。今天传媒业变得如此发达，随时随地都能获得需要的信息，再也不用担心联系的问题了。

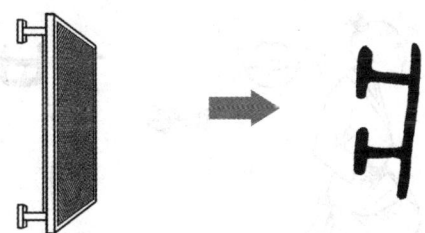

床 (chuáng)

人一辈子会在床上度过1/4~1/3的光阴，有一张好床至关重要。

"床"的本义是人睡觉和休息时所使用的家具，是个形声字。在甲骨文中，"床"还是一个象形字，它的字形就像是一张竖着放置的床，左侧的两个丁字形，表示床腿。右边的长竖，代表床面。小篆中的"床"，在字形的右边加入了一个"木"字，表示床是由木头制成。从此时开始，"床"字变为形声字。现在的床，本义没有改变，床的种类也已是五花八门、应有尽有。

61

创

廿 金文
創 小篆
創 隶书
創 楷体

创
(chuàng)

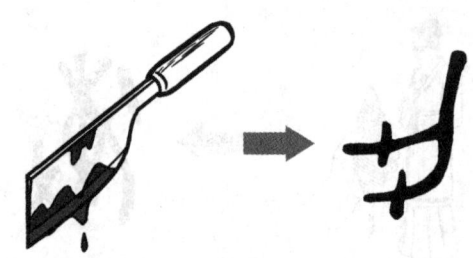

一个受了伤躺在地上的人，手上和脚上的伤口都流着血。

"创"是个指事字，本义为创伤、伤口。《说文》解释为"创，伤也"。在金文中，"创"的字形就像是一个受了伤躺在地上的人。两条小竖代表手上和脚上的伤口。另一种说法认为，这就像是人被刀刺伤之后，沾在刀上的血滴。小篆的字形，大体和金文相同。楷书繁体的"创"，由指事字转变为形声字。另外，"创"还有创始、突破之义，如现在提倡年轻人要有"创业"精神。

吹

甲骨文
小篆
吹 隶书
吹 楷体

吹
(chuī)

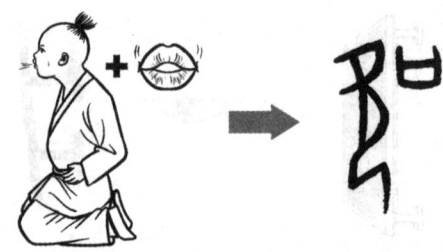

合拢嘴唇不但可以吹气，还可以吹牛。

这个字是由"口"和"欠"两部分组成的，"欠"的意思就是"打哈欠"，吹字的意思就是合拢嘴唇使劲呼气。后来，该字又引申为吹奏，如滥竽充数的典故中"齐宣王使人吹竽"。吹字还有说大话、吹牛的意思。实际上，现在最常用、也最为大家熟知的词儿就是吹牛。另外，它也表示关系破裂、事情失败。

 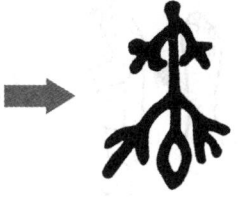 

垂 (chuí)

悬挂而低垂是一种谦卑的姿态，成熟的稻穗总是低垂向大地的。

"垂"是个象形字，本义是悬挂。甲骨文的"垂"，字形就像是树叶下垂的形状。小篆的"垂"字，下方加了个"土"字，表示树木是从土地中生长出来的。"垂"是"陲"的通假字，意思是边境。"垂"也是对上位的敬称，如"垂训"，就是接受上级的指示教训。"垂"还表示流传后世。历史上为和平献身的人，他们的功业与品格将永垂不朽，激励着一代代后人。

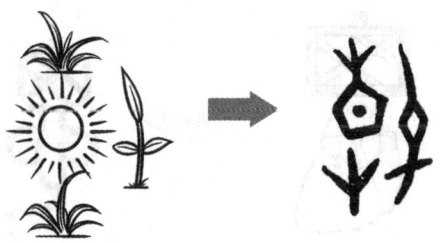 

春 (chūn)

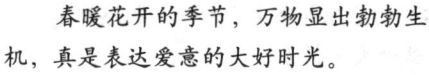

春暖花开的季节，万物显出勃勃生机，真是表达爱意的大好时光。

在甲骨文中，这个字是由"日""艸""屯"三部分组成的，"春"最早的写法就是"屯"。三者组合在一起，意味着春回大地、万物生长。"春"还可泛指一年，如高适的诗中就有"一卧东山三十春"的诗句。"春"还可以表示男女情欲的意思，如《诗经·召南》中就有诗句"有女怀春"。"春"字的这种含义一直沿用至今，记录着少男少女们情窦初开的美妙时刻。

63

| 此
甲骨文
小篆
隶书
楷体 |

(cǐ)

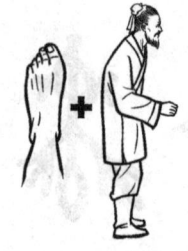 

此时，此刻，此地，把握当下，才是真正把握了人生。

从甲骨文字形上来看，这个字的左边是"止"，代表脚；右边是一个人形。整个字形表示的是人站立的处所——"这""这里""此地"，这就是"此"的本义，它是一个代词。这个字还有"如此、这般"的意思。除了作为代词，还可以作副词来用，意为这里、这儿。现在的人，为了追求功利，不知疲倦地工作，忘记了自己的健康，顾此失彼，其实并不值得。

| 匆
小篆
隶书
楷体 |

(cōng)

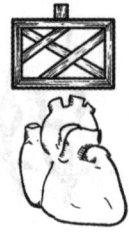 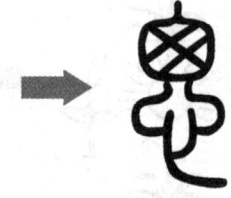

心里的急躁如烟囱里的烟一般连绵不断，飞快地要去做某件事。

"匆"字本义为急速、急促，是一个会意兼形声字。篆书的"匆"，字形下方是个心脏的形状，表明急促是一种心理活动；上方是个"囱"，本义是烟囱。从烟囱中冒出的烟是连续不断的，从而表现出一个人心急火燎的样子。隶书中，上面为"匆"，意思是急促，既表字义也表字音；下面为"心"，表示字义。"匆"字的本义沿用至今，如我们常用的"匆忙""匆匆"等。

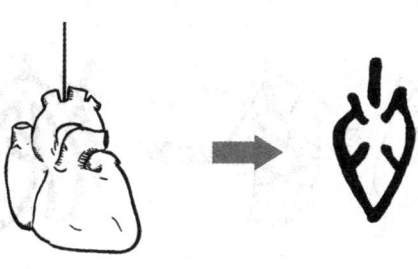

(cōng)

葱只是一味配菜，独特的香味却令菜肴别具风味。

"葱"是个指事兼形声字，本义是大葱。甲骨文和金文的"葱"，上方是一条短竖，下方是个"心"字。小篆的"葱"，变成了形声字，上方的"艸"字形状的草字头，表示形旁，下方的"悤"（cōng），表示字音。《齐民要术》中"葱有冬春二种，有胡葱、木葱、山葱。"这表明，"葱"在古代已是一种广泛食用的蔬菜。一直延续到今天，还是餐桌上必不可少的调味品，给人类带来美味和健康。

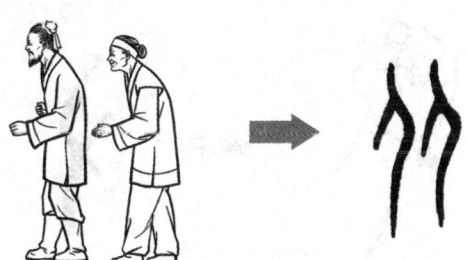

(cóng)

一个人紧跟在另一个人身后，这就叫服从。

从甲骨文字形上来看，这个字是由前后两个人构成的。所以，这个字本义是"跟随"。"从"还有顺从、依从之义。后来，又给这个字加上了"彳""止"，用来表示行动。在古书中，"从"是"纵"的通假，表示合纵，李斯在《谏逐客书》中这样写道："遂散六国之从。"现代汉语中，"从"的本义未变，如随从、服从，都是要人们按照一定的规矩办事情。

猝

猝 小篆
猝 隶书
猝 楷体

(cù)

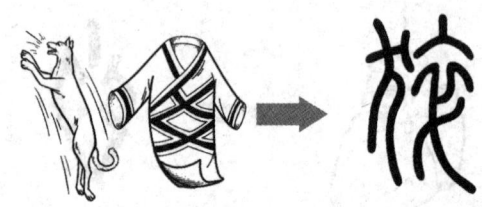

家里的狗突然冲出去追着人咬，真能把人吓得猝死。

"猝"字本义为狗突然冲出来追逐人，是一个会意字。其古文字形左边很像一只狗的形状，右边为"卒"，"卒"有急速的意思，同时还表示字音。整个字形是说狗突然冲出来追人。后来，"猝"引申为突然，出乎意料的，如"猝死"，意思是突然死去。"猝不及防"是说事情发生得太突然，还来不及防备。

寸

ヨ 甲骨文
ヨ 小篆
寸 隶书
寸 楷体

寸
(cùn)

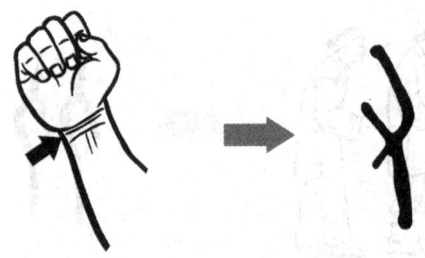

手腕距离手掌一寸远的地方，就是寸口穴。

"寸"是个指事字，本义是寸口。寸口是中医名词，指的是切脉时，距离手腕一寸长的部位。甲骨文和金文中的"寸"字，就像是一个手形。小篆的字形，在手形的左下侧加入了一条横画，作为指事符号，代表这里是距离手掌一寸的部位。楷书后，"寸"字形成了现在的写法。"寸"后还作为一种长度单位使用。另外，"寸"也引申为短小之义，如手无寸柄。

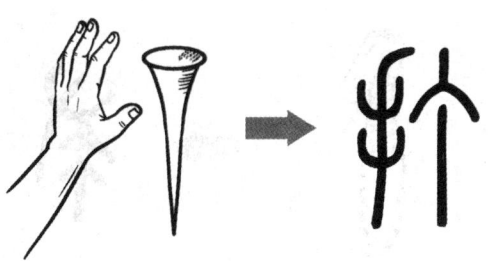

(dǎ)

敲一切能敲之东西，打一切能打之物体。

打
小篆

打
隶书

打
楷体

"打"字本义为敲击，是一个会意字。在小篆文中，其字形左边为一只手的形状，表明敲击是手的一种动作；右边为"丁"，"丁"是"钉"的本字，钉子在外物的敲击作用下，才能扎入物体。现在，人们常说的"打鼓""打桩"沿用的都是"打"字的本义。现在，"打"字成为动词中最常用的一个词，许多动作都可以用"打"字来表示，如"打毛衣""打电话""打架""打游戏"等。

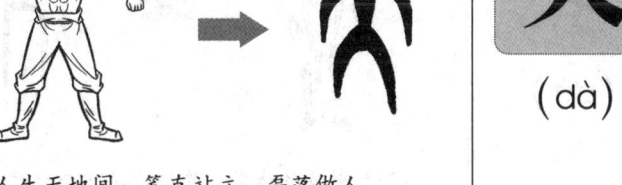

(dà)

人生天地间，笔直站立，磊落做人，才配得起一个"大"字。

大
甲骨文

小篆

大
隶书

大
楷体

在甲骨文中，"大"字字形很像一个笔直站立的男子。一撇一捺，力道均衡，显示出人类的强大与威武，也表达出古人希望自己能够更好地生存在天地间的美好愿望。所以，这个字的本义与"小"相对，表示形体上的"大"。另外，甲骨文和金文中的"太"和"泰"经常被写作"大"。大还引申为专家、内行。只有精通一门，才能成为大家，得到社会的认可。

逮
𨤍 金文
隸 小篆
逮 隶书
逮 楷体

(dǎi)

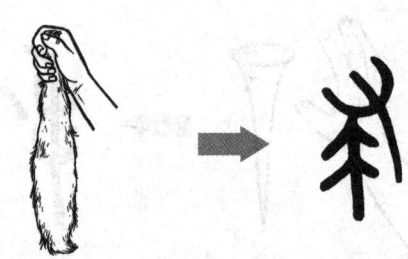

经过一阵追赶，猎人终于用手逮住了野兽的尾巴。

"逮"是个会意字，本义是经过追赶后，试图抓住。金文的"逮"，字形上部是个手形，下方是个动物尾巴的形状，合在一起就是用手抓住了动物的尾巴，表示已经逮住。楷书为了表现出追赶之义，又在底部加上了一个"辶"字。"逮"也引申为赶得上，如《礼记·曲礼》中"逮事父母"，意思就是还赶得上侍奉父母。

歹
甲骨文
小篆
歹 隶书
歹 楷体

(dǎi)

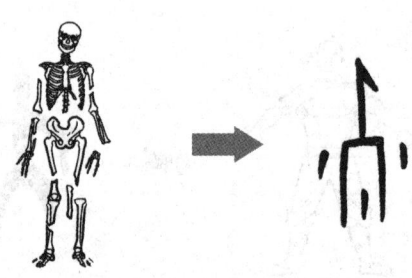

带有裂缝的残骨，象征着不幸与死亡。

在甲骨文中，"歹"字的字形很像人体带有裂缝的残骨。"歹"字的基本含义是"坏"，与"好"相对。"歹"是汉字的部首之一，以它为部首的字一般都与"死"有关系。此外，"歹"也表示身体不健康，如曹雪芹在《红楼梦》中这样描写秦可卿："秦氏有几日好些，也有几日歹些。"现在日常用语中还经常用到"好歹"一词，表示"出事"之义，同时，犯下案子的坏人也被称为"歹徒"。

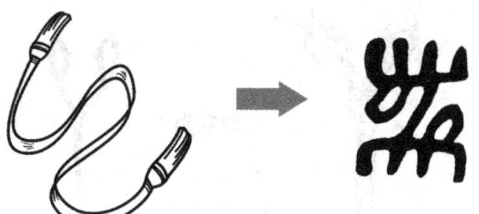

（dài）

一个男人的领带与皮带，代表了他的品位。

"带"字本义是腰带，是一个象形字。在金文中，"带"字是一条长带子的形状，上边和下边都有缨头，中间是弯曲的。在小篆文中，"带"字的下边被巾所替代。因为带子一般是长条的，所以"带"字又引申为"围绕"。"带"字用作动词，意为佩带、携带。现代汉语中，该字的本义与动词义都较为常见，皮带、领带是人们常用的衣饰，"带"某种物品也是常见的动作。

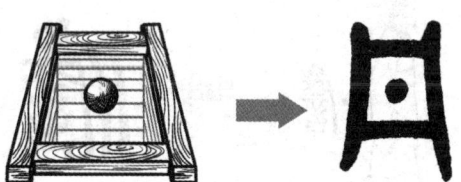

（dān）

红色的朱砂，炼成了红色的"长生不老丹"。

"丹"字为象形文字。从字形上看，它很像四四方方一口矿井，矿井中添上一个表示朱砂的圆点，表示矿井中有朱砂。所以，它的本义是朱砂。"丹"还表示赤诚，文天祥曾赋诗曰："人生自古谁无死，留取丹心照汗青。"另外，"丹"也指古代方士炼制的所谓的"长生不老药"。历史上多少皇帝，都是因为服了这种丹药溘然"仙逝"。现在这个字更常用在女性人名中。

单 战

甲骨文 单
小篆 單
隶书 單
楷体 單

单
(dān)

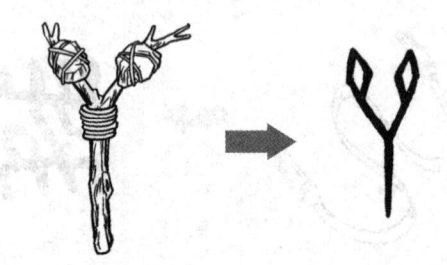

最原始的战争武器，虽然看上去单弱，照样很有战斗力。

"单"字的本义是一种最原始的武器，这种武器呈"Y"形，左右分支上分别绑有石头。甲骨文中的"单"字为会意字，其主干为"Y"形，两个分支的最上端分别有菱形方块。在金文和铭文中，"单"字通"战"字，比如长沙马王堆帛书中"善单者不怒"。后来，这个字又引申为薄弱、单薄、单一。

担
小篆 儋
隶书 擔
楷体 擔

担
(dān)

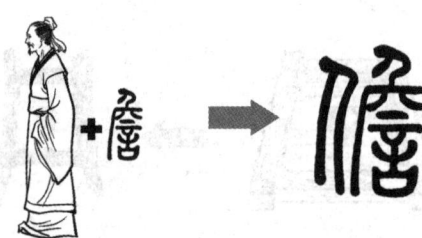

用肩膀挑着的，不只是担子，还有责任和担当。

"担"是个形声字，古代也写为"儋"或"擔"，本义是用肩挑着。甲骨文和金文中，还没有发现"担"这个字。小篆的"担"，是个形声字，字形的左边是"人"，作为形旁，右边是"詹"，作为声旁。楷书繁体的"担"，左边的"人"也常写成"手"，字义没有变化。现在这个字，也延续了这一含义，作为新一代的青年人，需要担负起应有的社会责任。

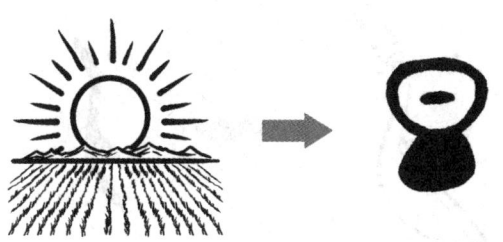
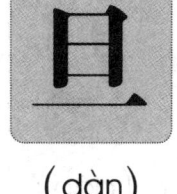

(dàn)

刚从地平线上跳出来的太阳,开启了新的一天。

"旦"的含义是天亮、早晨,与"暮"含义相对,这一点在最早的字形上有体现。这个字上边是日,下边是地面,这表示太阳刚刚升起但是还没有离开地面的样子,将日出时的状态表现得淋漓尽致。《木兰诗》中"旦辞爷娘去,暮宿黄河边",形象地表达出木兰行军的迅速。后来,"旦"字又被引申为天天、每天。

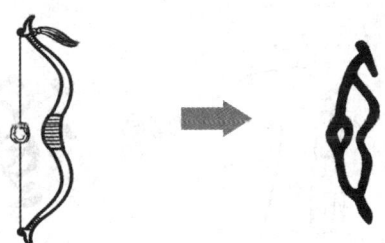

(dàn)

弓箭上系缚着弹丸,一触即发。

"弹"本义是弹丸,它是个会意兼形声字。"弓"是意旁,表示字义和弓箭有关,"单"是声旁。甲骨文的"弹"字,形态上就像一把弓箭,中间还有一个圆圈,代表弓箭上系缚着的弹丸。"弹"还引申为像弹丸一样的东西,如鸟类的卵、植物的果实等。随着武器的发展,现在的"弹"已经具有了极强的杀伤力,美国在日本投下的两颗原子弹,遗患至今还没有消除。

刀

甲骨文 小篆 隶书 楷体

刀
(dāo)

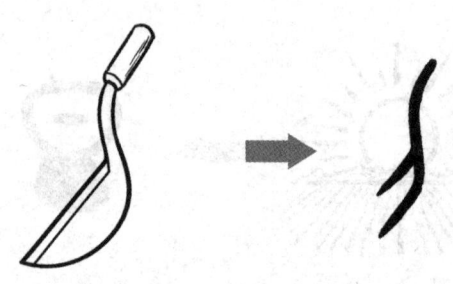

刀不仅是厨具，还曾是文具和货币。

"刀"字最初的字形很像一把刀的样子。刀柄在上，两撇为刀身，十分形象地描绘出刀的形状。刀也是一种书写工具，古人书写时用笔写在竹简上，写错了就用刀刮去字迹，所以掌管文书的小官称为"刀笔吏"。刀还是一种货币，战国时期的赵国所使用的货币很像刀的形状，称为"刀币"。在网络时代，人们互相交易时，经常用到"可刀"一次，意思就是可以讲价。

导

甲骨文 小篆 隶书 楷体

##
(dǎo)

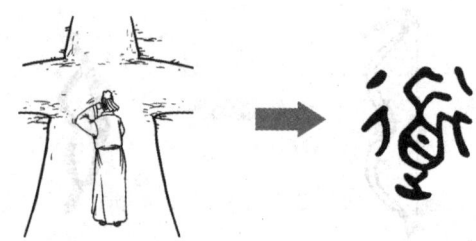

在十字路口彷徨时，如能得到指导，就能走出困境。

"导"是个会意字，本义是引导。甲骨文的"导"字，上方是"首"字，表示人，下方是"止"字，表示脚，外部是"行"字，表示路口，合在一起的意思就是人走到十字路口时，需要得到引导。小篆的"导"，"行"变成了"辵"（chuò）。"导"也作为引路人的代称。"导"还引申为教导。

岛

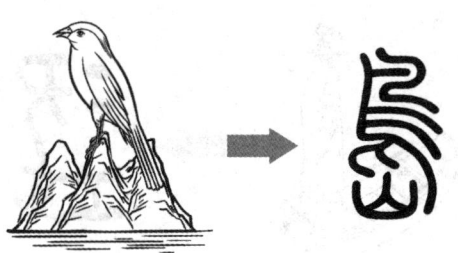

（dǎo）

水中的山露出一个尖顶，小鸟站在上面休息。

"岛"字本义为海岛，是一个会意字。其字形左边上边为一只鸟的形状，下边是一座立在水中的山头。整个字形的意思是，水中有山，鸟站立在山头上栖息。同时，这里的"鸟"也表示字音。现在，"岛"泛指海洋、湖泊里四面被水围着的陆地，如岛屿。所谓"岛国"，指的是领土由岛屿组成的国家，如我国的近邻日本。

到

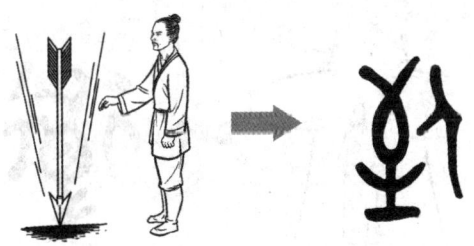

（dào）

你想去的地方，和你能到的地方，很多时候不是一回事。

"到"是个形声字，其中，"刀"为声旁，"至"为意旁。到的本义是到达、去到，金文的"到"，字形左半边是一个"至"，右半边是一个人形，意思是"人至为到"。从小篆开始，右边的"人"字，讹变为了"刀"，形成后来楷书中的写法。在古文中，"到"常与"倒"相互通用。另外，"到"还引申作为虚词使用，如现在人们经常用到的"说到做到、办得到"。

盗

(dào)

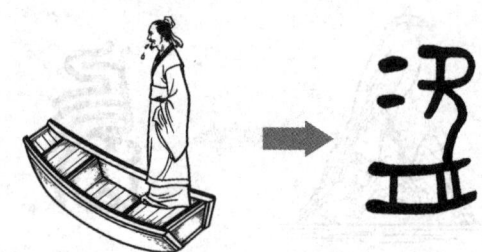

看见别人家的东西，自己就流下了贪婪的口水，想要盗为己有。

"盗"是个会意字，本义是偷东西，也就是将他人的财物据为己有。甲骨文的"盗"，字形就像是看到别人家中的器皿，就会贪婪地流下口水，说明此人心存不善。"盗"还引申为私通，如《汉书·陈平传》中"闻平居家时，盗其嫂"，意思就是听说陈平闲居在家时，曾和他的嫂子私通。另外，"盗"还作为对反叛者的贬称，如盗乱。现代汉语中的盗，大多使用的是本义。

道

(dào)

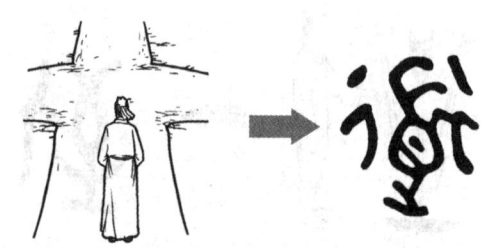

站在十字路口时，选对正确的道路非常重要。

"道"是个会意字，本义是马路。金文的"道"，字形外部是"行"字，"行"的本义是十字路口，内部上方是"首"，下方是"止"，合在一起就像是一个人正在通过十字路口的情形。小篆的"道"，字形左边是"辶"，右边是"首"。楷书的"道"，便形成了现在使用的写法。"道"还引申为事物运行的规律。老子一篇5000多字的《道德经》，讲述了"大道无形"的至理。

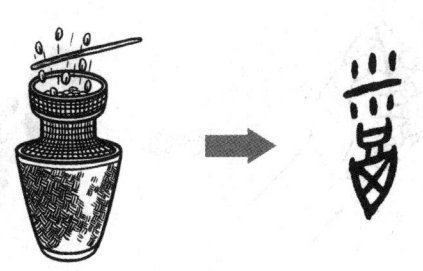

（dào）

用筐子收好散落的稻米，养活了多少人。

在甲骨文中，"稻"字由上下两部分构成。上部分是"米"字，稀稀落落的几个小点表示散落的米粒，下部分是三角形的轮廓以及交叉的笔画，表示筐的形状。在金文中，稻字表示一个人在石臼里舂米。后来在小篆中，"稻"字逐渐演变为形声字。左边"禾"，右边"舀"，连起来就表示在水田里栽种的谷物。稻是一种重要的粮食作物，鉴于其重要作用，联合国把 2004 年定为"国际稻米年"。

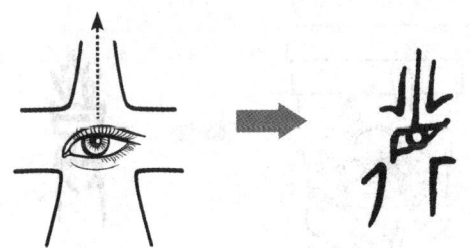

（dé）

行得正、走得直，才算是有德君子。

在甲骨文中，德字左边是"彳"，含义是道路或者方向，右边是一条向下垂落的直线，垂直线的下方是一只眼睛，合起来表示目光向前直视。在金文中，将"心"字增添在"目"的下方，意思是不光要目正、心正，还要行动正直才算有德。"德"字含义被表达得更为全面。"德"字的这一本义一直沿用至今，现在每年都会评选全国道德模范，借此鼓励大家多做好事，奉献社会。

得

金文 獋
小篆 得
隶书 得
楷体 得

(dé)

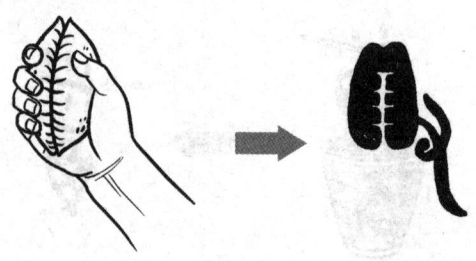

行动起来，取得财物和各种珍贵的东西。

在金文中，"得"字左边部分是"彳"，表示行动；右边部分是"贝壳"和"手"。因为在古代，"贝"是商品流通中的货币，所以用这个字来指代珍贵物品。通过"手里拿着财物"这样的字形分析，可知这个字的基本含义是取得、获得，与"失"相对应。后来，这个字又引申为"贪得"，比如《论语》中："戒之在得。"这是告诫人们不要贪得无厌，只有学会善于韬光养晦，才能得到更多收获。

登

甲骨文 𤼽
小篆 登
隶书 登
楷体 登

(dēng)

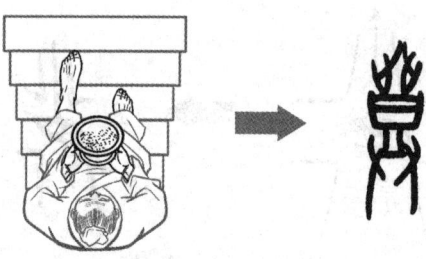

捧着祭祀用的礼器，登上了祭台。

在古代，"登"指的是一种装食物的容器。这种容器为瓦制，外形很像现代的高脚盘，是一种祭祀时所使用的器皿。从字形来分析，字的最上端是一双脚，中间是表示祭祀器皿的"豆"，最下边是一双手。显而易见，这表示双手捧着祭祀器皿登祭台。因此，这个字被赋予了"登高"的含义。除此之外，这个字也表示庄稼成熟，比如现代汉语中常出现的成语"五谷丰登"。

弟 (dì)

原意是用来登高的绳梯，现在专指弟弟。

"弟"是个象形字，本义是梯子。甲骨文的"弟"，字形就像是一个直立的"弋"字，像一根直立的短木桩，上面缠着弯曲的绳子，有如梯子的形状。弟，引申为"次第"，用绳子将物捆住，便形成一层层的纹路，称为"次第"。"弟"还指代同辈中第二个及第二个以下的男丁。

帝 (dì)

用木头搭建的祭台，供奉着天帝、帝王或上帝。

古人为祈求五谷丰登，对上天或者宗庙举行的隆重祭祀仪式叫"禘"，"禘"多假借为"帝"。甲骨文的"帝"，好像是由几块木头搭建而成的祭台。甲骨卜辞中，也常会看到"帝于岳""帝于乙"的记载。在战国之前，专指宗教或神话中主宰万事万物的神灵，如玉皇大帝。秦代之后，则指代人间的帝王、君主。西方有"天主教"和"基督教"，其信奉的神称为"上帝"。

典
𓎲 甲骨文
𢍈 小篆
典 隶书
典 楷体

(diǎn)

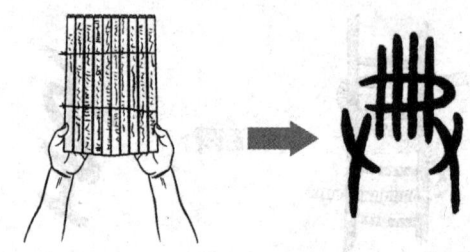

小心捧着的典册，记录着重要的典礼。

这个字上部分是"册"，下部分是左右两只手，上下两部分结合在一起就是用手小心地捧着书册。根据甲骨文字形分析，"典"字基本含义是重要的书籍或者文献。《尚书·五子歌》中记载："有典有则，贻厥子孙"，指的就是这个含义。"典"字的引申含义为法则、制度。在现代汉语中，形容文章写得不粗俗，很规范，常常用"典雅"来表示。

电
電 小篆
電 隶书
電 楷体

(diàn)

自然界的闪电已被人类驯服，成为每天不可缺少的电能。

"电"字的本义为闪电，是一个会意兼象形字。其古文字形上边像是在下雨，下边则像是天空划过的闪电。夏天雷雨季节到来时，闪电现象常会出现。"电"在现在更经常指的是一种重要的能源，即电能，如我们生活中离不开的各种电器。"电"还指电报，如"发来贺电"。此外，人们在表示异性之间一见钟情时，常常会说"放电"。

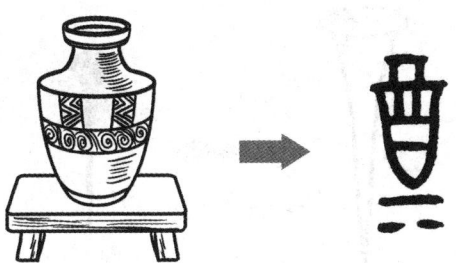

奠 (diàn)

双手捧着美酒来祭奠上天和先祖，用他们的保佑为未来奠基。

在金文字形中，"奠"字上部分为"酋"，表示精心酿制的美酒；下部分是放东西的平台，意思是"双手捧着美酒来祭祀"。根据字形分析，"奠"字的基本含义是用祭品向死者祭奠，后来，这个字引申为放置、打基础。现在该字常用于"祭奠""奠基"等词中。

蝶 (dié)

与蝴蝶有关的传说总是美丽的，《化蝶》就是其中之一。

"蝶"字本义为蝴蝶，是一个形声字。其古文字形左边很像是一条虫的形状，说明蝶属于昆虫；右边为"枼"(yè)，表示字音。同时，"枼"字是"叶"的本字，这里是说蝶的翅膀很薄，就像叶子一样。蝴蝶也简称为"蝶"，如我们常说的"彩蝶"。有一种被称为"蝶泳"的游泳姿势，因其形似蝶飞而得名，现在也是主要的游泳项目之一。

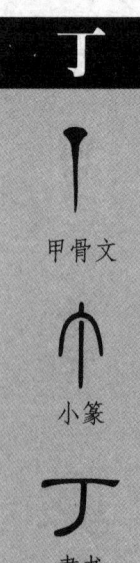

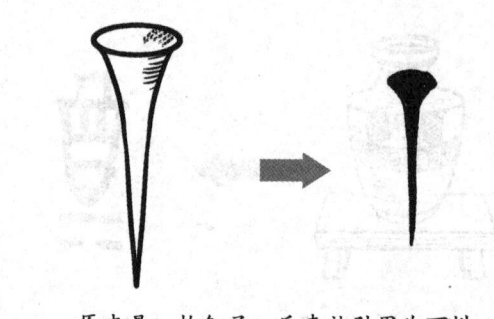

丁
(dīng)

原本是一枚钉子，后来被引用为下棋、弹筝的声音。

"丁"字为象形文字，在古文中代指下棋、弹古筝时的声音，读"zhēng"，如："一局未了，子声丁丁。"它是"钉"的古字，在金文中，它的字形像俯视时所看到的钉头形状，而在小篆中，它像从一侧看到的钉子形状。不过如今，它的本义已经消失了，全部由"钉"代替。这个字有人口之义，比如"人丁兴旺"。从事某种专业劳作的人也称为"丁"，如老师被称为"园丁"。

冬
(dōng)

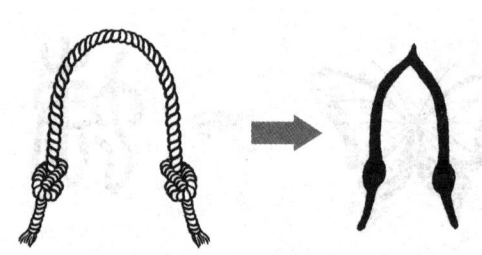

冬天意味着一年的结束，也意味着新年的开始。

"冬"字的基本含义是最后、终了。最初的字形，在一条线或者一段绳子的两端各打一个结，表示两个顶端，也就是"结束"。小篆中，这个字最下边是"仌"，没有太阳只有冰，只能是滴水成冰的冬季。后来，为了书写方便，人们将"仌"简化为两个小"丶"。现在，这个字一般指冬季，是一年四季中最后的一个季节，所以，"冬"通"终"，也表示一年即将结束。

冻 (dòng)

水要被冻成冰，需要足够的寒冷。

"冻"字本义为冰冻，是一个形声字。该字左边为"冫"，古文字形看上去很像冰块，意思是水冻成冰；右边为"东"，表示字音。在古代，"冻"还用作名词，意思是厚厚的冰。现在，"冻"字除了沿用本义外，还引申为"感受到寒冷"之义，如"外面很冷，被冻坏了"。此外，"冻"还指汤汁凝成的胶体，如"肉冻"。

凍 小篆
凍 隶书
凍 楷体

斗 (dòu)

称量用的器具，激烈搏斗的场面。

"斗"字有两个来源。第一个"斗"（dǒu）是古人盛酒的器具，在甲骨文和金文中，字形就像一把长柄勺子。还是一种容量单位，十升为一斗。现代汉语已经废除了这个单位。另一个"斗"是争斗，甲骨文的字形就像是两个正在激烈肉搏中的武士，两手紧紧地扣在一起。"斗"（dòu）还引申为较量，如《聊斋志异·促织》中"试与他虫斗"。另外，"斗"也是"逗"的通假字，意思就是挑逗。二者合并后，更常用的字义是后者。

甲骨文
小篆
鬥 隶书
鬥 楷体

鼎

 甲骨文
 小篆

鼎 隶书

鼎 楷体

(dǐng)

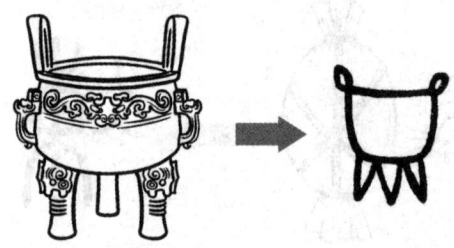

鼎是传国宝器，抢到了鼎也就抢到了国家政权。

"鼎"原是古代煮食物的一种器具，一般由青铜铸造而成。这种器皿两侧有耳，下边有三足支撑。"鼎"字为象形文字，在甲骨文和金文中，这个字上边有圆形两耳，下边有三足，十分形象地表达出这个字的本义。在古代，"鼎"被看做传国的宝器，是国家政权的象征，因此，用来比喻王位、帝业，如"问鼎中原"。这个字还象征着三方并立、互相对峙。最著名的鼎立局势就是三国时代魏、蜀、吴的三足鼎立。

定

 甲骨文

小篆

定 隶书

定 楷体

定
(dìng)

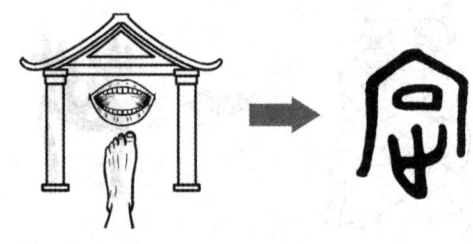

房屋端正无偏，人才能定心安居其中。

"定"是个会意字，本义是安稳。甲骨文的"定"，字形的上面是一个房屋的形状。字形内部的上方是"口"字，下方是"止"字，合在一起就是"正"字，意思是房屋内部端正，没有偏斜，人才能安居其中。金文的字形，将内部的"口"字变成了实心，字义没有改变。"定"还引申为约定、确立之义。例如，在全球定位系统技术的推动下，要确定一个人的方位，已经不是一件难事。

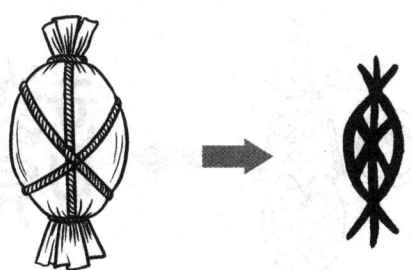 

装满东西的大袋子，最后成了指示方向的方位名词。

"东"由"日"和"木"组合而成，表示太阳刚刚升起，还没有升到树梢的高度。"东"也指"橐"，是一种两头开口的袋子，将东西装在袋子后，再用绳子将其两头捆紧，字形中的椭圆就像盛满东西的袋子，倾斜的笔画就像捆缚在袋子上的绳索。后来，"东"字表示太阳升起的方向，与"西"相对。古代主人位子在东，宾客位子在西，所以该字引申为主人，如现在也有"房东""股东"等说法。

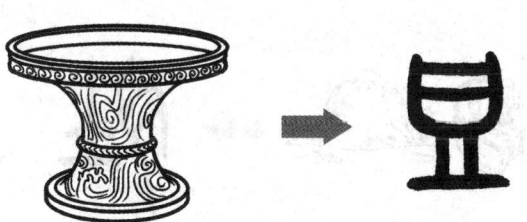

类似高脚盘的祭器，现在则是植物中的豆类总称。

豆是先秦时期人们盛放谷物和调味品的一种器物，常用于祭祀活动。它类似于现在的高脚盘，有盖子，一般为木制，而另一种古代器皿"登"，一般为瓦制。甲骨文中的"豆"字形非常形象地表现出器皿的形状。上古时期的"豆"并不用来指代植物中的豆类，而用来表示豆类的是"菽"。汉代以后，"豆"逐渐取代"菽"，成为豆类的总称，一直沿用至今。

读

读
(dú)

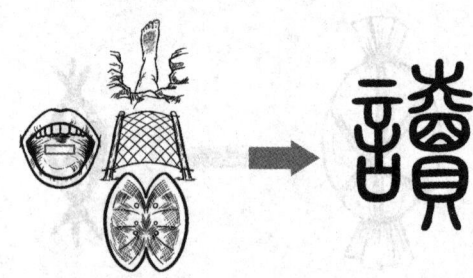

读书时要张开嘴巴发出声音，就像叫卖一样。

"读"字本义为照着文字念，是一个会意字。其字形左边为"言"(讠)，说明"读"与说话有关；右边为"卖"，意思是诵读时要张开嘴巴，就好像叫卖一样。现在，"阅读""宣读""朗读"等都沿用了"读"字的本义。现在，"读"字也指上学、学习，如"半工半读"，意思是一边上学，一边工作。此外，"读"还读 dòu，如"句读"，指的是文章里一句中间念起来需要停顿的地方。

肚

肚
(dù)

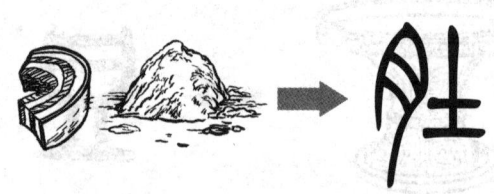

肚子装着人体五脏，还代表着人的形象。

"肚"字本义为肚子、腹部，是一个形声字。该字左边为"月"(肉)，古文字形看上去像是一块肉，说明"肚"与人体有关；右边为"土"，表示字音。同时，"土"字原来的字形像地上有块土，这里是说肚子大多是向外突出的。现在，"肚"也指身体上圆而突起的部分，如"腿肚"。此外，"肚"还读 dǔ，指的是供食用的动物的胃，如羊肚。

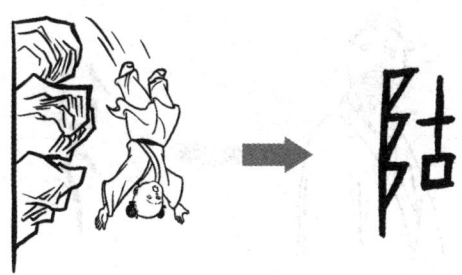

(duì)

原意是从山上坠落，现在则变成了队伍、队列。

在甲骨文中，它的字形很像一个人从山崖上掉下来的样子。随着字的演化，在金文中，人形被动物形所替代。所以，"队"是"坠"的本字，本义是从高处掉下来。"队"还通"隧"，读sui，指代隧道。除此之外，"队"也可以表示军队的编制，一百人为一队。现代汉语中，队多用来表示有共同特征的一群人。例如，为了公司的发展壮大，需要打造一支稳定而高效的团队。

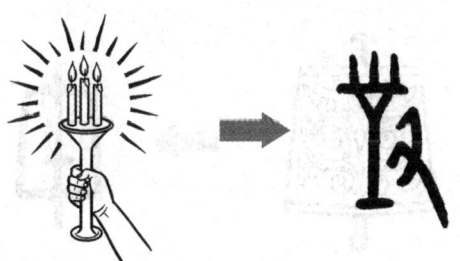

对 (duì)

对着一根带有烛台的蜡烛伸出了手，追求光明永远是对的。

"对"字有向着、朝着的含义。其甲骨文字形右边是一只手，而左边是一支正在燃烧的蜡烛，蜡烛的下边还带有烛座，很好地表现出了向着的含义。这个字引申为"应答"。在金文和铭文中，常常用词语"对扬"来表示"对答称扬"。现在，"对"意为正确，与"错"相对。但其相对、对面的含义仍然沿用，如为了进一步促进经济发展，国家之间的对话交流，日渐成为国际主流的合作模式。

兑 悦

| 甲骨文 | 小篆 | 隶书 | 楷体 |

（duì）

充满喜悦地开怀大笑，脸上都笑出了皱纹。

　　在甲骨文中，"兑"字最下面是一个人形，中间是一个大大的口，最上面部分是一撇加一捺，表示人笑的时候嘴角的皱纹。三部分组合在一起，形象地表现出一个人在大笑时的夸张形态。因此，"兑"字的基本含义就是喜悦、高兴。所以，"兑"是"悦"的本字。现代汉语中，常作为更换讲。你要出国旅游的话，必然要将人民币兑换成他国货币，这就显示出"兑"的作用。

盾

（dùn）

用来保护身体的盾牌，成为安全的象征。

　　"盾"是在古代打仗时用以保护身体、抵挡敌人武器的一种东西。这种保护物品一般呈长方形，内侧有把手。在甲骨文和金文中，"盾"字形呈长方形或者梯形，中间有两道横线，表示使用者手执的把手。小篆字形中，"盾"字上面部分呈盾形，下面是"目"，意思是用盾牌遮挡身体。这个字还用来表示盾形的东西，如很多安全公司将自己的名称定为金盾、银盾。

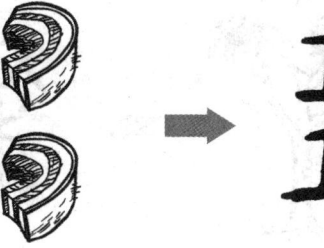

（duō）

并排摆放的两块肉，代表更多的东西。

在最初的写法上，"多"字并不是由上下两个"夕"构成，而是由像两块并排摆放的肉的形状构成。两三个同样的事物放在一起就有众多的含义，类似的汉字还有"林""森""众"等。这个字还有推崇、赞许之义，如多有气质、多漂亮。此外，它还有只、仅仅的意思，如至多。国际交往的日益频繁，使我们不得不走出国门看看世界，以接受更多的文化熏陶。

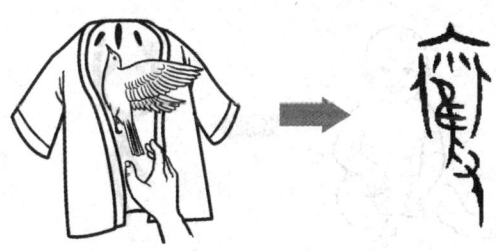

（duó）

一只小鸟从人手中挣脱飞走，夺取属于自己的自由。

"夺"字本义为失去，是一个会意字。在金文中，其字形像是一只小鸟从包裹着的衣服和人的手中挣脱飞走；在小篆文中，中间小鸟的形状演变为隹，隹字本义就是鸟；到了隶书，字形下边手的形状演变为"寸"。"夺"字现在的常用义为"抢，强取"，如掠夺。它还有"争取得到"之义，如"夺得冠军，是他此次参加比赛的目标"。

朵
(duǒ)

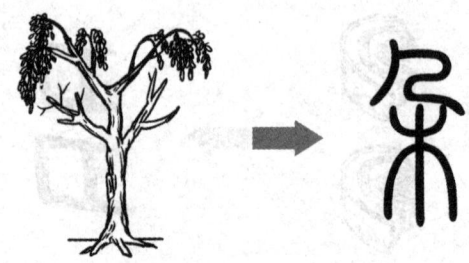

一朵倒垂的花，风姿楚楚动人。

"朵"字本义为树木的枝叶、花实下垂的样子，是一个象形字。在小篆文中，其字形像是一棵植物，上面为下垂的叶子或花朵或果实，下边则是植物的茎、根、叶。现在，"朵"泛指植物的花或苞，如花骨朵。"朵"在古代指两旁，如"朵廊"指的是大殿的左右走廊。"朵"用作动词，意思是"动"。现在也常用于量词，如一朵花。

儿
(ér)

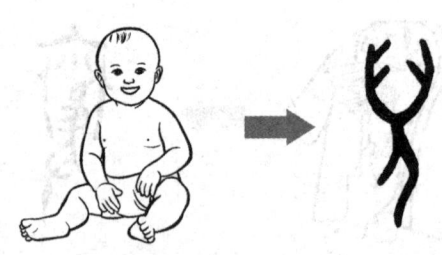

刚生下没多久的婴儿，囟门还没有闭合。

"儿"字的甲骨文字形与婴儿的体形十分相似，上部很像一个婴儿的头，并且是囟门还没有闭合的婴儿头，下面是一个"人"字。所以，这个字的本义为儿童。古代年轻女子常自称为"儿"，如《木兰诗》中，"愿驰千里足，送儿还故乡"。现在，"儿"也引申为儿子。

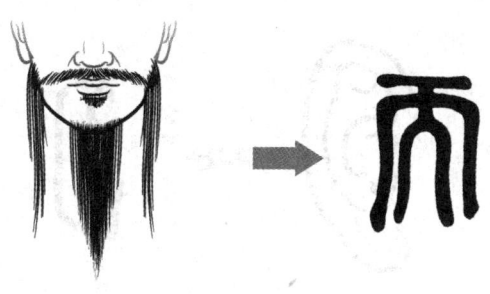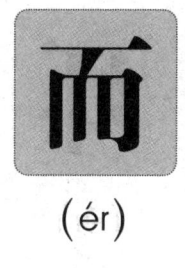

(ér)

原来是人面上的胡须，现在则是惯用的转折连词。

"而"是个象形字，本义是面颊两侧的胡须。金文的"而"，字形就像是人的胡须形状，分为内外两层，外层代表两腮的胡子，内层代表嘴巴下方的胡子。"而"的字义后来发生了改变，被假借为代词、动词，如"而翁"就是你的父亲，如：五经烂熟家常饭，莫似而翁歠（chuò）九流。现代汉语中，"而"常用作虚词，表示转折、递进和反问，常与"不仅"相连使用。

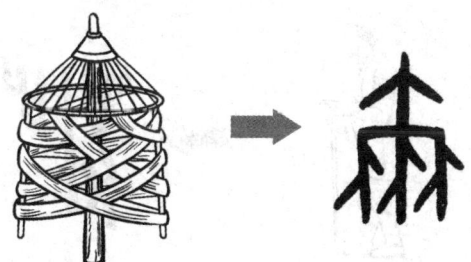

尔

(ěr)

原为缠满蚕丝的架子，现在是代词"你"。

"尔"字出现得很早，早在战国时期就出现了，是"爾"字的简体字。在甲骨文中，"尔"字指缠满蚕丝的架子。随着字体的逐渐演化，它的本义被"襧"字所替代，现在通常只用作代词和助词。作为代词，"尔"有你、你们的意思，还被释义为这样、如此，比如陶渊明的《饮酒》诗："问君何能尔。"在现代汉语中，"尔"常作为语气词，表示肯定的含义。

耳

甲骨文 小篆 隶书 楷体

(ěr)

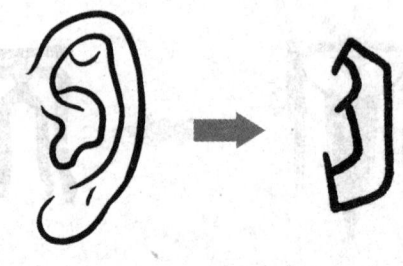

耳朵听到的，不一定是真实的。

"耳"字的本义为耳朵。在甲骨文中，"耳"字与耳朵的形状十分相像。随着字体慢慢演化，小篆以后的字体与耳朵的形状就相差很多了。"耳"字在古文中，通常用作语气助词，表示"而已""罢了"。这个字可以引申为附于物体两边的东西，耳朵形状的东西。现在的耳，除了表示耳朵之外，还作为动词，表示听说、听到，如早有耳闻、耳听为虚等。

发

甲骨文 小篆 隶书 楷体

(fā)

持着棍棒出发，将对叛逆者进行讨伐。

"发"字本义为出发，是一个会意字。在甲骨文中，"发"字左下方是一只左手，手中握一长棒，长棒的左右两边分别有一只脚，意思是持棒前进；在金文中，左侧比原来又多了一张弓；在小篆文中，"弓"被移到了双脚内部，而用"殳"来表示手持棒的形体。后来，"发"引申为发射，如"矢四发"，即是四支箭的意思。现在，"发"已经没有了手持棍棒的含义，常作为发表意见、发布通知来讲。

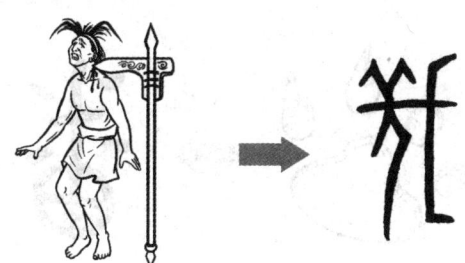 

手执武器砍断他人的脖子,就是伐的本义。

"伐"字左部分是"人",右部分是"戈"(古代的一种兵器),左右部分组合在一起,十分形象地描绘出用武器正在砍人脖子的情形。所以,"伐"字的本义是砍伐。另外,这个字也有"功劳""讨伐""进攻"之义。"伐"的本义沿用至今,但砍伐的方式已经和古代大有不同,现代化的机械虽然提高了效率,也造成了生态环境的破坏,全球变暖的问题也由此而生。

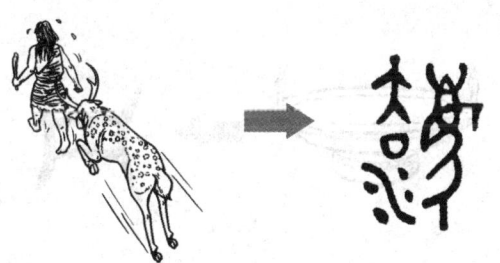 

神兽解廌会明辨是非,按照法理来惩罚罪人。

"法"是个会意字,本义就是法律。金文的"法",字形右边是一种神话动物的形象,这种动物称为"廌"(zhì),又称为獬豸。据说,它可以明辨是非曲直,在审理案件的时候,会用角去顶触那些不讲法理的人。字形的左下方是"水",意思就是"廌"在执法的时候能够做到公平如水。现在,随着文明程度的加深,法的观念在人们生活中已经变得不可缺少。

番
金文

番
小篆

番
隶书

番
楷体

凡
甲骨文

凡
小篆

凡
隶书

凡
楷体

(fān)

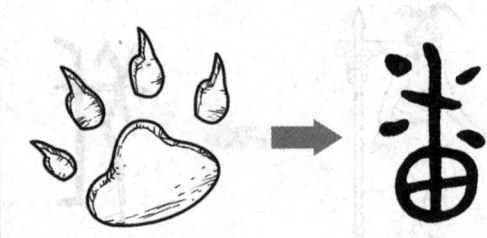

野兽在田野中走过，留下一个又一个爪印。

"番"是个象形字，本义是轮流更替。《说文》中解释为"兽足谓之番，从釆；田，象其掌"。金文的"番"，上方是"釆"，像是动物爪子的形状，下方是"田"字，就像脚印，合在一起就像是动物从田野中走过，留下了一个个爪印。小篆的"番"和金文相近。现在的写法，与金文相同。另外，"番"还引申为量词，如"番番是福"，意思就是每件事都很吉利。

(fán)

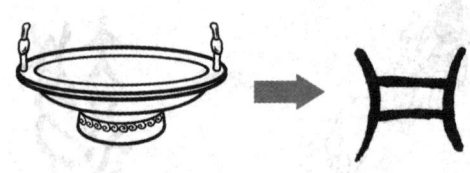

原来是一只盘子，现在变成了平凡的代名词。

最早的时候，"盘"字被写做"凡"。这一点，"凡"字在甲骨文中的字形可以证明，因为它在甲骨文中与盘子的形状十分相似。另外，甲骨卜辞中"盘庚"被写做"凡庚"。但这个含义随着字体的演化逐渐消失，现在，"凡"常引申为平常、平凡。著名作家路遥写过一部《平凡的世界》，感动了无数读者。

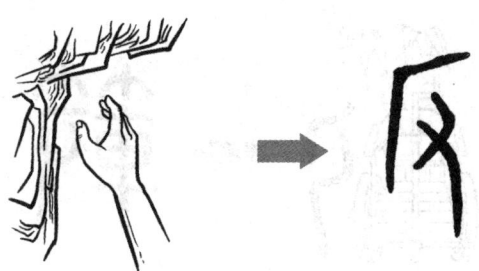

(fàn)

用力攀上悬崖，返回安全地带。

"反"字最初为"攀"的本字。在甲骨文中，其字形十分像一只手正向悬崖边攀登、靠近。后来，"反"字的本义逐渐消失，它的含义转为相反，与"正"相对。"反"也有造反、反叛的含义，如贾谊《治安策》中："十年之间，反者九起"，可见秦王朝的局势动荡。它还引申为返回，后来常写做"返"。现代汉语中，经常作为相对、违背来讲，如反对、反抗、反击等。

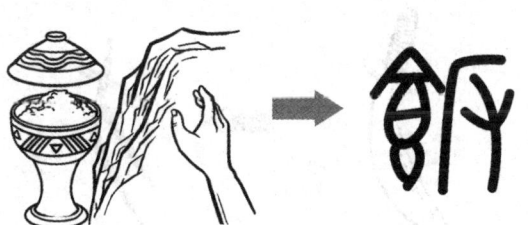

(fàn)

左边是丰盛的食物，食用时要不断咀嚼、下咽。

"饭"字的本义为吃饭，是一个形声字。在金文中，其字形左边像是盛有食物的器皿；右边为"反"，表示字音。同时"反"有重复之义，这里是说吃饭时需要不断重复进食、咀嚼、下咽等动作。"饭"字也可用作名词，意思是饭食，即每天吃的食物，如"早饭"。现在常用的一个成语"酒囊饭袋"，讽刺那些只知道吃喝而不学无术的人。

范

範 小篆

範 隶书

範 楷体

范 (fàn)

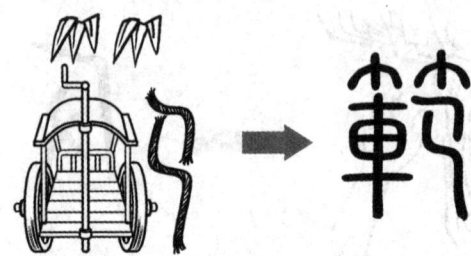

古代出行前要遵守一定的规法来祭祀路神。

"范"字最初为"範",本义古代出行前祭路神,是一个形声字。在小篆文中,其字形左下方像车子的形状,意思是车子出行前祭路神;右边为"巳",读音为fàn,代表字音。同时,"巳"有模子、法则的意思,这里是说祭路神要遵循一定的规矩和形式。后来,"范"常指模子,如"铜范"。现在,又由"模子"引申为榜样,如"他是本年度的劳动模范"。在北京方言中,某人很具时尚感,则被称为"有范儿"。

方枋

才 甲骨文

方 小篆

方 隶书

方 楷体

方 (fāng)

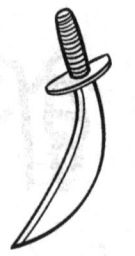

与人方便,才能于己方便。

"方"字本义为"刀柄",是"枋"(器物的把儿)的本字。这一点,甲骨文和金文中的"方"字形都能体现,两种字体的"方"字都是刀的形状,刀柄之处都被添上一条短线。后来,这个字的本义消失,取而代之的是方圆的含义。方也可作为副词使用,表示正在,如方才。现在,"方"表示一个人为人正直、待人诚恳,或是一件事情做法合乎规矩,如教导有方。

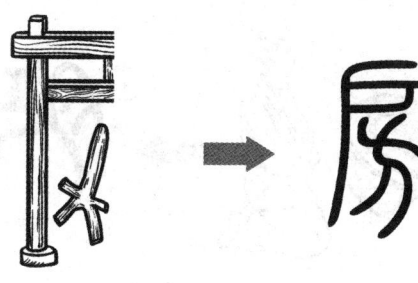

房 (fáng)

房本只是正室旁边的偏房,现在成了所有人最关心的问题。

"房"字本义为正室两旁的房间,是一个形声字。在小篆文中,其字形外围很像一扇门,表明"房"字与房子有关;右边为"方",表示字音。同时,"方"有并列的含义,这里是说正室两旁的房间位置是并列的。现在,"房"泛指房子、房间。生活中一些像房子的东西也称为"房",如"莲房"。此外,"房"也指家族的一支,如远房亲戚。现在,如何在自己想要的地方买或盖一套房子,成了人们生活中需要面对的最大问题之一。

非 (fēi)

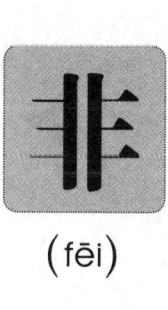

鸟儿在天空自由飞翔,就像人想入非非时的思绪一样。

"非"的本义是飞翔,在甲骨文中非常像鸟儿在天空中振翅高飞时翅膀的形状,"非"字是"飞"字的最初字形。后来,"非"字的本义消失,只表示否定的含义。这个字也有非难、责怪的意思,与"诽"字通用,如《史记·秦始皇本纪》中:"今诸生不师今而学古,以非当世",这里说的就是历史上的"焚书坑儒"事件。"非"后还引申为否定,如冯小刚导演的电影《非诚勿扰》用的就是这一含义。

肥

肥 小篆
肥 隶书
肥 楷体

肥 (féi)

肥胖已经成了一种时代病，减肥成了曝光度最高的一个词。

"肥"字本义是人长得胖，是一个会意字。在小篆文中，其字形左边为"肉"，表示与人体有关；右边为"卩"，读音为jié，有关节的意思，这里是说骨头关节处长肉就表示肥胖。隶书和楷书中，"肥"字右边为"巴"，"巴"是一种大蛇，这里是说身材肥胖的人大多有较大的形体。此外，"肥"也有肥沃、肥料之义。衣服、鞋子宽大，人们也用"肥"来形容。

分

分 甲骨文
分 小篆
分 隶书
分 楷体

分 (fēn)

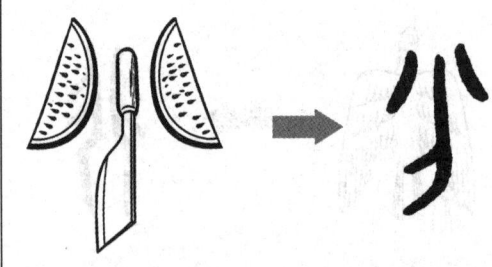

用刀子将物体一分为二，分离总伴有阵痛。

从字形上看，这个字正中间是一把刀，上部分左右两边结构相同，表示用刀子将物体分开。"分"字的本义是将物体一分为二。并且，这个含义一直沿用到今天。"分"字的引申含义是区别、分辨，如《论语·微子》中："四体不勤，五谷不分，孰为夫子？"意思就是一个好吃懒做、连粮食都分辨不清的人，怎么能做别人的老师呢？现代汉语中，"分"的本义没有变，还是分开、区别之义。

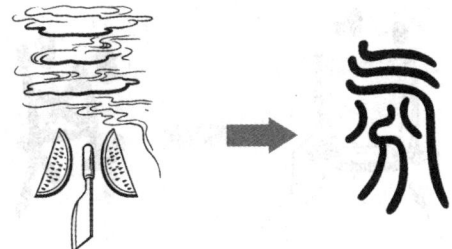

氛
(fēn)

根据天空云气的变化，可以看出吉凶，气氛变化也有这个作用。

"氛"字本义为预示吉凶的云气，是一个形声字。在小篆文中，"氛围"字上面的"气"很像是空中的一团团云气；下边的"分"表示字音。同时，分有"分析"的含义，这里是说依据天空云气的变化，可分析出吉凶。"氛"用作形容词，通"纷"，意思是"乱、杂"。现在，"氛"字的常用义为情势、气象，如"这里的气氛十分协调"。

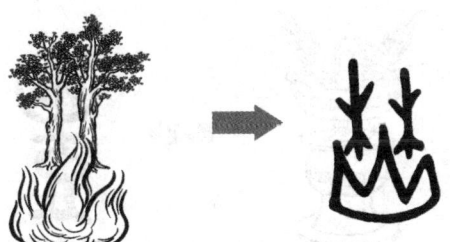

焚
(fén)

秋耕前，要用火烧掉山林中的野草。

"焚"是个会意字，本义是烧掉，古人认为"焚"就是用火烧掉山林中的野草。甲骨文的"焚"，上方的两个"木"，代表树林，下方的"山"字形，既表示树林处于高山之上，也像熊熊燃烧的火苗，合起来就像是要燃火烧掉山中的树林。在古代，"焚"还代表一种酷刑。随着文明的发展，在现代社会中，这种残酷的刑罚早已被废除，只保留了焚烧的本义。

粪 (fèn)

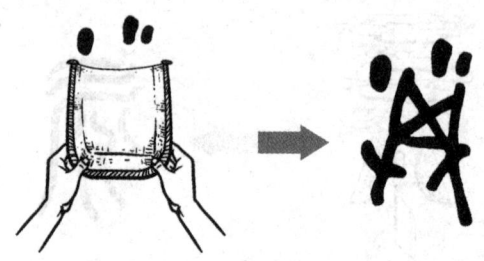

粪原来是扫除污秽的意思,现在却变成了污秽本身。

"粪"是个会意字,本义是清除污秽。甲骨文的"粪",字形上方的三点,代表污垢,中间是个簸箕的形状,下方是两个"手"形,合在一起就是用双手将污秽清扫干净,放入簸箕中倒掉,这也正呼应了"粪"的本义。小篆的"粪",发生了讹变,字形上方的三点变成了"米"字。现代汉语中,"粪"也常指污秽之物,如"粪土"就是粪便,"粪"也多引申为施肥。

丰 (fēng)

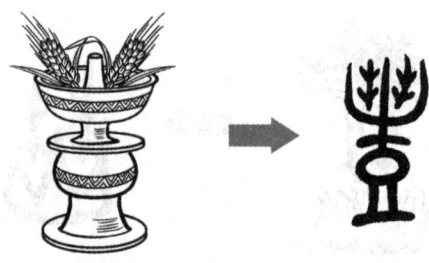

原本是盛放祭品的一种器具,又是用来形容植物枝叶萌发的词。

起初,"丰"字有两种含义。第一种含义通"豊",指代古时候盛放祭品的一种器具,形状像豆。甲骨文的"丰"字形下方为"豆",就说明了这一点。后来,它引申为丰盛,如"家家丰实"。第二种含义为茂盛,用来形容植物枝叶萌发,一片勃勃生机的样子。现在这两种含义都统一为"丰"。各个领域取得的成绩,都可以用"丰"来形容,如成果丰硕、丰功伟业等。

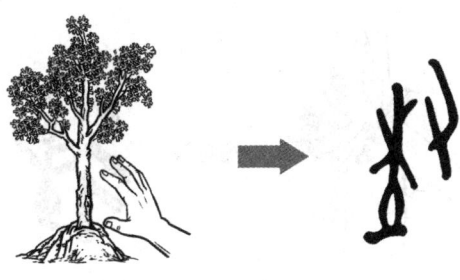

拿起树苗在土堆上种植，只有封好了挖出的树坑，树才能长好。

封
(fēng)

"封"是个会意字，本义是在土中培植树木。甲骨文的"封"，字形的左上方是"木"字，代表树木，左下方是"土"字，代表土堆，右上方是个"手"形，表示人手里拿着树苗，正在进行栽植。金文的"封"，右方的"手"变为"人"，上面的两个短横，表示人伸出两手来种植树木。"封"还引申为书信。

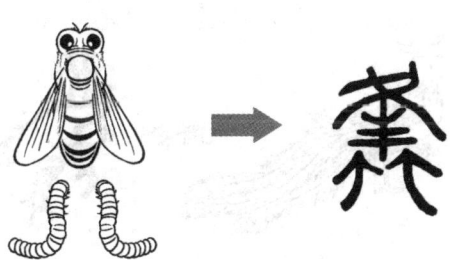

有花朵的地方，就会有蜜蜂。

蜂
(fēng)

"蜂"是个形声字，指的是蜜蜂、黄蜂等蜂类昆虫。古人认为"蜂"是一种会飞的昆虫，能蜇人。"蜂"的古字形，上方的"夆"是声旁，下方的两个"虫"字，是形旁。小篆的"蜂"字，上部是"逢"，下部是"虫"，字形更加繁杂。由于"蜂"有群居的特性，后还引申为众多、成群之义，如每当商场打折促销时，顾客们就会蜂拥而至，平时不畅销的商品，也会很快售罄。

(féng)

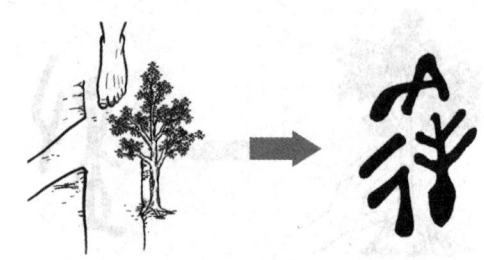

正在向前行走，脚下却碰到了什么东西。

"逢"是个会意兼形声字，本义是相遇。甲骨文的"逢"，上方是倒写的"止"字，表示脚趾，左下方是"彳"，表示行进，右下方是"丰"，代表物品，合在一起就像是一个向前行进的人，脚下碰到了某个东西。小篆"逢"的字形，左边变成了"辶"字。"逢"还引申为迎接，如"逢福"，意思能够交上好运。现在逢年过节，人们都要相聚在一起，共同给生活打气，为未来祈福。

(fèng)

凤凰涅槃，浴火重生。

凤是古代传说中的一种鸟，雄鸟为"凤"，雌鸟为"凰"，通常都被称为"凤"。在甲骨文和金文中，"凤"字形很像一只美丽的凤凰，它很形象地描绘出凤凰舒展着漂亮尾部羽毛的样子。"凤"字也通"风"，如甲骨卜辞"今日不凤"，意思就是今天不会刮风。现代汉语中，"凤"保持了本义，指的是神鸟凤凰。

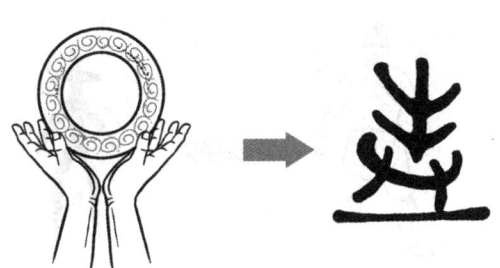

捧着东西,将其奉献出去。

奉
(fèng)

奉
甲骨文

奉
小篆

奉
隶书

奉
楷体

　　"奉"是个会意兼形声字,本义是用手捧着东西。甲骨文的"奉",上半部分是"丰",既是声旁,也是形旁,下半部分是两个"手"形,合起来的意思是将东西捧在手里。小篆的"奉"字,下面变成了三个"手"形。楷书的"奉",形成了现在使用的写法。"奉"后还引申为恭敬地接受。现代汉语中,奉表示尊重、付出,如奉公守法的人,才会得到社会的尊重,进而获得成功。

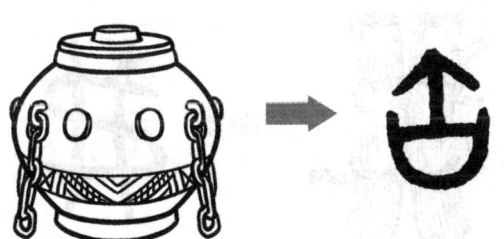

原本是一种汲水的瓦器,又代指一种打击乐器。

缶
(fǒu)

缶
甲骨文

缶
小篆

缶
隶书

缶
楷体

　　最早,"缶"是一种汲水的瓦器。它的字形就像一个装满液体的容器,肚子大大的,而且有盖子。以"缶"作为部首的汉字一般都是陶制器皿,如"缸""罐""磬"等。此外,它还是古代一种打击乐器。随着故事的广为流传,"缶"作为一种乐器也为人们所熟知。在北京奥运会开幕式中,千人击缶的表演,气势宏大,震撼人心。

夫

(fū)

过去，束发加冠后男人才成年，现在，结婚成家后，男人才为"夫"。

"夫"字的本义是成年男子。它的字形很像一个正面站立的男子，这个字的最上边有一小短横，表示头发上的发簪。因为在古代男子成年之后要束发加冠，所以，这个字形很形象地表达了它的本义。这个字的引申含义是已经结婚的男子。这个字也可以表示从事某种体力劳动的人，如农夫、马夫、车夫等。现代汉语中，"夫"大多作为丈夫使用，与妻子相对。

弗

(fú)

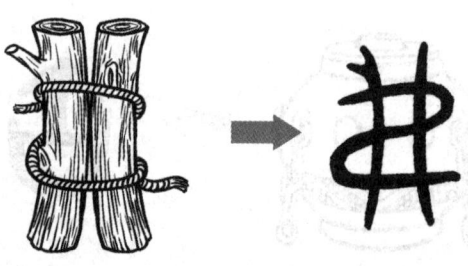

用绳索捆住弯曲的木棍，使其变得笔直。

在甲骨文中，"弗"字的中间很像两根弯曲的木棍，弯曲的笔画表示绳索。用绳索捆住弯曲的物体，为的是使物体变得笔直。所以，这个字的本义是矫正。这个字是"拂"字的本字，当表示辅弼含义时，读音为 bì，通弼。后来，这个字的本义逐渐消失，常常用它来表示否定的含义。现在，这个字已经不常使用，一般多用来翻译国外名称，如著名的雪弗莱汽车。

(fú)

一只狗从背后跟着一个人,将其扑倒在地。

"伏"是个会意字,本义是趴在地上的样子。金文的"伏"字,左半边是一个朝左方站立的"人",右半边是一个"犬"字,代表这个人的后面跟着一条狗,显出狗从后面将人扑倒的情形,由此也引申出"伏"的本义。"伏"后来还被假借为"孵"字,如雌鸡伏子,意思就是母鸡孵小鸡。现在,"伏"表示隐藏、藏匿,如电视剧《潜伏》用的就是这一含义。

(fú)

一只大手抓住了一个人,表示抓住了俘虏。

"孚"是"俘"的本字。在甲骨文中,它分为上下两部分。上部分是"爫",也就是一只大手,下部分是"子",也就是一个小人。从字形来看,本义为"俘获"。"孚"字有孵卵的含义,通"孵",如孚卵。在古代有的史料中,"孚"还被释义为"为人所信服"。现代汉语中,"孚"已经不常出现,偶尔也作为名称使用,如美国的石油巨头美孚公司。

扶

金文 小篆 隶书 楷体

扶 (fú)

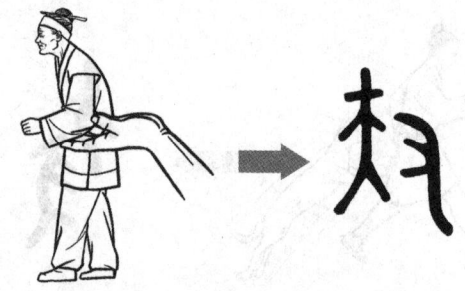

用手搀扶着头上戴簪的女人，帮她稳当地前行。

"扶"是个会意字，本义是搀扶。金文的"扶"，字形左边是"夫"，表示头上戴着钗子的女人。右方是个"手"形，表示用手搀扶着她。小篆的"扶"字，将"夫"和"手"的位置进行了互换。楷书"扶"的写法，便是直接由小篆变化而来。"扶"还作为"辅"的通假字，意思就是帮助。现在，"扶"的本义没有多大改变，如汶川地震之后，东部发达地区采取各种措施进行帮扶。

服

甲骨文 小篆 隶书 楷体

服 (fú)

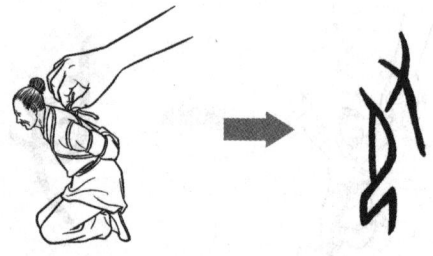

用手抓住一个跪着的人，让他服从自己的指挥。

"服"字的本义是降服。在古字形中，这个字的右部分是一只手，左部分是一个正在跪着的人，这表示用手抓人，使别人服从。随着字体的演化，人们先是在旁添加"凡"字，表示声旁；之后，在金文中，"舟"代替了"凡"。发展到隶书，人们用"月"取代以前所使用的声旁。现在，"服"引申为敬佩、信服。在工作中，学会服从，不仅是一种责任，更是一种人生历练。

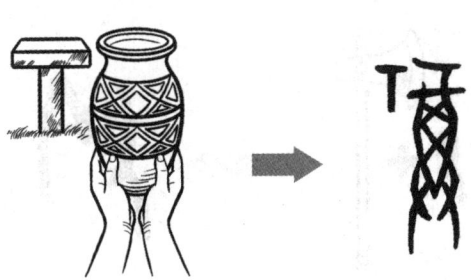

手捧美酒跪在祭坛，祈求幸福快来临。

福 (fú)

在甲骨文中，"福"字形右部分是双手捧着一个酒坛子，左部分为"示"，表示祭台，左右两部分组合在一起表示人在祭坛向神祈求幸福降临。所以，这个字的本义是福气、福运，与"祸"相对，如《道德经》中"祸兮福之所倚，福兮祸之所伏"。这个字也指代祭祀使用的酒肉。现在，每到春节来临，人们都要贴福字，祈求来年的丰收和安康。

抚摸不需要用太大的力气，是一种对身心的安慰。

抚 (fǔ)

"抚"字本义为轻轻地按着，抚摩，是一个会意字。在小篆文中，其字形左边为一只手的形状，表示"抚"是手的一种动作；右边为"无"，表示没有，这里是说抚摩不用费很大的力气。同时，"无"也表示字音。现在，"抚"字除了沿用本义外，还有慰问、安慰之义，如"政府采取各种措施抚恤灾民"。人们常说的"抚养"，这里的"抚"则是扶持、保护的意思。

斧 (fǔ)

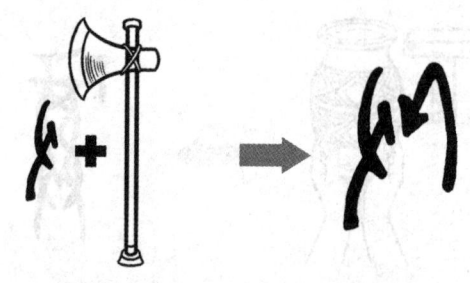

斧是古代最常用的工具和战争武器，也是经常被刻在器具上的花纹。

"斧"是个形声字，本义是斧头，还表示砍伐。甲骨文的"斧"，字形左边是"父"，表示声旁，右边是"斤"，表示形旁，代表斧头。小篆的"斧"，变成了左形右声的形声字。《易·巽卦》中"丧其资斧"，意思就是没有了像斧头一样果断的性格。"斧"也指刻在器物上，类似于斧头形状的纹饰。现在，"斧"除了本义外，也引申为改正，如"斧正"，是一个敬辞。

父 (fù)

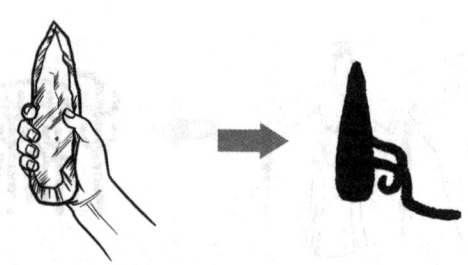

父亲是手持石斧，为家庭带来食物的成年男子，是一家之主。

这个字在甲骨文中的字形很像一个人手持石斧的样子，所以，"父"字的本义是从事劳动的男人。后来，"父"字常常指代父亲。此外，它也可以作为对和父亲同辈的男性长辈的尊称，如"姑父""叔父"等。除此之外，人们在表示对某一种大事业的创始者的尊敬时，也会用到这个字，如为人们所熟悉的，我国著名的科学家"导弹之父"钱学森。

付 (fù)

把手里拿着的东西送给别人，就是付出。

"付"是个会意字，本义为把东西给予某人。带有寸字旁的字，一般和手的活动相关。金文"付"的字形，左半部是"人"字，右半部是"又"字，代表人的手，合起来就是把手里拿的东西给予他人。小篆的字形，把右半部的"又"字写成了"寸"。在古文中，"付"通"附"，意思是附着、归附。现在，"付"多使用本义。现代社会，一个人要想有一定的成绩，首先要学会付出。

妇 (fù)

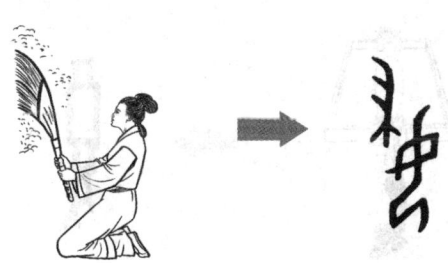

拿着扫帚打扫卫生的女人，一般就是家庭主妇。

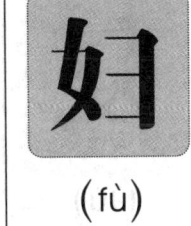

在甲骨文中，"妇"字分为左右两部分。左部分是扫帚的形状，右部分是一女子的样子。女子手拿扫帚在打扫卫生，而打扫卫生又是家庭主妇所从事的工作。所以，这个字的本义是已婚的女子。在甲骨文中，"帚"有时会代替"妇"。这个字也有妻子的含义。现代汉语中，"妇"字常作为女子的通称。现代文明的进步，使得妇女的权利得到了极大提高，开始与男人处于同等地位。

阜

甲骨文 小篆 隶书 楷体

阜 (fù)

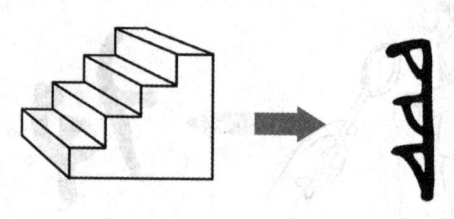

原本是几级阶梯，或者不是很高的土山，现在表示富有。

　　"阜"字是一个象形字，本义为阶梯或者不是很高的土山，用来表示地势或升降等意义。在甲骨文中，"阜"字的字形就像山崖边上的石磴，形成一层层的台阶。后来，"阜"泛指山。"阜"用作形容词，意思是丰富、富有。"阜"就是"阝"，带有该部首的汉字，多与阶梯、升降、地名等有关。经过几十年的改革和发展，我们的国家现在已是物阜民丰，人民生活获得了极大改善。

复

甲骨文 小篆 隶书 楷体

复 (fù)

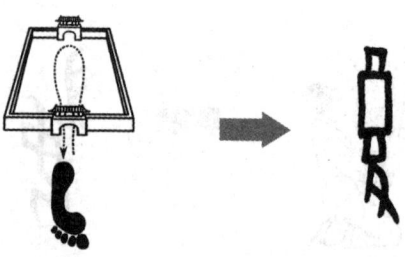

去而复返，再度回到自己的村庄。

　　在甲骨文中，"复"字上部分与村庄的样子十分相像，而下部分是一只脚的形状。通过字形分析，这个字表示再回到某个地方。所以，这个字的本义是"走旧路"。正如《说文》中所说的："复，行故道也。"后来，人们常常用"復"来代替"复"。但随着字体的逐渐简化，又重新恢复"复"的写法，并且"復"字也被合并，统一改用"复"。

(gǎi)

手拿棍棒责打孩子,希望他改正错误。

在甲骨文中,"改"字的字形为:有一个小孩跪在地上,而旁边有一只持棍棒的手。这个字的形状表示手拿棍棒要打小孩,目的是要孩子改正以往的错误。所以,这个字的本义是"改变""更正"。后来,这个字引申为修改、修订。此外,"改"用作副词,还有另外、另行的意思,如"改聚",意思是另外增加民众。现在,"改"常使用本义,如我国正在实行的改革开放政策。

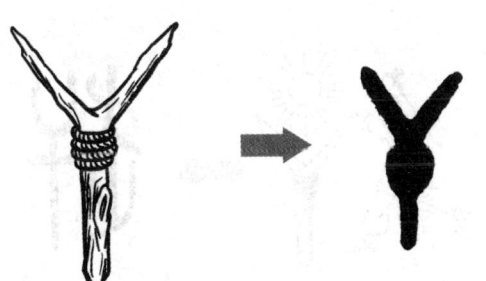 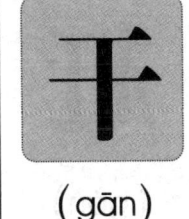 

(gān)

用"干"这种武器可以轻易叉住敌人或野兽的脖子,抵御它们的进攻。

"干"字原指一种武器,形状像叉子,其主要用途是抵御敌人或者野兽的进攻。这种武器可以很容易叉住对方的脖子。"干"在古书中指代盾牌,如古诗"刑天舞干戚,猛志固常在"。人们用词语"干戈"指代兵器,比如成语"大动干戈",用来形容战争。后来,这个字引申为冒犯、冲撞。在古书中,"乾""幹"与"干"含义各不相同,在现代汉语中,都统一简化为"干"。

甲骨文

小篆

甘

隶书

甘

楷体

甘 (gān)

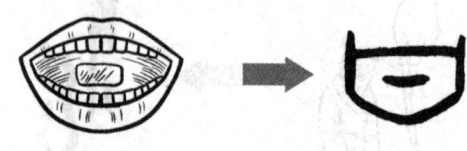

含在嘴里的食物非常甘美。

最初，"甘"字的外框是一个"口"，中间一小横表示含在嘴里的食物。能含在口中的食物当然是甜的、美的，这就是"甘"字的本义。后来，这个字引申为美好动听，如《左传》中："今币重而言甘，诱我也。"此外，它也有情愿、乐意的意思，如现代汉语中经常用到的"心甘情愿""甘心"等。

小篆

趕

隶书

趕

楷体

赶 (gǎn)

一人在大地上奔跑着赶路。

"赶"字本义为奔跑、追赶，是一个形声字。在隶书和楷书中，"赶"字左边为"走"，意思是奔走；右边为"旱"，"旱"有陆地的意思，就好像太阳在天上，意思是人在陆地上奔跑。现在的简体字"赶"，右边为"干"，"干"有冒犯的意思，这里是说冒犯者一定会拼命奔跑。现在，"赶"字除了本义之外，还有驱逐之义，如"赶走"。

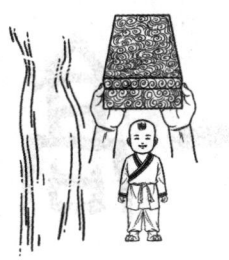

港 (gǎng)

港原本是最小的河流，后来成为停泊船只的港口。

"港"字本义为江河的支流，是一个会意字。左边的"氵"在古文字形中很像河流，表示水；右边为"巷"，"巷"指的是最小的道路。这里是说港是最小的河流。同时，"巷"还可表示字音。"港"字后来引申为可以停泊船只的河湾、海湾或江海口岸，如港口。这也是该字在现在的常用义。此外，"港"还特指香港，是我国的一个特别行政区。

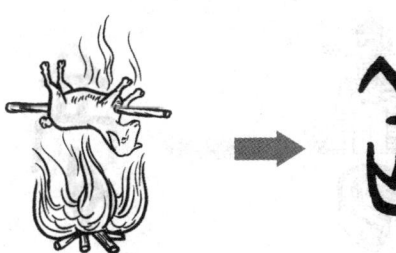

羔 (gāo)

羔羊肉至今仍是难得的美味，而被喻为"羔羊"，常常预示着会遭遇羔羊般的噩运。

"羔"字分为上下两部分，上部分是"羊"，下部分是"火"，两部分组合在一起，表示用火烧烤羊。因为在烤羊肉中，小羊肉的味道最鲜美，所以，"羔"字的本义是小羊，尤其指未满一岁的小绵羊。《说文》中这样解释："羔，羊子也。"后来，幼小的生命也用"羔"来表示，如词语"羔子"。这个字也可以用来比喻天真、纯洁温顺而柔弱的女子，风靡一时的惊悚电影《沉默的羔羊》就用了这个喻义。

甲骨文

小篆

高
隶书

高
楷体

（gāo）

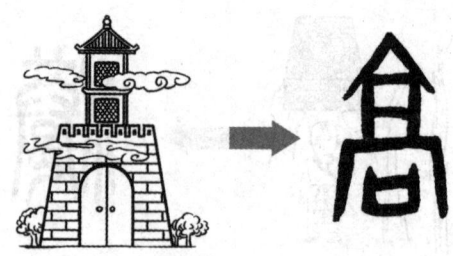

"高"字原本就是一座高高的楼。

在甲骨文中，"高"字形与重重叠叠的楼阁形状十分相似，中间部分有城楼，字形的最下方还有一个"口"，用来表示建筑物的门。可见，这是用高楼来表示"高"字的本义。很显然，这个字的含义与"低"相对。后来，"高"字引申为高超、高尚。现代汉语中，"高"常表示地位、学问或是品德，如周恩来总理一生高风亮节的品格，至今仍在影响着我们后人。

膏

甲骨文

小篆

膏
隶书

膏
楷体

（gāo）

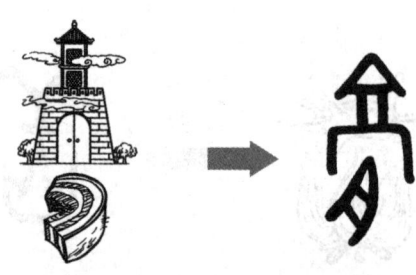

融化了的油脂就叫膏，肥美的膏脂在过去被认为是肉的最精华部分。

"膏"是个形声字，本义是融化了的油脂。古人认为"膏"是一种肥腻的东西，凝固的时候称作"脂"，融化之后则称为"膏"。甲骨文的"膏"字，上部是"高"字的简略写法，代表声旁，下方是"肉"字，代表形旁，表示"膏"的字义和肉有关。小篆的"膏"，字形和甲骨文相近。"膏"后引申为味道甘美之义，"膏露"就是甘甜的雨露。

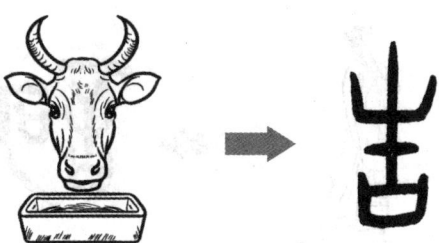

(gào)

靠近公牛是危险的，这件事一定要广而告之。

"告"是个会意字，本义是蓄养牛羊的圈。甲骨文的"告"，字形上方是一个牛头的形状，下方是一个喂养牲畜用的石槽，结合看就是牛在吃东西。"告"还是"牿"的本字。牛常会用角顶人，所以要在牛圈四周设置一圈横木作为围栏，告诫人们不要靠得太近，"告"由此也引申出报告、上告之义。现在，"告"成了社会生活中最受关注的事之一，尤其是"广告"，每个人每天都生活在广告中。

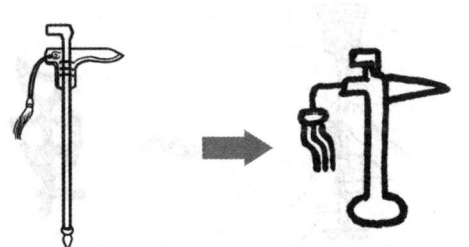

(gē)

战乱不断的世界，武器（戈）就是罪魁祸首。

"戈"是个象形字，它是一种古代的武器，常见于商周时期，秦之后逐渐消失。《说文》中解释为"戈，平头戟也。从弋，一，横之象形"。甲骨文的"戈"字，上方是横向的尖刀，古代称为"援"，上下有刃，用于攻击和钩刺，也称"钩兵"或"啄兵"；下方是长柄，左边还系缚着装饰物，从形象上看就像是古时作战时用的一种武器。"戈"也代指战争。现代汉语里也常用"化干戈为玉帛"来代指停止战争而修好。

歌
訶 金文
歌 小篆
歌 隶书
歌 楷体

(gē)

放声高唱，歌声飘扬。

"歌"字本义为唱，是一个形声字。在金文中，"歌"字左边为"言"，代表字义；右边为"可"，代表字音。在小篆文中，"欠"替代了"言"，表示与"口"有关系。后来，"歌"引申为歌颂、赞美，如歌功颂德，意思是颂扬他人的功德。"歌"用作名词，意为歌曲。此外，在古代"歌"还用来指禽鸟的鸣叫。现在，歌唱已经成为人们生活中不可缺少的文化活动。

革
革 金文
革 小篆
革 隶书
革 楷体

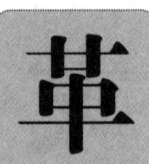

(gé)

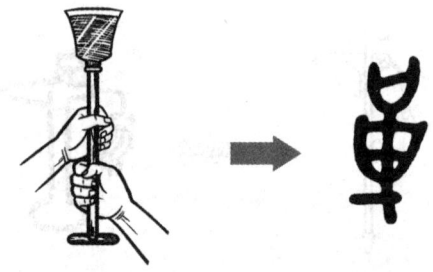

用铲刀剥去野兽的皮，革除就是这么痛苦而彻底。

"革"是个象形字，本义是剥去野兽的皮毛。《说文》中解释为"革，兽皮治去其毛"。金文的"革"，字形上方是一把铲刀的形状，下方是两个相扣的"手"形，显现出使用铲刀剥去兽皮。"革"的字形还像是已经剖剥下来的兽皮，中间的圆形，代表兽身的皮毛，余下的部分是兽头和兽尾。"革"还用来指代盔甲。现在的"革"，经常用来表示事物的发展变化，如变革、改革等。

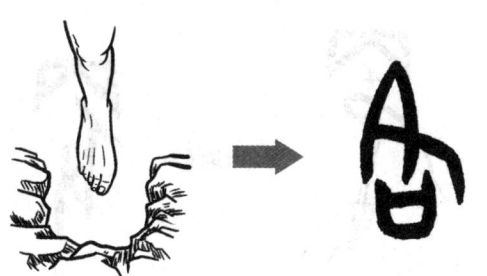

(gè)

你来到这里，说着你的意见，可惜对这件事，我们各有各的看法。

"各"是个会意字，本义是到来。甲骨文的"各"字，上面是人的一只脚，下面是"口"字，表示人从别处来到了门口。金文的"各"，字形与甲骨文相似。"各"也表示对某件事情有不同意见，上半部的"夂"（pū）字，就是阻止某人。《诗经·载驰》中"各，不一之辞"，认为"各"代表不相统一的各种言论。

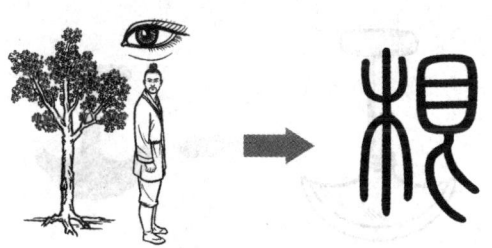

根
(gēn)

每一种植物都有根部，每一件事情的发生都有相应的根源。

"根"字本义为草木之根，是一个形声字。在小篆文中，"根"字左边为木，其字形很像一棵树；右边为艮，表示字音。同时，"艮"有瞪目不从的意思，这里是说树根在地下各自生长互不相从。"根"也指事物的基部，如墙根。由于树根是大树的支撑，所以该字又引申为事物的本源，如"一定要弄清楚这件事情的根源"。

甲骨文

小篆

更
隶书

更
楷体

(gēng)

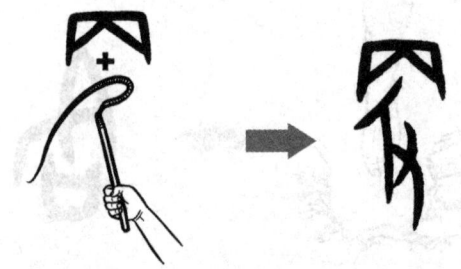

手里拿着鞭子正在鞭打某人，使其改正。

"更"是个形声字，本义为改正。甲骨文的"更"字，上半部是"丙"，为声旁，下半部代表人手鞭子，合起来的意思，就是一个人手里拿着鞭子，正在鞭打某人，以使其改正。"更"还引申为代替。另外，"更"还是古代的一种时间单位，古人将一夜分为五更，每更各两个小时。现在，这个字更常被用作副词，读音为gèng，意为"更加"，例如奥运会的宗旨"更高，更快，更强"。

工

金文

小篆

隶书

工
楷体

(gōng)

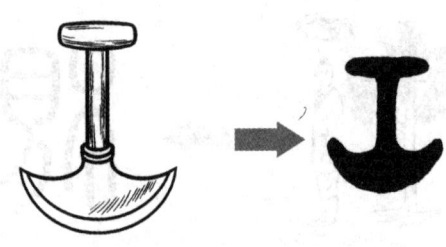

竖着放置的一把斧子，上面是斧柄，下面是斧刃，是木匠必备的工具。

"工"是个象形字，本义是工具。金文的"工"字，就像是竖向放置的一把斧子，上方是木制的斧柄，下方是圆弧形的斧刃。"工"和"巨"（矩）代表同一器物，都指工匠使用的圆规和直尺。"工"的字形也像一把弯折的尺子，所以本义为曲尺。后来，"工"还引申为工匠、工人。现在，"工"更常用于"工作"一词中。工作不仅是糊口之道，也是一个人体现价值的途径。

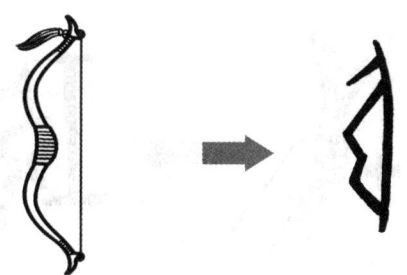 

(gōng)

一把张开的弯弓，弓弦、弓背齐全，还有一条缨带。

"弓"是个象形字，本义是古人射箭或打靶时所用的器械。汉字中带有弓字旁的，大多都与弓箭有关。甲骨文的"弓"字，形态上就像一把张开的弯弓，左方的弯折线是弓背，右方稍稍弯曲的是弓弦，上方还系缚着一条缨带。金文的"弓"字，将右边的弓弦省略了，只剩下左边的弓背。隶变之后，"弓"字形成了现在所使用的写法。现代社会中，使用弓的机会基本不存在了，具有更大威力的是爱神丘比特的弓箭。

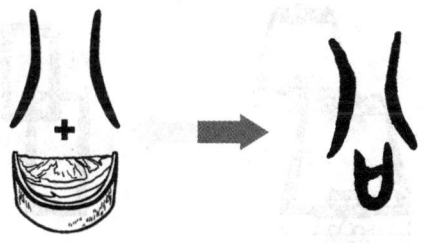 

(gōng)

将"私"字分开，一人一半，这就是公平。

"公"是个会意字，本义是公正无私。甲骨文的"公"，字形上方是"八"，表示分开，下方是口形，表示物品，合在一起就是将某物从中间分开，象征公平之义。甲骨文的"公"字，上面的"八"也可表示相背，下面是"厶"字，表示自私，两者相联，便代表与自私相背离，也就是无私。"公"也是现代社会越来越重视的一个字。公平、公正、公开、公益……人类从来没有放弃过对普遍的幸福的追求。

攻

（gōng）

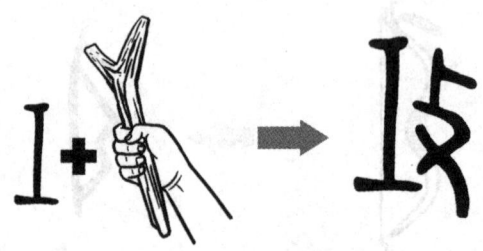

举起"攴"这种武器，开始进攻。

"攻"是个形声字，本义是进攻。《说文》中解释为"攻，击也"。金文的"攻"，左边是个"工"，表示声旁，右边是个"攴"，表示形旁，意思是攻打。小篆的"攻"，字形和金文相近。楷书的"攻"，字形右方讹变成了"夂"（反文旁），形成现在使用的写法。现在"攻"还引申为指责、反驳，如攻心、群起攻之。

宫

（gōng）

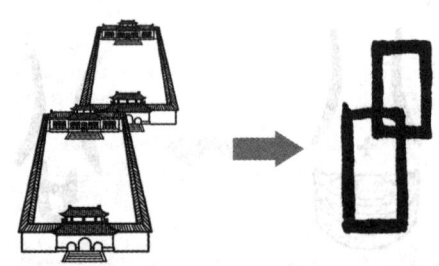

过去的宫殿，成了今天的博物院或展览馆。

"宫"是个象形字，古代是房屋、居室的统称。甲骨文的"宫"字，字形上方是一个房屋顶部的形状，下方的两个口形，就像是相互环绕在一起的围墙。远古时代，人们多居住在洞穴中，甲骨文"宫"，上方就像是个洞口，下方的两个"口"，表示洞穴内部，一个个彼此相连的小洞窟。秦汉之后，"宫"专指代帝王的宫殿。现在，古代的帝王住处变成了普通人参观的旅游区，宫殿内的人生也被演绎成了荧幕上的"宫廷戏"。

共 (gòng)

两个人用两只手一起举着供奉之物，共享着这份东西。

"共"是会意字，本义是分享、共有。《说文》中解释为"共，同也"，认为"共"就是共同拥有某物。甲骨文的"共"字，字形中间像是一个方形物，下面的两个分叉代表两只手，合在一起就像是用两只手捧着某物，表示将要供奉之义。古时的"共"和"供"是同一个字。另外，"共"也是"拱"的本字，意思是拱卫。现在的"共"常表示共同，如共进晚餐、共度佳节等。

共
甲骨文
小篆
隶书
楷体

沟 (gōu)

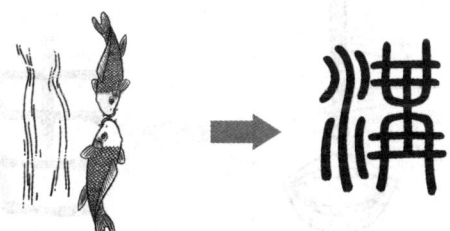

田间的水渠纵横交错，两条鱼在水中相遇。

"沟"字本义为田间水道，是一个会意字。在小篆文中，该字左边的"氵"很像水流，这里指水沟，右边为"冓"，表示字音。同时，"冓"字字形看上去像两条鱼相遇，所以有交错的含义。这里是说田间的水渠纵横交错。简体字"沟"右边为"勾"，"勾"有弯曲之义，意思是水沟大多是弯曲的。现在，"沟"泛指人工挖的水道。此外，一些类似水道的东西也被称为"沟"，如壕沟。

沟
小篆
溝
隶书
溝
楷体

苟 敬

苟 (gǒu)

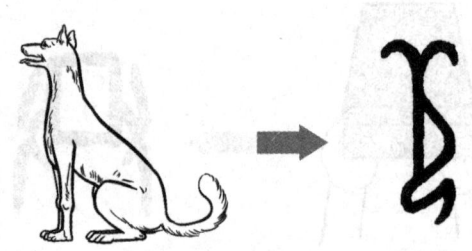

一条蹲坐在地上的狗，两耳竖起，认真地盯着前方，全副警戒。

"苟"是个形声字，"艹"是意旁，"句"(gōu)是声旁，本义是一种野草的名称，也可作为野菜食用。《说文》中解释是"苟，苟草也"。另一种说法认为，"苟"字的本义是警惕。甲骨文的"苟"，字形就像是一条蹲坐在地上的狗，翘起双耳，正在盯着前方。在金文中，"苟"引申为随意。现代汉语中，常用一丝不苟来表示一个人做事情细致不随意。

古

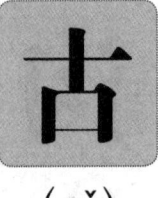 (gǔ)

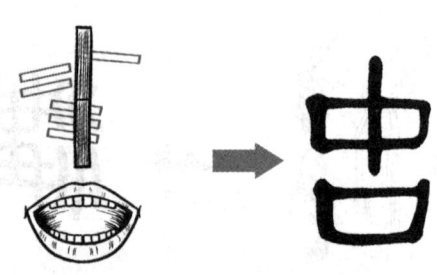

祖祖辈辈口口相传的话，就是来自久远古代的记忆。

"古"是一个会意字，本义是古代。甲骨文的"古"，字形上部是一个中字形，是古代的"十"字，表示数量很多，下方的"口"字，表示话从人的口中说出。合在一起的意思，就是祖祖辈辈口口相传，就为"古"。金文的"古"字，上部变成了"十"，下方还是个"口"字。现代汉语中，古常用来表示一个人思想僵化、不知变通，如古怪、古板等。

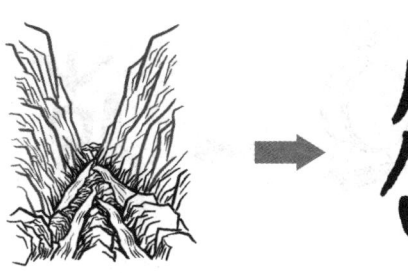 

谷
(gǔ)

泉水从山川中流淌出来,又从山口流出,就是谷。

"谷"是个会意字,本义是两山之间的狭长地带,前面有出口,中间有河流,也就是山谷。泉水从山川中流淌出来,又从山口流出,就成为"谷",类似于江河。甲骨文的"谷",字形上方的几条斜线,表示水流,下方的"口"字,表示山口地带。现代汉语中,"谷"也是"穀"(gǔ)的简化字,是各种农作物的通称,读音和"穀"字相同。

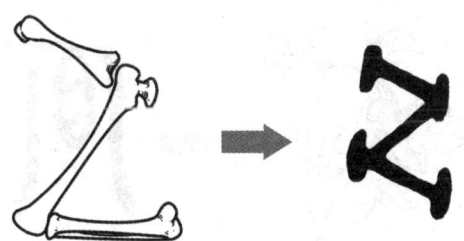 

骨
(gǔ)

古人认为骨是肉的核。人不可有傲气,但不可无傲骨。

"骨"是个会意字,本义就是骨头。《说文》中解释为"骨,肉之核也",认为"骨"就是包裹在肉中的东西。甲骨文的"骨"字,就像是两根骨头中间的弯折部位。小篆的"骨"字,在下方加入了"肉"字,表示"骨"头和肉相互连接。楷书的"骨",字形和小篆相近。"骨"也引申为风格、气概,如"仙骨"就是像神仙一般的品格。现在,骨还作为支撑物来讲,如钢骨架、伞骨等。

鼓 (gǔ)

甲骨文 / 小篆 / 隶书 / 楷体

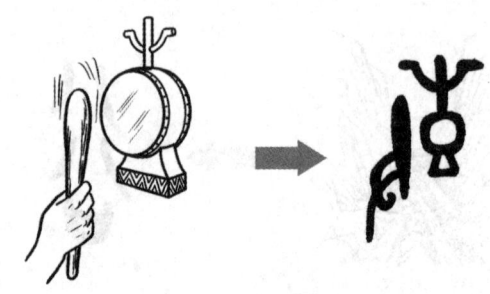

战鼓一响，战士就要向前冲，这就是"鼓足勇气"的来由。

"鼓"是个会意字，本义是一种古代的打击乐器。"鼓"外部包裹着一层皮囊，能够发出响声，一般在开春的时候使用。甲骨文的"鼓"，字形的右半部就像是一个中间圆形、上方有装饰物、下部固定在架子上的大鼓，左半部是一个手形，手里还拿着鼓槌，显现出古人击鼓时候的场景。古代，"鼓"常用在战斗中，以鼓舞士气。现在，鼓作为一种乐器已经不常使用，引申为煽动，如鼓动、鼓吹等。

瓜 (guā)

甲骨文 / 小篆 / 隶书 / 楷体

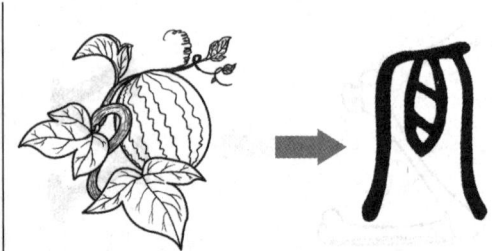

一株青青瓜蔓上，结了一个圆圆的瓜。

"瓜"是个象形字，本是一种植物的名称。带有瓜字旁的汉字，也大多和植物相关。古人有"七月份吃西瓜，八月份摘葫芦"的习俗。金文的"瓜"字，就像是一个藤蔓上结出瓜的形状，由于瓜的形状不易分别，就用瓜蔓来表示。小篆的"瓜"字，将中间的瓜形变小了。在古文中，瓜也作为"蜗"的通假字，代指蜗牛。现在的瓜，由瓜蔓的形态引申出关系错综复杂的含义，如瓜葛。

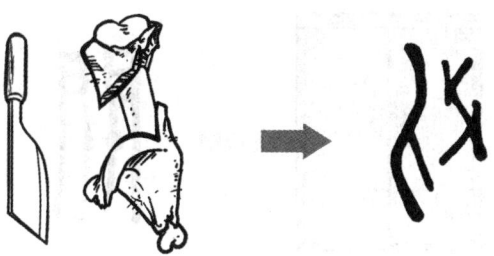

(guǎ)

过去有许多人受到残酷的剐刑,被人用刀子将骨头和肉一片片分开。

剐是一个形声兼会意字。当形声字讲,左边"咼"(kuā)是声旁,右边的刀是意旁。作为会意字来说,从甲骨文"剐"的字形上看,左边为"刀",右边为"骨",代表用刀将骨头割离,以取出其中的肉,也有用刀剐骨之义。古时,"剐"还是一种残酷的刑罚,后来也称为"凌迟"或"千刀万剐"。现代汉语中,表示被尖锐的东西划破,如"不小心被剐了一下"。

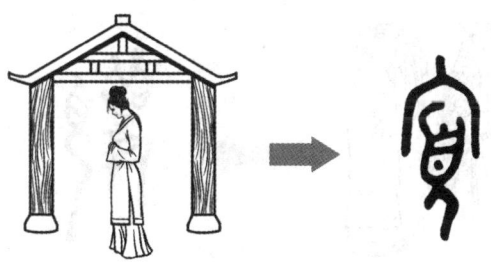

(guǎ)

一个人孤独地住在一间屋子里,冷清而寂寞。

"寡"是个会意字,本义是寡妇。女人没有丈夫,或者男人没有妻子,都可称为"寡"。金文的"寡",字形上方是"宀"(mián),代表房屋,下方是"页"(xié),表示人的头部,合起来就是一个人独处屋下的形象。"寡"还引申为减少、缺少,如寡言慎行。

关
金文
小篆
隶书
楷体

(guān)

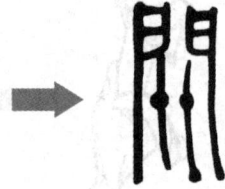

本来就是用来关门的门闩，插上门就把整个世界关在外面。

"关"是个会意字，本义是门闩，就是用来把持房门的横木。金文的"关"字，外面是一个"门"的形态，内部的两条竖线上的点，则表示门闩。合在一起的字形，就是用闩子把门锁上。小篆的"关"，字形稍显得复杂。由门闩的本义，引申出关闭。另外，也引申出关隘、关口之义。现在，"关"多用于表示牵连、联署，如男女之间的恋爱关系，同事之间的工作关系等。

观
小篆
隶书
楷体

(guān)

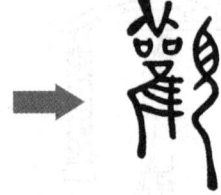

用眼睛认真地观察周围的一切，而不只是用眼睛看。

"观"是个形声字，本义是仔细查看，古时常写作"觀"。《说文》中解释为"观，谛视也"。小篆的"观"，字形左侧的"雚"（guàn）是声旁，右侧的"见"是形旁，表示用眼睛看。楷书的"观"将左侧的"雚"变成了"又"，字义没有变化。"观"还引申为示范、显示，如观瞻、观摩等。现代汉语中，"观"引伸出有景象的含义，如现在越来越被人们重视的园林景观设计。

官 (guān)

悬挂弓箭的地方是权力所在地，住在里面的人代表着官方。

"官"是个会意字，本义是官府。"官"就是为国君办事的人，也称作官吏。甲骨文的"官"字，外部是一个"宀"字，表示古人所住的茅草屋。里面是一个"弓"字，合起来表示屋内悬挂着一张弓，说明这里是权力的所在。小篆的"官"字，形成了现在的写法。在古文中，"官"字还有"让某人做官"的意思。现代汉语中，"官"还表示身体中具有一定功能的部分，如感官、器官等。

光 (guāng)

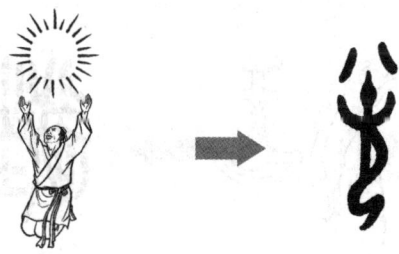

跪坐在阳光之下，崇拜着光的神迹。

"光"是个会意字，本义为光芒、光亮。甲骨文的"光"字，上方的两点代表火光，下方是一个跪坐着的人形，合起来就表示人的头顶上有火光，象征明亮。在古文中，"光"也作为"广"的通假字使用，"光"表现出来的是明晃晃的样子，能照耀到更遥远的地方，也可以说"广"。现代汉语中，"光"还引申为荣耀，如光荣、争光等。

广
甲骨文

廣
小篆

廣
隶书

廣
楷体

广
(guǎng)

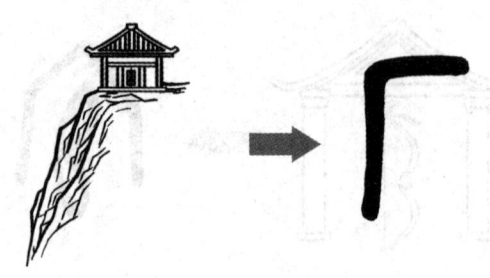

依照山势建造的大屋才是"广"。

这个"广"字，并不是后来"廣"字的简化。在甲骨文中，"广"字是个象形字，本义是依靠山势而建的房屋。《说文》"广，殿之大屋也"，这是"广"字后来的引申义。金文的"广"字，就像是一座靠近山崖的房屋。现代汉语中，带有广字旁的字，一般大多和房子或者处所相关，如"庵""庙""庠""府"等。

逛
甲骨文

逛
小篆

逛
隶书

逛
楷体

逛
(guàng)

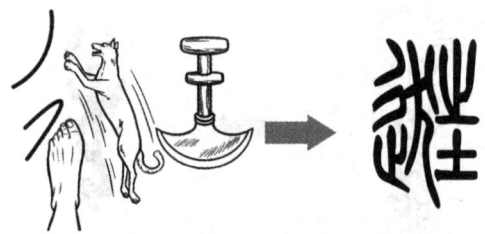

不受拘束地到处闲逛，正是逛街的本义。

"逛"字本义为闲游，是一个形声字。其字形左边的"辶"为"辵"的简体形式，"辵"的古文字形上边为道路，下边为脚（止），有行走之义；右边为"狂"，表示字音。同时，"狂"有肆无忌惮的意思，这里是说"逛"是不受拘束地行走。现在，人们常说的"逛街""闲逛"沿用的都是"逛"字的本义。逛街从古至今都是女性最爱的娱乐活动之一。

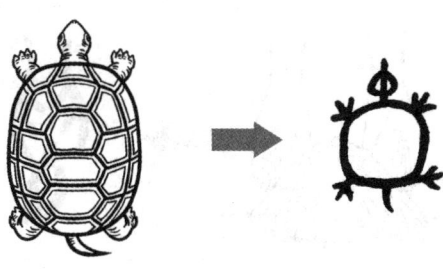

(guī)

一只趴在地上的乌龟,同时是"长寿"和"屈辱"的象征。

"龟"是个象形字,本义就是乌龟,是一种外部带壳的动物。从甲骨文的字形上看,"龟"字就像是一个趴在地上的乌龟,上部有尖尖的头,中间是浑圆的身体,两侧长着四只爪子,下方还露出了一条小尾巴。在甲骨文中,有的也将"龟"字写成从侧面看的乌龟形状,左半部是龟足,右半部是头和龟壳。现代汉语中,"龟"字也常代表人的寿命长。

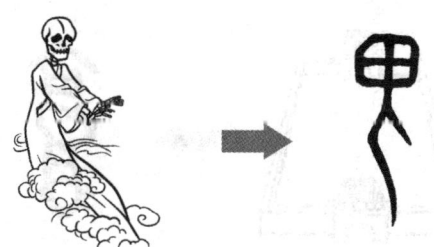

(guǐ)

人死亡后变成的人身鬼面的怪物,存在于想象之中。

"鬼"是个象形字,古代迷信的人认为死后还有"灵魂"存在,认为"鬼"是人死后所变成的。甲骨文的"鬼"字,就像一个人形,长着一个怪异的脑袋,表示想象中似人非人的怪物。"鬼"还引申为隐秘的事情,如鬼话连篇。当下非常流行的恐怖小说《鬼吹灯》就是通过神秘的手法,描写了人对未知世界的探寻。

贵
 甲骨文
賞 小篆
贵 隶书
贵 楷体

郭
 甲骨文
鄭 小篆
郭 隶书
郭 楷体

(guì)

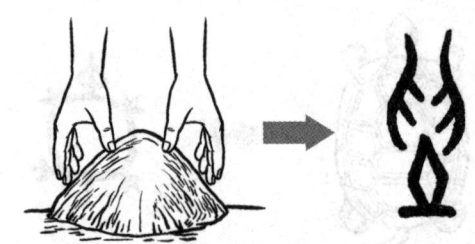

双手捧着黄土——这人世间最为宝贵的东西。

"贵"是个形声字，本义是物价高。甲骨文的"贵"字，上方是两个人手的形状，下方是"土"字，意思是将土捧在手心里。"贵"字表示东西价钱不低。在古代，人们认为"土"最为宝贵，可以生养万物，并为人类提供衣食住行所需的各种物资，所以将"土"作为财富的代表。小篆"贵"的字形，在下方又加入了一个"贝"字，更加贴合了"贵"的本义。现代汉语中，"贵"也用来指代一个人的社会地位高。

(guō)

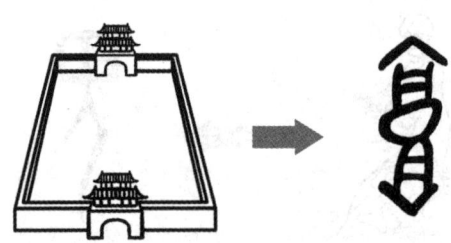

两座相向而立的城楼，代表城市的外围部分。

"郭"是个象形字，本义是在城外加筑的一道围墙，认为"郭"就是外城。甲骨文的"郭"，字形就像是两座相向而立的城楼。金文和小篆的"郭"，字形和甲骨文相近。小篆还有另一种写法，在字形的右方加了个"邑"字。"郭"后来也用于泛指城市。现在的"郭"，也引申为物体的外沿部位，如耳郭，就是外耳。

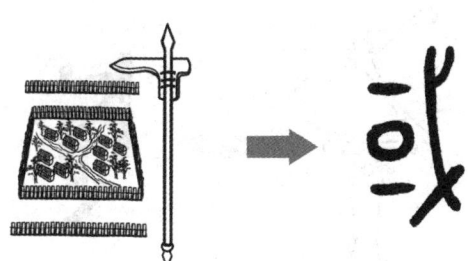 

(guó)

一位君主带领军队，守卫着自己的领地，这就形成了国家。

"国"原作"或"。按照古人的理解，国家应该是由人口"口"、疆土"一"和军队"戈"组成的，这三者组合起来就是"或"，代表着有军队保卫的城邦。后来，为了表示土地对国家的重要性，又在"或"旁边加上"土"变成了"域"。在小篆字体中"或"被写作"國"，像是包围着的疆土划分的边界线。现在的"国"字，则饱含着国家希望人们像珍爱宝玉一样珍爱自己祖国的希冀之情。

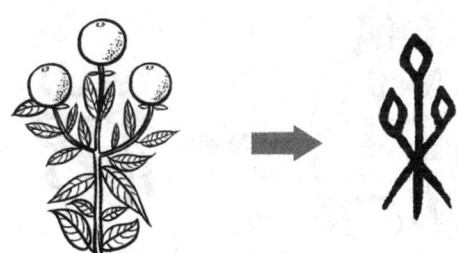 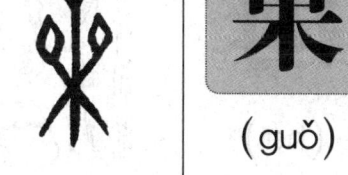

(guǒ)

繁盛的果实不仅指水果，也指所有作物结出的粮食。

繁盛的树木结出的累累硕果谓之"果"。从小篆开始，"果"的果实之形转为"田"字，代表着"粮食"等可以果腹之物。后来"果"又引申为与"因"相对应的结局，这种释义在现代汉语中有着广泛的应用。古文中"果"通"裸"，"果"泛指功能或形状与果实相似的食物，"裸""裹"就是从这一意义上衍生而来的。现在，"果"还引申确实、坚决，如果真、果断等。

过	金文
䢜	小篆
過	隶书
過	楷体

过 (guò)

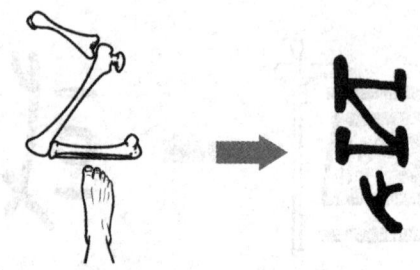

脚走过的地方，总会留下踪迹，每一种经过，都是人生的财富。

"过"是个形声字，本义是经过、度过，表示从这儿到那儿，从此时到彼时。金文的"过"，上部是"骨"字，代表声旁，下部是"止"，代表形旁，表示字义和人脚有关。小篆的"过"，左边变成了"辶"，表示与行进相关。现在的"过"，还表示超出、错误，如过度、过错等。

海	小篆
海	隶书
海	楷体

海 (hǎi)

海纳百川，有容乃大。

"海"字本义为大海，是一个会意字。其古文字形左边像是河流，代表水，意思是海是巨大的水域；右边为"每"，"每"有多的意思，这里是说大海水多势大，有海纳百川的气概。现在，"海"除了指大海、海洋外，还引申为人或事物数量多，如人山人海。用作形容词，"海"表示大，如"他的酒量很厉害，堪称海量"。

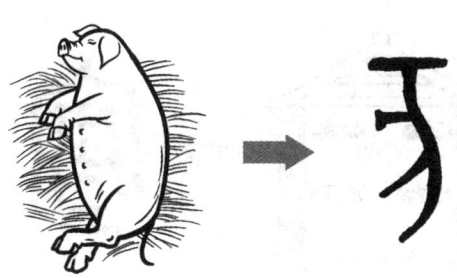 

(hài)

晚上九点至十一点，就是亥时。

古代"亥"与"豕"容易混写，"亥"的最初含义是由"豕"引申而来的。"豕"像是侧躺着的猪形，横线代表猪头，侧着弯弯的脊线和四肢甚至尾巴都一应俱全。"亥"的本义就是猪，现在，"亥"后借指地支的末一位，常用来指代十二生肖中的猪，如"戌狗亥猪"。"亥"还用于纪时（年、月、日）。

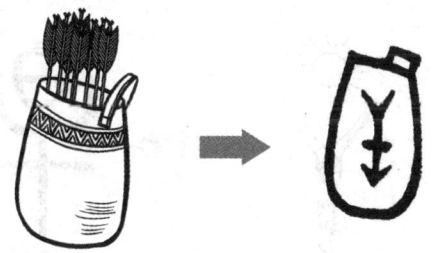 

(hán)

函是长方或椭圆的箭囊，用来盛放长箭。

"函"字的字形好似一个长方形或椭圆的囊袋，在侧面还有用于挂寄的圆环，囊袋中装着弓箭，"函"的本义自然而现，就是代表着"箭囊"。后来泛指用于盛物的匣子、套子之类；人们还将其引申为"包含、容纳"之义。"函"在现代生活中人们再熟悉不过了，经常用作不同的机关之间咨询交流的信件，譬如一些商务合作公函、事务性聚会发送的邀请函。

寒	
	甲骨文
	小篆
	隶书
	楷体

寒

(hán)

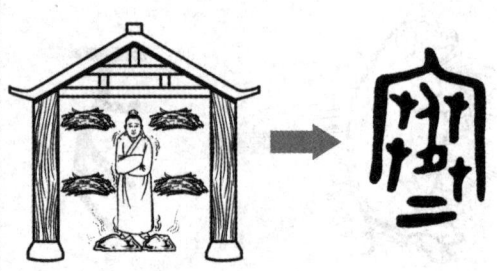

屋子外面都结上了冰，人缩在茅屋中取暖。

"寒"是个会意字，本义是寒冷。"寒"的意思也就是天气很冷。金文的"寒"，外部是"宀"(mián)，代表房屋，中间是"人"字，在"人"的左右两边各有两个"草"字，表示躲在茅草屋中取暖，下方的两横表示人的脚下有"冰"，表示天气寒冷。这个字形象地刻画出人蹴缩在室内，身上盖着草席抵御严寒的情形。现在，"寒"还引申为身份卑微，如寒门子弟，就是指家境贫穷的人。

旱	
	小篆
	隶书
	楷体

旱

(hàn)

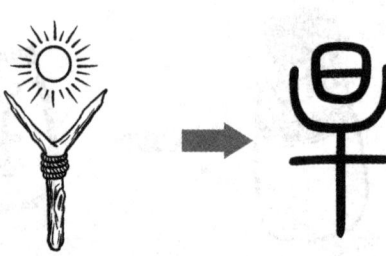

天气久晴不雨，田里就会变得干旱。

"旱"字本义为久晴不雨，是一个会意字。在小篆文中，其字形上边为日，代表太阳，下边为干，表示字义。同时，"旱"字也有冒犯的意思，这里是说太阳暴晒无雨，地上变得干旱。古代，"旱"字通"悍"，意思是迅猛。现在，人们常说的"旱灾""防旱""干旱"沿用的都是"旱"字的本义。"旱"用作名词，表示陆地，如"旱军"指的是陆军。

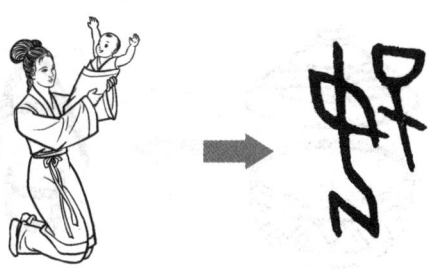 

(hǎo)

女人手里抱着孩子，一家人其乐融融，这就是好生活。

一名女子手抱着孩子逗乐，呈现一幅其乐融融的温馨画面。这就是"好"字的字形。在古人看来"不孝有三，无后为大"，有孩子诞生，为家里增添天伦之乐延续香火，自然被当做一件大好事。几乎一切与美好、良好、友善等肯定语气相关的词都与"好"相关，如"好雨知时节，当春乃发生"。现代汉语中，"好"常被用作形容词（hǎo），有时候也用做动词（hào），表示喜爱。

好

甲骨文

小篆

隶书

楷体

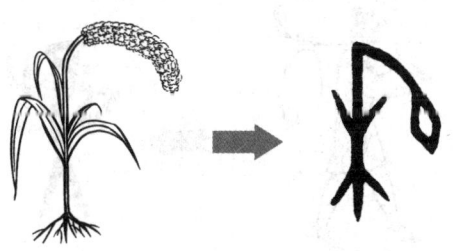 

(hé)

成熟的谷穗沉甸甸地向着大地弯下腰去。

"禾"字本义为谷子，是一个象形字。在甲骨文中，其字形很像一棵成熟了的庄稼，上面穗子下垂，中间为叶子，下面为根部。在金文中，向左弯的沉甸甸的穗子形象更加生动。古代史料中常出现"禾更"这个词，指的是古时以稻谷代替差役的一种赋税。"禾苗"后来引申为粮食作物的总称。

禾

甲骨文

小篆

隶书

楷体

合

甲骨文

合
小篆

合
隶书

合
楷体

(hé)

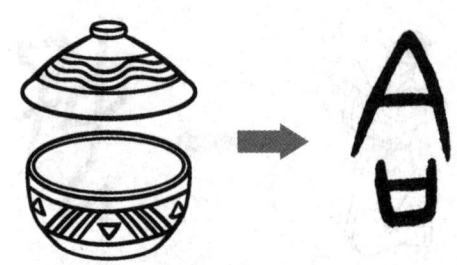

尖顶的盖子与圆形的容器正好相合，人与人的合作也是如此。

人们常说"笑不合嘴"，"合"的本义就是合拢、闭合。它的字形上面是尖顶的盖子，下面是圆形的容器，两者刚好相合，明确地体现了"合"字的本义。"合"又引申为"合并、结合、聚会"之义。人们常说"天作之合"，这里"合"的意思是"匹配、配偶"。"合"（gě）是古代一种容量单位，市制十合为一升，但是这种意义在现代基本被弃用了。现在，"合"大多表示合作，如中外合资企业。

何

甲骨文

何
小篆

何
隶书

何
楷体

(hé)

一个人手里握着扁担的一头，肩荷重物向前走。

"何"字的字形很像一个人形手握担子，肩负扁担挑着重物前行，非常形象生动，"何"的本义跃然纸上，即"荷"（hè），负荷、承担。"何"（hé）后被人借指为代词，意为"谁、为什么、哪里"等意思，如"羌笛何须怨杨柳""何处得秋霜"等，是用得比较广泛的意义。现代汉语中，"何"常用作副词，表示"怎么""多么"，如何曾、何尝、何必等。

和而不同，才有了音乐的美。

"和"字原作"龢"，是一种编管吹奏乐曲，是现代小笙的前身。"和"（hè）引申为"和着，跟着唱"的意思，如《战国策》中的"荆轲和而歌"；进一步可引申为"附和、响应"的意思。"和"（hé），则多指和谐、协调，还有和睦、融洽之义，如"言和而色夷"就形容的是融洽相处的人。在现代，全球化的发展已经深入人心，只有和平才能够给人类带来更多的幸福和安宁。

和
龢 甲骨文
咊 小篆
和 隶书
和 楷体

貉，是一种棕毛尖嘴的大山猫。

"貉"是个形声字，指的是一种野兽，通称为"貉子"，也叫"狸"，外形长得像狐。皮毛很珍贵。金文的"貉"，字形左边是"各"，代表声旁，右边是"豸"（zhì），代表形旁，意思是长脊的野兽。小篆"貉"的字形，将"各"和"豸"（zhì）互换了位置，变成了左形右声的形声字。另外，"貉"还是我国古代东北的一个少数民族的称呼。

貉
𧲱 金文
貈 小篆
貉 隶书
貉 楷体

黑

甲骨文 / 小篆 / 隶书 / 楷体

(hēi)

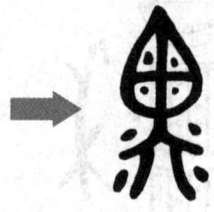

常年烟熏火燎，烟囱里一片漆黑。

"黑"是个会意字，本义是黑色。"黑"就是被火熏烤后形成的颜色。金文的"黑"字，下方是"炎"，代表火焰，上方是个烟囱的形状，中间的点状，表示黑色的土灰，合起来就像是喷出的火焰将烟囱内部熏得乌黑。楷书的"黑"，字形发生了讹变，下方变成了四个点，形成了现在使用的写法。在古文中，"黑"还引申为黑暗无光，

恨

小篆 / 隶书 / 楷体

(hèn)

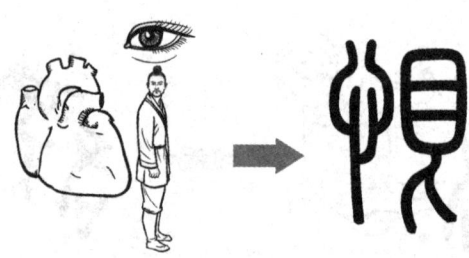

心中不满，就容易生出愤恨之心。

"恨"字本义为不满、遗憾，是一个会意字。在小篆文中，"恨"字左边的"忄"（心）看上去像是心脏，说明"恨"就是心中不满；右边为"艮"，表示字音，同时"艮"有回头瞪眼的含义，突出表达了人的不满情绪。"恨"字在古代还通"很"，意思是违逆，不听从。此外，"恨"又引申为怨恨、仇视，如"恨之入骨"。

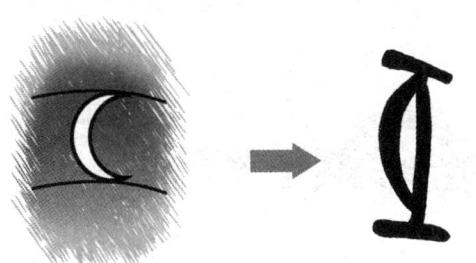

天地不变,阴阳轮转,时间流逝,一切生生不息,恒久流传。

(héng)

恒
金文

小篆

恒
隶书

恒
楷体

"恒"是个会意字,本义是长久不变。《易经·序卦传》中认为"恒者,久也"。金文的"恒",字形由"心""月"和"二"构成,其中"二"代表天地阴阳,"月"代表时间流逝,"心"表示生命,合起来的意思就是生命形式不断流转变化,生生不息,像天地一样长久。"恒"还引申为经常、常常之义。生命短暂,人却一直向往着永恒。

众多水流汇合在一起的大水即为洪水,许多民族的创世传说中都有大洪灾灭绝世界的内容。

洪
(hóng)

小篆

洪
隶书

洪
楷体

"洪"字本义为大水,是一个会意字。在小篆文中,该字左边的"氵"很像水流,表示"洪"与水有关;右边为"共","共"有共同、一同的意思,这里是说众多的水流汇聚在一起,即成洪水。同时,"共"也可表示字音。现在,人们常说的"洪水""山洪"沿用的即是其本义。用作形容词,"洪"字表示大,如洪钟,指的是大钟。

虹

甲骨文

小篆

隶书

楷体

(hóng)

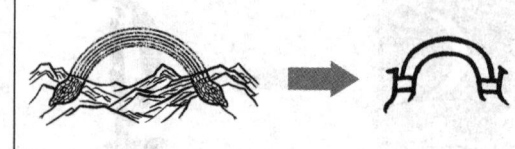

双头龙蛇横越长空，就是一条美丽的彩虹。

　　一场大雨过后，天空横跨一条形似长龙的七彩圆弧，这就是"虹"。古人认为"虹"就是形似双头龙蛇的长虫。后来"虹"还泛指与之形似的事物，如虹桥（古代的一种拱桥，状如长虹贯空）。因为彩虹的美丽，它又被借用来形容貌美的女子，如虹女。其实，彩虹是大气中水分子经日光的折射和反射作用而形成的彩色圆弧。现在，彩虹经常被人们当做勉励自己的信条，如风雨过后是彩虹。

厚

甲骨文

小篆

隶书

楷体

(hòu)

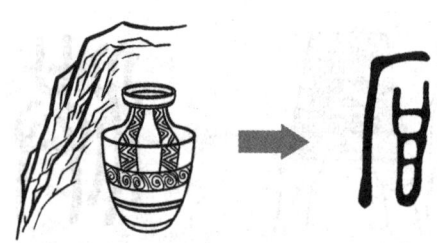

山脉高远，地壳深厚，人品敦厚，厚字的美好尽在此间。

　　"厚"是个形声字，本义表示地壳的厚实。《说文》认为"厚"字代表山脉的高远。《礼记·乐记》中"穷高极远而测深厚"，意思就是站在高远的地方来揣测山川的高度。甲骨文的"厚"，字形外部是个"厂"字，作为意旁，代表它和高山有关，下面是一个酒坛的形状，是声旁。金文的字形，下方的酒坛形状变得更加逼真。现代汉语中，"厚"还引申为情意深厚。

(hū)

从口中呼出气息就是"乎",叹息或有疑问时难免呼气。

"乎"是个会意字,本义是吐气。甲骨文的"乎"字,下部像是人舌头的形状,上部的三点,作为指事符号,表示说话的时候从人的口中呼出的气息。另外,"乎"也是"呼"的本字,意思是召唤、呼喊。《论语》中"为人谋而不忠乎?与朋友交而不信乎?传不习乎?"意思就是为别人办事而不诚心尽力吗?和朋友交往而不诚信吗?教授知识而不学习吗?其中的"乎"就作为语气词使用,表示疑问。

乎
甲骨文
小篆
隶书
楷体

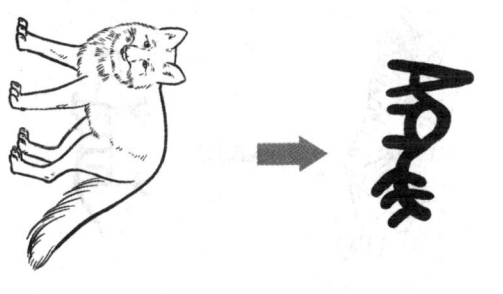

(hú)

狐狸是一种狡猾奸诈的动物。

"狐"字本义为狐狸,是一个形声字。其字形左边为"犬",表示字义;右边为"瓜",表示字音。狐狸是一种很狡猾的动物,所以后人常常将其比喻为奸诈的坏人、小人,如"狐唱枭和"指坏人之间互相呼应。人们常常称不正派的朋友为"狐朋狗友"。相传狐狸临死时,头部会朝向出生的山丘,所以现在"狐死首丘"比喻不忘本或怀念家乡。

狐
甲骨文
小篆
隶书
楷体

壶

甲骨文 小篆 隶书 楷体

（hú）

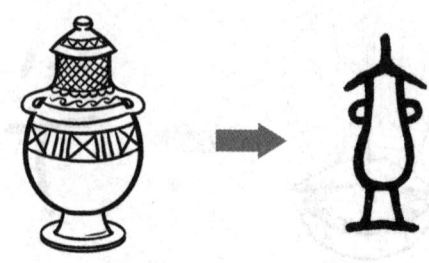

一把盖着尖盖、有壶耳的大肚子水壶，憨厚可爱。

这是一个非常典型的象形字，其字形显然就是一把水壶的样子，上面是尖尖顶的盖子，中间是长长的椭圆形的大肚壶身，最下端则是壶底，在壶身两侧还有小小的半圆形壶耳，整个"壶"的形象刻画得细致逼真。另外，"壶"还通"瓠"，表示瓠瓜，也叫葫芦。现在的"壶"，就是盛放液体的一种有嘴的器具。

虎

甲骨文 小篆 隶书 楷体

（hǔ）

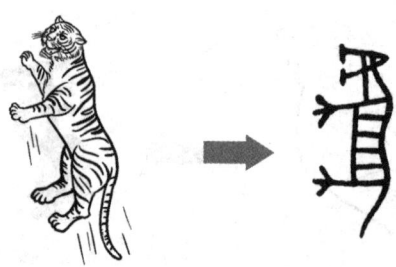

一只已经跃起的斑斓猛虎，正在捕杀猎物。

一跃而起凶猛的野兽，张着血盆大口，露出锋利的牙齿，四肢和爪子在空中挥舞，身上还隐现出条条纹路，像极了一只威猛的老虎。"虎"是勇猛与力量的象征，古代帝王把调兵的信物命名为"虎符"，人们也常说"虎父无犬子"等，可见"虎"在中国文化中的象征意义是非同寻常的，尤其是在战争中的作用更是巨大，这也突出了人们对"虎"的崇敬之情。现在，"虎"还形容心地不善，如虎视眈眈。

 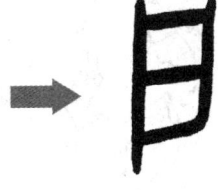 

(hù)

家中至少要有一扇门，才能成为定居的一户人家。

《说文》中解释说"户，半门曰户"，"户"字的本义就是一扇门。后来借指住在门内的住户、人家，一家即为一户，如《易经》："其邑人三百户"；又可代表房屋，如《老子》中"不出户而知天下"。此外，"户"也是古代的一种户籍制度，古代在中央设有户部，专门负责民生户籍。现在，"户"常代指家庭，如户口、户籍、户主等。

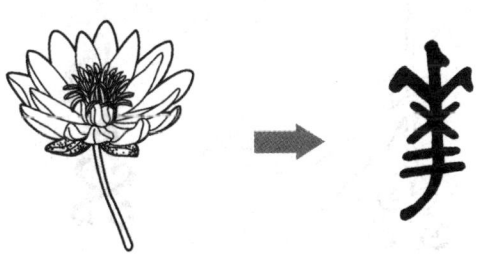 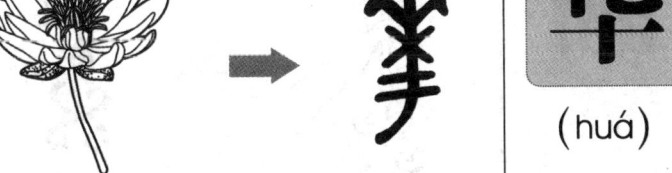

(huá)

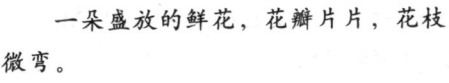

一朵盛放的鲜花，花瓣片片，花枝微弯。

"华"是个会意字，本义指树木的花，"华"也是"花"的本字。古代将草开花称作"荣"，树上开的花称作"华"。金文的"华"，字形就像是一朵绽放着的花朵，上方是花瓣，向两侧下垂，下面是弯曲的花枝。小篆的"华"，字形和金文大体相同。"华"也引申为像花一样美丽的东西，如华丽、华彩。现在，"华"常作为华夏民族的简称，如华风，就是指汉族或中原的风俗。

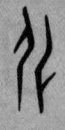

化

(huà)

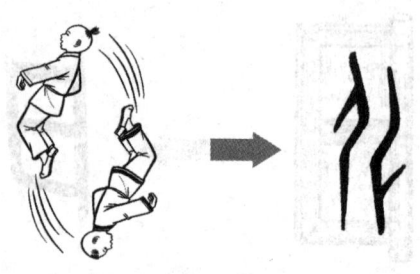

两个人背靠着背，一个正立，一个倒立，样子有所变化。

　　两个人背靠背站立，形成相背的形态，一个正立，一个反立，表现出变化的含义。因此，"化"的本义即变化、改变。"化"表示教育、改造，如教化、感化等。现代汉语中，"化"还引申为风俗、风气，如有伤风化。现在各个行业的运作，都开始向标准化靠拢，使得人们生活越来越方便。

画划

(huà)

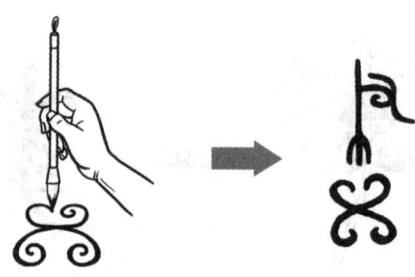

一只手拿着一支笔在作画，笔下已经出现了美丽的花纹。

　　"画"是"畫"的简体字，其字形看来与"畫"最为贴近。其甲骨文字形像一只手执笔作画（聿），画出美妙的花纹；在金文中，下边的花纹演变为"田"，好像执笔为田地划分界限；"画"的意义也由此而生，即划分界线；还表示作画、绘画，如"画蛇添足"；另外也有谋划和策划之义，如"助画策略"。现在的"画"，常表示图像，如奥运会开幕式中，所展示的令人震撼的光影画卷。

（huān）

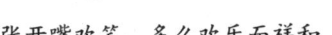

张开嘴欢笑，多么欢乐而祥和。

"欢"是个形声字，本义就是快乐。战国时玺印文的"欢"，字形右边是个站在那里张口大笑的人，左边的"雚"（guàn）是声旁。小篆的"欢"，和玺印文的字形相近。楷书繁体的"欢"，字形由小篆直接变化而来。现代汉语中，"欢"引申为男女之间相爱，如新欢旧爱，也作为女子对情人的称呼，"欢"就是女方所悦的男子，即情歌对唱中的另一方。

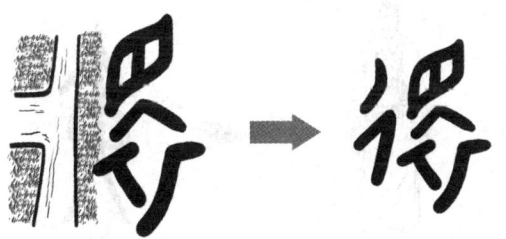

（huán）

向着来路走去，返回了原地。

"还"是个形声字，本义是返回。甲骨文的"还"，左半边的"彳"是形旁，表示与行走有关，右半边的"睘"（huán）是声旁。金文的"还"，在中间加了个圆环的形状。现在，"还"引申为归还、偿还，借贷和还债也都是现代经济活动中经常出现的情况。

143

宦
(huàn)

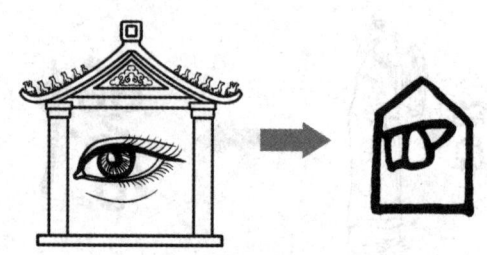

在君王的宫殿中服务的男性奴隶，就是宦官。

"宦"是个会意字，本义是君王或奴隶主的奴仆，多指太监。甲骨文的"宦"，外部是房屋的形状，代表君王居住的宫室，内部是"目"字，就像人的眼睛，"目"和"臣"在甲骨文中有着相同的字形，"臣"的本义就是男性奴隶。金文的"宦"，字形和甲骨文相近，只是眼睛形状变成竖向的了。现在，"宦"也引申为做官。

黄
(huáng)

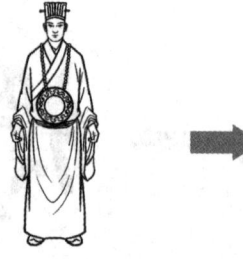

一个人，胸前佩戴着一块玉璜。

"黄"字的字形很像一个人形，胸前戴着一块玉佩，即玉璜。"黄"是"璜"的本字，借指颜色，本义逐渐消失后，便另造"璜"字。"黄"常被来表"干枯、枯黄"，如明日黄花；但还有"美好"的意思，如"黄谷"就是指丰美的谷物。现在，"黄"还表示"垮掉、坏事了"，比如说"某事黄了"。另外，"黄"还是"黄河"和"黄帝"的简称，现在的"黄"也常指与色情有关的事物。

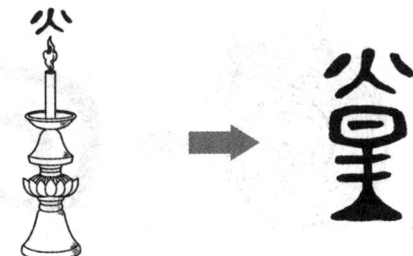

一盏点燃的灯，在黑夜中发出煌煌亮光。

煌（huáng）

"煌"字本义为光明、明亮，是一个象形字。在金文中，"煌"字下边为一盏灯的形状，上面为"火"，即灯上有火，意味着光亮。小篆文中，"煌"字的左边为"火"，代表字义；右边为"皇"，代表字音，即"煌"又成为一个形声字了。"煌煌"常常连用，形容明亮辉煌的样子。现在，"煌"字还引申为光彩鲜明的景象。

煌
皇 金文
煌 小篆
煌 隶书
煌 楷体

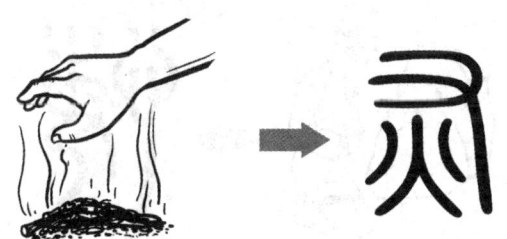

篝火燃尽后，能够用手触碰的剩余物就是灰烬。

灰（huī）

"灰"字本义为火后余烬，是一个会意字。在古文字形中，"灰"上边为一只手的形状，下边为燃烧着的火。整个字形的意思是火熄灭后，可以用手触碰的剩余物是灰。现在，"灰"也指尘土，如灰尘。现实生活中常见"灰墙""灰膏"，这里的"灰"指的是石灰。"灰"还表示一种心情状态，如"灰心""心灰意懒"。此外，"灰"也指颜色，即灰色。

灰
灵 小篆
灰 隶书
灰 楷体

回

甲骨文

小篆

回
隶书

回
楷体

回
(huí)

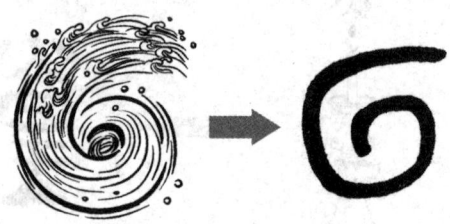

有旋涡的水流不停地在旋动，不停地回转。

　　古文中的"回"，字形像是涡旋的水流。所以，"回"字的本义就是旋转。后来，"回"引申为"返还"。在现代汉语中，"回"也表示答复、报答，如回绝、回复。在现代汉语中，也将小说和评书中的一个完整章节，称作"回"。另外，"回"也是我国少数民族回族的简称。

悔

小篆

悔
隶书

悔
楷体

悔
(huǐ)

如果做了值得后悔的事，心里就会常常自责。

　　"悔"字本义为悔恨，是一个形声字。在小篆文中，其字形左边像心脏的形状，意思是心中后悔；右边为"每"，"每"有时常的意思，这里是说感到后悔的人常常在心里自责。同时，"每"也可表示字音。"悔"用作名词，意思是过失，灾祸，如"悔亡"，意思是祸害消除。现在，"悔"字主要沿用其本义，如"悔不当初"，指因为今天的不幸结果，而后悔当初的做法。

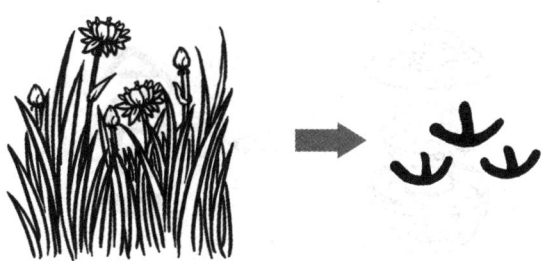

(huì)

三株小草开出了美丽的花朵。

卉
帛书

芔
小篆

卉
隶书

卉
楷体

"卉"是个象形字，本义是草的总称。战国时楚国帛书的"卉"，字形就像是三株草的形状。楷书的"卉"，字形和小篆相近，只是将字形中的曲线改成了直线。现在，"卉"常指代植物的花，如"奇卉怪草"，就是指各种奇花异草。现代生活中，花卉已经成为一种表达爱意的礼物，如恋人之间经常会互赠玫瑰花，表达彼此的爱意。

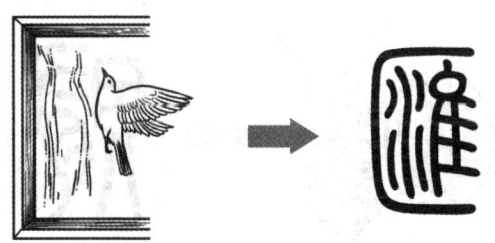

汇
(huì)

一种汇集了各种物品的类似簸箩的盛器，一只毛刺耸立的刺猬。

匯
小篆

匯
隶书

匯
楷体

"汇"字是一个会意兼形声字。该字的繁体形式有两个："匯"和"彙"。"匯"本义是一种盛器，小篆字形外围为匚，看上去就像一个盛器；里面组成"淮"字，表示字音。简体字左边为水，表示河水汇聚。"汇"字也由此引申为河流的会合。"彙"本义为刺猬。后来，"匯"和"彙"都简化为现在的"汇"。现在，"汇"有聚合之义，如"汇聚"。此外，寄钱称为"汇款"。

会 脍

甲骨文

小篆

會
隶书

會
楷体

(huì)

一个装着切得细细的鱼肉的器具，等着人来品尝美味。

"会"字是是"脍"（kuài）的本字。其字形上部是食器的尖顶盖子，下面是盛物的器皿，中间是装着的是一些切得很细的鱼或肉（即"脍"）之类的。"会"也指器物的盖子。在古代历法中，"会"还是个时间概念，认为三十年为一世，十二世为一运，三十运为一会，共计一万零八百年。现代汉语中，常作为社交名词，如各种各样的会议，已经成为商务人士每天的家常便饭。

贿

小篆

賄
隶书

贿
楷体

(huì)

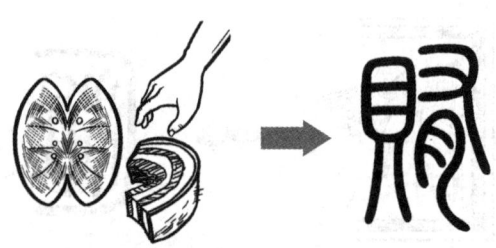

用钱财买通别人为行贿，接受买通人的财物为受贿。

"贿"字本义为财物，是一个会意字。其字形左边为"贝"，贝在古代曾充当过货币，所以象征着财物；右边为"有"，意思是拥有财物。该字用作动词，意思是赠送财物，后来又引申为用钱财收买，如"行贿和接受贿赂这两种做法都是不正确的"。行贿、受贿是官场最腐败的行为之一，从古至今都是国家的律法严厉打击的现象。

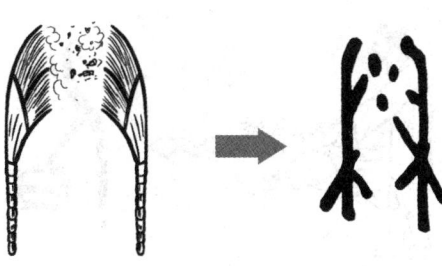 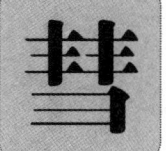

(huì)

一道扫帚般的光芒划天而过,这就是彗星。

"彗"是个会意字,本义是扫帚,所以古人将"彗"星也常称为"扫帚星"。甲骨文的"彗",字形左右两侧各是一把扫帚的形状,中间的三个点表示灰尘,意思说扫帚是用来清扫尘土的。小篆的"彗"字,在字形的下方加入了一个"手"形,代表用手拿着扫帚来进行打扫。现在,"彗"常指彗星,人们认为彗星代表着更除旧的,建立新的。

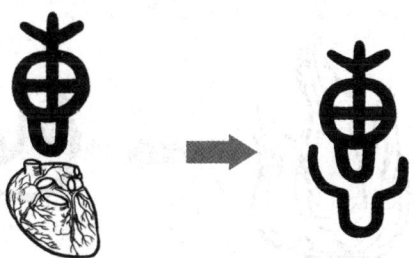 

(huì)

原本是专心一意之义,又有慈悲的意思。

"惠"是个会意字,本义是专心。金文的"惠",上方是"专"的古字形,下方是个"心"脏的形状,由字形便可以清楚地看出"惠"的字义。由"惠"的专心之义,后来引申为仁爱。另外,有宽容的品格,能够用慈爱心待人,都可以称之为"惠"。现在,"惠"常表示给人财物或好处,如恩惠、实惠、互惠互利。

昏婚

甲骨文

小篆

昏 隶书

昏 楷体

昏 (hūn)

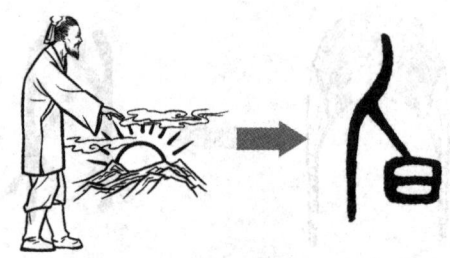

夕阳西下，已经落到了好像伸手可及的地方，黄昏就要到来了。

在甲骨文中，"昏"字的字形为：太阳已经到了可以让人伸手即可够到的高度，表示太阳开始下山，日暮降临。因此，"昏"的本义为黄昏，又引申为昏暗、昏聩、糊涂之义，如天色昏暗。"婚"原来也写作"昏"。因为在古代婚礼都是傍晚举行的，新郎官带领着迎亲队伍在黄昏时分赶赴女家迎娶，后来就衍生出"婚"字。现在，"昏"还表示神志不清的状态，如昏迷、昏倒。

火伙

甲骨文

小篆

火 隶书

楷体

火 (huǒ)

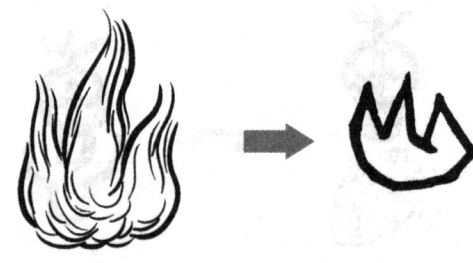

一团熊熊烈火，深藏着人类生存的希望之光。

甲骨文的字形像是一团熊熊大火的轮廓勾描，本义也就是指物体燃烧所发的光、焰和热。"火"还是中国古代的一种兵制单位，十人为"火"，又写作"伙"；同火的人叫做火伴（通"伙伴"）。"火"是中国古代哲学五行之一，代表一切具有温热、上升特性的事物。现在，"火"还用作动词，表示脾气不好，如"火暴脾气"，也表示情况紧急，如"十万火急"。

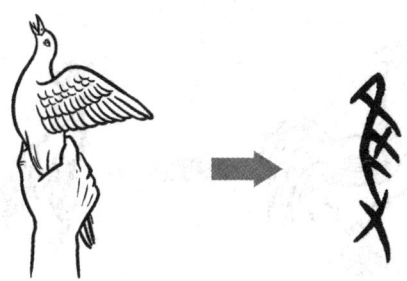

(huò)

用手抓住了一只就要飞走的鸟儿，捕获了猎物。

原作"隻"，甲骨文字形像是用手抓住一只待飞的鸟儿，意为"捕获"。小篆中在象形上加"犬"旁变为"獲"，表示捕获禽兽；加上"禾"字旁变为"穫"，表示收获庄稼。"获"还代指打猎所得的猎物。此外，"获"在古代还是对奴婢的贱称。现代汉语中，字形简化为"获"，也引申为"得到、取得"，如获得胜利、获准离境等。

霍 (huò)

雨来了，鸟儿在低处盘旋，发出霍霍的响声。

大雨来临，一群鸟儿迎着风雨奋力起飞，时而发出雀跃之声，"霍"的本义就是鸟儿疾飞时发出的鸣叫，属象声词，如《木兰诗》中"磨刀霍霍向猪羊"；"霍"字的象形字最开始是三只鸟字形，之后逐渐简写成一只鸟，即"霍"。现在，"霍"字引申为疾速、快速的，如"霍然病已"。

鸡

甲骨文

小篆

鶏
隶书

鷄
楷体

昂头报晓的雄鸡，在过去是一笔小小的财产。

在早期的甲骨文和金文中，"鸡"是一个象形字，其字形很像一只昂头报晓的雄鸡；后来逐渐转为形声字，这里用繁体字"雞"（或"鷄"）来释义会更易懂些，"隹"（或"鸟"）为形旁，以"奚"为声旁而组合成。现在的许多成语，都与"鸡"的典故有关，如"鸡鸣狗盗""一人得道，鸡犬升天"，但是大多含有讽刺的意味。

基

甴
甲骨文

䇷
小篆

基
隶书

基
楷体

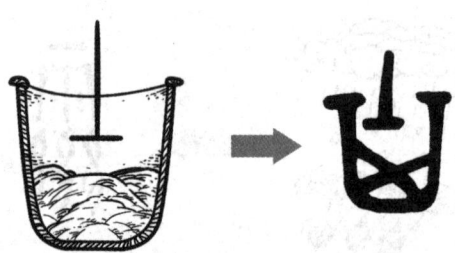

用筐子装土，来为房屋打好地基。

"基"是个会意兼形声字，本义是地基。甲骨文的"基"，下方是个"其"字，代表竹筐，上方是个"土"字，合起来就是用筐子装土，来为房屋打好地基。金文的"基"，将"土"字放到了"基"的下方，字义没有改变。"基"还引申为事业的根本。"基"还是"稘"的通假字，表示一周年、一整月或一昼夜。现在，"基"也引申为根据，如基于某种考虑，而做出的决定。

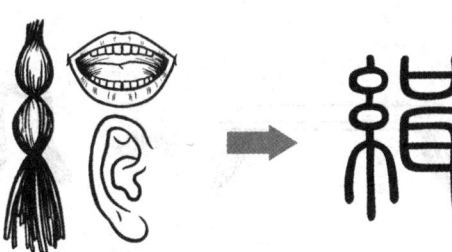

把麻的纤维搓成线,就可以用来缉拿凶犯了。

"缉"字本义为将麻搓成线,是一个形声字。在小篆文中,其字形左边为"糸",代表字义,看上去很像线绳,意思是将麻搓成线;右边为"咠",表示字音。同时,咠字指贴耳小声说话,有亲密之义,这里是说"缉"是使麻密合成线。"缉"字古代还通"辑",意思是收集。后来,"缉"字引申为搜捕、捉拿,如"经过几天奋战,犯罪分子终于被缉拿归案"。

缉
(jī)

缉 小篆
缉 隶书
缉 楷体

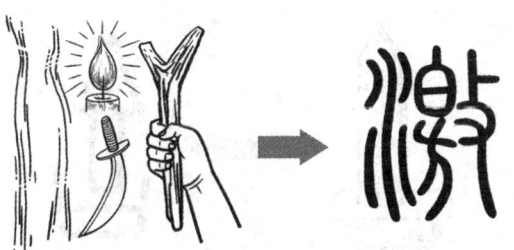

水受到了阻挡,激起了水花,浪花四溅。

"激"字本义为水受阻而上溅,是一个会意字。其字形左边为"水",说明"激"与水有关;右边为"敫",该字有强光四射的意思,这里指代水花四溅。现在常用的"冲击""激荡"等沿用的是其本义。此外,"激"还引申为人的感情冲动,如"感激""慷慨激昂"。用作形容词,该字有"急剧的,强烈的"之义,如"这次斗争很激烈"。

激
(jī)

激 小篆
激 隶书
激 楷体

几
甲骨文

几
小篆

幾
隶书

幾
楷体

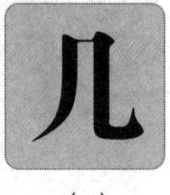
(jī)

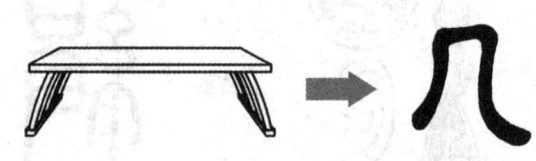

古人席地而坐时用来倚靠的低矮桌子就是"几"。

几,是一个象形字,本来的意思是古人席地而坐时候背靠的坐具。小篆的"几"字,像是一个低矮的桌子,可以用来放置各种物品,也可以用来坐卧和倚靠。"司几筵"便是周代专门掌管设几敷席的官员,他负责根据不同的场合、不同的身份和地位来布置宴席。所谓"五几"指的就是"玉、雕、彤、漆、素"这五种古人使用的礼器。现在,"几"已经成为平常百姓家中的常备家具。

吉
甲骨文

吉
小篆

吉
隶书

吉
楷体

(jí)

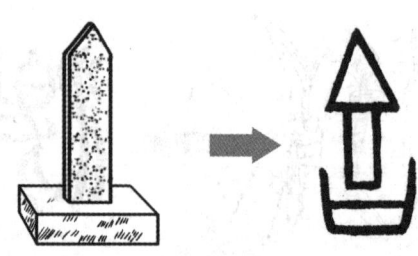

神座上摆着在典礼中使用的圭牌,预示着会有吉利的事发生。

神座上摆放着在隆重仪式中使用的圭牌,表示将有好的事情会发生。"吉"的本义即吉利、吉祥,引申为"善、美",如逢凶化吉、吉祥如意。"吉"在古代还借指祭祀鬼神的礼仪,是五礼(吉、凶、宾、军、嘉)之一,如"吉典""吉服"等。在现代汉语中,"吉"作为名词,可指代婚礼及所其他各种庆祝活动。

级

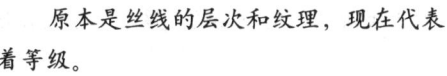

原本是丝线的层次和纹理,现在代表着等级。

"级"是个会意兼形声字,本义是丝线的层次和纹理。甲骨文的"级",字形左边是个"人"形,下面还有个"手"形,这是古时的"及"字,表示用手抓住这个人,右边是"阜"字,就像山上的石阶。小篆中的"级",左边变成了"糸"(mì)字。现代汉语中,"级"还引申为等级,如高低不同所形成的等级差别。

即

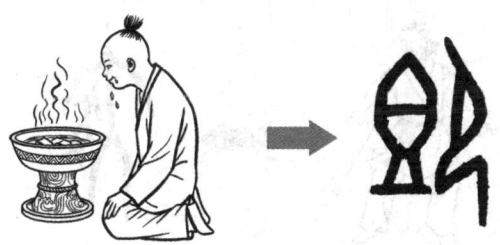

饭菜快熟了,坐在旁边等待进餐,这就是"即"。

一个盛放食物的器皿放在左边,旁边是跪坐着面向饭食的人形,好似迫不及待地要吃饭了,"即"的本义就是"走近去用餐"。在古代,皇帝登极叫做即阼。现代汉语中,"即"可以表示假设之义,如即使、即便,也引申为"接近、靠近",如立即、即刻、即兴。

急

急 小篆
急 隶书
急 楷体

(jí)

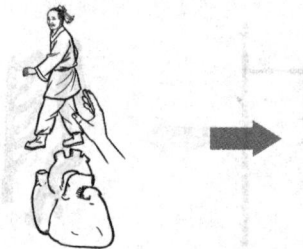

心里太着急，所以要马上追上、达到目标。

"急"字本义为急躁，是一个形声字。该字原写作忣，上边"及"表示字音，同时"及"字还有追上、到达的意思，这里是说急于追上、达到；下边为"心"，意思是心里着急。"急躁"也是现在"急"字的常用义，如"焦急""心急火燎"。"急"还引申为速度快，如急促。紧要的事情称为"急事"。

疾

疾 甲骨文
疾 小篆
疾 隶书
疾 楷体

疾
(jí)

一根利箭射进了一个人的腋下，令其受伤了。

疾字的字形表现为，一支利箭刺向一个人的腋下，使其受伤。该字的本义是受兵伤，泛指疾病。因为箭的速度很快，所以又具有"迅速、快速"之义。古时"疾"字多指的是轻微的病症。现在，"疾"引申为"厌恶、憎恨"，如疾恶如仇；也表示缺点、毛病。

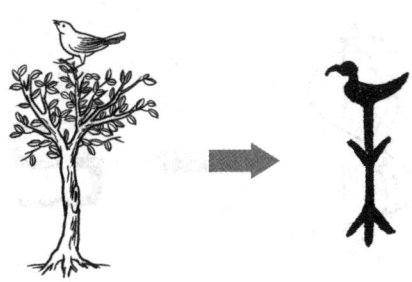 

(jí)

| 集 |
| 甲骨文 |
| 小篆 |
| 隶书 |
| 楷体 |

一群鸟聚集着栖息在树上，成为"汇集"的本义。

群鸟栖于树上，这就是"集"的本义，由此引申为"集合，聚集"，鸟儿栖息，也表示"停留"，所以引申出集中、集合。"集"作为名词，还有"集子"之义，就是将诗文汇集编整到一起，如经史子集。现在，"集"多指人群密集的商务场所，如集市、集镇等，也表示图书、电影和电视节目中的一部分内容。

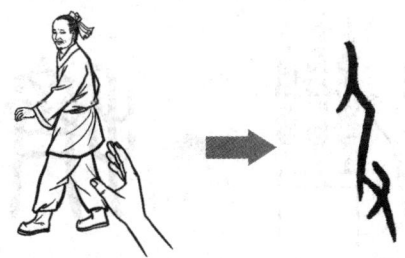 

(jí)

| 及 |
| 甲骨文 |
| 小篆 |
| 隶书 |
| 楷体 |

为了追上比自己走得快的人，就伸出手抓住他。

"及，逮也"（选自《说文》）。在甲骨文中，"及"字的字形表现为：两人前后行路，后面的人伸出手抓住前面的人以追赶上他。因此，该字的本义即"追赶上，抓住"。这个意义一直沿用至今，如"过之而无不及"。现在，"及"引申为"至、达到"，如及格、企及，也有"待、等到"的意思，如及时、及早。

己

甲骨文 己
小篆 己
隶书 己
楷体 己

(jǐ)

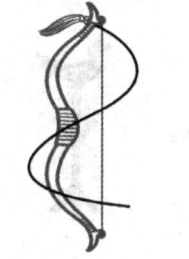

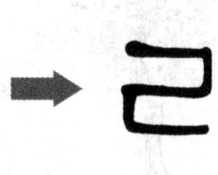

拴在弓箭上的绳子，如今用来代指"自己"。

"己"是个象形字，本义是拴在弓箭上的绳子，表示丝绳的头绪。"己"是"戈"的本字。甲骨文的"己"，就像是绑在弓箭上，用来系缚箭柄的绳。"己"也被引申作为天干的第六位。现代汉语中，"己"假借为"自己"，如《孙子兵法》中"知己知彼，百战不殆"。

挤

小篆 擠
隶书 擠
楷体 擠

(jǐ)

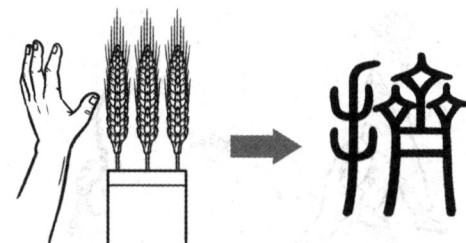

双手同时用力，将一些东西紧紧靠在一起。

"挤"字本义为推挤，是一个会意字。在小篆文中，该字左边是一只手的形状，说明"挤"与手有关；右边为"齐"，可表示字音。同时，"齐"有同时、一起的意思，这里是说，推挤时需要双手同时用力。后来，"挤"引申为借助压力使排出，如"挤压"。此外，该字还有"紧紧靠拢在一起"的意思，如"庙会上人山人海，快挤死了"。

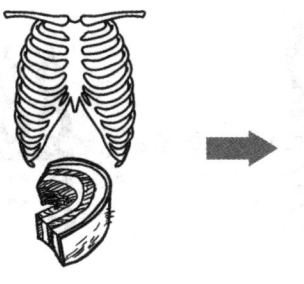 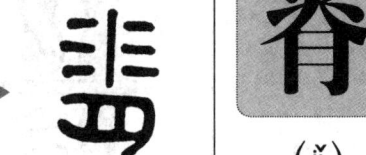 

身上的脊梁是人的主心骨，踏实做事的人是民族的主心骨。

"脊"是个会意字，本义是脊梁骨。"脊"也就是脊背中央的骨头。古陶文的"脊"，上方就像是人的脊梁，左右两侧的横画代表肋骨，中间的竖画代表脊椎，下方是"肉"字，表示骨头生长在肉上。现在，"脊"引申用于指代物体上形似脊梁骨的隆起部分，如青藏高原在地球上海拔最高，被人们称为世界屋脊。

吃饱饭，离开餐桌，这就是"既"。

与"即"的含义刚好相反，"既"字字形很像是吃饱饭，转过身体正要离开的样子，表示"吃饱了"之义。因此，"既"字的本义为"吃完、吃过"，后来引申为"完毕、结束"。在古代，"既"也代指月全食或者日全食。现在，"既"多用作副词，意思是已经完成，如既然如此、既定计划等。

继

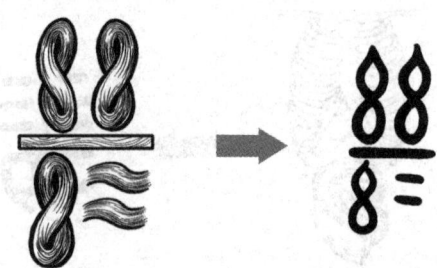

美好的事业不能中断，要一代一代继承下去。

"继"是个会意字，本义是连续。金文的"继"，由三个"丝"字构成，就像是几条丝线上下缠绕的形状。小篆的"继"，左方又加入了一个"丝"字。楷书繁体的"继"，是由小篆的字形直接演变而来。"继"后来引申为继承，如"继往开来"。新时期党的领导人带领全国人民继承前人的事业，开辟未来的道路。

祭

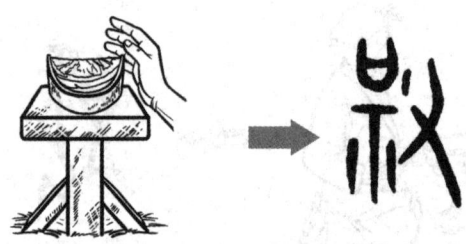

将肉放在祭台上，对天神、地祇、人鬼进行祭拜。

手拿着肉放在祭台上，进行祭拜，"祭"就是"祭祀"。在古代，古人是非常重视祭祀的。据史料记载，古代的祭祀对象有天神、地祇、人鬼三类。祭祀有着严格的等级界限，一般而言，天神和地祇只能由天子来祭祀，可以祭祀山川的是诸侯大夫，而庶人则只能祭祀自己的祖先和灶神。现在，"祭"字的常用义是对死者表示追悼、敬意的仪式，如"祭奠"。

(jiā)

左右两个身份较低的人辅佐着中间身份尊贵的人。

"夹"(jiá)字是一个会意字，其字形看上去很像左右两个小人从两边扶持着中间高大的人。因此，"夹"字的本义是辅助、辅佐。后来，该字引申为"两者之间有物限制"，如"两山夹一水"。"夹"字通"铗"，指的是剑把。此外，"夹"字还是一个多音字，它还读jiā，指钳子等用来夹东西的工具。现在，"夹"字的常用义是掺杂，如"夹杂"。

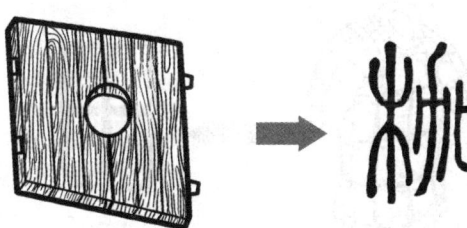

枷

(jiā)

最让人不得自由的，不是身体上的枷锁，而是心灵的枷锁。

"枷"是个形声字，本义是一种刑具。《说文》中的解释是"枷，柫也"，认为"枷"是一种脱粒用的农具，称为"连枷"，这其实是后来的引申义。小篆的"枷"，左边的"木"是形旁，右边的"加"是声旁。"枷"也常作为"架"的通假字，意思是放置衣物的用具。现在，"枷"字主要指枷锁，人们常常用其比喻所受到的压迫和束缚。

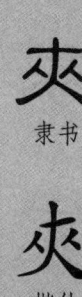

甲骨文

小篆

家
隶书

家
楷体

(jiā)

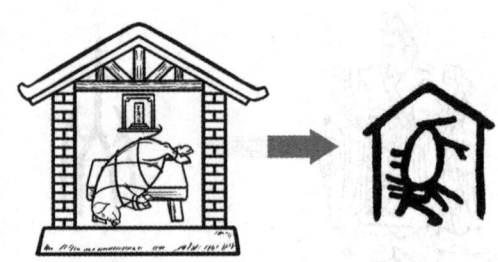

只有一所房子不叫家，身边有家人陪伴，才是真正意义上的家。

古代，王公贵族们死后会建立专门的"庙宇"用于日后祭拜；而普通的百姓是没有能力建立"庙"的，所以只能在自己家中用猪（"豕"）来祭拜，久而久之，就形成了"家"。后来，"家"字引申为"居所"。现在，"家"在现实生活中非常重要，它不仅指居住的住所，而且还指家庭、家人。

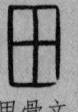
甲骨文

小篆

甲
隶书

甲
楷体

(jiǎ)

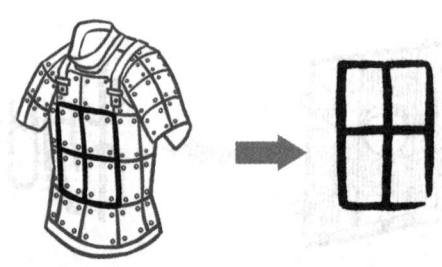

穿着铠甲的武士，英勇举世第一。

"甲"字最初的字形像是被分为四块甲的方形或圆形，这是根据古代战士作战的铠甲形化而来的，后来简化为"十"字形。因此，"甲"字的本义是古代战士作战时所穿的用金属或皮革制成的护身衣。"甲"在古代也指武器。"甲"位列十天干的第一位，五行为木，在古代用来纪时。这个字由此也引申为"第一"之义，如人们常常说的"桂林山水甲天下"。

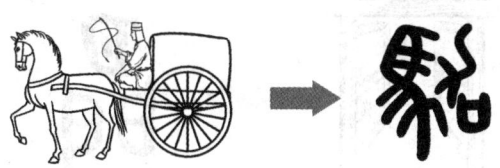

（jià）

驾车时要把曲木放在马脖子上，成为一体才能驾驭得当。

"驾"是个形声字，本义是驾车时将曲木搁在马颈上，使马和车成为一个整体。石鼓文的"驾"，左边的"马"是形旁，右边的"加"是声旁。小篆的"驾"，将"马"移到了"加"的下部，字义没有变化。"驾"后来也特指皇帝的行驾，由"行驾"又引申为对皇帝的称呼，如御驾、圣驾。现在我们在表示对人的敬意时，也常常说"劳您大驾""大驾光临"。此外，它还有"超越"的意思，如"凌驾"。

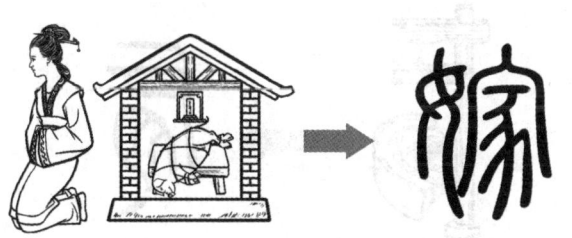

（jià）

女子出嫁后才能组成属于自己的家，植物嫁接后则会形成新物种。

"嫁"字是一个会意字，本义是女子结婚。在小篆文中，其字形左边为一女子，右边为"家"字的古文形式，表示结婚即成家。"嫁"字的这一本义沿用至今，如"出嫁""嫁妆""嫁衣"。此外，植物学上将不同品种的两种植物接在一起，称为"嫁接"。现在，人们还用"嫁"字来表示将祸害、怨恨推到别人身上，如"嫁祸于人"。

间	
䦘	金文
閒	小篆
閒	隶书
間	楷体

(jiān)

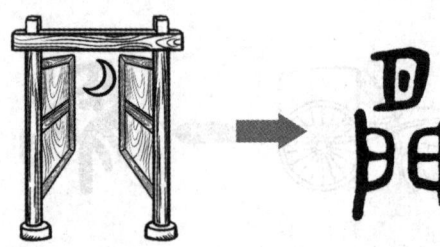

透过细小的门缝，隐约可以看见月亮。

"间"是后起字，古文中的"间"写作"閒"。"间"是个会意字，本义为门缝。金文的"间"，字形的下方像是一扇门，上方是"月"字，表示透过门缝可以隐约看到月亮，表明"间"的本义也就是细小的缝隙。现在，我们常常说"中间""空间""人间""瞬间"等。"间"是个多音字，还读作jiàn，意思是间隔，后来引申为隔阂，如"离间"两个人的关系。

肩	
肩	小篆
肩	隶书
肩	楷体

(jiān)

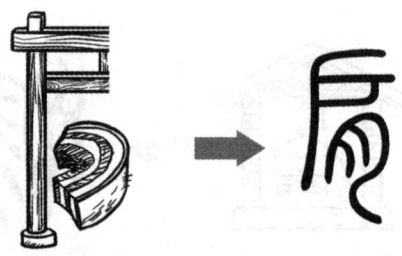

肩膀是人体的一部分，如门户一般宽厚而能活动。

"肩"字本义为肩膀，是一个会意字。在小篆文中，其字形看上去很像一扇门，意思是肩膀很宽而且能动，就好像门户一样；下边为"肉"（月），说明肩膀是人体的一部分。"肩"字的这一本义现在仍然沿用。成语"摩肩接踵"是说人与人之间肩膀相摩，脚跟碰接，形容人很多。由于肩膀可以扛东西，所以这个字引申为"承担"，如"他肩负着照顾这一家老小的重任"。

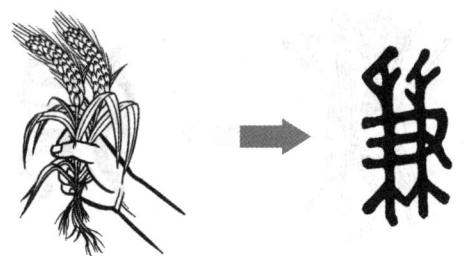

(jiān)

一只手同时抓住了两棵禾苗,同时做了两件或两件以上的事。

"兼"字是个会意字,在金文中,其字形纵向看很像两棵直立的禾苗,中部是右"手"的形状,整个字形的意思是用右手同时去抓取禾苗。因此,"兼"字的本义是一只手抓着两棵禾苗。这个字也由此引申为"一件事物同时涉及或具有的不只是一个方面",如"兼收并蓄""兼而有之"。这个字也可以理解为"同时占有几样东西或做几件事情",如"兼职"。

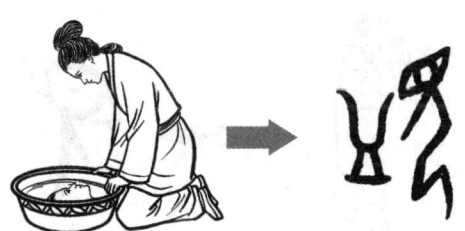

(jiān)

跪在水盆前,细细查看自己的倒影。

一个人跪坐在盛满水的盆子前,弯下腰,睁大眼睛,细细地查看自己倒映在水中的面影。这就是"监"字的字形。"监"字本义为"监督",这一本义沿用到现在。"监"用作名词,意思是监狱。这个字还读 jiàn,在古代是官职名或官府名,如太监、国子监。"监"字通"鉴",意思是镜子。唐太宗以魏征为鉴的故事,成为一段历史佳话。另外,"监"还有"借鉴"之义。

165

茧 (jiǎn)

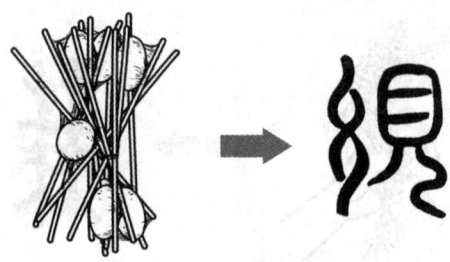

蚕吐丝结茧，只为破茧成蝶。

"茧"是个会意字，本义是家蚕结成蛹后，外部所形成的丝壳。《说文》中所载"茧"的古字形，左半部的"丝"字是形旁，右半部是"见"，既是声旁也是形旁。小篆的"茧"，外部像一个草壳，内部的左边像一卷"丝"，右边像一只"蚕"。"茧"也是"趼"的通假字，意思是手掌或脚掌因摩擦而生成的硬皮。人们常说"茧眉"，指的是女子秀美的眉毛。

见 (jiàn)

一个人睁大了眼睛看，就是见。

"人"上有一"目"，就是"见"字在甲骨文中的字形。有"目"，是为了突出眼睛的作用，睁大眼睛看。因此，"见"字的本义就是指看见、看到。后来，该字引申为会见、进见。在古代，"见"通"现"，意思是露出来、被看到。"见"用作名词，意为见解、看法，如现代社会不再讲究"一言堂"，而是要求大家都有自己的见解。

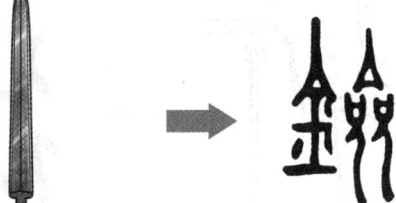

(jiàn)

古人带兵打仗时携带的宝剑，也是侠客故事中最常用的武器。

"剑"字的本义是古人带兵打仗时候所使用的武器。在金文中，"剑"字的左半部是一个"金"字，就像是一把带有装饰的短剑，右半部是它的声旁。在小篆的字形中，"剑"的左半部变成了声旁，"金"字则变成"刃"放在了右半边。楷书中，"刃"字改为刀字旁，逐渐形成了现在简体中常见的写法。现在有成语"剑拔弩张"，意思是形势紧张，一触即发。

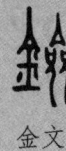

剑

金文

小篆

隶书

楷体

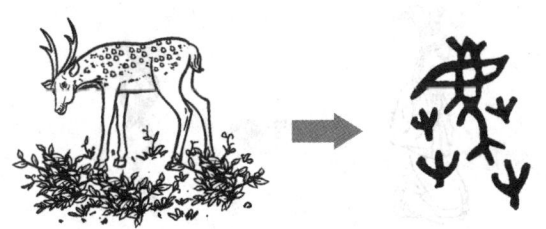

荐

(jiàn)

坐在用草编织的席垫上，向君王举荐人才。

"荐"是个会意字，本义是一种草的名称。金文的"荐"，外围是一堆"草"，中间是个"廌"字。"廌"是上古的一种独角兽，这种野兽所吃的草就称为"荐"。小篆的"荐"，只留下了上方的"草"。"荐"后也指用草编制成的席垫，古人常将酒肉放置在草垫上，祭奠祖先或是宴请宾客，所以"荐"后也引申为进献，由进献又引申出推荐，如向公司"推荐人才"。

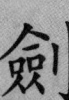
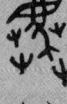

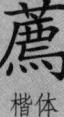

荐

金文

小篆

隶书

楷体

167

践 (jiàn)

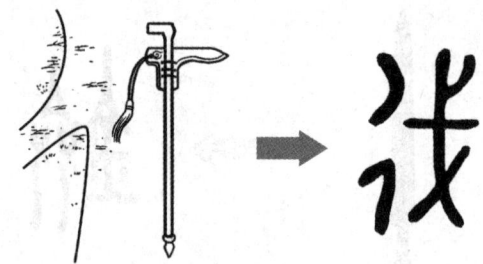

带着武器前进，踩踏着战场的热土。

"践"是个会意字，本义是踩踏。甲骨文的"践"，左边的"彳"，表示行进，右边的"戈"，表示武器，合起来就是带着武器前行。小篆的"践"，右边变成了两个"戈"字。楷书繁体的"践"，字形和小篆比较相近。"践"后来引申为履行、实践，如《仪礼·士相见礼》中"不足以践礼"，"践礼"就是按照礼的标准去执行、去实践。现代社会非常需要踏实肯干的实践精神。

姜 (jiāng)

 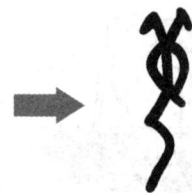

原来是美丽的女子，现在变成了辛辣的生姜。

"姜"是个会意兼形声字，本义是美丽。甲骨文的"姜"，就像是一个头戴"羊"角的美丽女子，正面朝左方跪坐在地上，其中的"羊"也是声旁。金文的"姜"，字形和甲骨文相近，不过更加凸显了女子弯曲的眉毛和妩媚的眼睛。"姜"也是一种姓氏，族人为神农氏的后代，因居住在姜水一带而得名。现在，"姜"专指植物生姜，是一种很好的养生保健食品。

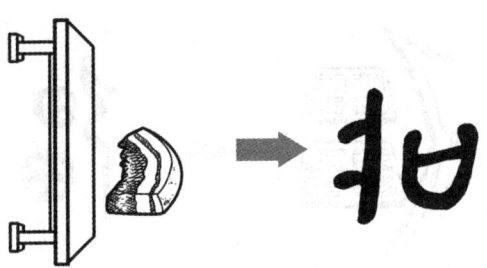

将肉放在桌案上,将要把它吃掉。

"将"是个会意兼形声字,本义是将肉放在案上。甲骨文的"将"字,左边是个竖起来的桌案形状,两个桌腿朝左,右边是"肉"字,代表将肉放置在桌案上面。金文的"将",在右方"肉"字的下方又加上了两个"手"形,表示用手拿着肉,将它放在桌上。现在,"将"有"将来""将要"之义,还指"将军"。"将"是多音字,还读作 jiàng,如"将领",泛指高级军官。

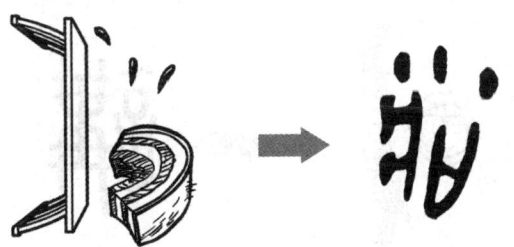 

桌案上有一块生肉,切时溅出了血浆。

"浆"是个会意字,本义是血浆。甲骨文的"浆",左边是一个桌案的形状,右边是"肉"字,顶部的三点,表示切肉时从中溅出的血滴。《说文》所载古字形的"浆",去掉了"肉"字,三点变成了"水"字。小篆的"浆",又在"水"上加入了"肉"。"浆"后引申为味道浓厚的液体,如"纸浆"。此外,用粉浆或米汤浸润衣服、纱布等物,称为"浆洗"。

疆

（jiāng）

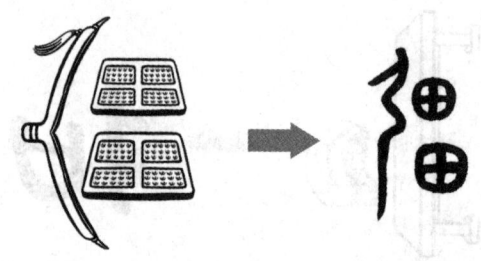

用丈量土地的工具"弓"来把疆界划分清楚。

"疆"原写作"畺"，左边是"弓"，表示以弓为记步丈量土地；右面是"畺"，表示边界。因此，"疆"字的本义就是划分疆界。"疆"用作名词，意为疆界。这个字还有"疆域、国土"之说。"疆"常通"强"，表示强大，后加上"土"而成为"疆"。"疆"还有"极限"之义，如人们常常说祝愿某个人"万寿无疆"。

讲

（jiǎng）

说话是沟通的基本手段，通过说话，人与人之间互相联系在一起。

"讲"字是一个会意字，小篆文字形左边为"言"（由"辛"和"口"组成），表示这个字与说话有关；右边为"冓"（很像是两座连在一起的房架子）。整个字形的意思是，通过说话将双方连在一起。因此，"讲"字的本义为和解、讲和。现在，"讲"字有"讲话""讲条件""讲求团结"等多种含义。此外，"讲"还有"讲说"之义，如央视的《百家讲坛》就是一个讲说历史、文学等科学的节目。

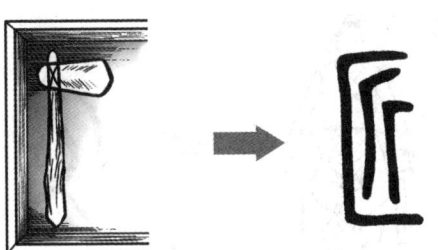 

(jiàng)

木匠的工具箱里装满了斧子等各种工具。

"匠"是个会意字，本义为木工。在金文的字形中，"匠"字外部口朝右的方框，代表的是木工装各种工具所使用的筐。内部的"斤"字，代表工作时所使用的斧子等工具。在上古时代，人们将木工通称为"匠"，他们的工作任务就是营造宫室。现在，"匠"泛指有手艺的人，如"画匠"。此外，"匠"还有灵巧、巧妙之义，如"他是一位独具匠心的艺术家"。

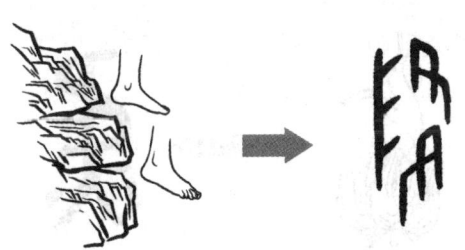 

(jiàng)

沿着土山的山势向下走，沿路留下一串脚印。

左边是一座土山，沿着山势向下走留下一串脚印。这就是"降"字的字形，由此看出它的本义是指从高处向低处走，念 jiàng 音，引申为"降低""落下"，如降落、降职、降价。该字还有"降生"之义，如龚自珍的"不拘一格降人才"。"降"字是一个多音字，它还有另外一个读音 xiáng，表示投降，降服，这也是"降"字现在的常用义。

交 蛟

甲骨文

小篆

交
隶书

交
楷体

交 (jiāo)

交郡的人晚上睡觉时，双足总是交叉在一起。

"交"字的字形很像人两腿交叉，因此，其本义是"交叉"或"交错"，引申为"结交、交往"之义。"交"还是古代的一个郡名，即交郡，设立于汉朝。相传这里的人晚上入睡时，总是双足相交。"交"还通"蛟"，见《汉书》："则见交龙于上。"在现代汉语中，"交"字的本义沿用至今。此外，这个字用作名词，还有"友情"之义，如"两个人交情甚好"。

焦

金文

篆
小篆

焦
隶书

焦
楷体

焦 (jiāo)

火上烤着一串鸟儿，焦香四溢。

"焦"是个会意字，本义是东西经火炙烤后变黄。金文的"焦"，上方是"隹"，表示鸟儿，下方是"火"，合在一起就是将鸟放在火上烤。小篆的"焦"，上方变成了三只"隹"，意思是火上烤着许多鸟。"焦"也指干燥、干枯之状，如焦枯。现在，"焦"字常用来形容人的心情着急，如"焦劳"就是焦躁不安之义。

172

角 (jiǎo)

一只割下来的兽角，上面还有天然的纹理。

　　"角"字的字形很像一只被割下来的兽角，上边还能看到天然的纹理。可见，"角"字本义为动物的角，是一个象形字。在古代，"角"也是未成年人的代称，因为他们头顶两侧束发为髻，看上去很像牛角，所以称为"角"。现在，"角"有很多引申义，如角落、角度、一角钱，等等。此外，"角"字还有另一个读音 jué，表示古代盛酒的器具。现在则常用来表示"角色"，如影视剧中的"主角"和"配角"。

 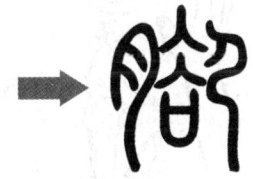 

脚 (jiǎo)

人体的最下端，也就是脚，具有向后退却的功能。

　　"脚"字本义为小腿，是一个会意字。在小篆文中，这个字左边为"肉"（月），表示其与人体有关；右边为"却"，意思是脚可以向后退却。后来，"脚"字专指腿的下端，也就是现在的脚。现在，"脚"也指其他事物的最下部，如"山脚"。影视拍摄时依据的底本，被称为"脚本"。人们常用"脚踏实地"来形容做事实事求是，不浮夸。

教

(jiào)

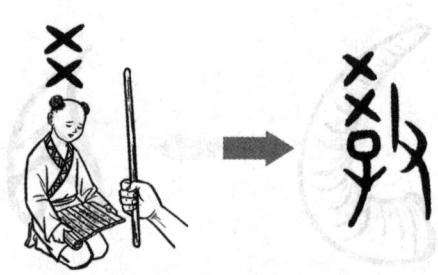

奴隶主手拿鞭杖，靠鞭打来教育奴隶。

"教"字是一个会意字，其字形左上方为"爻"，代表字音；左下方为一人形；右边为手持鞭或杖的形状。古代奴隶社会，奴隶主主要依靠鞭杖来推行他们对奴隶的教育。因此，"教"字的本义为教育、指导。这一本义沿用至今，如教导、教师。"教"为多音字，它还有另外一个读音jiāo，意思是将知识和技能传授给别人，如教书。

揭

(jiē)

 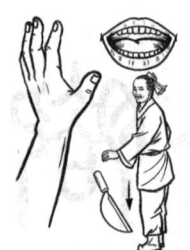 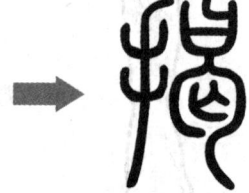

将手里的东西高高举起，暴露在外。

"揭"是一个形声字，其小篆字形像是手（扌）高高举起的样子，作为形旁，表示字义；右边为"曷"，作为声旁，表示字音。因此，"揭"字的本义是高举，如"揭竿而起"。后来，这个字引申为"将盖在上面的东西拿起来"，如"揭开"。盖子被揭开之后，里面的东西就会暴露在外面，"揭"字由此引申为"揭露、揭发、揭穿"，比喻隐瞒的事物显露出来。

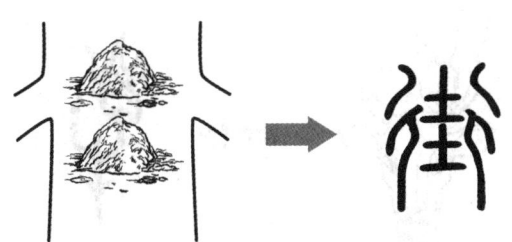

街
(jiē)

宽阔的十字大街,街道如圭玉一样平坦坚硬。

"街"字本义指宽阔的街道,是一个会意字。在小篆文中,其字形很像是十字路口,左右两边分出了两条小路。中间为"圭",圭在古代是一种质地坚硬平整的美玉,这里是说街道坚硬平坦。"街"在古代还有"市集"之义。现在,"街"字泛指街道。"街市"一般指商店较为集中的市区。人们将住在同一个街巷的人称为"街坊",也就是邻居。

街

街 小篆

街 隶书

街 楷体

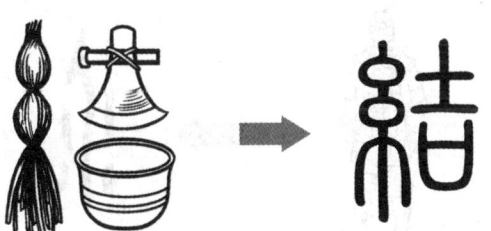

结
(jié)

打个结,就能把不同的东西连接在一起。

"结"字本义为打结,是一个形声字。在甲骨文中,"结"字左边为"糸"(纟),意思是线绳可以打结;右边为"吉"(上边为兵器的形状,下边是装置兵器的器物),有善、好之义。整个字形连起来,意思是结能很好地连接线、绳。"结"字也引申为"结束""结合"之义。现在,"结"也比喻心情烦闷,心里有结,如"心结"。另外,"结"是多音字,还读 jiē,意思是"结果""结实"。

结

結 小篆

結 隶书

結 楷体

解 懈

甲骨文

小篆

解
隶书

解
楷体

(jiě)

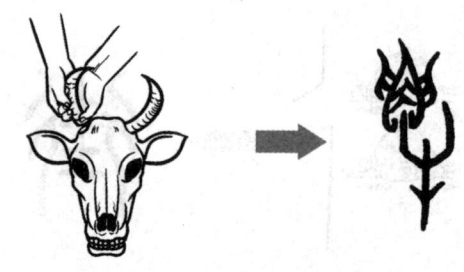

庖丁解牛，可以从牛角开始。

"解"字是一个会意字，在甲骨文中，其字形上边为一双手，下边很像一只牛头，牛头上有两只牛角，左边一只已经被上边的双手剖解下来。因此，"解"字的本义就是用手剖解牛角。在小篆文中，原来的"手形"演化成"刀形"，意思是剖解牛角的工具是刀。"解"字后来引申为解体、离散、解除等义。此外，"解"字还读 jiè，如科举考试中的"解元"。"解"字也读 xiè，通"懈"，意思是不停、不断，如勤奋不懈。

介

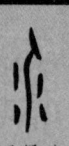
甲骨文

小篆

介
隶书

介
楷体

(jiè)

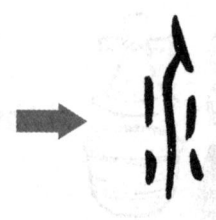

与"甲"字一样，介也是穿着铠甲的战士。

"介"字是一个象形字，在甲骨文中，其字形中间为一人形，左右的四点很像连在一起的铠甲片。整体来看，"介"字字形很像一个身穿铠甲的人。因此，"介"字本义为铠甲。后来，"介"用来指代身穿甲胄的兵士。"介"还可用作量词，表示"个"，如一介书生。现代汉语中，"介"字的常用义为"介绍""介入"。此外，将某件事放在心上，称为"介怀、介意"。

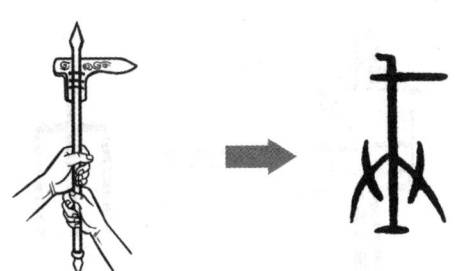

戒 (jiè)

双手持戈，戒备森严，抵御外敌或不良习性的侵袭。

"戒"字的本义为"防备，警戒"，是一个会意字。"戒"字字形上边为"戈"，下边很像两只手的形状，意思是双手持戈，戒备森严。"戒"字通"诫"，意思是告诫；通"界"，则有界限、分界之义。现在，"戒"字的本义还一直沿用，如"戒备""戒严""戒心"。此外，人们常用"戒"来表示革除不良嗜好，如"戒烟""戒酒"。习惯的戒除比养成要困难得多。

界 (jiè)

国家有界，心和眼光无界。

"界"是个形声兼会意字，本义是地域的界限。甲骨文的"界"，左半部是"田"字，表示字义和田地有关，右半部是介，表示声旁。"界"还引申为毗邻、交界，如《战国策·秦策》中"三国之与秦壤界而患急"，意思就是这三个国家都和秦国交界，所以形势比较紧急。现在，"界"常指范围，如眼界、自然界。依据职业或性别所划的人群范围，则有教育界、生物界。

巾 (jīn)

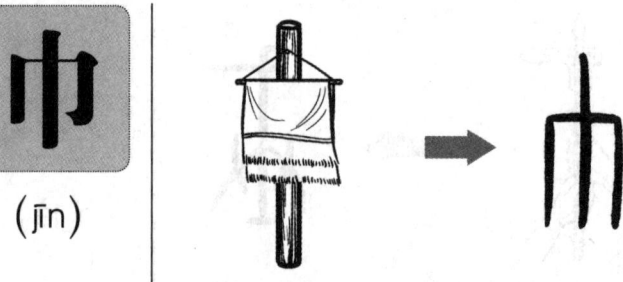

古代女子系在腰部左边用来拭汗的布巾就是巾的原型。

在甲骨文中,"巾"字字形很像布巾下垂的样子。因此,"巾"字本义为佩巾(古代女子外出时系于腰左的拭巾)。古人将有功之人的冠服称为"巾带",后来也代指功名。古代女性的头巾和发饰被称为"巾帼",所以"巾帼英雄"指的就是女性中的英雄豪杰。现在的"巾",是毛巾、领巾、围巾、枕巾、餐巾等的统称。

今 (jīn)

 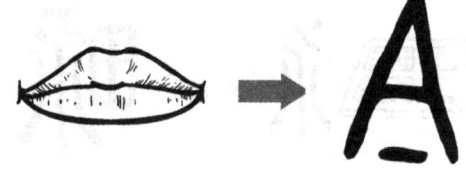

"唫"字有口,其实是闭口不言;"今"字无口,才指现在和今天。

"今"字是一个会意字。在甲骨文中,"今"是"唫"的最初文字形式,"唫"字通"噤",意思是闭口不说话。因此,"今"字的本义就是闭口不言。后来,"今"字逐渐引申为"今天、现在、当前"等义,而其本义也就慢慢消失不用了。"今"用作副词,有"立刻、马上"的意思。"今昔"在现代的意思是现在和过去,但在古代汉语中,它指的却是昨天晚上。

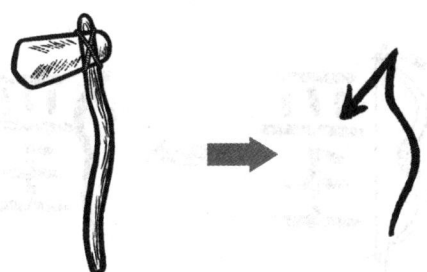

(jīn)

用斧子砍削，砍下了一斤猪肉。

"斤"字本义为斧子一类的工具，在甲骨文中，"斤"字上面为一横刃，下边为弯曲的柄端，看上去很像一把斧子。"斤"用作动词，意为砍削、砍杀。"斤"现在常用作量词，是一个重量单位，如一斤肉。很多资料中都有"斤斤"一词，意思是聪明鉴察。"斤"也有过分计较的意思，如"他这个人非常小气，什么事情都斤斤计较"。

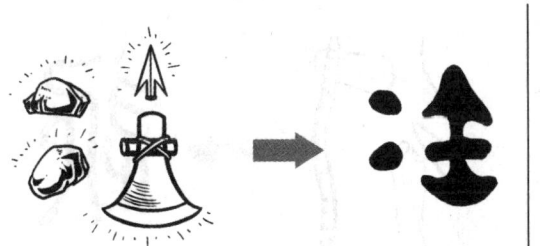
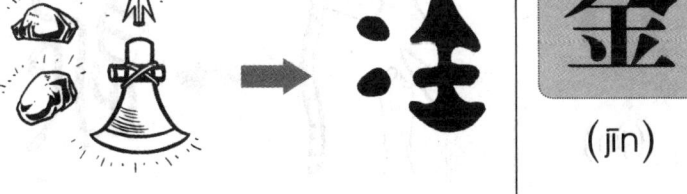

(jīn)

金原本是指青铜和黄铜，后来才变成了黄金，发光的并不都是金子。

金是个会意字，本来是指青铜这种金属，也作为金属的统称，后多用于代表黄金。汉字中带有金字旁的，一般都和金属有关。金文的"金"字，上部是一个箭头的形状，下部像是一把斧子，左边的两个黑点则代表炼制出的金属。合在一起的意思，就表明金属可以用来制造箭矢和斧头。小篆中，"金"变成了上声下形的形声字。"金"也引申为坚固之义，如固若金汤。

劲 (jìn)

一把强弓，需要用劲才能拉开。

"劲"字本义为强弓，是一个形声字。在古陶文中，"劲"字左边为"弓"，用来表示字义；右边为"巠"（jīng），用来表示字音。整个字形有"弓强劲有力"的意思，在小篆文中，"弓"移到右边，左边"巠"换作"力"，表义更加明显。"劲"用作名词，意思是力气、精神、情绪。此外，"劲"用作形容词时，读音为jìng，意为刚强有力的、坚硬的、刚毅的。如"劲直"，意思是刚毅正直。

近 (jìn)

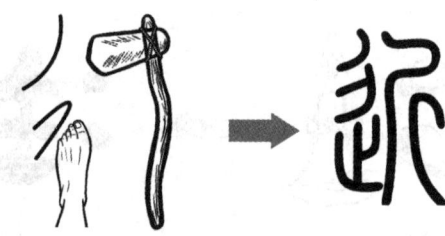

砍树时斧子要离树木近一点，物理距离和心理距离近都是近。

"近"字本义为距离短，是一个形声字。在小篆文中，其字形左边为"辵"（上方代表路，表明其与行走有关；下方为一只脚的形状，有"止"义），右边为"斤"，看上去像一把砍伐树木的斧子。砍树时，斧子离树木的距离要近一些，很好地表现了字的本义。现在，"近"字除了本义之外，还指时间上的不长久，如"近来"。两个人的关系亲密，称为"亲近"。

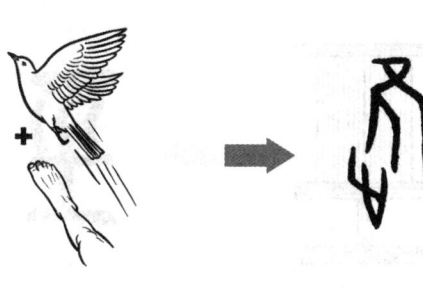

进 (jìn)

一只小鸟在天上飞,一个人在地上不断向前追。

在甲骨文中,"进"字上边为"佳",很像一只小鸟;下边为"止",代表一只脚,意思是不断前进。这就是"进"字的本义。在金文中,左边又添加了一个"彳"(有行走之义),更加明确地表现了"进"字的本义。"进"通"尽",意为终止、竭尽,如《列子·黄帝》:"竭聪明,进智力。"现在,"进"字越来越重要,如"进步""进取""进餐""进账",等等。

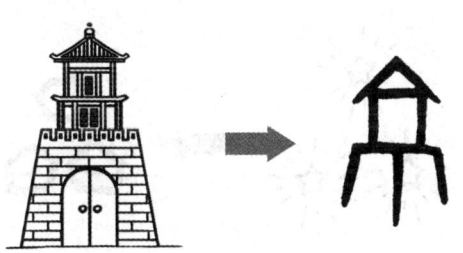

京 (jīng)

高大的有城楼和城墙的城池,就是京。

"京"字是一个象形字,在甲骨文中,其字形很像一座高大的城,上面为耸起的尖顶,有城楼,下边还有高高的城墙。因此,"京"字的本义为高冈。因为古人常常在高地上建起国都,所以"京"字后来常作"国都"解。此外,"京"字用作形容词,意为"大,盛"。现在,"京"常用来指我国的首都——北京。

经

经 甲骨文
經 小篆
經 隶书
經 楷体

经 (jīng)

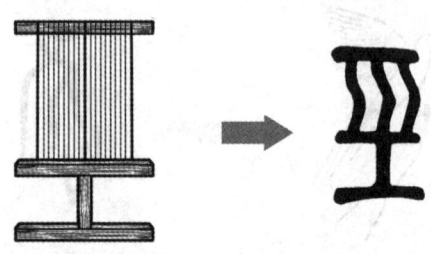

眼前道路无经纬，皮里阳秋空黑黄。

"经"是个象形字，本义是纵向的丝线，和"纬"字用在一起，表示布匹上纵横交织的纹理。甲骨文的"经"，下方是"工"字，表示织布用的工具，上方是三条弯曲的折线，表示织布时所形成的"经线"。"经"后来也指纵贯南北的道路，即东西方向的道路称为"纬"，南北方向的道路称为"经"。现代汉语中，"经"字的引申义很多，如"经书""经商""经过""经费""曾经"，等等。

晶

 甲骨文
晶 小篆
晶 隶书
晶 楷体

晶 (jīng)

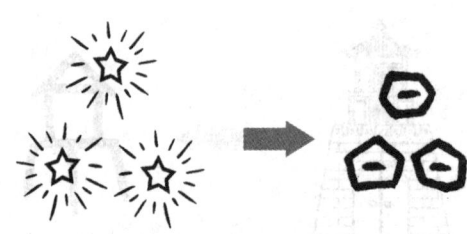

夜空中的繁星晶莹闪亮。

"晶"字是一个会意字，在甲骨文中，其字形为三颗星星（这里指代很多星星），闪亮晶莹。因此，"晶"字的本义为光亮、明亮。"晶"字也有明净、清明的意思，如"天气晶明"是说天气明净、晴朗。"晶"用作名词，还指太阳，如晶辉，指的是太阳的光辉。也有的资料将"晶"释义为"月亮"，如"晶饼"。现在常常两个"晶"字连起来用，即"晶晶"，表示明亮的样子。

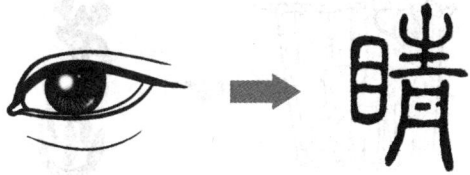

（jīng）

眼睛是心灵的窗户，是一个人的神气所在。

"睛"字本义为瞳子，也就是眼珠，是一个形声字。在小篆文中，"睛"字左边为"目"，用来表示字义；右边为"青"，用来表示字音。后来，"睛"引申为眼睛、视力。现在有"画龙点睛"这个成语，本义是眼睛是龙的精髓，画完龙之后再点上眼睛，龙就更加神气活现。现在比喻写文章或讲话时，在关键处用几句话点明实质，使内容生动有力。

（jǐng）

一口方形的蓄满了水的水井。

"井"字是一个象形字，本义为水井。在甲骨文中，"井"字字形很像是一口方形的井。在金文中，"井"字中间有一点，意思是井中有水。古代，八户人家共用一口井，后来引申为人口聚居的地方，即"乡里"。现在我们常说的"背井离乡"即与此有关。现在，"井"还有整齐、有秩序的意思，如"井然""井井有条"。

阱

(jǐng)

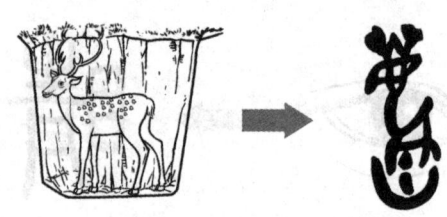

专为捕捉猎物而挖的陷阱，捉住了一只鹿。

"阱"字本义为陷阱，最初是专门为捕捉野兽而挖的坑。该字为会意兼形声字。在甲骨文中，"阱"字上边是一只鹿的形状，下边就是一个陷阱。《说文》中，"阱"字下边的"井"里还有"水"。在小篆文中，有"穴"在"井"上，说明井与穴之间有着一定的关系。现在，"阱"字引申为害人的圈套、计谋，如"阱机"的意思就是陷害别人的计谋。

竞

(jìng)

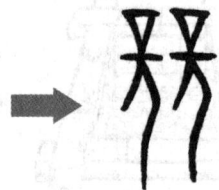

奴隶在角斗场角斗来娱乐贵族，不只是罗马才会出现的事。

在甲骨文中，"竞"字很像两个奴隶在搏斗，他们的头上带有"辛"字的标志。因此，"竞"字的本义为争逐、比赛。古代，贵族们常常强迫奴隶们搏斗，以此满足自己的乐趣。现代汉语中常常出现的"竞争、竞技"等词语，都是沿用的"竞"字的本义。现代社会，我们的生活中充满了竞争。

一个人抱着乐器正在演奏，音乐动人。

竟
(jìng)

"竟"字是个会意字，本义为演奏音乐。从甲骨文的字形上看，上半部是"言"字，甲骨文中的"言"与"音"同字，都表示乐器的形状。下半部是一个人形，代表演奏乐器的人。两者相连，就表示一个人正在演奏乐器。"竟"字后来引申为"完毕""穷尽"，如"未竟的事业"。此外，"竟"现在还常常表示出乎意料，如"他竟然已经结婚了"。

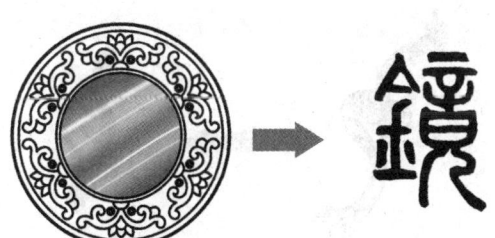

古代的镜子多用铜器制成，用一段时间后需要再磨一磨。

镜
(jìng)

"镜"字的本义为镜子，是一个形声字。在小篆文中，"镜"字左边为"金"，代表字义；右边为"竟"，代表字音。古代的镜子大多是由铜器制成的，因为当时还没有玻璃，所以这里是金字旁。镜子照物，其中能呈现出影像，但里面却不存在实物，就好像水中只有月亮的影子，却抓不住高高挂在天空中的月亮。因此，后人常常用"镜花水月"来比喻空幻缥缈的东西。

甲骨文

小篆

隶书

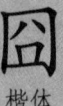
楷体

(jiǒng)

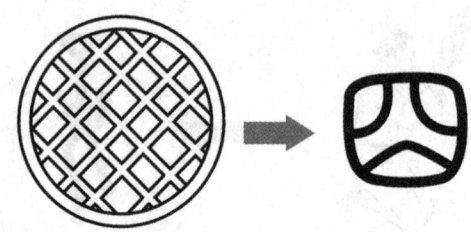

原来是一扇明亮的窗户，现在变成了郁闷的表情。

"囧"字本义为明亮，是一个象形字。在甲骨文中，其字形很像古代原始的窗户，墙上挖个洞，然后在洞中交叉支撑上木棍，就成了古代简易的窗户。金文的字形与甲骨文相似。在小篆文中，整个字形看上去比较整齐。"囧"字在古代同"冏"，常作为偏旁使用。后人为了表示其明亮的本义，另造"炯"字，如"炯炯有神"。这个用法一直沿用到现在。因为"囧"字酷似一张表情羞窘的脸，故在网络上以"郁闷、无奈、悲哀"之义流行。

(jiū)

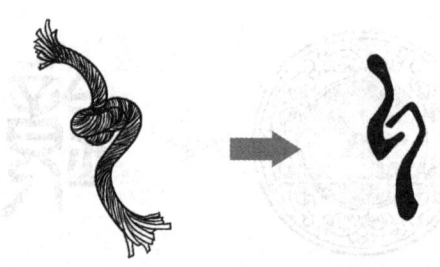

两股绳子缠在一起就是纠，纠缠就是纠结在一起分不开。

"纠"是个会意兼形声字，本义是纠缠。《说文》中解释为"纠，绳三合也"，古人将一股绳子称为"纫"，两股绳子缠在一起称为"纠"，三股绳子相缠则称为"徽"。甲骨文的"纠"字，就像是两条绳子上下勾连在一起。金文的"纠"，更显出纠缠的形态。现在，"纠"字的常用义有"纠正""纠纷"。此外，形容一个人陷入困惑或混乱的状态，称为"纠结"。

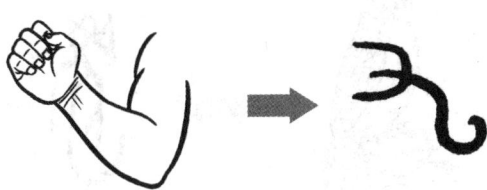

九
(jiǔ)

原来是简化了手指的手肘，现在只表示九这个数字。

"九"字本义为人的手肘。在甲骨文中，其字形就很像人的肘部，手指被简化了。后来，"九"字的这一本义渐渐消失不用。宋朝时，人们将痴傻的人称为"九伯"，也叫做"九百"。在有些史料中，"九"也泛指多数、数量大。"九"字还通"久"，意思是时间长、长久。现在，"九"字专指数目，如"九个""九十"。

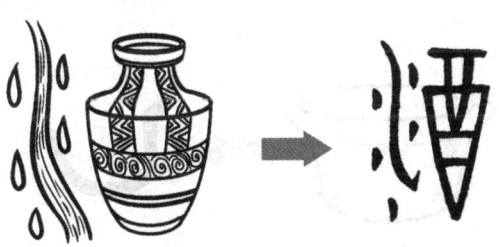

酒
(jiǔ)

一瓶美酒，已经滴出了两滴酒液。

在甲骨文中，"酒"字中间是一个酒瓶的形状，两旁为"水"，很像是流出来的酒液。在金文中，"酒"字通"酉"。到了小篆文中，"酉"左边又添加了"水"，与甲骨文中的字形相似。现在，"酒"与人们的生活密切相关，如"喝酒""酒吧""酒会""酒鬼""酒精"。人们将那些无能无智、唯以饮食酒饭最有能耐的人称为"酒囊饭袋"。

旧 鸺

甲骨文

小篆

隶书

楷体

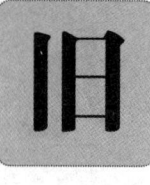
（jiù）

一只圆睁双目、头羽翘起的猫头鹰一动不动地蹲在巢里。

"旧"字的本义为猫头鹰，即"鸺"。在甲骨文中，"旧"字的字形就很像一只猫头鹰，它眼睛圆睁，头羽翘起，蹲在巢里一动不动。后来，"旧"假借为"新旧"的"旧"，原来的本义也就逐渐消失不用。"旧"常常意为从前的、原先的、陈旧的、过时的，与"新"相对，如"旧恩"，指的是往日的情谊；"旧家"，从前住过的旧宅。

臼

楷体

（jiù）

向下凹陷的舂米器具，用来做糍粑、年糕最为得力。

"臼"是个象形字，本义是舂米用的石臼。汉字中带有"臼"字旁的字，大多和坑槽有关，如"陷""舀""舌"等。甲骨文的"臼"，就像是一个舂米用的器具，中部向下凹陷。金文的"臼"，内部多出了两点，代表器具中装着的谷物。小篆的"臼"，字形和金文相同，只是中间的谷物更多了些。现在，"臼"字除了本义外，还指一些形状像臼的东西，如"臼齿"。

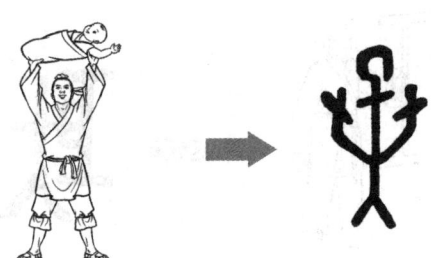

（jǔ）

一个大人用双手将孩子高高举起，逗他开心。

"举"是个会意字，本义是双手托物。甲骨文的"举"，字形上方像是一个小孩，下方像是一个大人，左右两侧是两个"手"形。整个字形合起来，意思是大人用双手托着小孩，将小孩高高举起。金文的"举"字，是四个"手"形，表示两个人对举的情形。"举"字的本义现在还一直沿用，此外，它还有很多引申义，如"推举""举止""举例""创举"，等等。

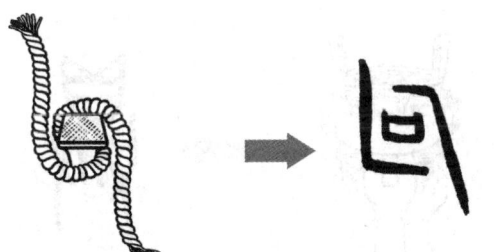

（jù）

以一颗方钉为中心，两根绳子纠结在一起。

"句"字本义为弯曲，其字形的左右两边很像纠结在一起的两根绳子，中间为"口"，表示方钉。可见，"句"字是一个会意字。我国汉朝在行大礼时，由九宾中地位最低的士依次向上传话，被称为"句"。"句"通"勾"，如"越王句践"，即越王勾践。此外，它还通"钩"，意思是钩子。现在，"句"常用来表示由词组成的具有完整意思的话，如"句子""语句"。

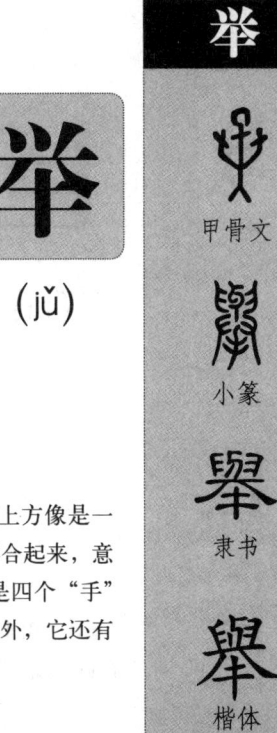

巨 矩

耴 金文
巨 小篆
巨 隶书
巨 楷体

巨
(jù)

一个人拿着尺子和量角的工具。

"巨"是个象形字，本义是画直角方形用的工具，和"矩"曾是同一个字。金文的"巨"，就像是一个人手里拿着尺子和量角的工具在度量物件。小篆的"巨"，去掉了右边的"人"形，只留下了左侧工具的形状。后来，"巨"由"度量"引申为"大、很大"，如"巨人"指的是身材异常高的人；"巨匠"则指在科学或文艺方面取得了巨大成就的人。

具 俱

鼑 甲骨文
県 小篆
具 隶书
具 楷体

具
(jù)

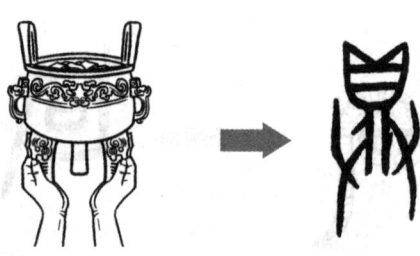

双手捧着装满了食物的容器，为酒宴做准备。

在甲骨文中，"具"字中间为盛放食物的"鼎"，左右两边则是两只手的形状。整个字形的意思是，双手捧着盛有食物的鼎器。因此，"具"字的本义为准备饭食或酒席，后来泛指准备、备办，如"具备""具有"。"具"也可用作量词，表示尸体和某些器物的数量，如一具尸体。"具"可假借为"俱"，意思是都、全。

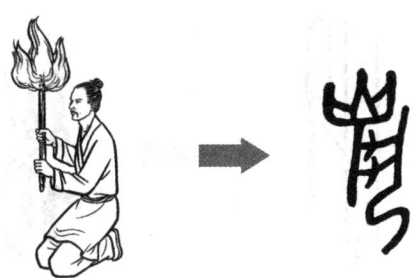 

一个人跪坐在地上，手里举着燃烧的火把。

"炬"是个象形字，本义是燃烧着的火把。甲骨文的"炬"，字形就像是一个人跪坐在地上，手中高举着火把。小篆的"炬"，是由"苣"假借而来。楷书的"炬"，由小篆演变而来，形成了现在所使用的写法。现代汉语中，"炬"主要指火炬，如2008年北京奥运会火炬的传递。此外，人们还常用"目光如炬"来形容一个人的眼睛明亮或见识高明。

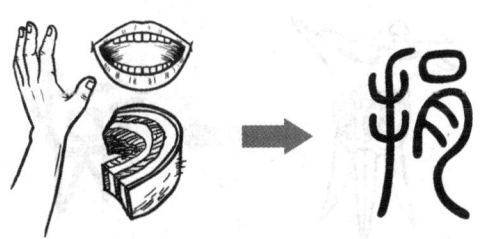 

用手丢掉一些对自己来说不值一提的东西，却能捐助需要它的人。

"捐"字本义为抛弃，是一个形声字。在小篆文中，其字形左边为手，意思是用手抛弃；右边为"肙"，表示字音。"肙"是蜎的本字，指的是一种小虫，这里是说被舍弃的往往是微不足道的。现在，"捐"字的本义仍然沿用，如"捐躯"。此外，"捐"也常用来表示"献助"，如捐资、捐款、募捐。向贫困地区开展募捐活动，是表达爱心的方式。

绝 (jué)

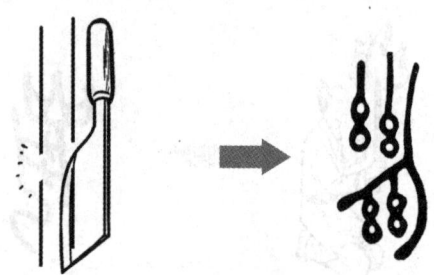

用刀子切断丝线，表示斩断情意或绝交。

"绝"是个会意兼形声字，本义是把丝线弄断。金文的"绝"，字形左边是四条丝线的形状，右边是个"刀"字，合在一起就表示用刀子将丝线割断。小篆的"绝"字，左边变为"糸"(mì)字，是意旁，表示和丝线有关。"绝"还引申为绝妙，独一无二。此外，"绝"还有穷尽之义，如"绝境""绝望"。人们也常用"绝"表示肯定的语气，如"绝对"。

爵 (jué)

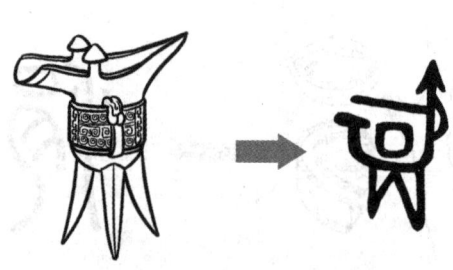

一盏两柱三足的酒爵，代表着地位。

"爵"字本义为古代的一种酒器，是一个象形字。在甲骨文中，"爵"字的字形就很像古代一种饮酒的器具。这种酒器有两柱、三足，主要的用途就是温酒或盛酒，在商代和西周时期十分盛行。后来，"爵"字引申为爵位、爵号、官位，如《礼记·王制》："王者之制禄爵。"史书中常常出现"爵人"这个词，指的是有爵位吃俸禄的人。新中国成立后，世爵制度被废除。

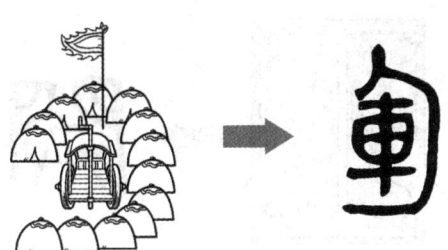 

战车停在一圈军营之中，形成了安营扎寨之所。

"军"是个会意字，本义是军队。金文的"军"，字形中间是"车"，代表军中的战车，外部是"冖"（秃宝盖），代表军营环绕在战车的四周。古代打仗时，主要是车战，驻扎的时候，用战车围起来形成一个个营垒，以防敌人袭击。"军"也引申为指挥作战。现在，"军"字的本义一直沿用，此外，它也泛指有组织的集体，如"考研大军"。

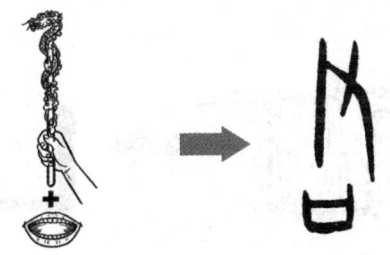 

君王手执权杖，对臣子发号施令。

"君"字是一个会意字，本义为君主。其字形上边为"尹"，很像一只手拿着表示权力的杖；下边为"口"，意思是发号施令。古代夫妇之间常以"君"相称，如"夫君"是妻子对丈夫的尊称。20世纪初，君主制被废除。后来，"君"字引申为对人的一种尊称，相当于"您"，如"落花时节又逢君"。现在，人们将有着较高品行的人称为"正人君子"。

开 (kāi)

用手推开大门，看见整个世界。

"开"是个会意字，本义为开门。古字形中的"开"，外部是两扇敞着的大门，内部有个"一"字，代表大门的门闩，下面还有两只手，代表双手开门时候的情形。小篆的字形，内部变成了两个干字形。古文中，"开"还有"天气放晴"的意思。现在，"开"在现实生活中有着广泛的应用，如"张开""展开""开发""开拓""开始""开支""召开"等。

坎 (kǎn)

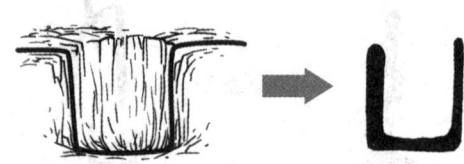

平地上的土坑，大大小小，都是坎坷。

"坎"是个象形字，本义是土坑。甲骨文的"坎"，就像是个土坑的样子。小篆的"坎"，和甲骨文大体相同。小篆的"坎"，还有另一种字形，左边的"土"是形旁，右边的"欠"是声旁。"坎"是八卦之一，五行为水。现在，"坎"常指坎坷，如"他的一生经历坎坷"。此外，人们将坏运气或不好的处境称为"坎儿"，如"他终于迈过了这道坎儿"。

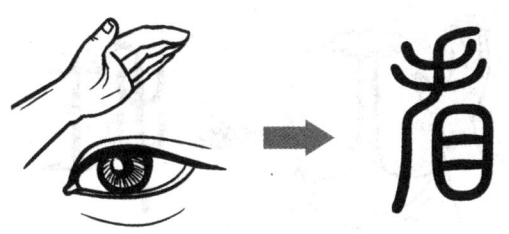

看 (kàn)

在强烈的阳光下，用手遮住额头观望。

"看"字本义为观望，在小篆文中，其字形左边很像一只手的形状，右下方为眼睛（目），字形的意思是，一个人在观望事物，由于阳光太强烈，他不得不用手遮住额头。后来，"看"字引申为探望、问候，如"看望生病的朋友"。"看"字也有观察、判断之义，如"看透"，意思是透彻深刻地了解或认识。"看"用作名词，意思是看法。它读音为 kān 时，有"守护、监视"之义，如"看护"。

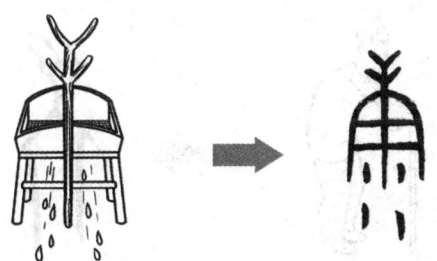

康 (kāng)

打谷子啊打谷子，饱满的谷粒上落下了谷糠。

在甲骨文中，"康"字的字形正中间很像一把"禾"，中间外形较宽的物体表示打谷所用的农具，下边的四点指的是打谷时掉下来的谷糠。因此，"康"字的本义为谷皮、米糠。"康"是"糠"字的本字。"康"字的引申义为安乐、安定、健康、安宁、富裕等，如"在党的富民政策下，人民过上了小康生活"。

扛

(káng)

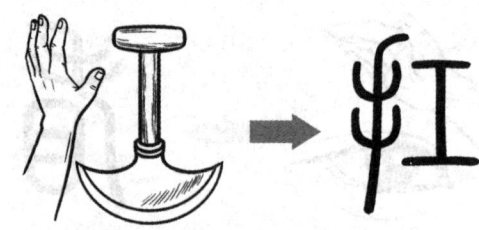

用手举,用肩扛,承担的分量都不轻。

"扛"字本义为双手举重物,是一个会意字。在小篆文中,其字形左边像手,表示这个字离不开手;右边为"工","工"有劳动、工作的意思。"扛"字作本义解时,读音为 gāng,如现在我们常说的"力能扛鼎",即用双手举起沉重的东西,现在常比喻力气特别大。"扛"字后来引申为用肩膀承担,读音为 káng,如"扛枪"。人们常说的"扛大梁",常比喻承担重任。

考

(kǎo)

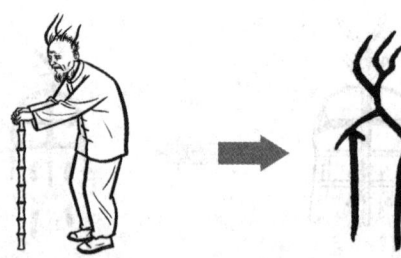

一位头发稀疏的驼背老人,拄着拐杖慢慢前行。

"考"字本义为年老,与"老"字相同。在甲骨文和金文中,"考"字的字形都像一位头发稀疏的驼背老人拄着拐杖在慢慢前行。可见,"考"字是一个象形字。同时,它还是一个以"老"为形符,以"丂"(kǎo)为声符的形声字。古代将去世的父亲称为"考"。现在,"考"有很多含义,如考察、考试、考究、考核等。

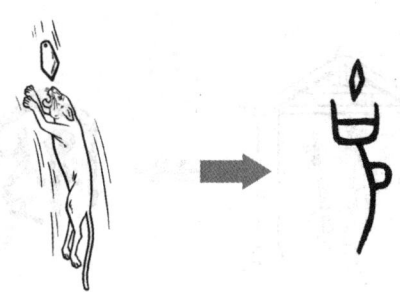

(kè)

一把石斧击中了前方的野兽,将其制服。

"克"字本义为战胜,是一个象形字。在甲骨文中,"克"字字形上边很像一把石斧,下边则是一头正张开大口的猛兽。石斧冲着猛兽的口中砸去,意思是战胜。"克"字的这个本义一直沿用至今,如"克服""攻克"都是这个意思。此外,"克"还是一个表示质量或重量的名词,一克相当于千分之一公斤。

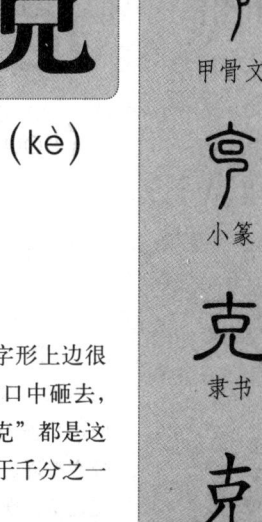

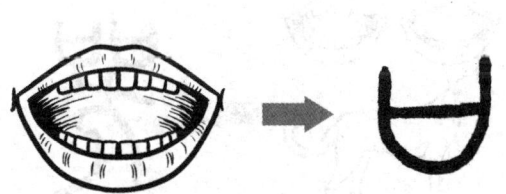

(kǒu)

嘴是人体最重要的器官之一,进食、说话全靠它。

"口"字本义为人的口腔器官,即嘴,是一个象形字。在甲骨文中,"口"字的字形就很像人的嘴巴,金文也是如此。而在小篆文中,字形变得有些长,在隶书和楷书中,又演变为方形。"口"字的本义一直沿用至今,它还可用作量词,如一口井。此外,现在人们将一个人的语言表达能力称为"口才",如"演说家大都是口才极好的人"。

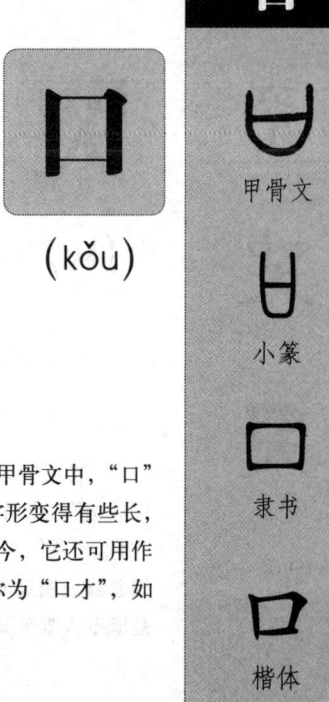

寇 (kòu)

寇 甲骨文
寇 小篆
寇 隶书
寇 楷体

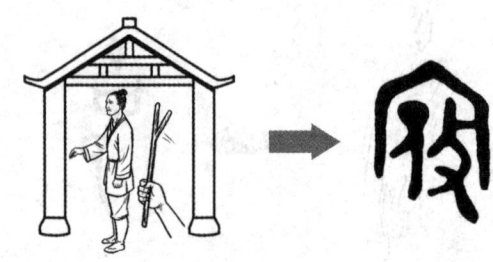

手拿棍棒的恶人进到屋子里来打人。

"寇"是个会意字，本义是盗贼。甲骨文"寇"的字形，外部就像是房屋的形状，内部的左边是个"人"形，右边的"攴"就像是手拿棍棒的样子，说明这个被关在房子里的人性情恶劣，总想攻击他人。小篆的"寇"，字形和甲骨文相近。"寇"字在古代也可用作动词，意思是侵犯，如"寇边"，即敌人侵犯边境。现在，"寇"字沿用其本义，也引申为敌人。

哭 (kū)

哭 小篆
哭 隶书
哭 楷体

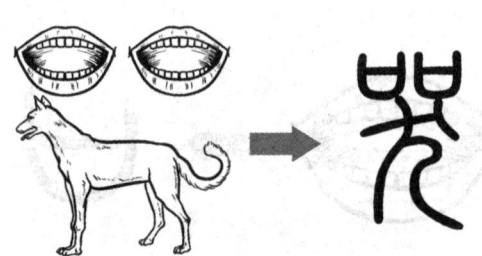

一只狗在大声哀号，其声若哭。

"哭"字本义是犬的哀号，是一个会意字。其古文字形上边为"吅"，同"喧"，意思是大声呼叫；下边像一只犬，说明"哭"指的是狗的哀号。古代，"哭"字还有吊唁之义，即祭奠死者并慰问家属。现在，"哭"泛指因悲痛或激动而流泪，如哭泣、啼哭。人们长用的词语"哭笑不得"，意思是既令人难受又令人发笑。

夸 (kuā)

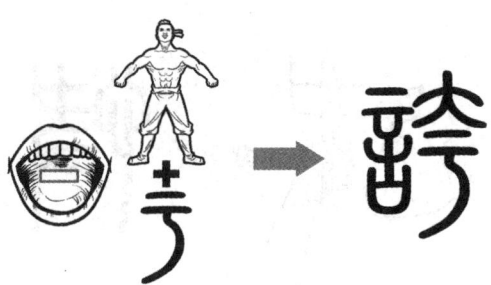

赞扬一个人要从实际出发,而不要夸大其词。

古代,"夸"与"誇"是同一个字。"誇"字是一个会意字,本义为说大话。在小篆文中,其字形左边为"言",表示与言辞有关;右边为"夸",意思是夸大。后来,"誇"字简化为"夸"。"夸"上边为"大",下边为"亏",意思是有所欠缺才会夸大言辞。"夸"字的本义沿用至今,如浮夸、夸夸其谈。此外,"夸"字还有奖励、赞扬之义,如"他经常受到人们的夸赞"。

块 (kuài)

筐子里装着土,就是块。

"块"是个会意兼形声字,古时写作"塊","土"是意旁,"鬼"是声旁,本义为土块。甲骨文中的"块"写为"凷",外部是筐子的形状,中间是"土"字,表示用筐装土。小篆的"块"字,变成了左形右声的形声字。"块"在古代还有"孤独、孑然一身"之义。现在,"块"常表示整体的一部分,如一块石头、一块煤等。

快
(kuài)

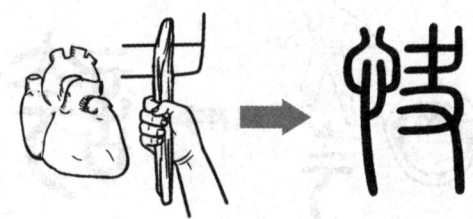

心情犹如流畅射出的利箭一样顺畅开心。

"快"字是一个会意兼形声字,小篆文字形左边为"心"(忄),右边为"夬"(勾弦射箭),意思是心气畅行。因此,"快"字的本义就是心情舒畅、高兴。这一本义现在仍然沿用,现在我们也常说"心里痛快"。现在,"快"主要指动作上的迅速,与"慢"相对。它还引申为"直截了当"之义,如爽快。人们在形容一个人头脑灵敏时,常常说"眼明手快"。

筷
(kuài)

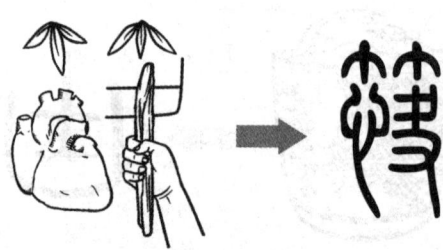

用竹子做的筷子来取食,是以中国为源流的。

"筷"字本义是筷子,也就是人们用来夹取食物的工具。这个字是一个会意兼形声字,其字形上边为竹子,表示筷子是竹制的;下边很像一个人手持器具夹取食物。隶书中,下边演变为"快",可用来表示字音,同时也说明用筷子夹取食物,既方便又快速。"筷"字的本义沿用至今,只是制作筷子的原料除了竹子以外,还有木材,现在也有很多不锈钢筷子。

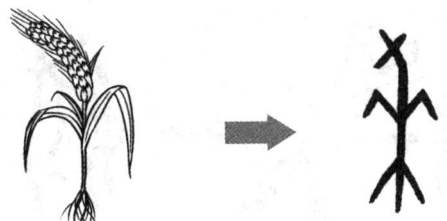

来 (lái)

甲骨文

小篆

隶书

楷体

小麦是"来",大麦是"牟",大小麦一起叫"来牟"。

在甲骨文中,"来"字字形看上去很像麦子,所以其本义就为麦子。在古代,小麦被称为"麦",大麦被称为"麰"(读音为móu,后来写作"牟"),大小麦则统称为"来牟"。后来,"来"字被假借为"来往"的"来",其本义渐渐消失不用。《尔雅》:"来,至也。"这里的"来"意为"由此至彼,由远到近",与"去""往"相对。这也是"来"字现在的常用义。

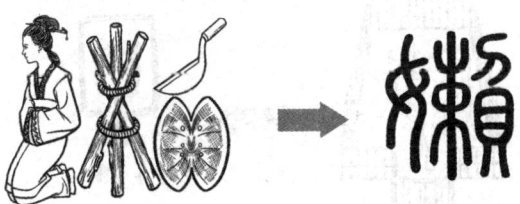

懒 (lǎn)

小篆

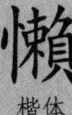
隶书

懒
楷体

总想依赖他人,不想独立做事,是懒惰的根源。

"懒"字本义为懒惰,是一个会意字。其字形左边很像一位女子,古代女子没有地位,大多依赖男性生存,所以常被视为懒惰的人;右边为"赖"。到了隶书,左边的女子人形演变为"心",右边仍然为"赖",意思是心里总有依赖思想,所以才会变得懒惰。"懒"字的本义现在一直沿用,如"好吃懒做"。此外,它也有疲倦、没力气之义,如"浑身酸懒"。

狼

(láng)

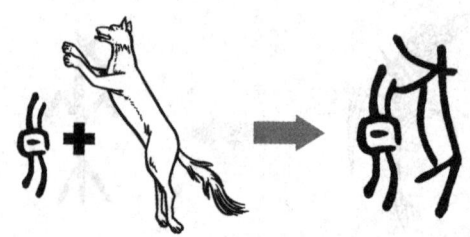

过去，狼和人是相克相生的关系，现在，狼已不能威胁人的生存。

"狼"是个形声字。《说文》的解释是"狼，似犬，锐头，白颊，高前广后"，认为"狼"是一种类似于狗的动物。甲骨文的"狼"，字形左方是"良"，表示字音，右方是一只"狼"的形状。小篆的"狼"字，左方变成了"犬"字。"狼"这种动物性格凶猛，所以"狼"也用来代表凶狠的人或动物，如"引狼入室"，意思是引进坏人。

牢

(láo)

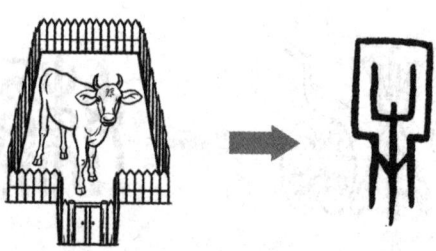

一头关在牛栏里的牛，生活在禁锢自由的监牢里。

在甲骨文中，"牢"字字形很像一头牛被关在饲养牲畜的栏圈里。因此，"牢"字的本义为关养牛马等牲畜的圈。古代"牢"字还表示祭祀或宴享时用的牲畜。"牢"用作形容词，有"坚固、牢固"的意思。"牢"字用作名词，意思是监狱，如"他平时不规范自己的言行，以至于触犯国家法律，等待他的是漫长的牢狱生涯"。

(lǎo)

一位头发稀疏的老人，拄着拐杖慢慢前行，与"考"字十分相像。

"老"字本义为年老、衰老，是一个会意字。在甲骨文中，其字形很像一位驼背老人，手中拄着拐杖，头发看上去很稀疏，正在慢慢前行。"老"字在古代是对某些臣僚的尊称，直到现在，我们在称呼年长者的时候，仍然会用"老"字，如"老大爷"。"老"后来引申为"历时长久""陈旧""阅历深"等义，如"他是一个很老成的人"。

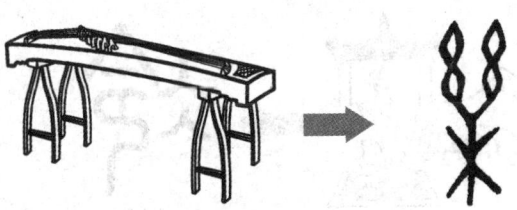

(lè)

乐器弹奏出的音乐，能让人快乐。

"乐"字最初读 yuè，本义为乐器，是一个象形字。在甲骨文中，其字形很像"弦附木上"，看上去像古代的琴。到了金文，中间出现一个"白"字，很像是一件调弦物器。小篆文中的字形则是由金文直接演变而来。"乐"字后来引申为"音乐"，又因为用乐器弹奏出的音乐能使人快乐，所以"乐"字又引申为"快乐"，读音变为 lè，这一含义沿用至今。

雷

甲骨文

小篆

隶书

楷体

雷
(léi)

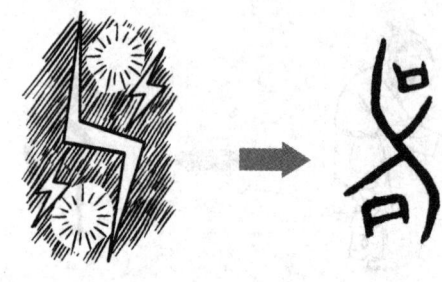

雷声隆隆，大雨将至。

"雷"字是一个象形字，本义为云层放电时发出的巨响，也就是雷声。在甲骨文中，"雷"字字形中间很像一道闪电，左右的圆圈表示打雷时的巨大声响。在金文中，原来的圆圈演变为车轮形，更突出强调了雷声之巨大。同时，上面还添加了一个"雨"字，说明雨天经常会出现雷声。"雷"字本义一直沿用至今。在网络时代，"雷"字被赋予了新的意义，表示某些现象使人极度震惊或无语。

冷

小篆

隶书

楷体

冷
(lěng)

寒冷是很难抗拒的，冷淡也是。

"冷"字本义为寒冷，是一个形声字。其小篆文字形左边为"冫"（冰），有寒冷之义；右边为"令"，"令"意思是命令，是不可抗拒的，这里是说寒冷也是难以抗拒的。"冷"字的本义沿用至今，但现在人们也常常用其来形容一个人不热情、不温和，如"冷淡、冷冰冰、冷漠、冷酷无情"。此外，"冷"也有寂静、不热闹的意思，如"冷清"。

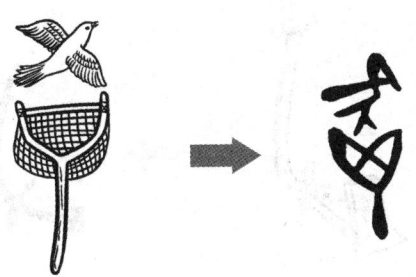

离(lí)

用网捉住鸟儿,从此它就离开了大自然。

"离"是个会意字,本义是用网捕鸟。甲骨文的"离",上方是个"鸟"儿,下方是个网状,这种形象正好呼应了"离"字的本义。小篆的"离",字形上方的网状发生了讹变,下方变成了"隹",字义未变。"离"是八卦之一,五行为火。现在,"离"字的含义和用法较多,如"分离""距离""离开""离异""离职""支离破碎",等等。

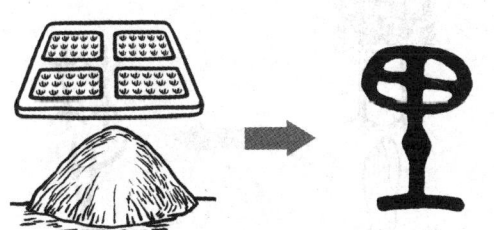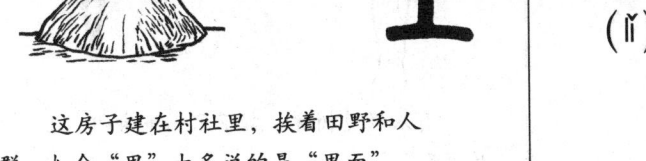

里(lǐ)

这房子建在村社里,挨着田野和人群,如今"里"大多说的是"里面"。

"里"是个会意字,本义是古代居民所居住的地方。古人将山野中建的房子称为"庐",将村社中房屋则称为"里"。金文的"里",字形上方是"田"代表作物,下方是"土",代表土地。古人主要从农业活动中获取粮食和各种物资,所以有"田"有"土"地才能生存。在田地丰饶的地方,一般也是人群聚居处,所以"里"就成为处所的代称。现在,"里"常用来指代内部,与"外"相对。

力 (lì)

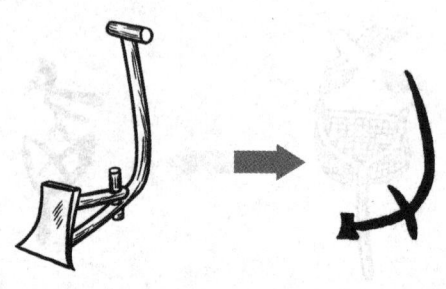

用"力"这种农具翻土,很需要一点力气。

"力"字本义为一种翻土的农具,是一个象形字。在甲骨文中,"力"字字形很像古代一种翻土的农具。"力"用作动词,意思是努力、致力于,如"力田",即努力耕种田地。因为翻土耕地需要一定的力气,所以后来"力"字引申为力气、力量,也指威力、权势。这也是"力"字现在的常用义。此外,"力"还泛指事物的效能,如"控制力""生产力""视力"。

历 (lì)

 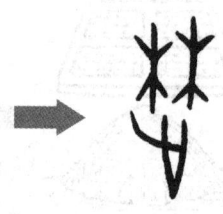

有人经过树林,留下了一串脚印,历历可数。

在甲骨文中,"历"字字形上边为两棵树(林),下边则很像一只脚印,意思是林子里留下了一只脚印,说明有人从那里经过。因此,"历"字的本义为经过。在金文中,上边的两"木"演变成两"禾",并且左边还增加了一个"厂",用来表示山崖,意思是游历过的地方很多。"历"字后来引申为经历、历程。此外,人们常用"历历在目",表示对过往事物的追思。

立 位

人站在天地之间，要找准自己的位置。

(lì)

甲骨文
小篆
隶书
楷体

"立"字本义为站立，是一个会意字。在甲骨文中，"立"字字形很像一个站立的人形，此人双腿分开，保持着直立姿势。古代臣子上朝时依品秩站立，被称为"立班"。"立"字还通"位"，意思是爵次、位次。现在，"立"字的含义很多，如"树立""建立""设置""设立"……只有确立起新的事物，社会才能不断进步。

吏

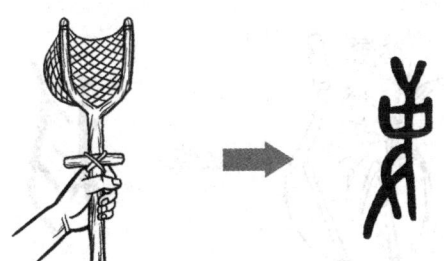

上古的吏员管理狩猎事务，后来管理政务的所有官员都可叫做吏。

(lì)

甲骨文
小篆
隶书
楷体

"吏"是一个会意字，本义为官吏。《说文》中解释为"吏，治人者也。"认为"吏"职责就是管理众人。在古代，"吏"字与"史"曾经是同一个字，古时候都代表管理各种狩猎事务的人，后来引申为官吏。甲骨文的"吏"字，就像是一张带有长柄的猎网，紧紧地握在人的左手中。金文的字形，把位于下方的左手改成了右手，字义没有发生改变。"吏"字的本义沿用至今。

丽

(lì)

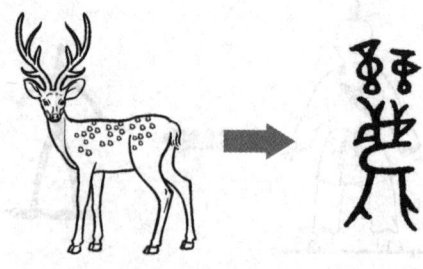

一只美丽的鹿，头上长着一对鹿角。

"丽"字本义为成双、成对，其字形很像一只鹿，头上长着一对美丽的鹿角。"丽"作本义讲时，后来写作"俪"。"丽"字还通"骊"，如"骊山"。"丽"用作动词，意思是结伴而行。还有的史料将其释义为依附、附着，如《易经·离》："日月丽乎天，百谷草木丽乎土。""丽"字的引申义为美丽、漂亮、壮丽、秀丽，如"美丽的姑娘""壮丽的山河"。

利

(lì)

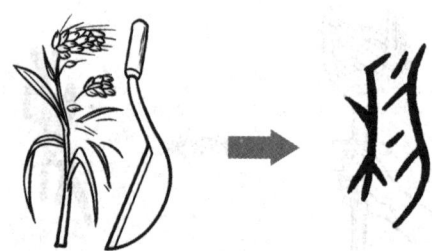

用锋利的刀去收割成熟的谷子，谷粒纷纷落下。

"利"字是一个会意字，本义为锐利、锋利。其字形看上去很像用一把"刀"割"禾"，刀子非常锋利，以至于谷粒纷纷落下。后来，"利"字引申为快、敏捷之义，如"利剑"。现在，"利"字常用作名词，意思是"利益"，如"商品社会，很多人'利字当头'，甚至为了满足一己之私，不惜背弃亲情和友情"。此外，"利"也指贷款、储蓄等得到的超过本钱的收获，如"利息"。

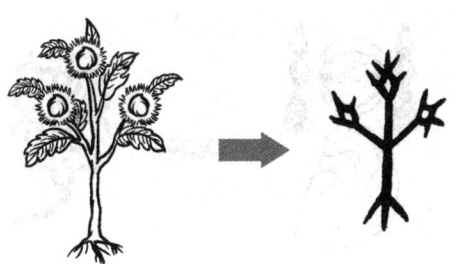 

栗
(lì)

一棵结满了果实的栗子树，静默地站在秋天的山林中。

"栗"字是一个会意字，在甲骨文中，其字形很像一棵结满了带刺果实的栗子树。因此，"栗"字本义为栗树。古代，"栗"字通"历"，意思是历阶，即跨过台阶。现在，"栗"常指栗子，是栗树上结的果实。这个字用作动词，通"慄"，意思是恐惧，或者因寒冷而发抖，如"不寒而栗"。

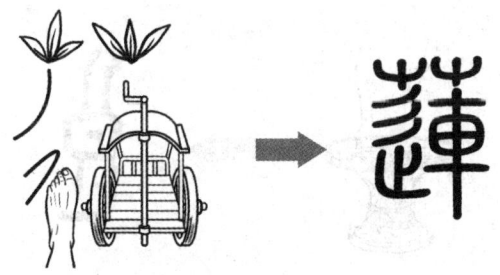

莲
(lián)

每一个莲蓬内都聚集了许多莲子，每一颗莲子都有一条清苦的绿芯。

"莲"字本义为莲子，是一个形声字。小篆字形上边为"艹"（草），表示"莲"一种草本植物的子实；下边为"连"，表示字音，同时这个字也有聚合的意思，这里是说莲子一同聚于莲蓬之中。现在，"莲"指草本植物"荷"，生长于浅水之中，其种子称为"莲子"。地下的茎，称为"莲藕"。莲子和莲藕都可以食用，有一定的营养价值。

恋 (liàn)

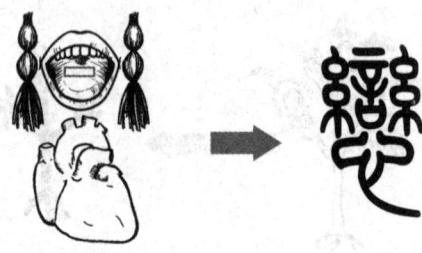

天长地久有时尽，此恨绵绵无绝期。

"恋"字繁体形式为"戀"，本义为思念。该字是一个形声字，上边的"䜌"有相继不绝的意思，这里表示念念不忘。同时，"䜌"字还表示字音；下边为"心"，表示"恋"是一种发自内心的情感，它表达的是对事物的留恋之情。如陶渊明"羁鸟恋旧林，池鱼思故渊"，意思是鸟儿留恋原来的树林，鱼儿思念原来的河流。"恋"字这一本义沿用至今。此外，它也指男女相爱，如"恋爱""初恋"。

良 (liáng)

煮熟的食物散发着香味，让人觉得生活真是美好。

"良"是个象形字，本义是香味。甲骨文的"良"，下方是个"豆"，代表饮食使用的器具，上方的两条折线，代表煮熟的食物散发出香气。金文的"良"，字形和甲骨文相近。"良"也代指美好的事物，现在，这一意义仍然沿用，如人们常用的"良莠不齐""良辰美景"等。此外，"良"也有"很"之义，如"良久""用心良苦"等。

疗 (liáo)

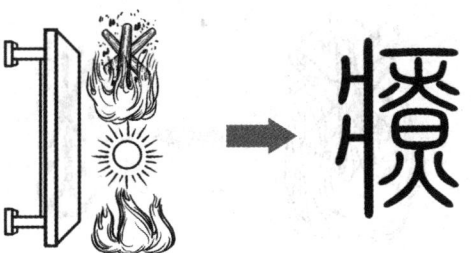

躺在病床上的病人，既祭了神又吃了药，最后痊愈了。

"疗"字本义为医治疾病，是一个形声字。其繁体形式为"療"，由"疒"和"尞"两部分组成。"疒"的小篆字形很像一张病床，意思是治疗疾病；"尞"代表字音，同时，"尞"字原指古代祭神举的火，而祭神是古人在治病时常做的事。简体字"疗"中的"了"有结束之义，这里是说结束人体上的毛病就达到了治病的目的。"疗"字的本义沿用至今。

疗 小篆
療 隶书
疗 楷体

聊 (liáo)

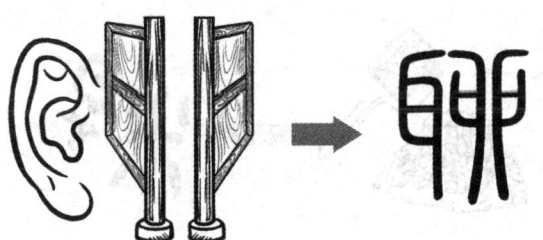

耳鸣就像打开了大门，听见许多人在聊天。

"聊"字本义为耳鸣，是一个会意字。其字形左边像一只耳朵的形状，意思是耳内自然发声；右边很像门打开的样子，意思是耳鸣就好像门敞开一样，声音不绝。现在，"聊"字常指闲谈，如聊天、闲聊。这个字还有略微之义，如"聊表寸心"。人们常用"百无聊赖"来形容精神上没有寄托，生活没意思。这里的"聊"就是依赖、寄托之义。

聊 小篆
聊 隶书
聊 楷体

燎
甲骨文
燎 小篆
燎 隶书
燎 楷体

燎
（liáo）

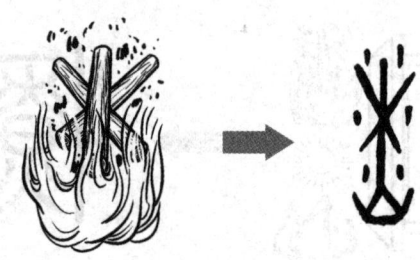

点燃一堆木柴，火焰熊熊，火星劈啪作响。

"燎"字最初为"尞"，其字形上边很像一堆木柴交错放在一起，下边为"火"。火上有柴，即木柴在火中燃烧，其中的点状物表示木柴燃烧时迸发出的火星。因此，"燎"字的本义为放火焚烧草木。后来，为了更明确地表示字义，古人在左边又添加了一个"火"。现在，"燎"指燃烧、烫，如"燎原"。此外，人们将烧伤或烫伤后皮肤表面形成的水泡，称为"燎泡"。

料
料 甲骨文
料 小篆
料 隶书
料 楷体

料
（liào）

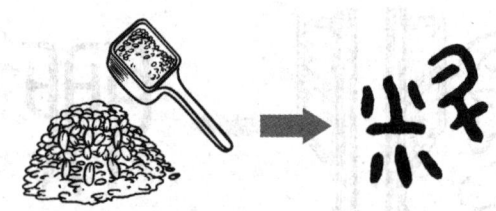

用斗把米舀出来称量重量，看看跟预料的是否一样。

"料"是个会意字，本义是称量谷物。金文的"料"，左方是"米"，右方是"斗"，合起来就像是用"斗"将"米"舀出来称量。小篆的"料"，左边还是"米"字，右边已看不出斗形。现在，"料"字用作名词，在日常生活中很常见，如"调料""材料"。这个字用作动词，意思是估量、揣度，如"他料想不到的事情还是发生了"。

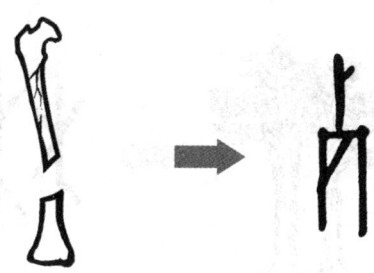

用刀砍裂骨头，拿来煮熟下酒。

"列"是个形声字，"歹"是声旁，"刂"是意旁，本义是分割。"列"曾是一个象形字，与"歹"字同源。在甲骨文的写法中，"列"字的上半部就像是一道骨头上的裂缝，下半部犹如一块中空的枯骨。在小篆的字形中，"列"的右侧又加入了一个"刀"字，代表用刀砍裂骨头。现在，"列"用作名词，指横排，与"行"相对。此外，这个字还有陈列、安排和布置之义。

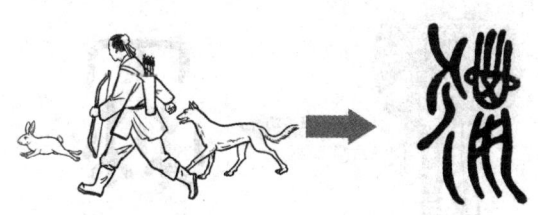

上古之人猎取熊豹，后来人猎取功名利禄。

"猎"字为形声字，本义是打猎。在金文中，"猎"字左边为"犬"，用来表示字义；右边为"巤"，用来表示字音。"猎"字的这一本义沿用至今，同时也作为名词，指打猎的人和捕获的猎物。现在，"猎"字也有搜求、追求、猎取、夺取等含义，如人们常用"猎取"来表示一个人努力得到什么东西。"猎奇"则是指努力搜求新奇的事物。

林

(lín)

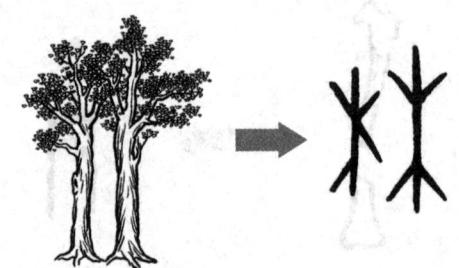

树林是树木的丛聚之地,是地球上会呼吸的绿肺。

"林"字本义为丛聚的树木,即树木很多。该字是一个会意字,其字形很像两棵并排在一起的树。现在的"林"字主要指树林、林木、森林。"林"用作形容词,意为众多的样子,如"林林总总",意思是多得成群。此外,"林"字还指汇集在一起的人或事物,如"书林""艺林""碑林",等等。

霖

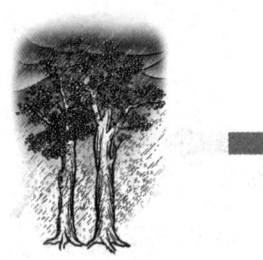
(lín)

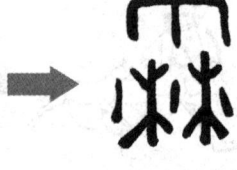

绵绵细雨落入山林,犹如一场甘霖。

"霖"字本义为雨落山林,既是一个会意字,又是一个形声字。在甲骨文中,"霖"字上边为"雨"(代表字义),下边为"林"(既代表字音,也代表字义),林中还有一些雨点,意思是山林中降雨,并且很像看上去绵绵不停的样子。后来,"霖"字引申为"久雨不止",现在,人们也将其引申为"恩泽"之义,如"他无私的爱心,对孩子们来说就如一场甘霖"。

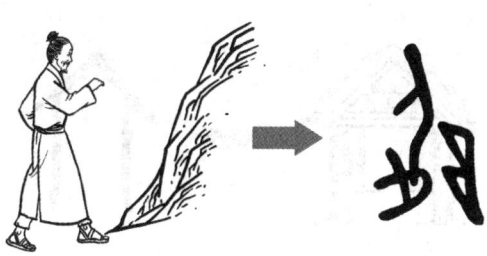

古人的陵墓像山绝非偶然,而是古代风水的一种讲究。

在甲骨文中,"陵"字是一个会意字。其字形左边为一人形,右边是"阜",意思是人正在往土山上攀登。因此,"陵"的本义就是登山。"陵"用作名词,意为"大土山",如"山陵""丘陵"。"陵"可通"凌",意思是欺侮、欺压。因为陵墓从外形上很像大土山,所以"陵"字后来便引申为"陵墓",并一直沿用至今。

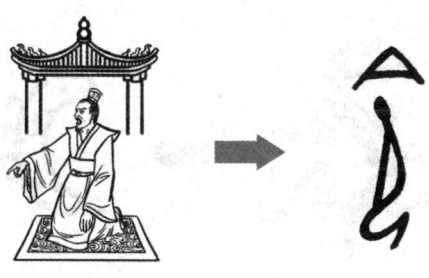

在堂皇的屋顶下,长官在发号施令。

"令"字本义为发布命令,是一个会意字。在甲骨文中,"令"字上面很像一座大屋顶,屋顶下有一个人跪坐着,看上去很像在发布命令。在金文中,"人"的形状更加生动形象。"令"在古代还用来指代政府部门或机构的长官,如尚书令、郎中令。"令"字可用作名词,意思是命令。此外,这个字还有"使,让"之义,如"他的一番话,令我备感惭愧"。

甲骨文

小篆

六 隶书

六 楷体

(liù)

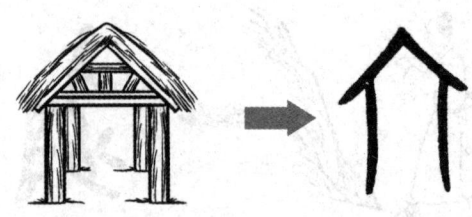

原本是一间简陋的房屋，现在变成了数字"六"。

"六"字本义为房舍，是一个象形字。在甲骨文中，"六"字字形很像一间十分简陋的房屋。后来，"六"字的本义消失不用，而被假借为一个表示数目的字，即现在的数字"六"。但在有的史料中，"六"也是一个表示多数的数字，如"六街三市"，指的是众多的街市。这层含义现在也常见到，如"六亲"在古代指父、母、兄、弟、妻、子，现在则泛指亲人。

龙

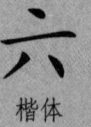

甲骨文

小篆

龍 隶书

龍 楷体

(lóng)

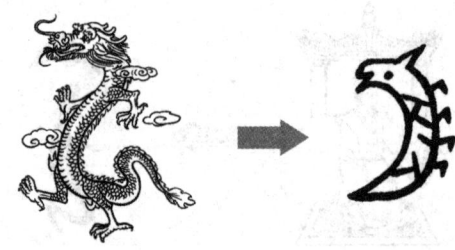

古老的东方有一条龙，它的名字叫中国，它的子民全都是龙的传人。

甲古文中的"龙"字，呈兽首、蛇身的形状。随着文字的演变，在小篆之后，它的字形变得难以辨认。在中国的神话传说中，龙是一种神奇的动物，常用来象征皇室，如"龙颜""龙体""龙袍"。在古代，"龙"为万兽之首，所以现在人们常常用其指代有出息、取得大成就的人，如"每位父母都有望子成龙的心愿"。此外，形容一个人精神旺盛，被称为"龙马精神"。

(lóng)

耳聋并不可怕，真正可怕的是"心聋"。

"聋"字本义为耳聋，是一个形声字。在甲骨文中，"聋"字左边为"耳"，表示字义；右边是一条巨龙的形状，表示字音。在金文中，"耳"与"龙"互换了左右位置，但字义没变。现在"聋"字的本义还在沿用，如"震耳欲聋"。此外，"聋"字还引申为愚昧，不明事理，如"聋聩"，本义是耳聋或天生的聋子，后来常常比喻为愚昧无知，是非不分。

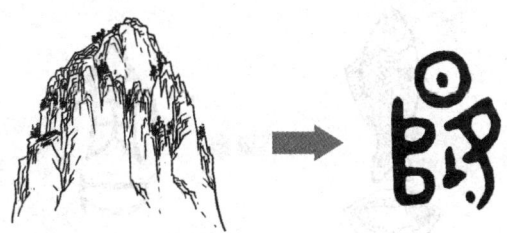

(lóng)

群山中央的高峰超越其他山峰，生意兴隆的商店超越其他商店。

"隆"字本义为山中央的高峰，是一个会意字。在甲骨文中，"隆"字上边为"日"，有高的含义；中间为"土"，有大的含义；左右两边连起来为"降"。在小篆文中，中间的"土"演变为"生"。这个字还有"程度深"之义，如"隆冬"，意思是深冬。"隆"也指高出于其他事物之上，如"隆起"。此外，人们常说"事业兴隆"，这里的"隆"是兴盛的意思。

卤

甲骨文

小篆

隶书

楷体

（lǔ）

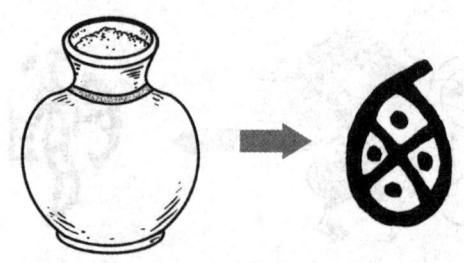

一个带着盖子的罐子，里面装满了食盐。

"卤"是个象形字，本义是装在罐子中的食盐。金文的"卤"，外部就像是一个罐子，上面多出的一竖，表示罐子上还带着盖子，中间的点，代表罐中的食盐。小篆的"卤"和金文字形相近。楷书繁体的"鹵"，字形由小篆直接演变而来。"卤"后来引申为莽撞，作为"鲁"的通假字使用。现在，"卤"在人们日常生活中不可或缺，如"盐卤""卤汁""卤豆腐"。

鲁

甲骨文

小篆

隶书

楷体

（lǔ）

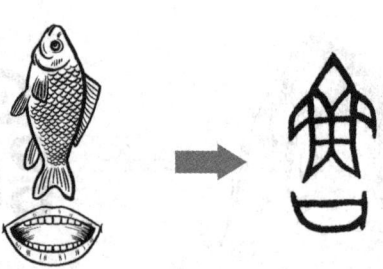

鱼在水里游，对鱼来说很美好；人吃到了鱼，对人来说很美好。

"鲁"字的本义为美好，甲骨文字形上半部分是"鱼"的形状，最初代表着吃到了美味的食物，也表示鱼在水里自由自在，所以"鲁"字也引申为任性、率真。《礼记·檀弓》中说："容居，鲁人也。"就是说"容居是一个任性率真的人。"山东省简称为"鲁"，"鲁"也是常用的姓。此外，"鲁"字的常用义是蠢笨、愚拙，如"他的性格有些粗鲁"。

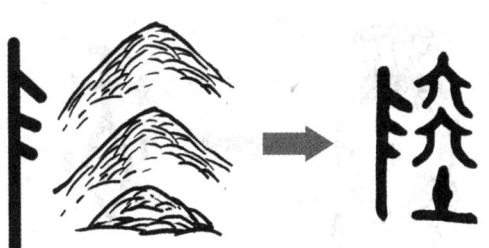

高而平的地方,就是陆地。

陆
(lù)

"陆"字本义为陆地,即高而平的地方。该字是一个会意字。在金文中,"陆"字的左边为"阜",有"高"的含义;右上方为一层比一层高的土丘,右下方为"土"。因为土丘往往具有一起一伏的特点,所以"陆"字又引申为跳跃。"陆"用作形容词,通"碌",有平凡之义。人们也常用"陆续"表示连续不绝之义。此外,"陆"还有另一种读音lù,是数目字六的大写形式。

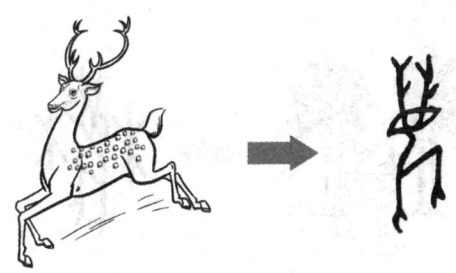

一只美丽而轻盈的鹿,代表着吉祥和爱情。

鹿
(lù)

在金文和甲骨文里,"鹿"字字形就是一只生动活泼的鹿的形象,枝杈状的鹿角,大大的眼睛,尖尖的嘴巴,轻盈跳跃的身体,鹿的特征在其字形里有着完美的表现。因为鹿的美好形象,所以鹿是爱情的、吉祥的象征。此外,"鹿"字在古代也指政权,如"鹿死谁手",原意是不知道政权会落在谁手里,现在常指比赛的胜负。

录 渌

甲骨文 / 小篆 / 隶书 / 楷体

（lù）

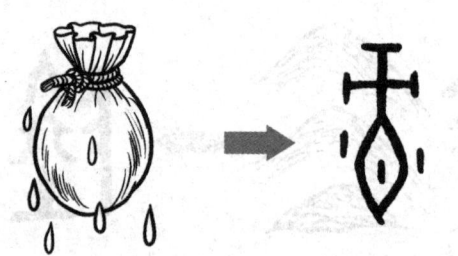

口袋扎得紧紧的，里面湿漉漉的东西不停地渗出水来。

甲骨文字形就像一个扎紧口的口袋，里面装着湿漉漉的东西，有水不断地渌下来。这就是"渌"字的本字"录"的字形。"禄"字是金文和甲骨文对"录"的借用，本义是"福气、福运"。古代官吏的俸给也称为"禄"，如俸禄。现在，"俸禄"指工资待遇，如"高官厚禄"，泛指职位高，待遇优厚。

麓

甲骨文 / 小篆 / 隶书 / 楷体

麓

（lù）

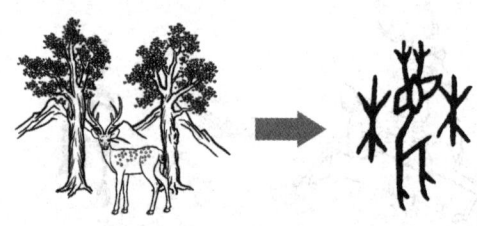

美丽的鹿群生活在山脚下的林木中。

从字形上看，"麓"字上半部分是个"林"字，下半部分是"鹿"字，表示鹿生活的地方，所以"麓"字的本义是山脚，也表示生长在山脚下的树木。这个字也可以看成是一个上形下声的形声字。此外，"麓"在古代也指主管山林苑囿的官吏，如《说文》："麓，守山林吏也。"现在多用它的本义——山脚，如"山麓"，指的是山脚下。

吕 膂

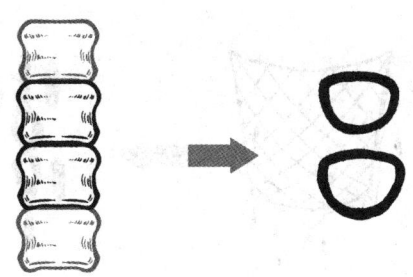

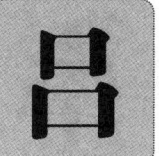
(lǚ)

古代的脊骨，演变成现在的姓氏。

"吕"字是"膂"的本字。从字形上看，"吕"字就像连在一起的两块脊柱骨。因此，它的本义就是脊骨。在我国古代音乐的十二律中，"吕"也是其中阴律的总称。"吕"后来作为一个姓氏出现，是因为舜帝赐伯夷姓姜，氏吕，这样就有了吕姓的部族，如三国中的吕布，八仙中的吕洞宾。现在，"吕"仍然主要用于表示姓。

旅

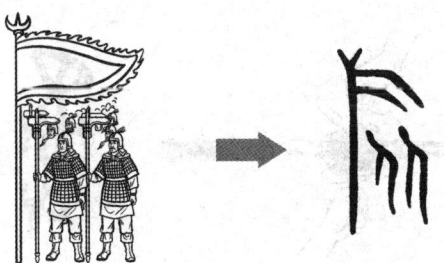

(lǚ)

在军营那迎风招展的旗帜下，站着两个士兵。

"旅"字是一个象形字，甲骨文字形很像在迎风飘扬的战旗下，站立着两个"人"，代表集合军队的意思。由此可知，"旅"的本义就是军旅，后来也指军队的编制。在古代的军队里，五百人为一旅。随着汉字意思的不断演变、引申，"旅"又有了"旅行、旅途"的意思，这也是现在"旅"字的常用义，如"外出旅行是人们追求生活品质的一种方式"。

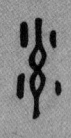

甲骨文

小篆

隶书

楷体

率

(lǜ)

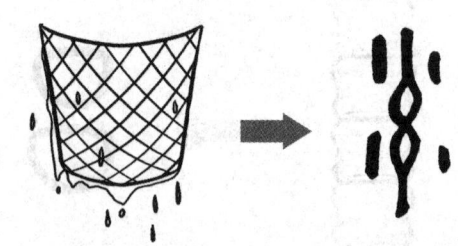

用网捕鱼的成功几率不算低，只是难免水花四溅。

"率"字本义为鱼网，读音为lǜ，是一个象形字。在甲骨文中，"率"字中间是一张网的形状，两侧的四点很像水流下来。在金文中，原来的四个点演化为外撇的形状，就好像将网提起来时，水滴外溅的样子。"率"还可以表示比值，如"利率"。现在，"率"字引申义和用法很多，另外还有一种读音 shuài，如"率领""轻率""坦率""表率"，等等。

乱

甲骨文

小篆

隶书

楷体

(luàn)

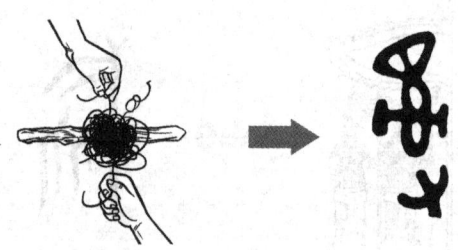

用指甲整理、拨弄架子上的乱丝，把它理顺。

"乱"的本义是抽理散乱的蚕丝，是一个会意字。金文的"乱"字，下方是一个"又"，表示人手，上方是一个"爪"字，表示指甲，中间是一个缠绕乱丝的架子，合在一起的意思就是一个人正在用指甲拨弄架子上的乱丝，以使其变得有序。"乱"还引申为混乱，没有秩序，如"乱套""凌乱"。此外，这个字还指不安定，如"这一带很乱，总有小偷出现"。

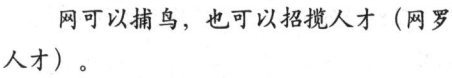

网可以捕鸟，也可以招揽人才（网罗人才）。

从甲骨文的字形来看，这个字是一只鸟（隹）被网在了网上，在小篆的字形中，又加上了"糸"，代表丝织的网。罗的本义就是用来捕鸟的网，后来又逐渐引申为"轻软的丝织品"。作动词用时，它意为"用网捕捉"，如"门可罗雀"。现在，"罗"字有散布、排列、广布的意思，如"罗列"。此外，人们常说的"网罗人才"，意思是招揽更多的人才。

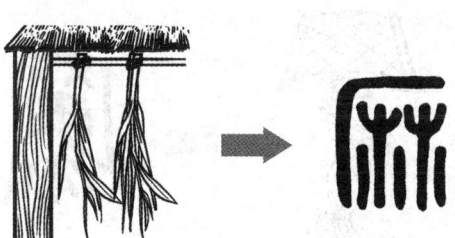

麻纤维要挂在屋内晾干后才能纺线织布。

"麻"是一个会意字，本义是古时候用来制作绳索的大麻。甲骨文的"麻"字，上面是一个厂字形，代表房檐，中间的形状就像是正挂在屋内晾着的一捆捆麻纤维，待晾干了用来织布。古时，"麻"还代指丧服，后来的"披麻戴孝"，沿袭的就是这个意思。现在，腿被压后不舒服的感觉称为"麻"；一个人感觉不灵或丧失感觉，为"麻木"。

马
甲骨文

象
小篆

馬
隶书

馬
楷体

骂
小篆

屬
隶书

骂
楷体

(mǎ)

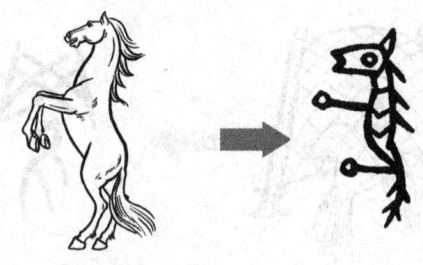

一匹神骏的奔马,一部关于自由和驯养的传说。

马是食草性家畜,在古代,马是农业生产、交通运输和军事战争的重要工具,这个字的字形就是一匹马的形状,尤其是甲骨文和金文,字的形状充分体现了马的特点。随着社会生产力的发展、科学技术的不断提高,马逐渐退出了原来的舞台,主要用于体育竞技和食用肉。现在有很多与马有关的成语,如"马到成功"(工作刚开始就取得成就)、"马首是瞻"(跟随别人行动)。

(mà)

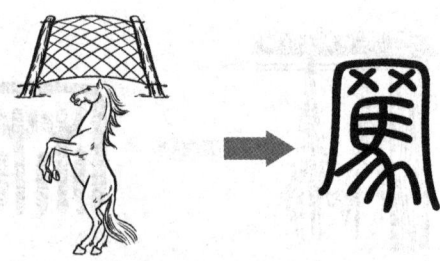

恶毒的言语犹如一张大网,会给人带来紧迫的压力。

"骂"字本义为谩骂,是一个形声字。其小篆字形外围很像一张网,意思是用恶言恶语网在人身上;里面为"马",表示字音。同时,马善于奔驰,其气势足以压迫人,这里是说恶言恶语压迫人。到了楷书,上面为"叩",同"喧",意思是大声辱骂。"骂"字的本义沿用至今,如"骂人""辱骂"。这个字还引申为斥责,如"责骂"。

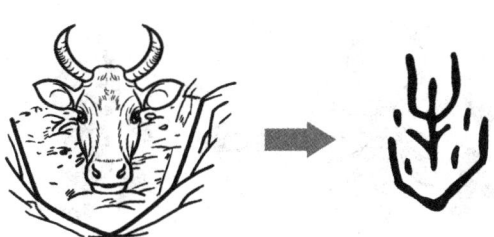

一头牛被埋进了坑里，或者一只狐狸藏在了草堆下。

"埋"是个会意字，本义是将东西藏在土中。甲骨文的"埋"，字形下方是个土坑的形状，上方是"牛"字，中间的四个点，代表坑中的土灰，合在一起就像是将一头牛投入到坑中，并加以填埋。小篆的"埋"，和甲骨文大不相同，上方是"草"，下面是"狸"，表示狐狸躲藏在草堆下面，有"埋藏"之义。现在，"埋"的常用义是隐藏、使显露不出来，如"他的才能被埋没了"。此外，"埋"还读 mán，意思是不满、埋怨。

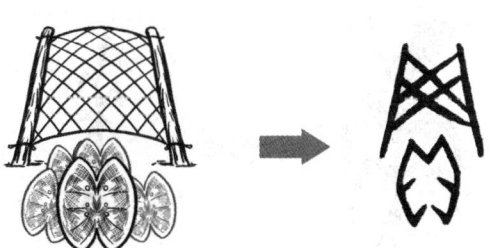

用贝壳（货币）买进了许多东西，金钱不只可买货物，还可收买灵魂。

从小篆字形上看，这个字上面是"网"，下面是"贝"，所以，购入货物就叫做"买"，《说文》中也说"买，市也"，它的本义就是买进、购进。"买"在古代还有雇佣、租赁的意思，如"买佣"，意思是雇佣工人。另外，"买"也有博取、追逐之义，如"买名"，意思是用钱财换取名声。现在，"买"字的本义一直沿用，与"卖"相对，是市场行为之一。

迈

甲骨文

小篆

邁 隶书

邁 楷体

迈 (mài)

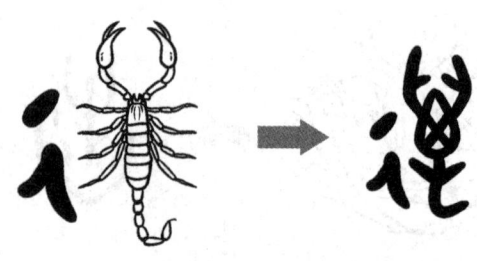

一只蝎子在爬行，时光也在前行中流逝。

"迈"字会意兼形声字。在金文中，"迈"字左边为"彳"，意思是行动；右边为"萬"，指代蝎子。整个字形的含义是蝎子在爬行。因此，"迈"字的本义为"行"。后来，"迈"字引申为超过、超越。因为时光的推移也有不断向前"行"的意思，所以"迈"也有"时光流逝"的含义。回头看看，时光走远了，意味着人老了。因此，"迈"也有年老的意思。

麦

甲骨文

小篆

麥 隶书

麥 楷体

麦 (mài)

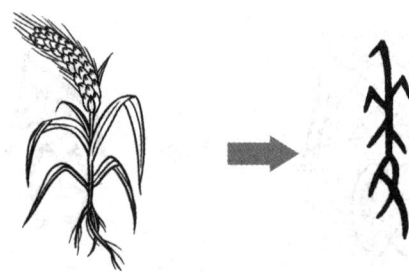

从古至今，麦子养活了多少炎黄子孙。

麦是一种草本植物，是人们常用粮食作物之一。"麦"字在甲骨文中的字形就是一颗麦子的形状，下端为麦子的根部。《说文》中对它的解释是："麦，芒谷。"《诗经·国风·魏风》中有一篇《硕鼠》就写道："硕鼠硕鼠，无食我麦。"现在，"麦"专指麦子，包括"小麦""大麦""燕麦""黑麦"等。麦的种子主要用于磨面作人们的粮食，也可以用于制作饲料、酿酒等，至今仍是人们生活中消耗量最大的粮食品种。

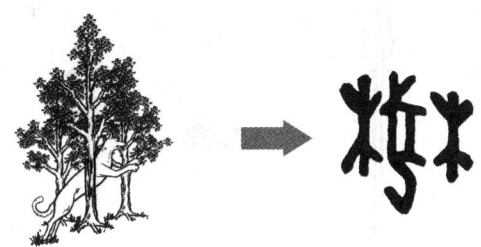

一只狗藏在莽莽的草丛中隐蔽身形。

"莽"字本义为狗潜藏到草丛中,是一个会意字。在甲骨文中,"莽"字左边和右边均为"木",中间是一条狗,且头部朝上。整个字形的意思是,狗潜藏在草丛中。狗将草丛视为自己的藏身之地,说明草丛十分稠密,所以后来"莽"字引申为草木繁盛,如"莽莽",即是此意。现在,"莽"也有"粗鲁、冒失"之义,如"他遇事不冷静,总是很鲁莽"。

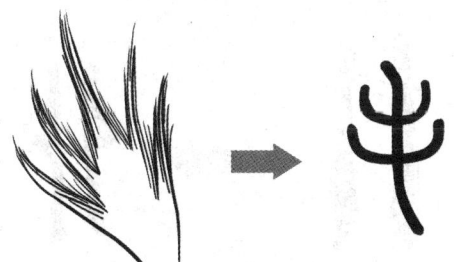

须发、兽毛大多粗糙不平,就像冒失的家伙做事时毛毛糙糙的样子。

"毛"字本义为须发、兽毛,是一个象形字。其古文字形看上去很像毛发。在汉字中,"毛"常作为一个偏旁部首出现,很多带有"毛"的汉字都与毛发有关。现在,"毛"泛指动植物皮上所生的丝状物。由于这些丝状物手感大多不是很光滑,所以"毛"字引申为"粗糙的"。此外,"毛"也有粗率、冒失之义,如"他做起事来总是毛手毛脚"。

矛

甲骨文 小篆 隶书 楷体

(máo)

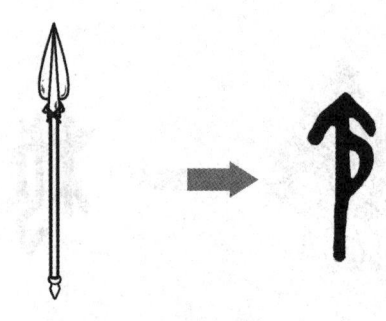

古人打仗时使用的长矛，上有锐利的矛头，下有长长的矛柄。

"矛"是个象形字，本义是古代打仗时士兵使用的长矛，用于进攻时刺杀敌人。在汉字中，带有"矛"字旁的字一般都和杀戮有关。金文的"矛"，字形就像是一根长矛，下方是"矛"的长柄，上方是尖锐的矛头。小篆的"矛"，从字形上看，更像是一种古代武器。"矛"的尖端，称为"矛头"，现在常比喻攻击的锋芒，如"这次行动把矛头直接指向了不法的商贩"。

卯

甲骨文 小篆 隶书 楷体

(mǎo)

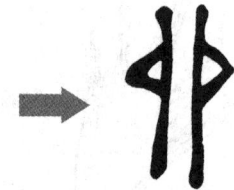

两把相对放置的大刀，又像刚从土地里冒出的双子叶嫩芽。

"卯"是一个象形字，本义是杀牲祭祀。《说文》认为"卯"就是冒出，象征二月里万物生长的样子，"卯"的字形就像一面敞着的门，所以二月也叫天门，这里其实说的是"卯"字的引申义。甲骨文的"卯"就像两个相对而立的大刀。"卯"也是古文中是"劉"字的左上部分，而"劉"的本义就是杀。"卯"后假借为地支中的第四位，用于记录时间，卯时指的就是上午五点到七点。

茂 (mào)

草木丰茂，美好的事物汇集在一起，也叫茂。

"茂"字本义为草木繁盛，是一个会意字。小篆文字形上边为"艸"，看上去很像是草，表示"茂"与草木有关；下边为"戊"，"戊"字的本义是带有长柄的斧头，有高大的意思。"茂"字的本义沿用至今，如现在人们还常说"茂盛""丰茂"。此外，"茂"又引申为"丰富精美"之义，如"新出版的这套书图文并茂，赢得了读者的喜爱"。

帽 (mào)

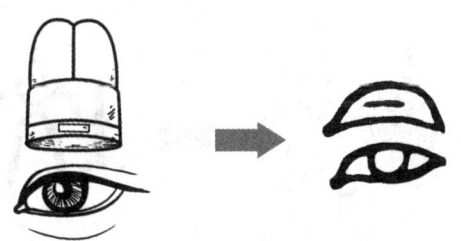

不只是人能戴帽子，所有"头部"能加上盖的东西，都可以戴帽子。

"帽"是个会意兼形声字，本义是帽子，本字是"冒"。金文的"帽"，下方是个眼睛，上方是一顶帽子的形状，表示人的头上戴着帽子。小篆的"帽"，下方是个"目"字，上方的形状也像是帽子。由于"冒"后被假借为其他含义，就又在"冒"左方加了个"巾"字旁，来代表帽子。这样，"帽"也变成了左形（巾）右声（冒）的形声字。"帽"后来引申为各种形似帽子的物件，如笔帽。

(méi)

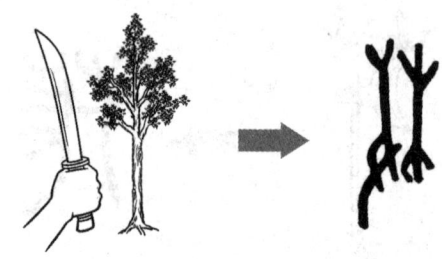

一个人正在用工具砍树，砍断的树条可以用作马鞭。

"枚"字的本义是砍树干，是一个会意字。在甲骨文中，"枚"字为一人形，手中持有工具，右边为一棵树。整个字形的意思是，一个人手持工具正在砍右边的树木。在金文中，树木移至左边，人形移至右边，但词义没变。"枚"用作名词，意为树干。由于古人常常用树条充当马鞭子，所以"枚"字后来引申为马鞭子。现在，"枚"常用作量词，如一枚别针。

(méi)

玫原是美丽的玉，现在变成了代表爱情的美丽的花。

"玫"字与"瑰"连用，即玫瑰，本义为美玉，是一个会意字。其字形左边为"王"，看上去很像一串玉；右边为"文"，在甲骨文和金文中，"文"字的字形很像人胸前佩有纹饰，有华美的意思。这里是说玫瑰是非常华美的玉。现在，玫瑰专指蔷薇科的一种植物或花，其中人们将玫瑰花视为爱情的象征。

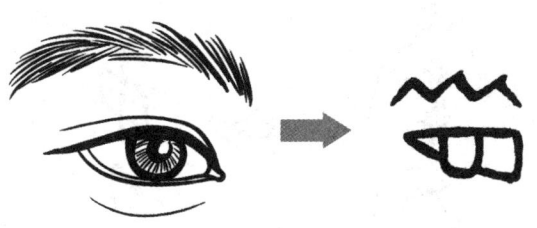

(méi)

眉毛在眼睛上面，书眉在书页上端。

从甲骨文和小篆的字形来看，这个字的形状就像眼睛上面长着眉毛。因此，"眉"字的本义就是眉毛。在古文中，"眉"也指代美女，如《释名》中就写道："眉，媚也，有妩媚也"。当眉作形容词用时，意思是长寿，如"眉寿"就是长寿的意思。现在，"眉"字的本义仍然沿用。此外，出现在书页上端的文字，叫做"书眉"。

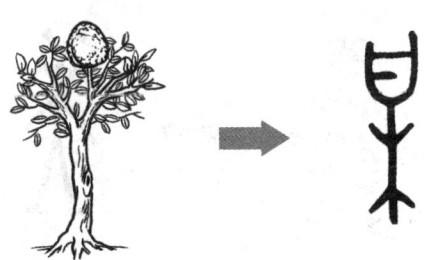
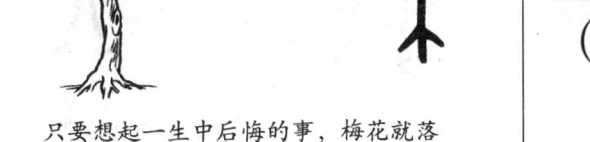

(méi)

只要想起一生中后悔的事，梅花就落了下来。

"梅"是个象形兼形声字，本义是梅树的果实。《山海经·中山经》中"灵山其木多桃李梅杏"。意思就是灵山上长着很多桃树、李树、梅树和杏树。金文的"梅"，下方是个"木"字，表示和树木相关，上方是一个植物果实的形状，代表梅树上结出的酸梅果。小篆的"梅"，变成了左形（木）右声（每）的形声字。"梅"后来也代指梅花，如"梅亭"，就是观赏梅花的亭阁。

每

甲骨文

小篆

每 隶书

每 楷体

每

(měi)

 →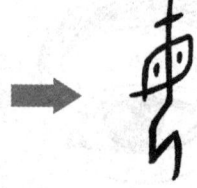

一位母亲跪坐着，头上戴着饰品。

从字形上来看，这个字像一个女子跪坐着，头上戴有饰品，胸前有两个乳房。这个字是"母"的异体字，在甲骨文的卜辞中有"小每""三每"的词语，意思就是"小母""三母"。在金文中，"每"有时也被假借为"晦""敏"。"每"字在古文中，还有草木初生之义。现在，"每"字通常都用作副词，意为经常、每一次，如"两个人每每谈话就是几个小时"。

美

甲骨文

小篆

美 隶书

美 楷体

美

(měi)

 →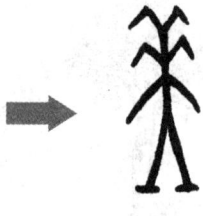

一个人用羊角或羽毛把自己打扮得非常美丽。

从字形上看，这个字像是一个人头上插着羊角或者羽毛等装饰品，装扮得特别漂亮。它的本义就是"美好""美丽"。现在，"美"字不仅指某件东西很美丽，还常常表示心情得意、高兴，如"美滋滋"。这个字用作动词，意思是"赞美"，如"这首诗赞美了祖国壮丽的河山"。

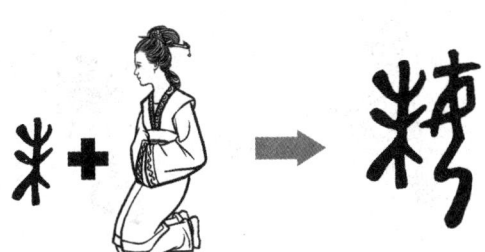

(mèi)

母亲生完第一个孩子以后又生的女儿，就是妹妹。

"妹"是个形声字，本义是妹妹。甲骨文的"妹"，左边的"未"是声旁，右边的"母"是形旁，表示和母亲有关，母亲后来生的女儿就称为"妹"。金文的"妹"，左边还是"未"，右边则变为"女"，字义没有改变。小篆的"妹"，将"未"和"女"的位置进行了调换。古文中，"妹"也作为"昧"的通假字，意思是昏暗不明。"妹"字的本义沿用至今。

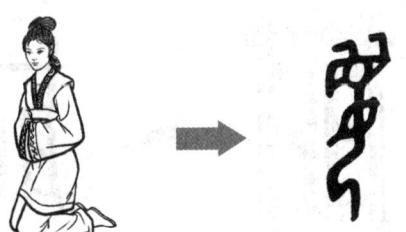

媚

(mèi)

一个跪坐着的眉清目秀的女子，姿态妩媚动人。

"媚"是个会意兼形声字，本义是指女子很美丽。甲骨文的"媚"，字形就像是一个浓眉大眼，跪坐在地的女人，好像长得很好看。金文的"媚"，字形和甲骨文相近。小篆的"媚"，变成了形声字，左边的"女"是形旁，右边的"眉"既是声旁，也是形旁，表示用眼睛来吸引人。后来，"媚"字引申为逢迎之义，如"献媚"，即为了讨好他人而做出每种姿态或举动。

魅

甲骨文	𩴳
小篆	魅
隶书	魅
楷体	魅

(mèi)

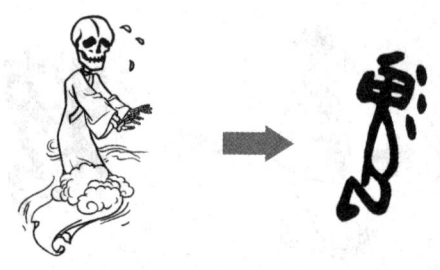

一个头上冒着汗的鬼魅，具有人类难以逃脱的力量。

"魅"是个象形字，本义是鬼魅，也就是迷信传说中所说的精怪。《说文》中解释为"魅，老精物也"。甲骨文的"魅"，字形就像是头上冒着汗的"人"形，表明这是个怪物。《说文》所载的籀文"魅"，上方是"鬼"，下方的线条，表示鬼身上长着长毛。小篆的重文写法，由"鬼"和"彡"组成。"魅"字现在引申为能吸引人的力量，如"魅力"。

门

甲骨文	甴
小篆	門
隶书	門
楷体	門

(mén)

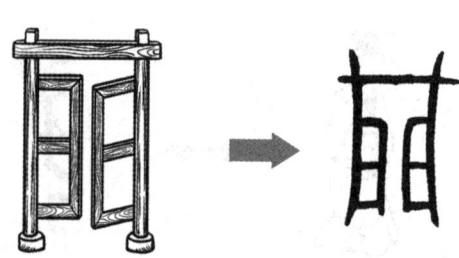

两扇门，代表了住在门内的整个家族。

"门"字的本义就是现在所指的"门"。在古文字中，其字形很形象，就是两扇门，有些字形上还有一根很长的横木。现在的"门"字是从草书楷化而来的。"门"字还可指代家、家族，如古代史料中常出现的"灭门"，指的是消灭整个家族。当这个字作动词用时，意思是守门、攻门。现在，"门"除了本义之外，还有"途径、诀窍"之义，如"门道儿""门径"。

 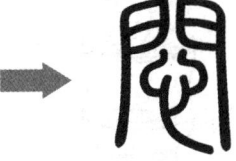 

(mèn)

心被禁闭在门内,于是郁闷不乐。

"闷"字本义为憋闷,是一个会意字。其字形外围很像一扇门,里面是一颗心,心被关闭在门内,所以心中会憋闷。"闷"字这一本义沿用至今,如人们现在常说的"愁闷""郁闷"等都表达了心烦、心情不舒畅之义。除了表示心情上的憋闷之外,"闷"还有"密闭"的意思,如"闷罐"。"闷"还读 mēn,如"闷热"。此外,生活中人们还常说"闷米饭"。

 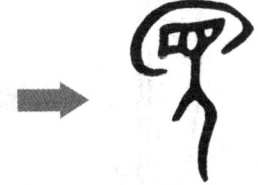  

(méng)

眼睛被蒙上并不可怕,可怕的是心灵被蒙蔽。

"蒙"是个会意字,本义是遮盖,读音为 méng。甲骨文的"蒙",下方是个"人"形,上方是个被东西蒙上眼睛的形状,显现出遮蔽的本义。小篆的"蒙",字形下方变成了"豕",字义没有改变。"蒙"字后来引申为愚昧,如蒙昧。此外,这个字也读 mēng,意思是隐瞒、欺骗,如"他这个人太狡猾,总是蒙人"。

孟

甲骨文 小篆 隶书 楷体

(mèng)

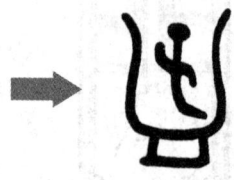

孩子刚刚降生，把他放在盆中洗个澡吧。

"孟"的本义是首先、开始，是一个会意字。在古时候，人们将正妻生的长子称为"伯"，而将妾媵生的长子称"孟"。金文的"孟"字，就像是一个小孩被放入了器皿中，表示要给刚刚出生的婴儿洗个"降生澡"。"孟"指每个季节中的第一个月份，如"孟春"，指的是春天的第一个月份，即农历正月。现在，"孟"也常作为姓。

梦

甲骨文 小篆 隶书 楷体

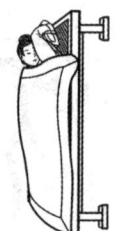

(mèng)

睡在床上，手按额头体验着梦境。

"梦"字本义为做梦，它既是一个会意字，又是一个形声字。在甲骨文中，"梦"字右边是一张床，左边有人躺在床上，手按额头正处于梦境之中。在楚帛书中，原形的痕迹基本上消失了，而且下边增加了"夕"，表示做梦通常是在晚上。因为人在做梦时，头脑往往是不清醒的，所以后来"梦"字便引申为虚幻、不明等义。

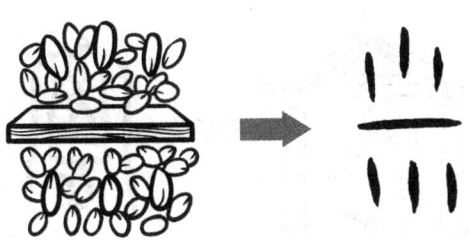

(mǐ)

米粒被放在仓库之中，静待着被人们取食。

从甲骨文的字形看，这个字中间是一横，代表着放置粮食的间隔，四周则是散开的米粒，后来，中间就逐渐被"十"字替代。它的本义是谷物或其他植物果实去壳后的子实。大多数情况下，它是特指稻米的。"米"字还比喻为数量极少或者体积极小，如"虾米"，指的是小虾。现在，"米"字除了沿用本义外，还是一个长度单位，如一米。

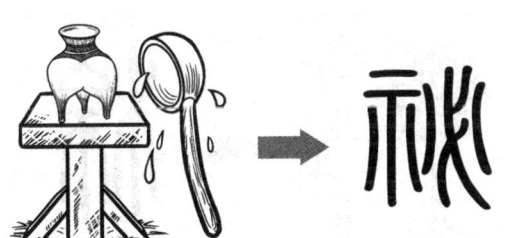

(mì)

"秘"是神秘而不可知的，不可证实的。

"秘"字本来写作"祕"，本义为神，是一个形声字。其字形左边的"示"（礻）看上去很像一张祭桌，表示字义，意思是神很神秘；右边为"必"，表示字音，其甲骨文字形就像一把长柄的水勺，"必"字是"閟"的省文，"閟"原来指闭门，意思是内外隔绝，有神秘不可知的意味。楷书中，"秘"字左边为"禾"，右边为"必"，意思是自家的粮食收成对外人保密。后来，"秘"引申为神秘、不公开的，如秘密。

蜜
 甲骨文
小篆
蜜 隶书
蜜 楷体

棉
 小篆
棉 隶书
棉 楷体

(mì)

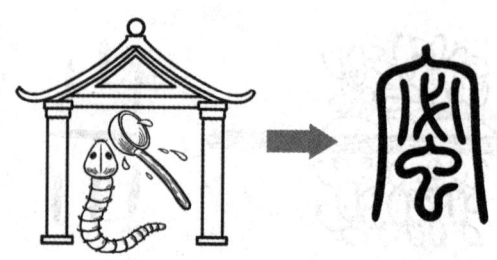

蜜蜂于春夏酿出蜜汁，秋冬靠存蜜度日。

"蜜"字本义蜂蜜，是一个形声字。小篆文中，其字形下边很像一条虫，表示蜜与蜜蜂这种虫子有关；上边为"宓"，表示字音，"宓"字有安宁的意思，这里是说蜜蜂春夏酿蜜，然后安然度过秋冬。因为蜂蜜是一种很甜的东西，所以现在"蜜"字也有甜蜜、甜美的意思，如"婚后，她过着甜蜜的生活"。

棉
(mián)

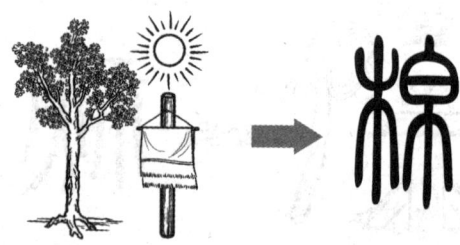

棉花这种植物可以用来织布、絮棉，是当代最重要的纺织物之一。

"棉"字本义为木棉，是一个会意字。其字形左边为"木"，意思是"棉"这种东西是制絮织布的草木或灌木；右边为"帛"，"帛"作为一种丝织物，有的是用棉纺织而成的。现在，"棉"是草棉、木棉的统称。"棉被"是指絮了棉花的被子。这个字用作形容词，意思是绵薄、微薄、如"棉力"就是微薄的能力。

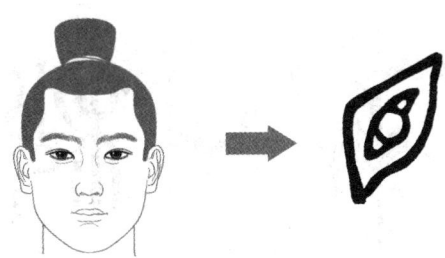

（miàn）

对国人来说，面子问题常是一切问题中最重要的问题。

"面"是个象形字，本义是人脸。甲骨文的"面"，内部是个眼睛的形状，外部是脸的轮廓，人的脸上都长有眼睛，所以古人也将"脸"称为"面目"。小篆的字形和甲骨文大致相同，只是字形更加复杂。"面"现在常指各种物体的表面，如"地面"。此外，这个字也有"面向、对面"的意思，如"他就住在我家的对面"。

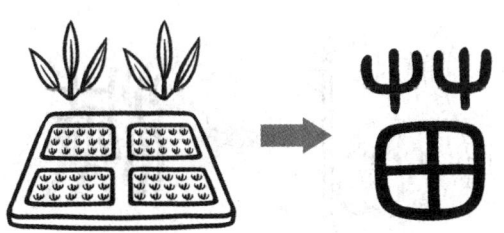

（miáo）

田里那些看上去像草的小苗，其实是禾苗。

"苗"字本义为禾苗，是一个会意字。其字形上边为"艸"（艹），下边为"田"，意思是田里很像草一样的东西就是禾苗。后来，"苗"泛指初生的植物。某些初生的饲养的动物，也称为"苗"，如鱼苗。"苗"字也指一些形状像苗的东西，如"火苗"。此外，人们还常用这个字指代继承某种事业的人才，如"苗子"。

(miǎo)

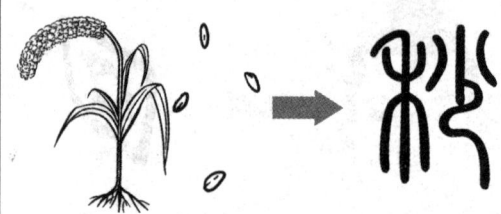

麦穗上的芒刺如一秒与下一秒之间的间隔那样微细。

"秒"字本义为禾穗上的芒刺，是一个会意字。其字形左边为"禾"，指禾穗；右边为"少"，"少"有小的意思，这里是说禾穗的芒刺是很细微的。"秒"字也由此引申为细微之义。现在，"秒"是一个常用的时间单位，一分钟等于六十秒。由于"秒"所表示的时间极短，所以人们常用其形容某件事物的紧迫性，如"现在形势危急，我们要分秒必争"。

(miè)

一川流水，扑灭了火焰。

"灭"字本义为熄灭，是一个会意字。其小篆文字形左边很像一川流水，意思是水能灭火；右边为"烕"，这个字是"滅"的本字，意思是熄火。同时，"烕"字也表示字音。简体字"灭"，上边为"一"，下边为"火"，看上去很像用某种东西把火盖灭。现在，"灭"字除了本义之外，还引申为消失、丧失，如"这件事给我留下了不可磨灭的印象"。

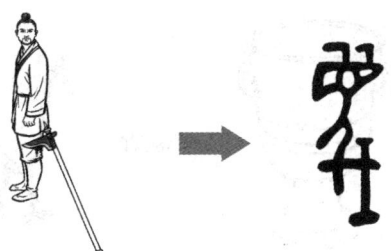

蔑
(miè)

　　一个人睁着大大的眼睛,却看不清楚事物。

　　"蔑"字既是一个会意字,又是一个形声字。在甲骨文中,"蔑"字字形左边为一人形,下边有一只大大的眼睛,代表头部,眼睛上还有眉毛;右下方为"戈"。该字本义为眼睛模糊看不清,后来引申为"瞧不起""目不正视"等义,带有了贬义词的意味,如"人各有优缺点,千万不要蔑视任何人"。

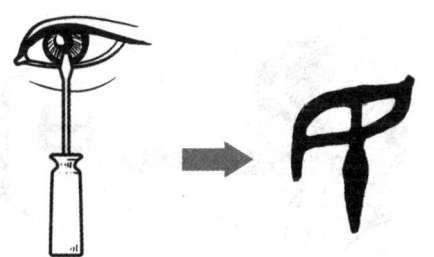

民
(mín)

　　被奴隶主用锥子刺瞎了眼睛的奴隶,是过去民众的主要组成部分。

　　"民"的本义是奴隶。金文的"民",字形就像是一个锥子刺入了人的眼睛,表现出奴隶社会中,奴隶主残忍地对待奴隶,用这种方式来迫使奴隶们劳作。小篆的"民",下方是个"民"字,字形发生了讹变,已经看不出本来的含义。古代的"民"和"人"的含义不同,"人"主要指统治阶层,"民"一般指老百姓。

241

甲骨文

小篆

隶书

楷体

(mǐn)

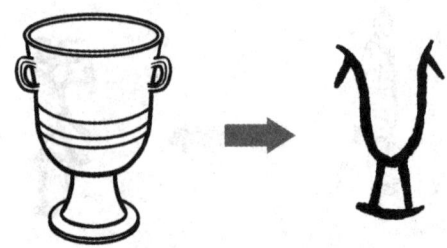

锅碗瓢盆盏碟杯，有凹陷来盛装物品的东西，全都是器皿。

从甲骨文和金文的字形看，这个字就像是一个盛放饮食的容器的剖面，它的本义就是器皿，泛指碗碟杯盘之类的容器。《说文》对皿的解释是："皿，饭器之用器也。"以"皿"作旁的字一般来说都和器皿相关，如"盂""盆""盅""盒"等。另外，"皿卷"指的是清代科举考试中，顺天乡试监生的试卷。"皿"字的本义沿用至今，但器皿的应用范围更广。

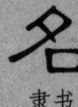

甲骨文

小篆

隶书

楷体

(míng)

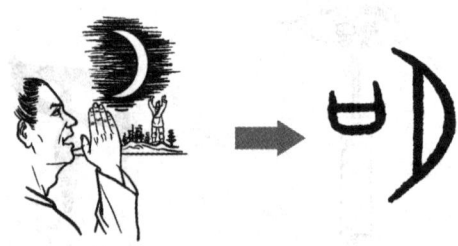

在暗夜中无法看清别人的脸，就呼唤他的名字来确认到底是不是这个人。

"名"是个会意字，本义是称呼人的名字。甲骨文的"名"，左边是个"口"形，表示人的嘴巴，右边是个"夕"字，表示月光皎洁的夜晚，整个字形就是说在暗夜中看不到别人的相貌，就呼喊他的名字来进行确认。"名"后引申为各种事物的名称，如"名物"，指的就是物品的名称及形状。"名"还作为成名、名声讲，如"很多人都梦想着成为名人"。

242

明

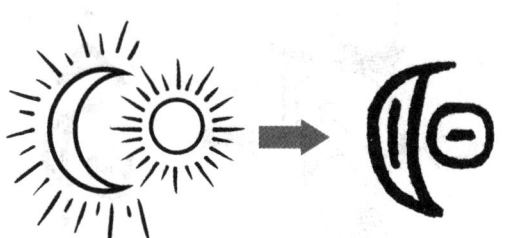

(míng)

日和月是天空中最明亮的星体。

从字形上看,这个字由"日""月"两部分组成,本义为明亮。在古文字中,有的用"囧"代替了"日"旁,意思是从窗口看月亮,意思也是明亮。现在,"明"字在人们生活中十分重要,如它有"清楚、明白、明智"等含义。这个字作动词时,意思是了解、阐明、明确等,如"明确了人生的目标,做事也就更加有针对性了"。

鸣

(míng)

一只公鸡正在对着天空打鸣,鸟兽发声、物体发声都可称为"鸣"。

"鸣"是个会意字,本义是鸟儿鸣叫。甲骨文的"鸣",左边是一个"口"形,右边是个头朝上方、张着嘴的公鸡形状,表现出这只公鸡正在对着天空打鸣。"鸣"后引申为各种动物发出的声音,如《管辂别传》中"鸟兽之音曰鸣"。此外,"鸣"还泛指物体发声,如《南子·贾经》中"鸣玉"指的就是能够发出响声的玉石。现在,"鸣"还引申为发表意见、情感,如百家争鸣、鸣冤。

命

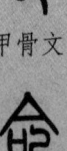

甲骨文

命 小篆

命 隶书

命 楷体

命
(mìng)

命和令一样，都是跪坐在房中指使他人做事。

"命"是个会意字，本义是发布命令。甲骨文的"命"和"令"的字形相同，上面是个房屋顶部的形状，下面是个跪坐在地上的"人"形，表示一个人坐在房中，指使他人做事时的情形。金文的"命"，下方的左侧多了个"口"形，表示命令是从人的口中发出的。"命"用作名词，也指命令。后来，该字还引申为生命、命运，如"要懂得珍爱生命"。

摸

摸 小篆

摸 隶书

摸 楷体

摸
(mō)

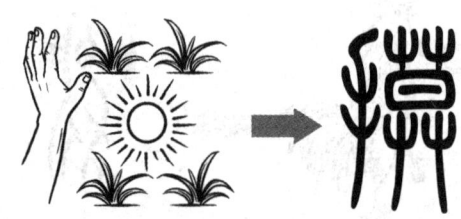

黄昏时看不清东西，只好用手抚摸来辨认。

"摸"字本义为抚摸，是一个形声字。其字形左边很像一只手的形状，意思是用手接触或抚摸；右边为"莫"，表示字音。同时，"莫"字是"暮"的初文，意思是黄昏时眼睛看东西很模糊，只好用手去抚摩。后来，"摸"字引申为寻找、探求，如"警务人员顺藤摸瓜，最后终于找到了犯罪分子的老巢"。

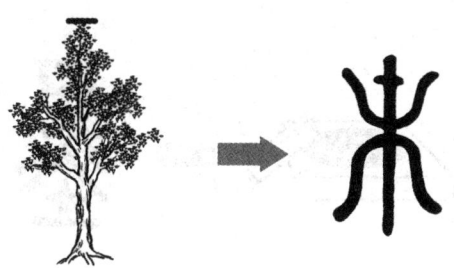 

（mò）

树梢是树的末端，最后的、最不重要的也是末。

在金文中，"末"字字形很像一棵大树，树的末端有一黑点，代表指事符号，表示这里是树梢所在的地方。因此，"末"字的本义就是树梢。后来，"末"字引申为最后、终了之义，如"末尾""末日"。另外，由于最后的往往是不重要的，所以这个字又引申为次要的、差一等的，如"舍本逐末"，比喻做事不注意根本，而只抓细枝末节。

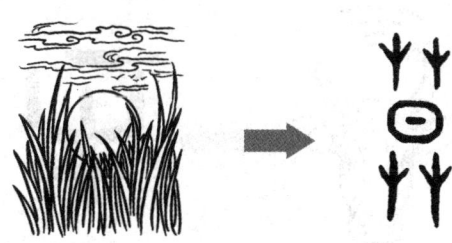 

（mò）

碧草离离，夕阳将下，暮色缓缓降临。

"莫"是个会意字，本义是太阳落山时候的景象，是"暮"的本字。甲骨文的"莫"，字形的外围是四株草的形状，表示草原；中间是"日"字，表示太阳。合起来就像是傍晚太阳西斜，已经快要降落到地平线之下了，很好地表现了字的本义。现在，"莫"主要表示否定之义，如"莫哭"，意思是不要哭；"爱莫能助"，是说不能提供帮助。

墨
金文
墨
小篆
墨
隶书
墨
楷体

(mò)

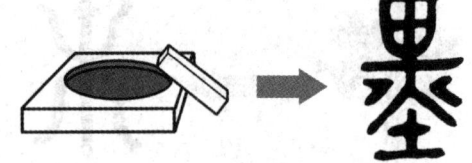

笔、墨、纸、砚被称为古代的文房四宝，一锭好墨已经成为珍品文物收藏。

"墨"是个会意兼形声字，本义是古人写字用的墨汁。古玺文的"墨"字，上方是"黑"字，下方是"土"，表明墨汁是用黑灰制成的。小篆的"墨"，字形和古玺文字形相近。楷书的"墨"，由小篆演化而来，形成了现在所使用的写法。"墨"也引申为诗文或书画，"墨客"指的就是善于书写作画的文人。另外，由于墨汁是黑色的，所以现在"墨"字也指黑色。

牟

金文
牟
小篆
牟
隶书
牟
楷体

(móu)

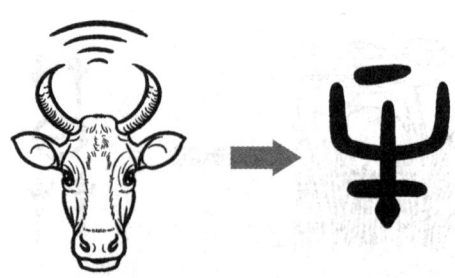

牛的叫声称为"牟"，现在却指得到某种东西。

"牟"是个象形字，本义是牛发出的叫声。《说文》金文的"牟"，下方是个"牛"字，上方的一个横画，代表牛发出叫声时候，从口中呼出的气息。小篆的"牟"，上方的横画变成了"厶"(sī)字，更加形象生动。楷书的"牟"，字形和小篆相近，形成了现在所使用的写法。"牟"后来引申为力求得到某种东西，如"牟利是商人的最大目的"。

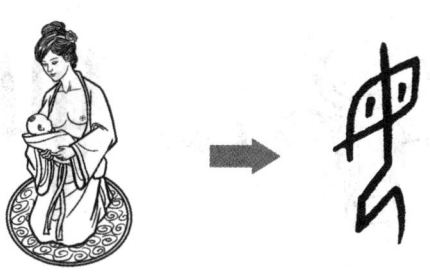

(mǔ)

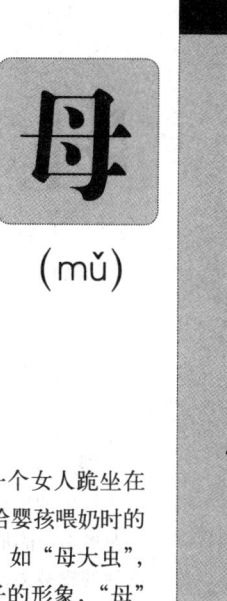

一位母亲跪坐在地上,正在给婴儿喂奶。

"母"是个象形字,本义是母亲。甲骨文的"母",就像一个女人跪坐在地上的样子,中间的两点表示乳头,整个字形就像是母亲正在给婴孩喂奶时的情形。在古文中,"母"常引申指能生子或能下蛋的雌性动物,如"母大虫",指的就是母老虎,也常作为凶悍妇女的绰号。由母亲生养孩子的形象,"母"还引申为事物的本源,如"失败是成功之母"。

(mǔ)

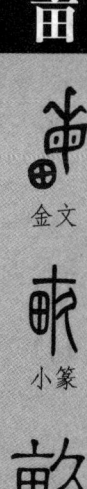

田地里的小路,就是亩,现在成了田地大小的量词。

"亩"是个形声字,本义是田垄。金文的"亩",字形就像是四块方形的田地,中间的竖线代表田地里的小路。金文的"亩",字形左边的"田"字是形旁,表示和田地相关,右边的"每"是声旁。小篆中的"亩",还有一种异体字的写法,左边是"田",中间是"十",代表田地中交错的小路,右边的"久"则是声旁。"亩"现在主要作为量词使用,如一亩地。

牡
甲骨文

牡
小篆

牡
隶书

牡
楷体

牡 (mǔ)

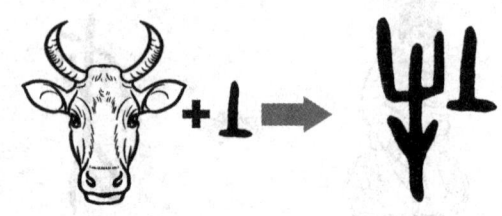

左边是一头牛，右边是雄性标志，表示一切鸟兽中的雄性。

"牡"是个会意兼形声字，本义是雄性的鸟兽。甲骨文的"牡"，字形左边是一头牛的形象，右上方的指事符号，作为雄性的标志。金文的"牡"，变成了左形右声的形声字，右边的指事符号变成了"土"字。古文的"牡"字也指锁具的锁簧或门闩，有雄性动物的身体特征，该字也引申为可以插拔的部位。另外，"牡"也常指代男性的性征。

木
甲骨文

木
小篆

木
隶书

木
楷体

木 (mù)

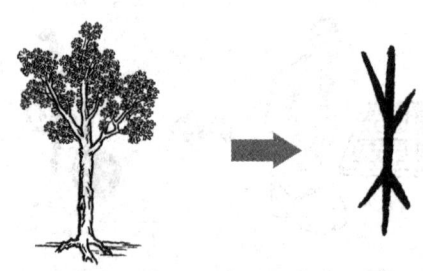

一棵疏疏落落分得清树枝树干的树，姿态清秀，安静地站立着。

"木"是个象形字，本义是树木。甲骨文的"木"，就像一棵树的形状，上方的分叉代表树枝，下方的分叉代表树根。金文、小篆和楷书的"木"，字形都和甲骨文相近，没有发生大的变化。"木"也作为五行之一，代表具有生长、升发、条达舒畅等作用或性质的事物。由于树木无法移动，"木"后还引申为行动迟缓、笨拙，不善于说话，如"木讷"。

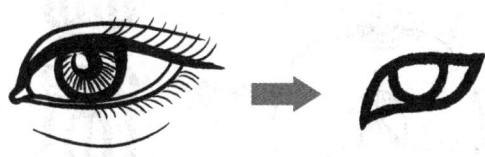

(mù)

一只明亮的眼睛,注视着历史的后来人。

"目"是个象形字,本义是人的眼睛。甲骨文和金文的"目",字形就像是眼睛的形状,外边的轮廓像眼眶,里面的半圆形像瞳孔。小篆的"目",将字形进行了线条化的处理,形成了类似后来楷书中的写法。"目"也引申为注视,是动词。现在,"目"字除了是眼睛的书面语言外,还有很多含义和用法,如"目的""目录""头目""条目",等等。

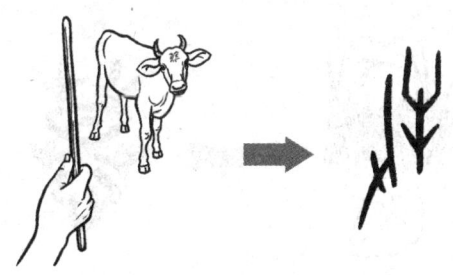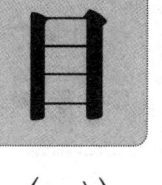

(mù)

一个人手执棍子,正在驱赶一头牛。

"牧"是个会意字,本义是放牧牲畜。《说文》中解释为"养牛人也",认为"牧"表示放养牲畜的人,这其实是引申义。甲骨文的"牧",右边是一头牛的形象,左边是个"手"形,手中还拿着根木棍,表现出一个人手中拿着鞭子正在驱赶着这头牛的情形。"牧"后引申为管理一个地方的官员,如"州牧"。"牧"的本义一直沿用至今,如"牧场""牧民""牧歌"都与放牧有关。

幕

小篆 幕
隶书 幕
楷体 幕

(mù)

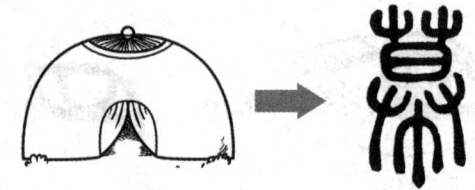

帐篷上用的顶布就是幕布，一块布遮风挡雨，也覆盖了多少人生苦乐。

"幕"字本义为帐篷等用的顶布，如《说文》："幕，帷在上曰幕。"该字是一个形声字。在小篆文中，"幕"字上边为"莫"，表示字音；下边为"巾"，表示字义。后来，"幕"又引申为帘幕、覆盖等义，如"勿幕"，就是不用覆盖的意思。现在，"幕"常用于指代戏剧较完整的段落，如"独幕剧"，但也比喻生活中的情景，如"我永远忘不了那一幕"。

慕

金文 慕
小篆 慕
隶书 慕
楷体 慕

(mù)

 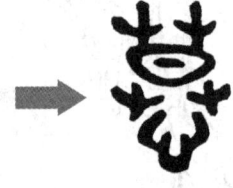

知好色而慕少艾，是人之常情。

"慕"是个形声字，本义是思念。金文的"慕"，字形的上方是"莫"字，既是声旁，也是"慕"刚开始的写法，由"草"和"日"构成，就像是太阳落到了草地之下。字形的下方是"心"的形状，作为形旁，表示和人的心理活动相关。"慕"后来也作为羡慕、仰慕讲。此外，它的本义至今还沿用，用来表达"思念、依恋"之情，如"思慕"。

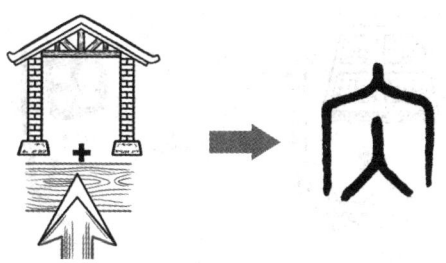 
内 (nèi)

从外面进入里面就是"内",把别人的意见听进心里就是"纳"。

"内"是个会意字,本义是自外面进入里面。甲骨文和金文的"内",上面是个房屋的形状,下面是"人"字,表示进入屋内之义。"内"后也作为"纳"来使用,意思是交入、接纳。古代称妻妾为"内人"。现在,"内"的常用义是"里面",与"外"相对,如"内部""内耗""内奸""内景"等都与内部有关。

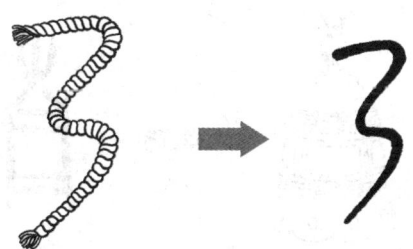
乃 (nǎi)

一条弯曲的绳子,可以代指"你",也可以当做"是"。

"乃"的本义早已消失,《说文》中解释为"曳词之难也,象气之出难。"甲骨文和金文的"乃",字形就像是一条弯曲的绳子。在商代的卜辞中,"乃"就已假借作第二人称代词使用。"乃"后引申为"如此这样"。现在,"乃"字常意为"是",如"乃大丈夫"。它还有"甚至"之义,如"所有人乃至老人和孩子也都参加了这次活动"。

男

男
(nán)

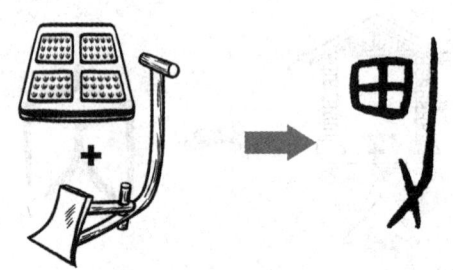

原本是男人在田里耕种时使用的农具，后来变成了男人的代称。

"男"是个会意字，本义是男人，与"女"字相对。甲骨文的"男"，左边是"田"，右边是"力"，像犁耙的形状，这其实是古人使用的一种农具，称为"耒"，合起来就表现出男人在田地里耕作时候的场景。"男"也引申指代儿子，如"长男"，指的是大儿子。"男"字的本义沿用至今，如"男生""男性，""男女平等"。

南

南
(nán)

南原本是一种类似编钟的乐器，后来变成了专指方向的名词。

"南"是个象形字，本义是钟镈之类的乐器。甲骨文的"南"，字形就像是一个大钟的形状，钟在古代曾是一种用于奏乐的礼器，所以"南"也就表示乐器。"南"在古代也指官爵，如《孔子家语·正论解》中"郑伯，男南也"。现在，"南"常指方向，与"北"相对，如"南北""南面""南陲"（南部边疆），等等。

囊
(náng)

一个大口袋里装着两个贝壳和一捆木柴，充分体现了"囊"的功用。

"囊"是个会意字，本义是口袋。甲骨文的"囊"是个象形字，字形上方是"木"，中间是两个"贝"字，下面是个口袋的形状，合起来就像一个大口袋中装着两只贝壳和一捆木柴。金文的"囊"，中间只保留了一个"贝"字。小篆的"囊"，变为形声字，字形就像个两头捆扎的口袋。"囊"字本义沿用至今，如"囊空如洗"，意思是口袋里一点钱都没有。

能
(néng)

一只有头有脑有身体有尾巴的熊，现在变成了"能力"的代表。

"能"是个象形字，本义是熊。甲骨文的"能"字，上半部分就像是熊的头，上面还有只"耳"朵，下半部分就像是熊的嘴巴和身体，后面还带着个小尾巴。小篆的字形，已经看不出熊的样子。后来出现的楷书"能"字，也是由小篆演变而来。现在，"能"常指才干、本事，如能力、能耐。有才干的人，则称为"能人"。

尼

(ní)

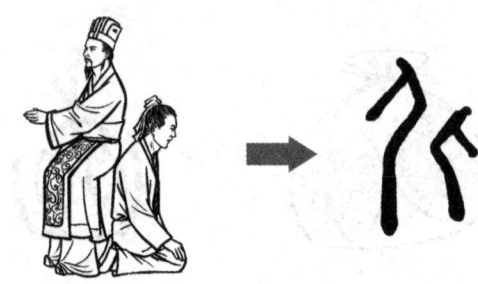

原本是一个人欺压另一个人,坐在那个人身上,后来却变成了尼姑。

  "尼"是一个会意字,本义为亲近。在甲骨文中"尼"字只是作为偏旁来使用,字形的左边和右边,分别是一个人形,一个人倚靠在另一个人身上,反映了奴隶社会中,奴隶主对奴隶的压迫。小篆中"尼"的字形和甲骨文大体相同。"尼"字在古代还通"昵",意思是亲近、相近。现在,"尼"常指佛教中出家修行的女子,即尼姑。

泥

(ní)

水和土彼此亲近,就混成了泥。

  "泥"字本义为水和土的混合物,是一个形声字。其字形左边为"水",表示与水有关;右边为"尼","尼"是昵的本字,意思是亲近、接近。这里是说泥是水和土亲近混合而成的。"泥"字的这一本义沿用至今,如现在人们也常说泥垢、泥浆、泥泞等,这些都与"泥"有关。此外,"泥"也表示像泥的东西,如"枣泥"。"泥"字还读 nì,意思是固执、死板,如"拘泥"。

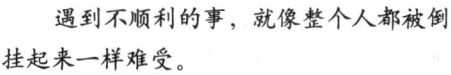

遇到不顺利的事，就像整个人都被倒挂起来一样难受。

"逆"是个会意兼形声字，本义是不顺利。甲骨文的"逆"，字形就像是一个倒置的"人"形，表现出遇到不顺的事情后，人痛苦万分的情形。现在，"逆"指方向相反，与"顺"相对，如"逆行""逆时针"。用作动词，"逆"意为"背叛"，如"叛逆"。此外，它还有抵触、不顺从之义，如"他常常忤逆长辈"。

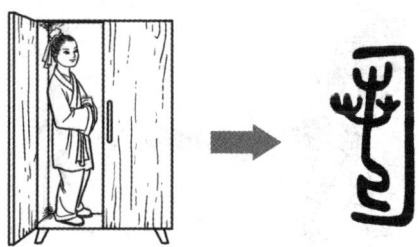

不知出于什么目的，一个人把自己藏在了柜子里。

"匿"是个会意字，本义是将东西藏起来。金文的"匿"，中间是个"人"形，外部是个柜子的形状，合起来就像是一个人藏匿在柜子当中。小篆的"匿"，中间变成了"若"字（"若"的金文字形，就像一个人用双手去抓挠自己的头发），这里表示人在柜子中藏着，双手还抱着自己的头。现在，"匿"字的常用义为"隐藏"，如"隐匿、藏匿、销声匿迹"。

溺 (nì)

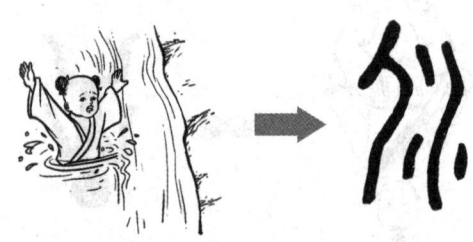

人沉没在水中，就是溺。沉溺于某事时，也像整个人都被淹没了一样。

"溺"字本义是淹没、沉没。该字是一个会意字。在甲骨文中，"溺"字左边为一人形，右边为"水"，意思是人沉没于水中。"溺"原本是一个水名，后来在作"沉没"解。"溺"在古代还指排泄小便。后来，"溺"字可引申为沉湎，无节制，"如他沉溺于其中，不能自拔"。

年 (nián)

 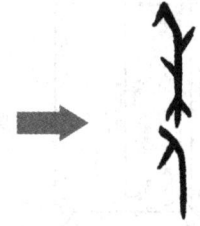

一个人背着一捆谷子前进，今年的收成看来又不错。

"年"是个会意兼形声字，本义是一年的收成，表示五谷成熟。《谷梁传·宣公十六年》中"五谷大熟为大有年"，意思就是各种农作物都获得了丰收，则称为"大有年"。甲骨文的"年"，上方是个禾苗的形状，下方是个弯着腰的"人"形，整个字形就像是一个人正背着一捆谷物前行的样子。"年"现在常作为时间单位使用，如"一年"，它也有"时期、时代"之义，如"年华"。

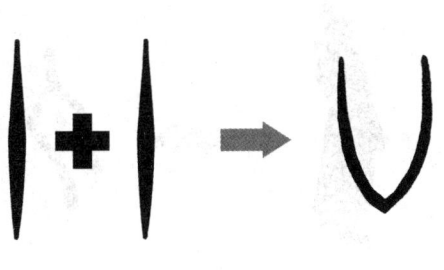 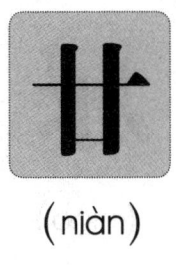

（niàn）

 甲骨文

 小篆

廿 隶书

廿 楷体

二十就是廿，有时也会写成"念"。

"廿"是个指事字，本义是数字二十。《说文》中解释为"二十并也，古文省"。甲骨文的"廿"，字形由两个"十"字构成，"十"在甲骨文中常写作一条竖画，所以"廿"也就用两个竖画相连来表示。古文中，"廿"也常写为"念"，如林觉民的《与妻书》中"三月念六"，指的就是农历三月二十六。

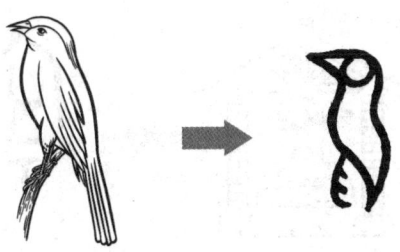 

（niǎo）

 甲骨文

 小篆

鳥 隶书

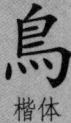 楷体

一只尖嘴圆头，有着修长身体和弯曲爪子的飞鸟。

"鸟"是个象形字，本义是飞禽的总称。带有"鸟"字旁的汉字，一般都和禽类有关。《说文》中解释为"鸟，长尾禽总名也，象形"。甲骨文的"鸟"，字形上方是尖尖的喙和圆形的头，下方是修长的身体和弯曲的爪子，非常形象生动地刻画出一只鸟儿的形象。"鸟"后也指代人、畜的雄性生殖器，引申为骂人的粗话。因为鸟儿总是飞在高处，所以"鸟瞰"指从高处往下看。

尿
 甲骨文
 小篆
尿 隶书
尿 楷体

一个站着撒尿的男人侧面像，看来男性小便的姿势千百年来都没有改变过。

"尿"，是个会意字，本义就是小便。《说文》中解释为"尿，人小便也"。甲骨文的"尿"字，形态上就像是一个侧向站立正在撒尿的男子，左下方斜向的三点就表示"尿"。小篆的字形变得复杂了，上面是"尾"，下面是"水"。"尿"用作动词，意思是撒尿。在古文中，"尿"还常用"溺"来代替。

宁
⟨甲骨文⟩
⟨小篆⟩
寧 隶书
寧 楷体

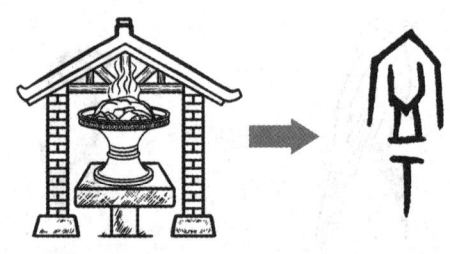

屋子里摆好了饭桌和食器，就有了安宁稳定的生活。

"宁"是个会意字，本义是生活安宁。甲骨文的"宁"，字形外围是个房屋的形状，中间是"皿"字，代表盛饭用的器物，下方像是一张桌子的形状，合在一起就像是房屋中间摆着一张桌子，上面还放着食器，表示生活的无忧无虑。金文的"宁"，又在字形内部加了个"心"字，表示内心安宁。"宁"后引申为平静、宁静，如"心灵的宁静"。

(niú)

上有牛角，下有牛耳，活灵活现的牛头牛气冲天。

"牛"是个象形字，本义就是指牛这种动物。甲骨文的"牛"，字形上方的弯折线就像一对弯曲的牛角，下方的两小撇表示牛耳，活灵活现地勾勒出了一个牛头的形象。"牛"也是古代二十八星宿之一，作为"牛宿"的简称。"牛"现在除了指牛这种动物外，还常用来比喻人执拗或倔犟，如"牛心左性"，意思就是头脑顽固，性情偏执。现在，"牛"最常用的意思是"厉害、能干、气场足"。因为技术好，他就是牛气得很。

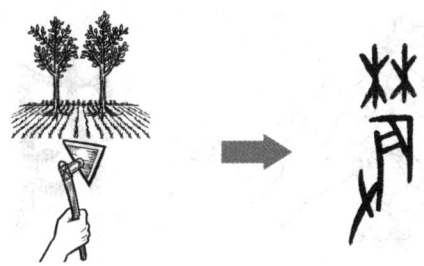
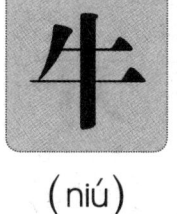

(nóng)

一个人手持农具在树林中耕作，从事农业生产。

"农"是个会意字，本义是耕种庄稼。甲骨文的"农"，字形上方是两个"木"，表示树林，右下方是"辰"字，表示农具，左下方是个"手"形，合起来就像是一个人手中拿着农具在树林中耕作。金文的"农"，上方的"木"变成了"田"。小篆的"农"，又由"田"变为"囟"。后来经过隶变，上方又变成了"曲"。现在，"农"泛指与农业有关的事物，如农民、农田等。

弄 (nòng)

甲骨文 弄
小篆 弄
隶书 弄
楷体 弄

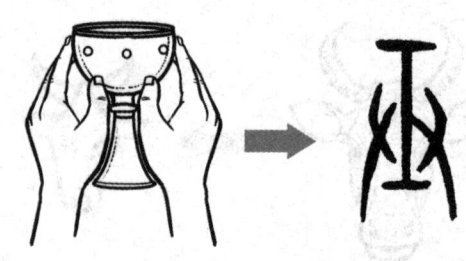

双手把玩美玉，美玉更为光洁。

"弄"是个会意字，本义是用手把玩、玩弄。甲骨文的"弄"字形中间是"玉"字，两侧各有个"手"形，表示用手把玩着这块玉石。"弄"后引申为作弄、欺侮，如"愚弄"。古文中，"弄"还常作为演奏乐器来使用。现在，"弄"表示打扰，如金融危机的爆发，弄得股民们人心惶惶。

奴 (nú)

甲骨文 奴
小篆 奴
隶书 奴
楷体 奴

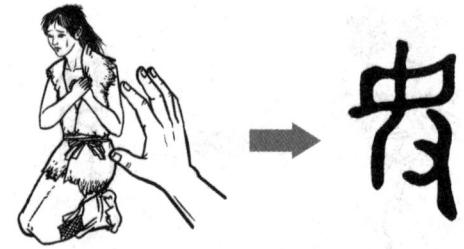

男性奴隶叫做"隶"，女性奴隶叫做"奴"。

"奴"是个会意字，本义是女奴隶。在古代，一般把男奴隶称为"隶"，而将女奴隶称为"奴"。"奴"是古人对罪犯的称呼。金文的"奴"，右方是个"手"形，左边是"女"字，合起来就像是用手抓着这个人。"奴"本指战俘，在古时，战争失败的一方都会沦为敌方的奴隶，后又引申为"奴婢"。"奴"后也作为年轻女子的谦称，如"奴家"。现代社会中，早已不存在奴隶，常用来比喻卑鄙的或下贱的人，称这些人是奴颜婢膝。

(nǚ)

一个女人双手放在胸前，跪坐于地。

"女"是个象形字，本义是女性、女人，与"男"字相对。甲骨文的"女"，字形就像是一个双手放于胸前，跪着坐在地上的女子。"女"后常假借为"汝"，作为第二人称代词使用。在现代汉语中，"女"常使用本义，人类文明的进步，也使得女性的权利越来越有保障，联合国也将每年的三月八日定为妇女节。

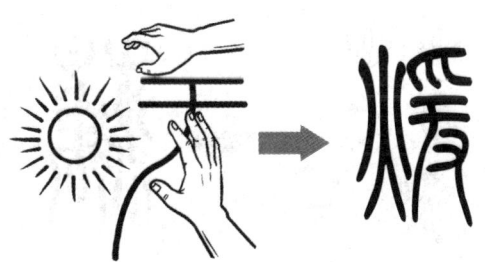

(nuǎn)

太阳是地球的温暖之源，爱是人类的温暖之源。

"暖"字本义为暖和，是一个形声字。左边的"日"在古文字形中像是太阳，说明太阳会给人引来温暖；右边为"爱"，可表示字音。同时，"爱"字有引的意思。后来，"暖"字还引申为温暖，着重突出的是人内心温馨的感觉。此外，"暖"字还可用作动词，意思是"使温暖"，如"暖酒"。人们还将带给人温暖感觉的色调称为"暖色调"。

虐 (nüè)

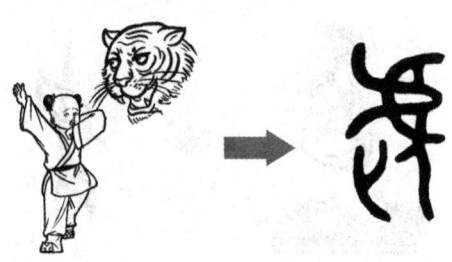

一只老虎用虎爪踩住了一个人,即将伤害他的性命。

"虐"字本义为残暴,是一个会意字。在金文中,"虐"字上边为一只虎头,下边为一人形;在小篆文中,"虐"字上边仍为一只虎头,但左下方虎爪清晰可见,右下方为一人形,说明虎爪最能显示老虎的残暴。借用"虐"字来形容统治者的残暴,在古代史料中常能见到。此外,"虐"字还通"谑",意思是戏谑,嘲笑他人。现在,"虐"字用作名词,意为灾害,如地震海啸频频肆虐,使得一些岛国不堪其扰。

藕 (ǒu)

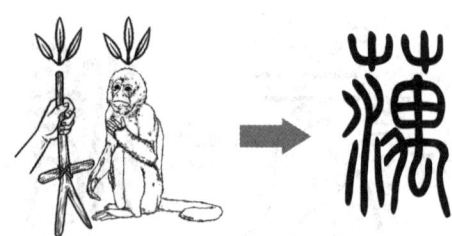

藕的特征是一节一叶一花,花叶成对,耦合成双。

"藕"字本义为莲的地下根状块茎,是一个形声字。在小篆文中,"艹"看上去像草,说明藕与草木植物有关;下边为"耦",这个字有相对的意思,这里是说藕是一节一叶一花,即花叶成对。现在,藕是一种常见的食品。现在有成语"藕断丝连",本义是表面上是分离了,但实际上却有牵连,后常指男女之间的情思难断。

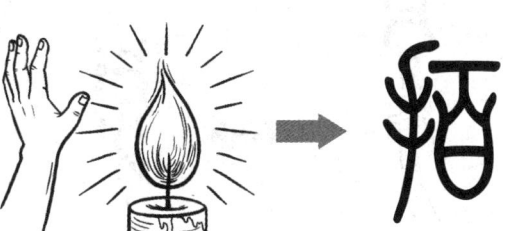

拍
(pāi)

双掌互击，发出"啪啪"的声音。

"拍"字本义为用手掌拍打，是一个形声字。该字左边为"手"（扌），表明"拍"字与手有关；右边为"白"，可表示字音，还指拍打时常常会发出如"白"读音一样的声音。现在，浪涛冲击称为"拍岸"；乐曲的节奏称为"节拍"。此外，"拍"还有摄影之义，如拍摄、拍照。这个字用作名词，意思是拍打东西的用具，如"拍子"。

庞
(páng)

龙所居住的地方，自然庞大无边。

"庞"是个形声字，本义为高大的房屋。因为要表示房子高耸的形状，所以用"广"字作为它的意旁。甲骨文中的"庞"字，上面是一个"广"字，代表房屋，下面是一个"龙"，表示这是龙所居住的地方，更显示出它的高大。小篆的字形中，"庞"下面的"龙"字笔画变得复杂了，意思则没有改变。现代汉语中，"庞"也用来说明一座建筑物的高大。

旁

(páng)

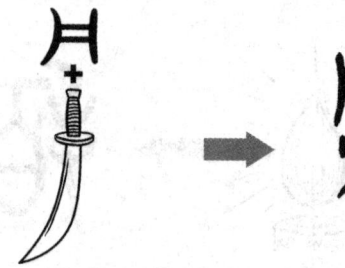

周围一切广阔的地域,后来单指两旁。

"旁"是个形声字,本义是广阔的四方之地。甲骨文的"旁",上边的"凡"是形旁,表示一切,下边是"方",既是声旁,也是形旁,表示地方,合起来就表示所有的地方。"旁"后来常作为"傍"的通假字,意思是两侧。现在,"旁"常表示附近,如旁边、两旁、旁人等。

胖

(pàng)

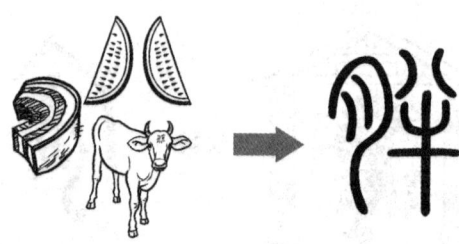

古代祭祀用的半体牲是最肥美的,现在,"胖"却成了社会公敌,人人得而减之。

"胖"字本义为古代祭祀用的半体牲,是一个会意字。其字形左边像一块肉,右边为"半",意思是把肉分为两半。对古人来说,祭祀是一件很神圣的事情,所以他们选用的祭牲都是最肥的,"胖"就由此引申为"肥胖"之义。这也是现在该字的常用义。此外,这个字还读 pán,意思是安泰舒适,如心宽体胖。

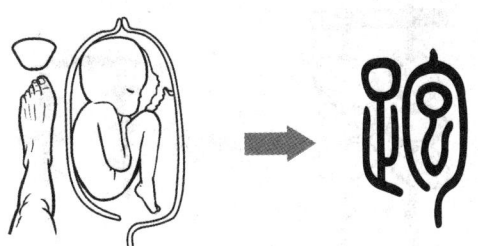

跑 (pǎo)

动物没有前足不能奔跑,也无法刨地。

"跑"字为后起字,本义为动物用前足刨地,《广韵》记载:"跑,足跑地也。"后来,"跑"字代替古代的"走",读 páo。现在,"跑"字指双脚交互向前迅速跃进,读音为 pǎo,如奔跑、跑步。它还有逃走之义,如"小偷被吓跑了"。此外,人们常说"跑电""跑气",这里的"跑"是泄漏的意思。

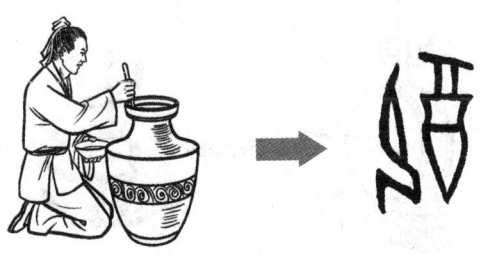

配 (pèi)

一个人跪坐在酒樽旁,正在配酒。

"配"是个会意兼形声字,本义是调酒。甲骨文的"配",就像是一个人,正跪坐在酒樽旁,表现出古人调酒时的情形。"配"后来假借为"妃",意思是妻子。现在,"配"常表示人们之间的相互分工合作,配合度成为工作中越来越被重视的一个方面。还有"匹配"之义,例如,他和她是非常相配的一对。

朋

拜 甲骨文

繭 小篆

朋 隶书

朋 楷体

朋
(péng)

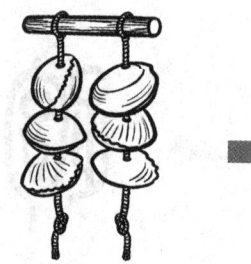
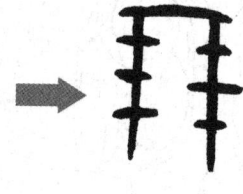

挂在横木上的两串贝壳，质地相似，水准相当，堪为友邻。

"朋"是个象形字，本义是古代的货币单位。相传，古人将五"贝"称为一"朋"，也有认为是十"贝"为一"朋"。甲骨文的"朋"，就像是挂在横木上的两串贝壳。"朋"后来引申为朋友。现代社会中，朋友已经成为人们生活中不可缺少的搭档，不论是在事业中，还是在生活中，多一个朋友，也就多一份欢乐。

彭澎

彭 甲骨文

彭 小篆

彭 隶书

彭 楷体

彭
(péng)

击鼓时发出"彭彭彭"的响声，使人心潮澎湃。

"彭"是个会意字，本义是鼓发出的响声。甲骨文的"彭"，左边为"壴"，在古文字中就像一个鼓的形状；右边是"彡"（shān），表示装饰鼓用的毛饰，也表示敲鼓时发出的声音。"彭"也是"旁"的通假字。现代汉语中，"彭"一般多作为姓氏或地名使用，本义已经很少见。

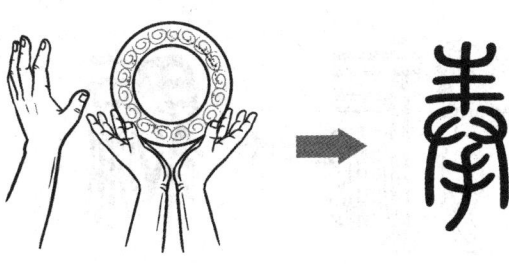

(pěng)

用三只手捧着某个东西，认真地献给他人。

"捧"字本义为用双手承托，是一个会意字。在小篆文中，该字由"手""艹""丰"三部分组成，字形看上去很像三只手托着某种东西。在隶书和楷书中，右边演变为"奉"，"奉"是"捧"的本字，这里是捧着的意思。"捧"字的本义沿用至今。此外，该字也有奉承、吹嘘之义，如捧场、吹捧。"捧"还可用作量词，如一捧瓜子。

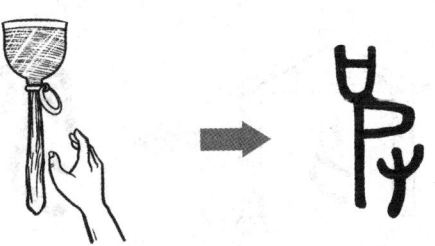

皮
(pí)

用一只带有装饰铁环的长柄平铲剥下了兽皮。

"皮"是个会意字，本义是用手剥去野兽皮毛，人们便有衣穿了。金文的"皮"，字形的左半部分是一把长柄的平铲。在铲柄上，还挂着一个铁环。右下方的形状，就像一只手，表示手拿铲刀将兽皮剥开。小篆中的"皮"，字形产生了讹变，但仍然保留着"手"这部分字形。现在，由于"皮"与兽皮相关，也引申为表面、肤浅之义，如"略知皮毛"，就是知识肤浅。

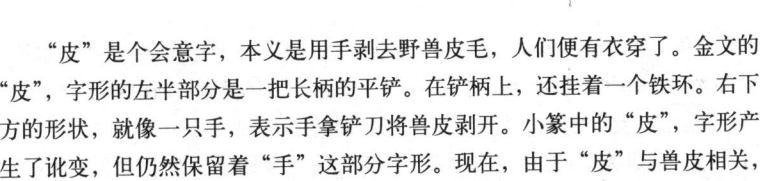

骗

骗 小篆
騙 隶书
騙 楷体

骗 (piàn)

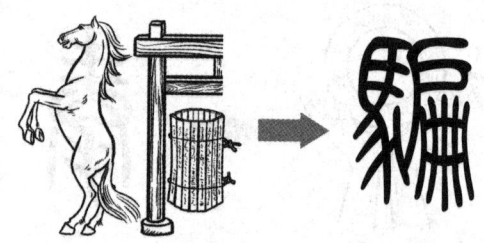

从一侧跨上马背，偏着骑上了马，后来奇怪地变成了"骗人"的意思。

"骗"字本义为跨上马背，是一个形声字。其古文字形左边很像一匹马，说明"骗"字最初与马有关；右边为"扁"，可表示字音，同时，"扁"字是偏的省文，有"侧"的意思，这里是说从一侧跨上马背。后来，"骗"字假借为欺骗，这也是该字现在的常用义，如"警方的这次行动，打击了很多招摇撞骗的人"。

贫

乏 甲骨文
贫 小篆
貧 隶书
貧 楷体

贫 (pín)

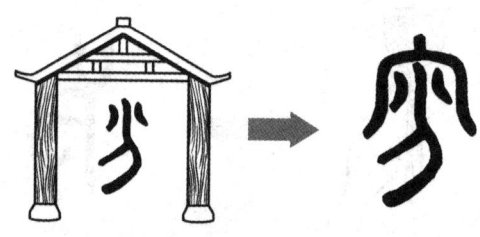

贫穷最大的罪恶不是让自己匮乏，而是无法与人共享。

"贫"字本义为贫穷，既是一个会意字，又是一个形声字。"贫"字外围很像一座房屋，里面为"分"，但由于里面什么都没有，所以根本就无法分。因此，"贫"字的本义为贫穷。在小篆文中，"贫"字上边为"分"，表示字音；下边为"贝"，表示字义。所以"贫"字还是一个形声字。现在，"贫"字引申为缺少、不足，如"贫瘠"在古代常用来指贫穷的人，现代汉语则用来形容土地不肥沃。

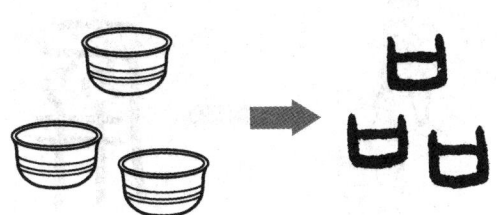
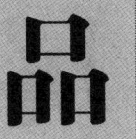

品类众多的物体，品质如何堪为虑。

"品"是个会意字，本义是众多。甲骨文的"品"，字形由三个"口"组成，表现出东西很多的样子。"品"后引申为事物的种类，如"五品"指的就是君臣、父子、夫妇、长幼、朋友这五种关系，而"五品不逊"就是指臣下不尊敬君主，儿子不孝顺父亲，夫妇之间不能和睦相处，兄长不爱护年幼的弟弟，朋友之间不讲信义这五种不好的品行。现在，"品"既可以表示人的品行高低，也可以代表一件物品的质量优劣。

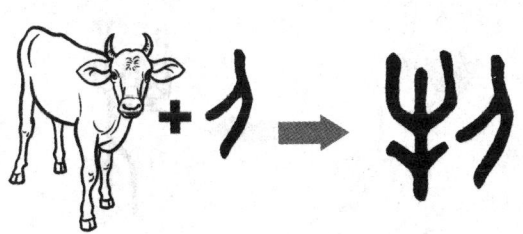
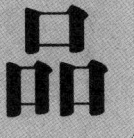

牝与牡相对，也与牡相合。牝牡相配，生生不息。

"牝"是个会意字，本义是雌性的鸟兽，和"牡"相对。甲骨文的"牝"，左边是"牛"头的形状，右边是"匕"，是指事符号，表示与雌性相关。在甲骨文中，表示雌性动物的文字，一般都有这个符号。小篆的"牝"，左边还是"牛"，右边的形状和甲骨文中的刚好相反。楷书的"牝"，字形和小篆相近，形成了现在所使用的写法。现在，"牝"多引申为各种阴性的事物，如牝马、牝鸡等。

屏
小篆

屏
隶书

屏
楷体

(píng)

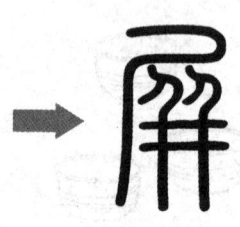

银烛秋光冷画屏，轻罗小扇扑流萤。天街夜色凉如水，卧看牵牛织女星。

"屏"字本义为对着门的小墙、照壁，是一个形声字。该字由"尸"和"并"两部分组成，其中，"尸"表示字义，这个字是屋的省文，说明"屏"与房屋有关系；"并"表示字音。同时这个字有相合的意思，这里是说屋屏合为一体。后来，"屏"引申为屏风。因为屏风具有阻隔空间的作用，所以"屏"字也有遮挡之义，如"屏蔽"。

仆
甲骨文

仆
小篆

僕
隶书

僕
楷体

仆
(pú)

脸上刻上了奴隶记号的仆人手里捧着一筐土，正在干活。

"仆"是个会意字，本义是供役使的人，即奴隶。甲骨文的"仆"，字形右下方是一个双腿屈膝的"人"形，右上方是"辛"字，"辛"本义是刑刀，这里表示在奴隶的脸上刻上记号，左边像是个盛土的簸箕，合起来就像是一个奴隶手里捧着一筐土，表现出正在辛苦劳作时的情景。"仆"后来引申为男子对自己的谦称。现代汉语中，"仆"多表示向前方跌倒。

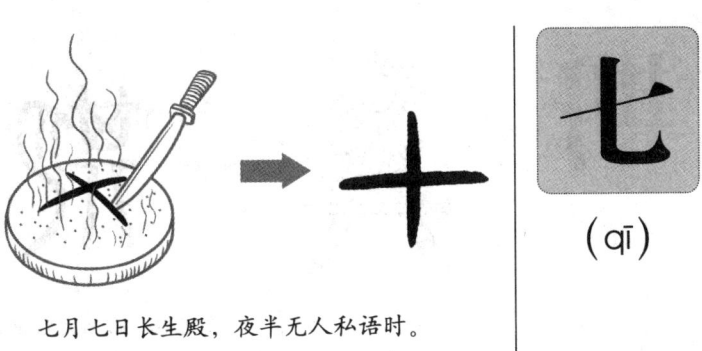

七月七日长生殿,夜半无人私语时。

"七"是个指事字,本义就是数字七。甲骨文和金文的"七",字形都像是用刀在木头上刻画下的十字形,后来为了区分"七"和"十",在小篆字形中,便将"七"字的下方变成了弯折线。"七"也是一种类似于骚体的文体,缘自于汉朝枚乘所作的《七发》,后世的主要作品有傅毅的《七激》、刘广的《七兴》、曹植的《七启》以及张协的《七命》。

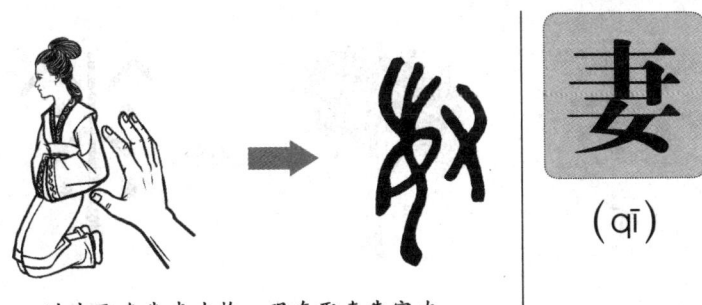

过去娶妻靠武力抢,现在娶妻靠实力和魅力。

"妻"是个会意字,本义是男子的配偶。甲骨文的"妻",字形左边是一个长发的妇女,正跪在地上,右边是个"手"形,表示要将这个女子抓回去,这和上古的抢婚风俗有关。小篆的"妻",和甲骨文相近。"妻"后来也引申为将女儿许配给他人。现在,妻子这种称呼,口语中已经不多见,常常用"老婆"来代替。

期

(qī)

在古代，我们常常遇到不期而至的惊喜，而现代，我们则常享受不会落空的约定。

"期"是个形声字，本义是预定的时间。金文的"期"，上方的"其"是声旁，下方的"日"是形旁，代表和时间相关。小篆的"期"，将下方的"日"换成了"月"，字义没有变化。"期"后来引申为约会，如佳期。现代汉语中，"期"也表示盼望、希望，如期许、期冀、期望等。

漆

(qī)

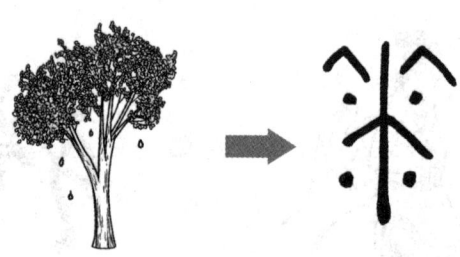

从漆树上滴落的漆，做成了轻巧美丽的漆器。

"漆"是个象形字，本义就是漆树汁制成的涂料，即油漆。金文的"漆"，就像是一棵漆树，上面的点表示从上面滴下来的漆。古陶文的"漆"，字形和金文相近。楷书的"漆"，变成了左形（水）右声（桼）的形声字。古文中，"漆"也是漆器的代称。现在，"漆"还用来形容两个人之间的关系密切。

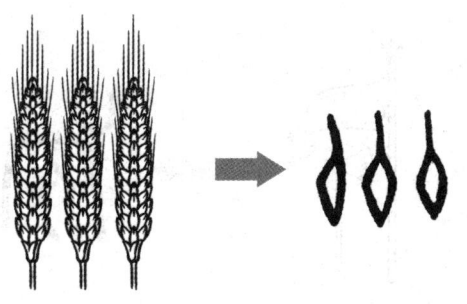

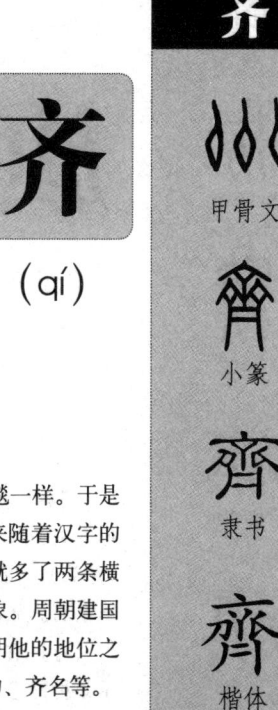

齐鲁大地是麦子的重要产地，田野里即将成熟的麦穗看上去整齐划一。

田里的麦子穗头一般长得一样高，远远望去就好像铺着的地毯一样。于是古人便用三枚麦穗来表示"齐"字，以体现整齐划一的内涵。后来随着汉字的发展，三枚麦穗被排列得越来越不整齐了。小篆"齐"字的下面就多了两条横线，代表大地。又经过不断的演变，最终成为现在楷书齐字的形象。周朝建国后，由于姜太公是周朝的第一开国功臣，于是就被封于齐，这表明他的地位之高，权力之大。现在，"齐"还表示一同、同等，如齐声、齐心协力、齐名等。

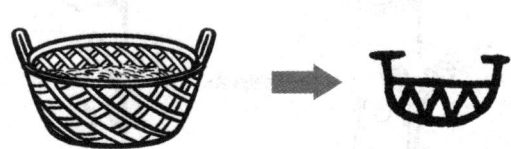

一个用竹篾或柳条编织而成的簸箕，多少东西可盛放其中。

"其"是个象形兼形声字，本义是簸箕，是"箕"的本字。甲骨文的"其"，就像一个簸箕的形状，上方的两条短横，表示位于簸箕两侧的手把，下方有着弯折纹饰的筐形，说明古时候的簸箕都是用竹篾或柳条编织而成的。金文的"其"，成为形声字，下方的"丌"(jī)是声旁。现代汉语中，"其"假借为第三人称代词。

旗 (qí)

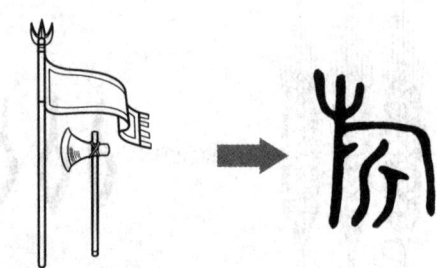

过去军队厮杀时要举起军旗，现在各国政治混战时会举起党旗。

"旗"是个会意字，本义是古代作战使用的旌旗。甲骨文的"旗"，字形左方是个带有长柄的刀戟形，右上方像是飘扬的旗子，右下方是"斤"（斧头），在古时"斤"也是一种武器，代表军队，整个字形就像军营周围飘扬着旌旗。楷书的"旗"，字形分为两种，一种类似于小篆，一种变为左形（方）右声（其）的形声字，和现在使用的写法相同。现在，"旗"也表示某种标志，如酒店上常悬挂旗子，作为招揽酒客的标志。

祈 (qí)

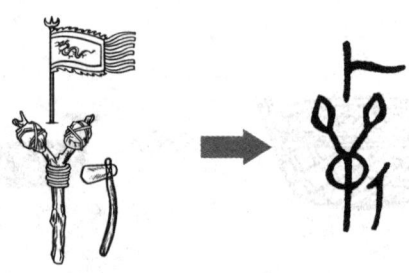

祈字由军旗、斧头和树杈组成，武器和战争有关，与祈福无涉。

在出土的甲骨文中和金文中，"祈"经常被写作"旂"。"旂"字在甲骨文中是由一面旗帜、一把斧头和一个树杈组成。在古代"单"和"斤"都代表武器，后来，它被假借为"畿"字，意思是天子直接管辖的地方。现代汉语中，"祈"假借为"祈求"，意思就是向上天祈求福禄。

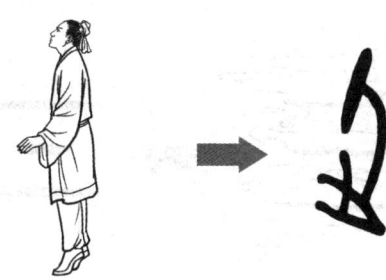 

(qǐ)

踮起脚尖，向着幸福张望，企求幸福快来临。

　　"企"的本义为人踮起脚尖，是一个象形字。甲骨文的"企"字，上半部像一个站立的人，正朝向左方。下半部是"止"字，"止"代表人脚。整个字形就表现出一个人正踮起脚尖向左侧望去的情景。小篆中"企"的字形，与甲骨文相似，意义也没有改变。楷书后，"企"字形成了现在常用的写法。现代汉语中，"企"还作为从事生产、运输、贸易等经济活动的部门，各种企业已经越来越成为现代经济活动的主体。

(qǐ)

开启一扇门，迎进新鲜空气，启发民众智慧。

　　在甲骨文中，"启"字字形由左边一只手和右边一扇门组成的。一只手打开了一扇门，表明它最早的含义就是"开"，例如《左传》就有"门启而入"的句子。后来，"启"字引申为"开导""陈述"之义，如《论语》中"不愤不启，不悱不发"，这里的"启"就是开导的意思。在现代汉语中有"启事"一词，其中"启"的意思则为"陈述"。

气

(qì)

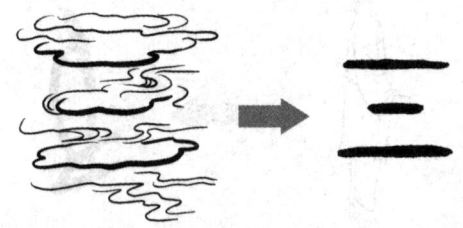

气就是蒸腾上升的云气，也是决定人类生命是否存在的关键条件之一。

"气"最早的字形表现形式是三条横线。后来随着汉字的发展，在甲骨文和小篆的字形里，"气"就变成了有些像云气蒸腾上升的样子了，表示的是空中的气流。为了和"三"字进行区别，上下两条横线逐渐变得有些弯曲。在古文言中，它常常被假借为"乞""迄"和"讫"。繁体字"氣"实际上是"餼"的本字。现在，"气"多引申为风俗习惯，如社会风气。

弃

(qì)

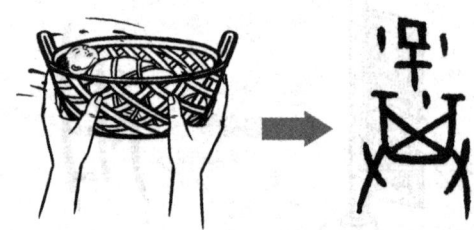

用簸箕把难产而生下来的婴儿倒掉抛弃，就像抛弃人生中其他会伤害自己的事物一样。

"弃"的本义就是"抛弃"，这在字形上有一定的体现。其字形最上面是一个头朝上的婴儿，其中的三点水表示羊水，头朝上表明难产；字的中间是一只簸箕，最下面是一双手。整个字形的意思是，将不吉利的难产婴儿抛弃。也有字形用倒置的"子"来表示死去的婴儿。现在使用的简体字"弃"，最早出现在《左传》中，如"天之弃商也久矣"。

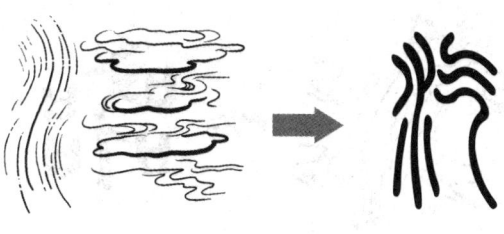

气体自水中蒸腾而出是水汽，气体被压进水中又成了汽水。

"汽"字本义为水蒸气，是一个会意字。该字由"氵"和"气"两部分组成。其中，"氵"的古文字形像是流水，现在字形则像水滴；"气"可表示字音。两部分连起来意思是液体受热蒸发而成的气体就为"汽"。"汽"在古代也可用作动词，表示水枯竭。该字还通"汔"，意思是泣下，如《说文》："汽……或曰泣下。"

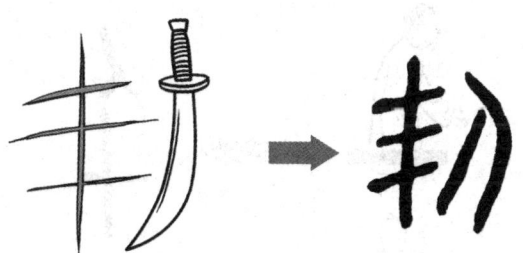

刻字入木三分，知已心心相印。

"契"是个象形字，本义是用刀刻。甲骨文的"契"，右边是"刀"，左边就像是用刀划过后物体上留下的刻痕。因为人们一般是用刀在木材上进行刻画，所以楷书繁体的"契"，字形下方加入了"木"字。古人有刻符为证的习惯，所以"契"也引申为契约，如"符契"指的就是天子传达命令或调遣军队时所用的信物。在现代商业活动中，买卖双方订立契约已经成为习以为常的事情了。

器

金文 㗊
小篆 㗊
隶书 器
楷体 器

器
(qì)

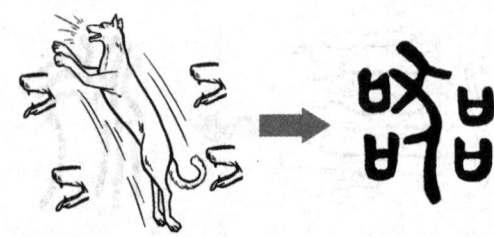

懂得在适当的时候大叫的狗也是有独特的才具的。

"器"是个会意字,本义是狗的叫声。金文的"器",字形中间是"犬",四周各有个"口"字,代表一只狗正在大叫。小篆的"器",字形和金文相近。"器"后来本义消失,假借为器具。因为器具都能容纳物品,所以"器"也引申为才华,如"庙堂之器",意思就是有治理国事的才能。现在,"器"也常表示人体的器官。

千

甲骨文 千
小篆 千
隶书 千
楷体 千

千
(qiān)

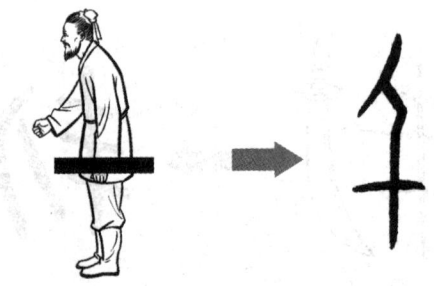

南北向的田埂叫做阡,东西向的田埂叫做陌。

"千"的本义是数目,因为它非常难以表达出来,所以古人就借用"人"的读音,然后在"人"的上边加一横来表示,"人"和"一"组合在一起。在表示从"一千"到"五千"时,古人就分别在"人"下面加一横、两横、三横、四横和五横来表示。古代田地里南北向的田埂就叫做"阡",因此,在古代典籍里它还通"阡"。现在,"千"常比喻数目多,如千方百计、千言万语、千钧一发等。

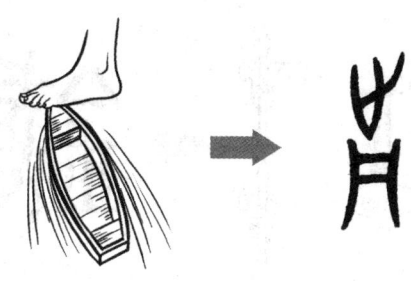

前 (qián)

乘风破浪会有时，直挂云帆济沧海。

"前"原写作"歬"，它的字形上边是一只脚的形状，下边为一只舟，意思是船在前进。随着汉字的演化，"舟"变成了"月"，"止"变成了"䒑"，后来又增加了"刂"，最后才形成我们现在常用的"前"。由此可知，"前"是"剪"的本字。现在，"前"字多用于表达前进，于是古人就增加了"刀"另造"剪"字。

虔 (qián)

敬畏猛虎，并不只是敬畏猛兽，还是敬畏自然和死亡。

"虔"字是一个会意字，在金文中，其字形上方是"虎"，下边为"文"（纹），虎身上有斑纹，令人心生畏惧。因此，"虔"字的本义是畏惧。"虔"字用作动词，意思是杀戮。现代汉语中，作为恐惧和杀戮的本义已经消失，常引申为诚敬、诚心，如虔心、虔敬、虔诚。

279

钱
(qián)

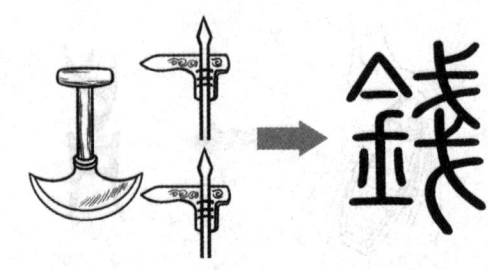

古人用铲子谋取生活，今人用生命换取钱币。

"钱"字本义为铁铲，是一个形声字。该字左边为"金"（钅），说明最初的"钱"与金属有关；右边为"戋"，表示字音，同时"戋"字与"残"通用，有小的意思，这里是说铁铲可以使土变成小块。后来，"钱"专指货币。现在，"钱"在我们的日常生活中是一个最为熟悉的字眼。如"钱可以养家"，"有钱才能生存"。

欠
(qiàn)

向右跪坐，张嘴大打哈欠，这姿势竟然保持了几千年。

"欠"字本义为哈欠，是一个象形字。在甲骨文中，"欠"字就是一个人面向右边跪着，头部朝向右边，正张着嘴巴，看上去就是一副正在打哈欠的样子。"欠"还具有张开、抬起之义，如"将身子欠起来"，意思是将身子抬一下。现在，"欠"是汉字的一个部首，带有此部首的汉字，大多都与嘴巴的一些动作有一定的关系，如"吹""歌"等。现在，"欠"多引申为减少、缺少，如欠债、欠安。

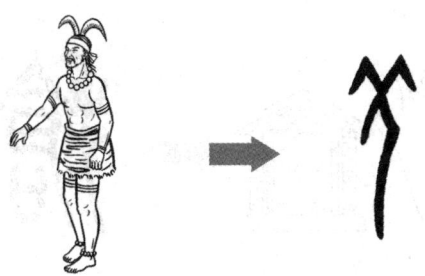 

(qiāng)

羌族人喜欢在头上佩戴羊角状的饰物，以之为美。

在古文中，"羌"字常作为语首助词使用，没有实际意义。另外，"羌"还是我国古代的一个少数民族的名称，他们分布在我国西部。这个少数民族喜欢在头上戴一个装饰品——羊角状。因此，"羌"字的字形就像一个头上佩戴羊角状饰物的人形。2008年发生特大地震的四川省汶川县，就是羌族人世世代代的聚居地。

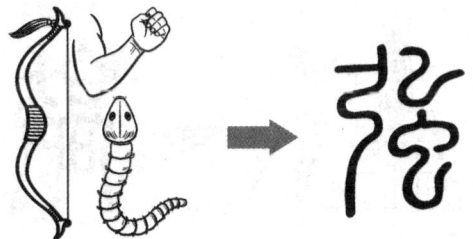 

(qiáng)

一条米虫并不强大，数量多时自然就强大了。

"强"字本义是一种米虫，是一个会意字。其古文字形右下方像一条虫的形状，说明"强"最初与虫有关；左边和右上方组成一个"弘"字，"弘"有大的意思，这里是说这种米虫数量众多。后来，"强"的这一本义渐渐消失不用，借指为健壮有力，还常指内心的坚强。此外，"强"还读 qiǎng，意思是强迫、勉强；它也读 jiàng，有固执之义，如性格倔强。

抢

抢 小篆
抢 隶书
抢 楷体

抢
(qiǎng)

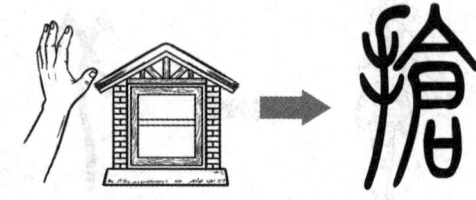

动手抢仓库，下手一定要快。

"抢"字本义为强取、争夺，是一个会意字。该字由"扌"和"仓"两部分组成。扌说明该字与手有关，仓可表示字音，也有仓库之义。两部分连起来的意思是动手抢仓库。抢东西速度要快，否则不能得手，所以该字又引申为"赶紧，争先"之义。此外，这个字还读 qiāng，意思是触碰，如呼天抢地。

敲

敲 小篆
敲 隶书
敲 楷体

(qiāo)

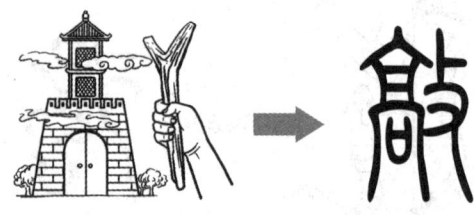

鸟宿池边树，僧敲月下门，敲门的礼貌与清远意味，于斯写尽。

"敲"字本义为敲击，是一个会意字。该字左边为"高"，意思是先高举然后再敲下去；右边的"攴"，在小篆文中的形体很像手持棍棒的样子。"敲"字的本义沿用至今，如"敲门""敲锣打鼓"。此外，它还引申为用威胁、欺骗的手段获得财物，如"敲诈"。人们现在常用的"推敲"一词，则比喻做事或写文章时，反复琢磨，反复斟酌。

乔 (qiáo)

从低处搬到高处是乔，改变也是乔。

"乔"是个指事字，本义是高耸。金文的"乔"，下方是"高"字，上方的一条弯折线，是指事符号，表示"高"处。古文中，"乔"也是"峤"的通假字，意思是尖峭的高山。现在，"乔"也引申为迁居，人们常常将搬家称为乔迁，这个意思最早来源于《诗经》中的"出自幽谷，迁于乔木"，意思是"从深山中迁居而来，搬到了高大的树木下安家"。

乔
甲骨文

乔
小篆

乔
隶书

乔
楷体

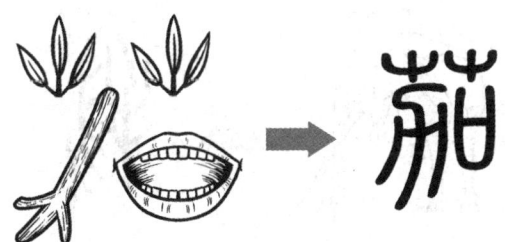

茄 (qié)

荷茎很长，但不能吃，而茄子和番茄却是很好的食用蔬菜。

"茄"字原来读作jiā，本义为荷茎，是一个形声字。在小篆文中，"茄"字上边的艹很像是草，说明荷属于草本植物；下边为"加"，表示字音，同时，加有超过的意思，这里是说荷茎要比常见草本植物的茎要长一些。现在，"茄"读jiā时，指雪茄，用烟叶卷成的烟。此外，"茄"还读qié，指茄子，是一种常见的蔬菜。西红柿也被称为"番茄"。

茄
小篆

茄
隶书

茄
楷体

且 (qiě)

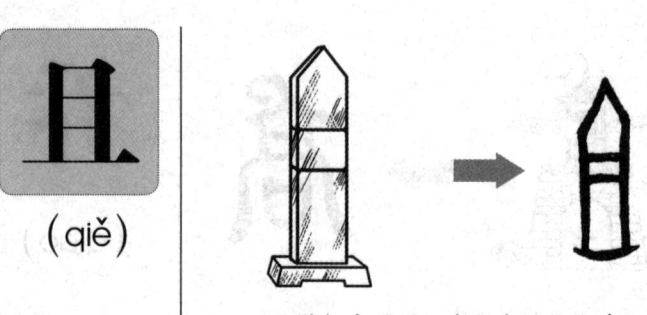

且将杯中的酒洒在祖先的牌位前,用以祭祀。

"且"字外形好像一块祭祀祖先的牌位。"且"字实际上是"祖"的本字。后来,它被假借为虚词。由于祭祀的时候有石桌或者石台,后来在"且"旁边加了"示"字旁,就新造了一个"祖"字,这个时候"祖"和"且"才被区分开来,"祖"字意为"祖先、先人"。现在,"且"常作为连词,如而且、并且、尚且等。

侵 (qīn)

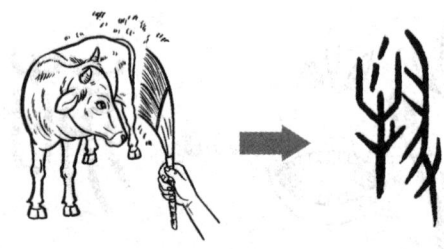

给牛扫土是一种体贴,未经允许进入他国领土却是一种侵犯。

"侵"最早的含义是渐进。在甲骨文中,其字形左边为一头牛,右边则很像手持一把扫帚正准备给牛扫土;在金文中,"侵"字字形演变为手持扫帚给人扫身体,意思是逐渐。后来,该字引申为"进攻"和"侵犯"之义,其中"侵"的意思就是"侵犯和进攻"。现代社会中,不论是侵犯他人的人身还是荣誉,都有可能面临法律的制裁。

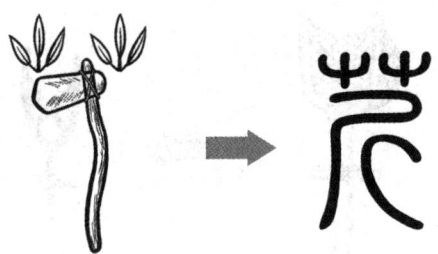

芹
(qín)

芹菜可清血脂、降血压，常吃有益健康。

"芹"字本义为芹菜，是一个形声字。在小篆文中，"芹"字上边为"艸"，形体像草，说明芹菜属于草本植物；下边为"斤"，可表示字音。同时，斤是一种常用的砍伐工具，这里是说人们从地里割来芹菜做菜吃。古代，"芹"常比喻为有才学的人。古代有个人特别喜欢吃芹菜，逢人就推荐，别人吃了却不以为然。由此诞生了一个词组，"献芹"，用为向别人送礼物时的谦词。

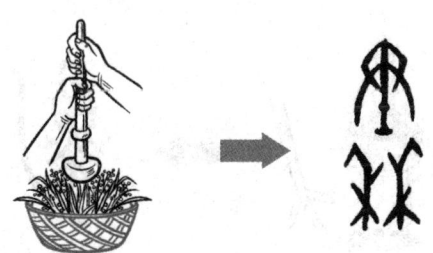

秦
(qín)

陕西是产谷之地，"舂谷"的动作"秦"就成为省份代称。

"秦"是会意字。"秦"原本是我国的一个地方名称，也是一个古代的诸侯国的名字，而现在是指陕西中部一带的地方。这一带以产谷著称，这一点在"秦"的字形上有很好的体现。其字形上边很像两只手拿着杵高高举起，下面则是两棵代表谷禾的禾苗，意思是"舂禾"。后来，它被假借为专名用字，如秦国、秦朝。现在，"秦"主要作为陕西的代称和姓氏来使用。

禽

甲骨文

小篆

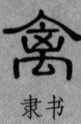
隶书

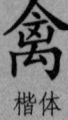
楷体

禽
(qín)

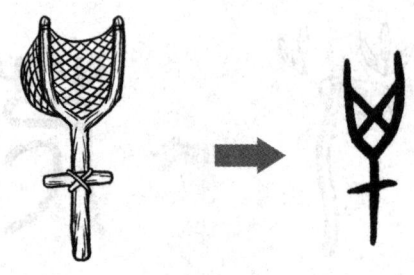

张开网，擒住了一只只飞禽。

"禽"是"擒"的本字，它最早的意思就是"捕捉"。在甲骨文中，"禽"字的字形很像一把捕捉鸟类的网具，其中还带有长柄。在金文中，此字是在甲骨文的基础上，又加了一个声旁"今"。随着汉字的发展，现代汉语中，"禽"逐渐变成"鸟类的总称"，在《尔雅》中就有"二足而羽谓之禽"的说法。

勤

勤
(qín)

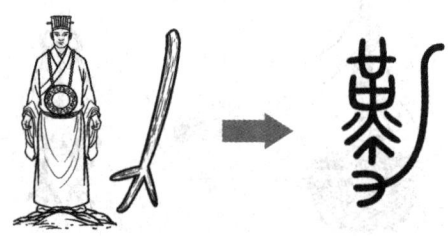

在黏土地上工作很辛苦，需要勤快而用心。

"勤"字本义为辛劳，是一个形声字。其字形左边为"堇"（qín），表示字音。同时，"堇"有黏土的含义，这里是说在黏土地上劳动很辛苦；右边为"力"，字形看上去像是农具，这里有用力之义。现在，"勤"字泛指做事努力，如"勤快"。它也可用作副词，意思是经常，如勤洗澡。此外，在规定的时间内工作，称为"出勤"。

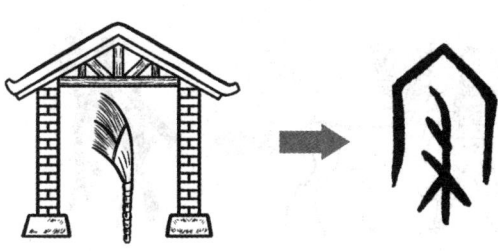

寝(qǐn)

一间干干净净可以用来休息的屋子，现在变成了"睡觉"的意思。

一间房屋里墙壁闪闪发光，代表四壁非常干净；房屋内还有一把扫帚，意思是用扫帚扫干净房屋让人来休息。因此，"寝"的本义为"躺着休息或者是睡觉"，有的时候也作"卧室"讲，如人们常说的"就寝"。另外，"寝"也引申为皇帝的坟墓，如陵寝。现在，"寝"常作为集体睡觉用的大房间，如学生们住的寝室。

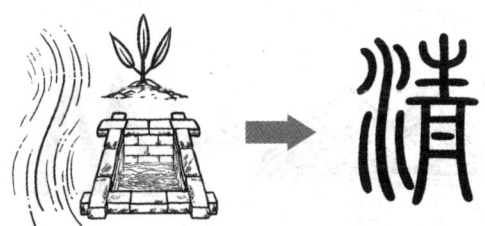

清(qīng)

清澈的流水是蓝色或绿色的，清澈的眸子是黑白分明的。

"清"字本义为水清，是一个形声字。其古文字形左边像是流水，表示"清"字与水有关；右边为"青"，这里是说河水清澈时呈青色，即蓝色或绿色。后来，"清"字引申为纯净之义，如清澈。现在，这个字还有"安静、不烦杂"的意思，如"清静、清幽"。该字用作动词，意思是"清理、清除"，如"清定"是清理考核的意思。

庆

甲骨文

小篆

慶
隶书

慶
楷体

庆
(qìng)

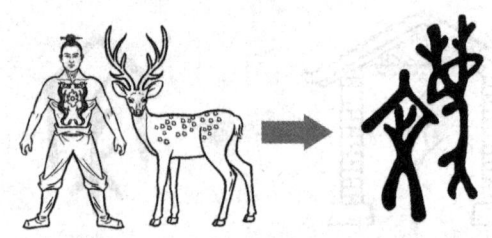

诚恳地献出美丽的鹿皮，用来庆祝好事。

"庆"是个会意字，本义是美丽的鹿。甲骨文的"庆"字，左半边是"文"字，代表花纹，右边是"鹿"，连在一起就表示一种身上长有花纹、形态美丽的鹿。金文的形体，"文"变成了"心"字，放到了"鹿"的中间。小篆的"庆"字，"文"字放到了字形的最下方。"庆"的字形，也像是一个人诚心诚意地把鹿皮奉献出来，所以现代汉语中的"庆"，还引申出祝福和奖赏，如庆贺、庆祝。

丘

甲骨文

小篆

丘
隶书

丘
楷体

丘
(qiū)

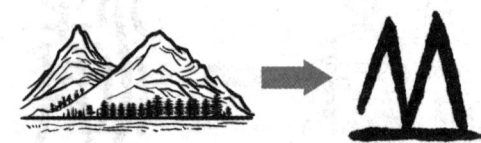

两座小山并立在一起，就是丘。

"丘"属于象形字。在甲骨文中，用一横代表大地，用两个倒"V"代表小山，整体来看，其字形就像两个小土峰并立在地面上，非常生动形象。由此可知，"丘"的本义就是"小土山"。随着汉字的发展变化，在金文和小篆中，"丘"字有了新的变化，发展到隶书的时候，就看不到原来山的影子了。

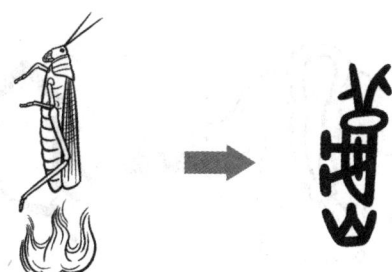

(qiū)

秋天收获谷物后，要焚烧秸秆，以便消灭害虫。

"秋"是个会意字，本义是成熟的庄稼。甲骨文的"秋"，字形就像一只蟋蟀，古人发现蟋蟀一般在秋天鸣叫，所以就借此表达"秋天"的概念，蟋蟀形的下方有个"火"字，表示秋天收获谷物之后，用火焚烧秸秆，顺便灭除害虫。楷书的"秋"，将字形中的"禾"与"火"调换了位置，形成了现在所使用的写法。现在，"秋"也引申为一年的时光，如一日不见，如隔三秋。

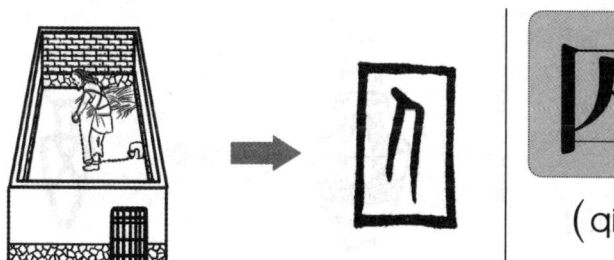
(qiú)

将人关在四面只有墙的房间里，令其丧失自由，就是囚。

"囚"的字形就好像一个人被关在了监牢里，失去了人身自由。因此，"囚"字的本义为"拘禁"。后来，"囚"引申为限制、俘获，如囚俘，意思是捕获俘虏。古代，"囚"字还有俘获之义，如"囚俘"，意思是捕获俘虏。现代汉语中，"囚"字用作名词，意为"囚犯"，就是"被拘禁在监狱里的人"。

求 裘

(qiú)

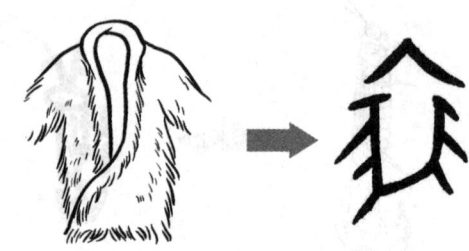

原来是毛衣，现在却变成了"请求"。

"裘"的本字是"求"。在古代人们穿皮衣是把毛穿在外面的，因此在甲骨文和金文中在"衣"字外加毛，就是皮衣。后来，"求"引申为"寻求""乞求"的意思，如《吕氏春秋·察今》："入水求之"。后来，古人又造了形声字"裘"。"求"字通"俅"，意思是聚合；通"赇"，则意为贿赂。"求"用作名词，有"需要"之义，如"这个牌子的手机在市场上供过于求"。

酋

(qiū)

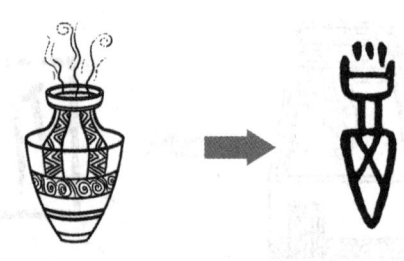

原来是装陈年好酒的酒器，现在变成了部落的首领。

"酋"是个象形字，本义是陈酿的酒。《说文》中认为"酋"是一种陈年酿制的好酒，在古代也将专门掌管酒器的官员，称为"酋"。甲骨文的"酋"，像是一个酒瓶的形状，上方的三点，表示酒散发出来的香气。小篆的"酋"，和甲骨文写法相近。楷书的"酋"，字形来源于小篆，和现在所使用的写法相同。由"酋"的官员之义，后来引申为部落的酋长。

(qū)

原来是盛放食物的瓦器,现在变成了一片又一片不同的区域。

在甲骨文中,"区"字的字形很像放在橱架上的三个小容器。"区"是"瓯"的本字,其本义为用来盛放食物的盆盂类的瓦器。后来,"区"引申为"区别""区域"等义。为了表达盛食物的瓦器之义,古人又另外造了一个字"瓯"。古代农民在播种时所开的穴或沟也称为"区"。"区"用作形容词,有微小的意思,如《左传·襄公十七年》:"宋国区区。"这里是说宋国是一个小国。

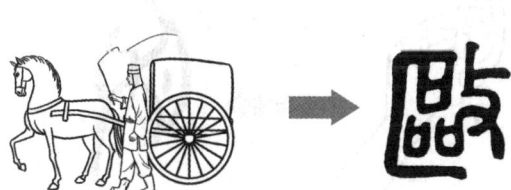

驱 (qū)

驱就是赶马,也就是驱动、驱赶。

"驱"字为形声字,本义为赶马。在石鼓文中,"驱"字左边为"区",用来表字音;右边为"攴",用来表字义,意思是扑打、驱赶。在小篆文中,左边为"马",右边为"区",更好地体现了"驱"字的本义。后来,"驱"字引申为驱逐、迫使、追随等义。如"他总是驱使我做这个做那个"。

甲骨文

小篆

曲
隶书

曲
楷体

曲
(qǔ)

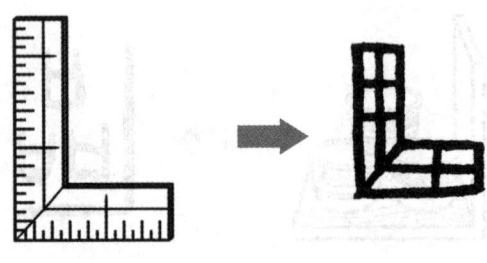

重压可以导致器物弯曲，也可导致人的心灵扭曲。

"曲"是个会意字，本义是弯曲。甲骨文和金文的"曲"，字形也都像是一个曲尺的形状。《说文》认为"曲"就是器物被重物压弯后的样子。《荀子》中"木直中绳，輮以为轮，其曲中规"，意思就是木材本来是笔直的，用火炙烤以后，就能做成车轮，弯度也符合圆规的要求了。"曲"还引申为邪僻、不正派，如曲心矫肚，意思是心地险恶，一肚子的虚情假意。另外，"曲"还指音乐，如曲终人散。

取娶

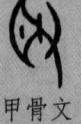
甲骨文

取
小篆

取
隶书

取
楷体

取
(qǔ)

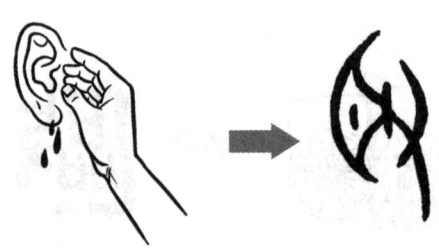

战胜者用武器将俘虏的耳朵割下，取得领赏的证据。

"取"是个会意字，本义是攻取。甲骨文的"取"，字形右边是"手"字，左边是斧刃的形状，中间的一条竖线，表示耳朵，合起来就表示用手去割取一个人的耳朵。古时候，每次作战胜利或打到猎物后，都会将敌方或动物尸体的首级或左耳割下，以计数献功，领取奖赏。"取"在古代也通"娶"，意思是娶妻。现在，"取"字的常用义为"拿，得到"，如索取。

(qù)

离开自己的居处到别处去。

"去"是一个会意兼形声字,本义是离开。甲骨文的"去"字,字形上部是个"人",下方是个"口"字,远古人居住在洞穴中,"口"也就代表洞口,所以整个字义就是离开自己居住的地方。另外,"去"还引申为距离,如《列子·汤问》中"日始出时去人近",意思就是太阳刚刚出来的时候离人很近。现在人们常说的"相去甚远"沿用的也是"去"的这一含义。

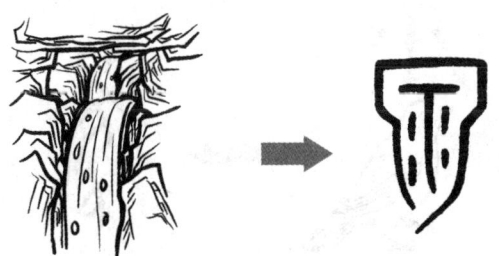

(quán)

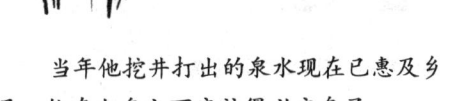

当年他挖井打出的泉水现在已惠及乡民,他在九泉之下应该得以安息了。

"泉"是个象形字,本义是泉水。甲骨文的"泉"字,外部的线条,就像一座险峻的高山,中间的竖线就像是山的中间开裂了条缝隙,两边的点代表从山体中喷涌而出的水流。整个字形就像是山上的一眼清泉,从中不断地涌出水流。汉字隶变之后,"泉"形成了现在的写法。另外,古代的"泉"也代表人死后居住的地方,如九泉之下、黄泉。

甲骨文

小篆
犬 隶书
犬 楷体

（quǎn）

一只尾巴卷起的狗的侧面像。

犬，是个象形字，本义就是狗。《说文》中解释为"犬，狗之有县蹏者也。孔子曰：视犬之字如画狗也。"孔子认为，写"犬"字就像是在画一只狗。甲骨文的"犬"，字形上就像是一只侧向的狗，尾巴还向上卷曲着。金文的字形，也活像一只趴在地上的狗。另外，古人还将"犬"作为自谦或鄙视他人的称呼，如"犬子"，就是指自己的儿子，"犬马之齿"，则是谦称自己的年龄。

甲骨文

小篆
雀 隶书
雀 楷体

（què）

麻雀是一种比较小的鸟。

"雀"的本义是麻雀。《说文》中认为"雀"代表身轻灵巧的麻雀，和"小佳"（"佳"指鸟类）属于同类。《古今注》中"雀，一名家宾"，认为雀是一种家鸟。"雀"后来也泛指小鸟。甲骨文的"雀"，字形上方是个"小"字，下面是鸟的形状，表现出"雀"的本义。另外，在古文中还经常用"爵"代替"雀"字。现在人们将脸上的一种斑点称为雀斑。

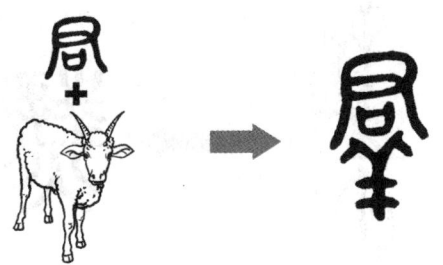

群 (qún)

三只以上的羊聚集在一起，就成了一个羊群了。

"群"是个形声字，本义是羊群。《国语·周语》中"兽三为群"，意思就是三个以上的禽兽聚集在一起，就称为"群"。金文的"群"，上方的"君"是声旁，下方的"羊"是形旁。小篆的"群"，字形和金文大体相同。楷书的"群"有两种写法，上"君"下"羊"的字形后被废除，左"君"右"羊"结构的字形则保留了下来。现在，人或事物相聚在一起为"群"，如群山、人群。

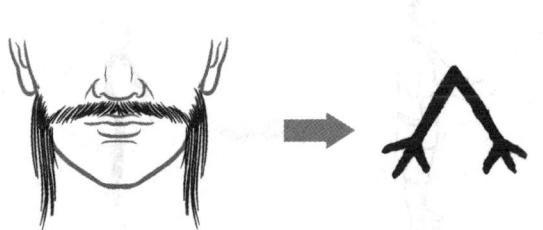

冉 (rǎn)

原来是头发蓬松下垂，后来变成连鬓胡须，现在则用作姓氏。

"冉"是个象形字，本义是毛发蓬松下垂的样子。甲骨文的"冉"字，就像是人的两撇小胡子。"冉"是"髯"的本字，"髯"的字义是两腮上的胡须，后来也泛指其他部位的胡须。"冉"也引申出逐渐、渐渐之义，如《离骚》中"老冉冉其将至兮"，人生的老年时代慢慢就会到来。"冉"后来还表示行动慢、飘忽不定。现在，"冉"常用于姓。

(rè)

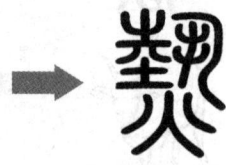

温度高时，植物就会快速生长，所以夏季是植物葱郁之季。

"热"字本义为温度高，是一个会意字。该字的繁体形式为"熱"，上边为"埶"（yì），该字的古文字形很像人手持木（树木）种在土里，所以有种植的含义。这里是说气温高时，植物的生长会很快。下边为"火"（灬），表示温度高。简体字"热"，上面演变为"执"，意思是手持火把就很热。"热"用作动词，意思是加热。它还引申为人的情绪高或人与人之间的情意深，如热爱、热情。

(rén)

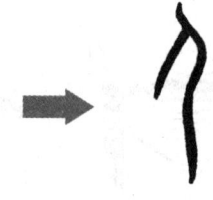

人啊，宇宙的精华，万物的灵长！

"人"是个象形字。《说文》认为"人"在天地间的地位最高，其字形来源于籀文（就是石鼓文，为周宣王时的太史籀所书）。甲骨文和金文中的"人"，字形就像是一个侧向站立的"人"，两只手还向前下方伸出。隶变之后，"人"字形成了现在的写法，从字形上已经看不出人形了。"人"在古代也指老百姓。现在，"人"也指人的品质、性情、名誉，如丢人。

仁
(rén)

两个人相互依靠，需要用仁爱之心和谐相处。

"仁"的本义是待人友善、仁爱，是一个会意字。在金文中的"仁"，字形的上半部是一个侧立的"人"。下边的"二"，是"人"字的重文（异体字），所以也代指"人"。两个人相互倚靠，代表人与人之间要和谐相处。小篆中"仁"的字形，与现在的写法相似。在古文中，"仁"字还常作为"人"的假借字。另外，果核中最里面的部分，称为"仁"，如"核桃仁"。

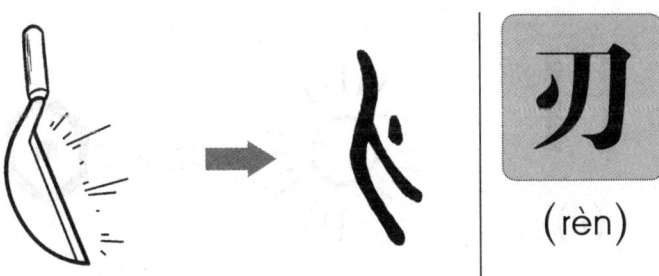

刃
(rèn)

刀刃是刀最锐利的部位。

这是"兵不血刃"的"刃"字，本义为刀刃，后泛指各种刀具。"刃"是一个指事字，《说文》："刃，刀坚也，象刀有刃之形。"认为"刃"字，象征刀具的锐利，也象征刀最锋利的部位。甲骨文的"刃"字，就像是一把歪斜的刀，在它的刀刃上还加了一个点，表示指的是刀刃的这个部位。"刃"字，后来还引申为动词，意思是用刀杀，如"手刃亲仇"。

扔 (rēng)

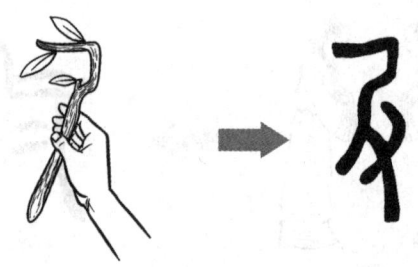

丢弃不要的东西，及时清理，保持房间和心灵的洁净轻松，是有益的事。

"扔"是个形声字，本义为扔掉、丢弃。甲骨文的右下方是个"手"形，代表人的右手，左方弯曲的线条是"乃"字，代表用右手扔出东西的样子。小篆中"扔"字，将"乃"放到了"手"的右边。另一种看法认为，甲骨文"扔"的字形也像是人的右手正在拉着某个东西，所以"扔"也有牵引的意思。现在，"扔"字大多沿用"扔掉、丢弃"的本义。

日 (rì)

太阳出来了，新的一天开始了。

"日"是个象形字，本义就是指太阳。《易经·说卦》中"离为火，为日"，意思就是离卦象征太阳，代表火。甲骨文和金文的"日"，字形的轮廓就像太阳的形状，中间的一点代表太阳发出的光线。"日"后引申为白天，如《孟子·离娄下》中"夜以继日"，意思就是白天和夜里都连续不断地努力工作。另外，"日"也作为一天讲。

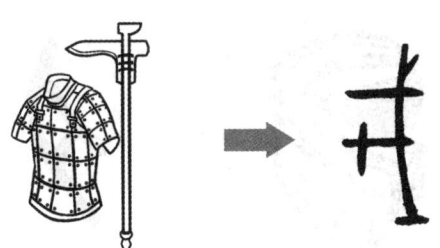

(róng)

原来是五种武器，包括弓、殳、矛、戈、戟，现在代指军队。

"戎"是个会意字，本义是古代的兵器。"戎"这种武器，在古时分为五种，包括弓、殳、矛、戈、戟。《礼记·月令》中"以习五戎"，意思就是练习和使用这五种武器。甲骨文的"戎"，左边是"戈"，代表武器，右边是"甲"，代表防护用的盔甲，合在一起就是武器的总称。"戎"也是军队的代称，如"投笔从戎"，指的是文人从军。

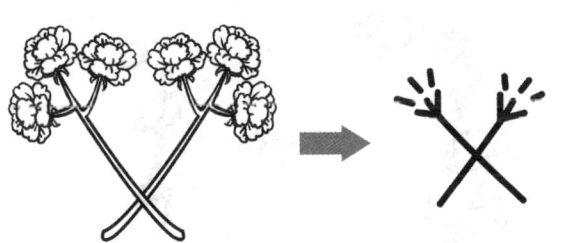

荣
(róng)

两朵盛放的鲜花，一段自然界的繁华。

"荣"字本义为草木开花，是一个会意字。在金文中，其字形很像两枝竞相开放的鲜花。在小篆文中，下面演变为"木"，意思是草木开花；上面为"荧"，"荧"字是"荧"的繁体形式，有明亮的意思，这里是说草木开出鲜艳明亮的花。后来，"荣"字由草木开花茂盛引申为兴盛，如枯荣，本义指草木的盛衰，现在常比喻为人的得志与失意。此外，"荣"字还与"辱"相对，如"光荣、荣誉"。

299

肉

（ròu）

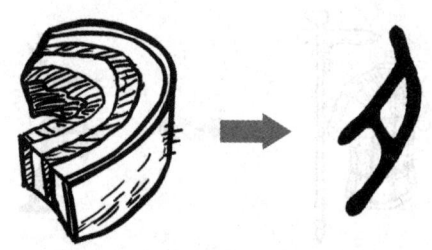

过去，肉专指动物的肉，现在则不分动植物都可以这样表示了。

"肉"是个象形字，本义是动物的肌肉。古代的"肌"和"肉"含义不同，"肌"一般专指人肉。甲骨文的"肉"，就像是一块挂着的肉。小篆的"肉"，中间的两条横画，代表肉中间的肋骨。楷书的"肉"，字形由小篆演变而来，形成了现在所使用的写法。"肉"后经引申，也指蔬果除去皮核外的可食部分，如果肉。

如

（rú）

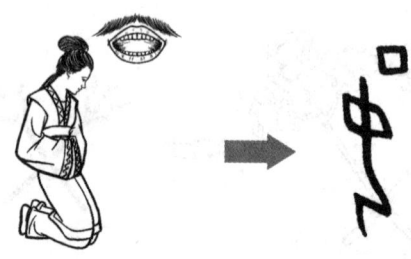

随时听从主人的命令，就是如。

"如"是个会意字，本义是依照。柳宗元的《三戒》中"犬皆如人意"，意思就是狗能够服从人的命令。甲骨文的"如"，左半部是个"口"形，表示从口中发出号令，右半部是个跪在地上的女人的形象，表示随时听从主人的吩咐。"如"还引申为好像、如同之义，如"日初出大如车盖"，意思就是太阳刚刚从地平线升起，形态很大，像一个车盖。

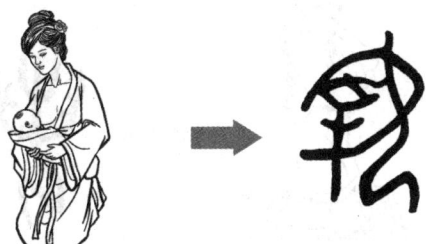

母乳喂养比其他方式对孩子的成长更有利。

（rǔ）

乳
甲骨文
小篆
隶书
楷体

"乳"是一个象形字，本义为女人生孩子。《说文》中解释为"人及鸟生子曰乳，兽曰产"，认为人和鸟类生子称为"乳"，兽类则称为"产"。甲骨文中的"乳"字，就像是一个母亲，跪在地上，双手抱着一个婴儿，正在给他喂奶，字形中间的一点，就代表乳房。小篆的"乳"，在字形的右半部加入了一个"女"字。楷书后，形成了现在的写法。"乳"用作名词，意思是乳房、乳汁等。

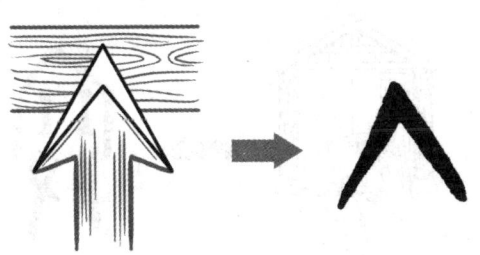

（rù）

入
甲骨文
小篆
隶书
楷体

从外面进入里面，将他人的钱赚入自己口袋。

"入"是个象形字，本义是从外面进来。《诗经·唐风·山有枢》中"他人入室"，意思就是他人进入你的家中坐享其成。甲骨文的"入"字，形态就像是一根箭矢或刀具前端的锋利处，用这种利器也就可以射入或刺进物体的内部。"入"还引申为参加、加入、交纳之义。该字用作名词，意思是收入，进项，如"入不敷出"。

若 诺

（ruò）

对镜梳头，就是若，现在则表示"好像"之义。

"若"是个象形字，本义是顺从。《诗经·鲁颂·閟宫》中"万民是若"，意思就是天下的百姓都已经归顺。甲骨文的"若"，就像是一个女子正跪坐在地上，对着镜子梳理着自己的头发，以使其变得顺畅。古代，"若"还是"诺"的通假字，意思是应允、承诺。此外，"若"还引申为好像之义，表示假设，这也是该字现在的常用义。

塞

（sāi）

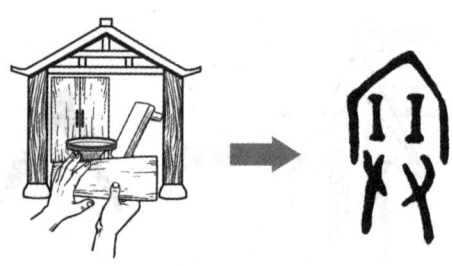

用双手将东西塞在房子里。

"塞"是个会意字，本义是堵塞。甲骨文的"塞"，上面是个房屋顶部的形状，下方是两个"手"形，中间的两条竖线，表示物品，合起来就像双手将物品塞在房子中间。金文的"塞"，上方的房屋形变成了"穴"，表示将东西藏入洞中。小篆的"塞"，下面又加了个"土"字，表示藏好后还要将洞口用泥土封上。"塞"还读 sè，如闭塞。

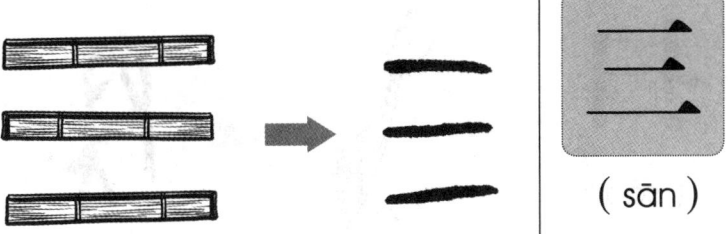
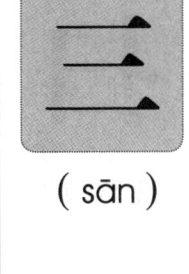

（sān）

三思不是说考虑三次，而是要考虑多次。

"三"是个指事字，本义就是数字三。《说文》中解释为"三，天地人之道也。从三数"，认为"三"这个数字可以代表"三才之道"，即天道、地道和人道。在甲骨文中，"三"的字形就像是上下三根并列平行地摆放的竹签。在古代，用竹签来作算筹，以计算数目，所以"三"也就用三根算筹来表示。"三"也代表多数或多次，如三思而行。

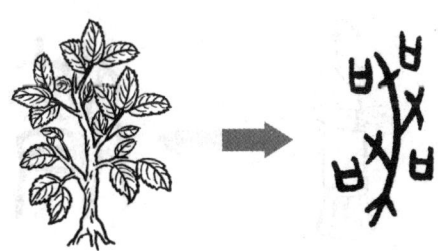
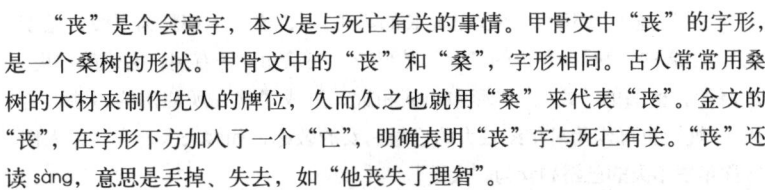

（sāng）

古人常用桑木来做棺材，成为丧礼最常需要的物资。

"丧"是个会意字，本义是与死亡有关的事情。甲骨文中"丧"的字形，是一个桑树的形状。甲骨文中的"丧"和"桑"，字形相同。古人常常用桑树的木材来制作先人的牌位，久而久之也就用"桑"来代表"丧"。金文的"丧"，在字形下方加入了一个"亡"，明确表明"丧"字与死亡有关。"丧"还读 sàng，意思是丢掉、失去，如"他丧失了理智"。

303

甲骨文

小篆

掃
隶书

扫
楷体

嫂

小篆

嫂
隶书

嫂
楷体

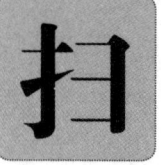
（sǎo）

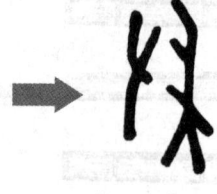

用扫帚清扫房间，使其变得整洁，是家庭主妇的常规工作。

"扫"是个会意字，古代写作"掃"或"埽"，本义是扫除。甲骨文的"扫"字，左半部是一个"又"形，右半部是一个扫把的形状，表示手拿扫帚清扫的意思。小篆中"扫"的字形，左半部变成了一个"土"字，表示用扫把将尘土打扫干净。繁体楷书中"扫"的字形，又将"土"变回了"手"字，字义没有变化。后来，"扫"还引申为消灭、清除之义，如"扫除敌人"。

（sǎo）

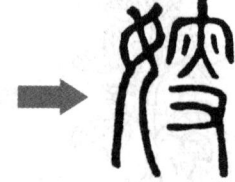

哥哥的妻子就是嫂子。

"嫂"是个形声字，本义是兄长的妻子。《说文》中解释为"嫂，兄妻也"。小篆的"嫂"，左边的"女"是形旁，表示和女子有关，右边的"叟"是声旁。楷书的"嫂"，字形和小篆相近，形成了现在所使用的写法。古代，"嫂"也可作为对年纪较大的已婚妇女的敬称，如嫂夫人。现在，人们常称年岁不大的已婚妇女为"大嫂"。

（sè）

原意是断绝，如今是"色彩"。

色
甲骨文

小篆

色
隶书

色
楷体

"色"是个会意字，本义为人的脸色。甲骨文的"色"字，左边是一把刀，右边是一个跪坐在地的人，近代著名文字学家唐兰认为，这代表断绝之义。另一种看法认为，这也像是一个人正驮着另一个人，依照他的脸色行事。另外，还有认为"色"和"绝"本是同一个字，意思都是断断续续的丝线，后来"色"被假借为"颜色"。女子美貌也称"色"，如姿色。

（sè）

将收获的粮食存进谷仓，就是啬，现在却变成了"小气"的意思。

啬
甲骨文

小篆

啬
隶书

啬
楷体

"啬"是个会意字，本义是收获谷物。甲骨文的"啬"字，上部像是两株成熟的麦穗，下方是个"田"字，像一片田地，也像是一块大石，整个字形就表示在田地里，或大石头上堆放着一捆捆成熟的麦子，代表将丰收而来的粮食存入谷仓。"啬"在古代通"穑"，也表示收割庄稼。现在，"啬"有小气之义，如"他是一个很吝啬的人"。

305

森

（sēn）

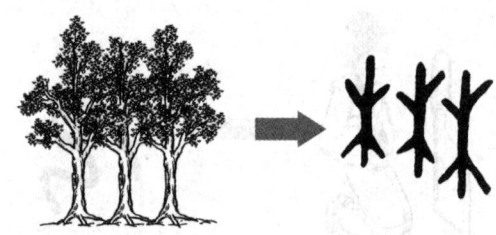

大量的树木聚集在一起，就是森林，森林是地球的绿肺，意义重大。

"森"是个会意字，本义是草木丛生繁茂的样子。甲骨文的"森"，由三个"木"构成，就像是横向并排着的三棵树，显现出树木很多的样子。小篆的"森"，将一个"木"字移到了上方，这样做是为了字形的美观。楷书的"森"，字形和小篆相近，和现在使用的写法相同。因为树木多了便会显得阴暗，所以"森"后来也引申为阴沉、幽暗的环境，如阴森的环境。

杀

（shā）

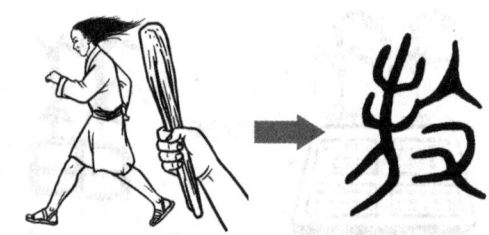

用木棒打人，将其杀死。

"杀"是个会意兼形声字，本义是杀害。古时"杀"也写作"殺"，左边的"杀"是声旁，右边的"殳"是形旁。《说文》中所载古字形，左边是个长发飘飘的人，脸面朝左站立着的样子，右边的"殳"，合起来就像是手中拿着木棒打人的情形。"杀"也有凋落的意思，如黄巢的《不第后赋菊》中"待到秋来九月八，我花开后百花杀"。"杀"后也引申为激烈的战斗，如杀出重围。

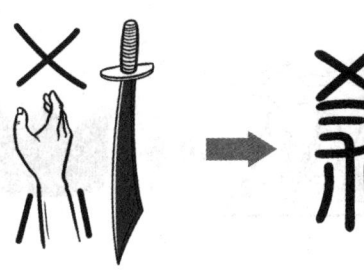

刀子割伤了人腿，就是刹，现在更常用在"刹车"上。

"刹"字本义是割伤，是一个会意字。该字左边为"杀"，右边为"刀"，"杀"字的甲骨文字形很像人的腿被刹，这里是说用刀割伤。后来，"刹"又引申为制止。现在我们常说的"刹车"其实沿用的就是这个含义。另外，这个字还读chà。佛教传入中国后，"刹"字就表示佛塔上面的木制雕刻物，后来引申为佛寺。现在，"刹"字表示极短促的瞬间，如刹那。

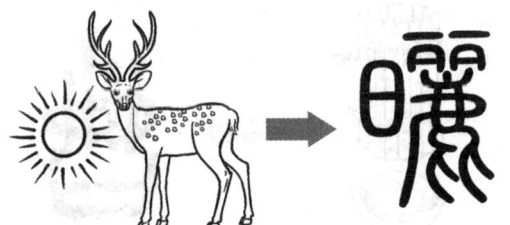

阳光晴好时才能晒东西，不然只能叫晾东西。

"晒"字本义为在阳光下晒干或取暖，是一个会意字。其繁体形式为"曬"，左边为"日"，意思是阳光直射；右边为"麗"，"麗"是"丽"的繁体形式，有明亮之义，这里是说阳光明亮时才能晒东西。简体字"晒"右边演变为"西"，意思是晒东西一直到太阳西下。"晒"字的本义沿用至今，如晒粮食。此外，"晒"字还表示太阳光照射到物体上，如风吹日晒。

甲骨文

 小篆

山 隶书

山 楷体

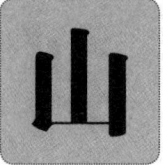

（shān）

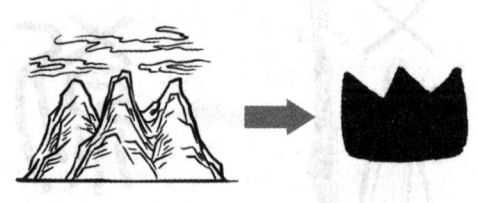

山的那一边，其实还是山。

"山"是个象形字，本义是地面上由土石构成的隆起部分。"山"表示高耸的土堆，其上还散落有很多石头。甲骨文的"山"字，就像是三座高度一样的山峰，并排耸立着的样子。金文的"山"，中间的山峰高出了两侧的山峰，突出显示出中间是主峰。"山"常作为汉字的部首使用，带有山字旁的字大多都和山峰有关。现在，形状像山的东西也被称为"山"，如房山。

删

 甲骨文

 小篆

删 隶书

删 楷体

（shān）

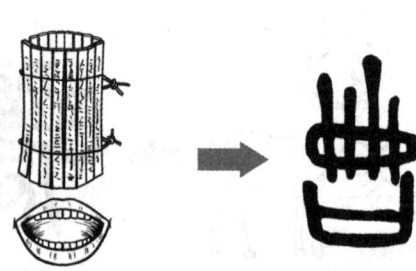

削除多余的书页，就是删减。

"删"是个会意字，本义是削除、除掉。甲骨文的"删"字，上半部分是一个"册"，代表古时候的书册，把若干竹简编穿在一起就成为"册"。下半部分是一个"口"，作为装饰符号使用。在商代卜辞中，常用来代替"砍"字，就是废除的意思。小篆中的"删"，在右侧加上了一个"刀"字，更明显地体现出"删"字的本义。现在，"删"还引申为选录、抄录或摘引，如删改文章。

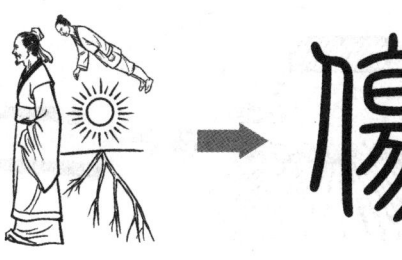

（shāng）

人被箭射伤就是伤，现在，不管身体还是心灵受到伤害，都叫伤。

"伤"字本义为创伤，是一个形声字。其字形左边为"矢"，矢指弓箭，这里是说为弓箭所伤；右边表示字音。后来，古人用"人"替代左边的"矢"，表示人被箭射伤。直到楷书，才有现在的简体字"伤"。现在，"伤"泛指人或动物身上的创伤。此外，该字也常用来表示心情悲哀，如"悲伤""感伤"。

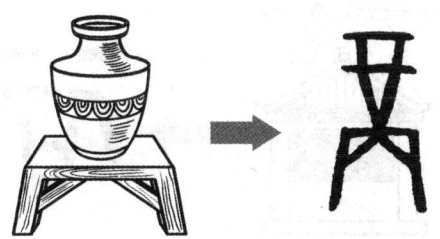

商（shāng）

方桌上的酒要用来赏给他人，现在表示"经商、商量"。

"商"是个会意字，本义是赏赐。甲骨文的"商"字，就像是一个古代盛酒的器物，摆放在四角的方桌上，代表要将这酒赠赏给他人。金文的"商"，与"赏"曾是同一个字，所以"商"还是"赏"的本字。"商"还引申为商量、商议，这也是其现在的常用义。此外，"商"现在也泛指与商业有关的事物，如"商人""经商"。

二 甲骨文

上 小篆

上 隶书

上 楷体

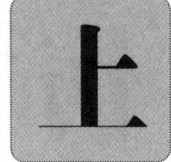
（shàng）

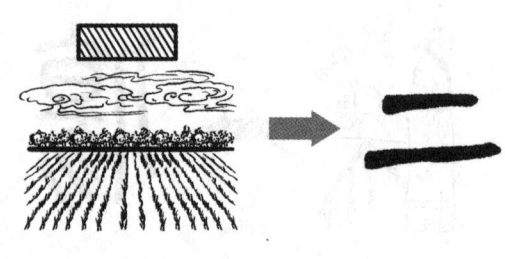

位置高为上，时间在前也为上。

"上"是个指事字，本义是高处、上部。甲骨文和金文的"上"，字形下部的长横，代表地平线，上部较短的横画，是指事符号，表示位于上方。小篆中"上"的字形，为了和"二"字相互区分，又在中间加了一条竖画。古代，"上"还用来表示地位高的人或事物。该字本义沿用至今，与"下"相对，除了指空间位置外，还指时间或次序在前，如上古、上卷。

甲骨文

小篆

隶书

楷体

（shàng）

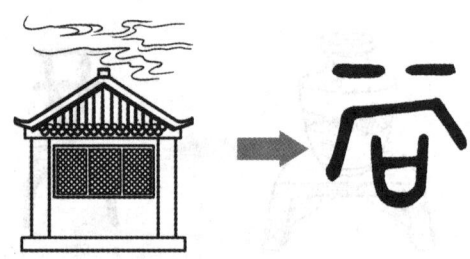

烟气从窗口上腾而出，超越了房顶，就是"尚"。

"尚"字是一个象形字，在甲骨文中，其字形下边犹如一座建筑物，壁上有窗户，上边的两横画描述的是烟气上腾的样子。在小篆文中，"尚"字字形下边为向，用来表示窗户，下边和在甲骨文中的外形一样。可见，"尚"字的本义是烟气从窗户上腾，后来进一步引申为"超过、高出"之义。现在，人们常用的"尚未""崇尚""时尚"等已看不出本义的影子。

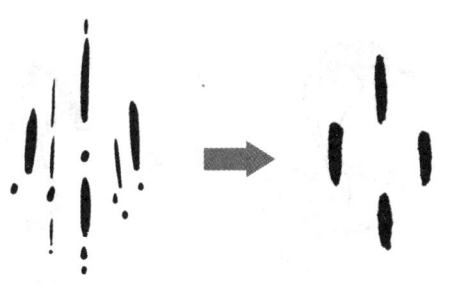 

像几粒细沙一样少而渺小，就是少。

"少"是个会意字，本义是数量不多。甲骨文的"少"字，就像是几粒从空中散落的沙子，所以"少"也是"沙"的本字，后来在"少"左边加了个三点水另造了"沙"字。在古文中，"少"和"小"常可以通用。"少"还引申为稍微。现在，"少"沿用本义，常指数量很小，与"多"相对。它也指时间短暂，如"少顷"，意思是片刻。

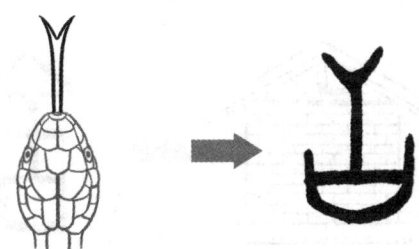 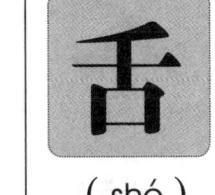

掌握了语言艺术，就可以舌灿莲花。

"舌"是个会意字，本义是舌头。甲骨文的"舌"，字形下方是个"口"字，上方是个舌头的形状，整个字形就像是从口中伸出舌头的样子。"舌"也引申为像舌头形状的东西，如火舌，意思就是升腾的火苗，如吐舌之状。"舌"现在还代指言语，如"诸葛亮舌战群雄"。人们常用成语"唇枪舌剑"常比喻辩论激烈，说话针锋相对。

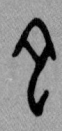

（shé）

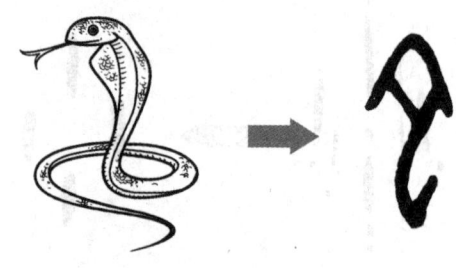

一条有着尖尖舌头、弯曲蛇身的蛇。

"蛇"是个象形字，本字是"它"，本义就指蛇这种动物。甲骨文的"蛇"，字形上方是尖形的蛇头，下方是弯曲的蛇身，这也就是古代的"它"字。金文的"蛇"，仍然可以看出蛇头的形状，不过蛇身变得比较粗。小篆的"蛇"，已经看不出蛇的样子。"它"后来假借为其它，便在楷书"蛇"的字形左边加了个"虫"，来表示蛇这种动物。现在，人们在形容一个人心肠狠毒时，常用"蛇蝎"。

（shě）

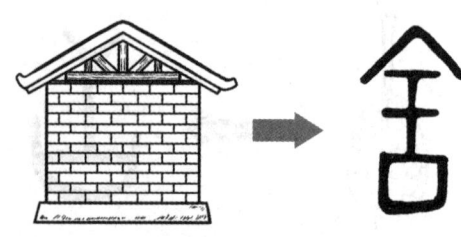

一间简单的草屋，也可以成为旅舍。

"舍"是个象形字，本义是房屋。金文的"舍"，就像是一个茅草屋，上面的弯折代表屋顶，中间的"干"字，代表横梁和柱子，下面的"口"，代表墙体和地基。小篆的"舍"字，中间的一个横画变得弯曲起来，像是斗拱的样子，也使得房子变得更加牢固。古代行军一宿或三十里为一舍，"退避三舍"比喻对人做出让步。现在我们常说的"旅舍"沿用其本义。

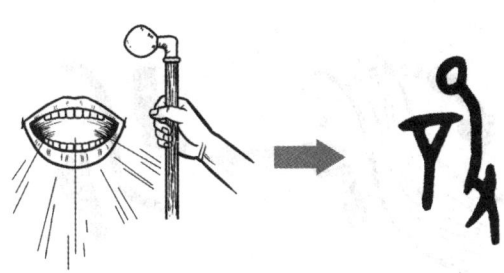

打猎或战胜后,将祭品陈列于桌上祭祀。

"设"字是一个会意字,本义为陈设、设置。在甲骨文中,"设"字左边为"言",表示说话;右边为"殳",是敲击用的兵器。整个字形的含义是,战争取胜或者获得猎物后,总要将祭品陈列在一起祭祀,同时也要说一些祝祷之词。后来,"设"又引申为筹划、创立、部署等义。此外,"设"字用作名词,表示假设关系。

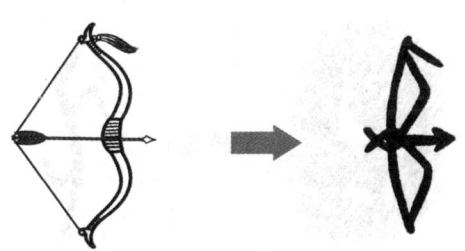
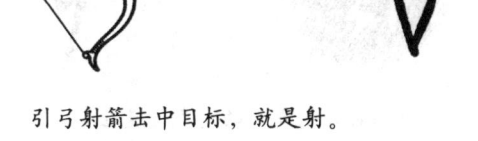

引弓射箭击中目标,就是射。

"射"是个会意字,本义是人引弓发箭射中远处的目标。甲骨文的"射"字,就像是一只弯曲的弓,中间还别着一根箭,表现出正要发射的样子。金文的"射",在右下方加入了一个"手"形。小篆的"射",字形发生了讹变。"射"是古代"六艺"(即礼、乐、射、御、书、数)之一。"射"现在还指气体、液体流出或光、热、电波放出,如"注射""照射""辐射"。

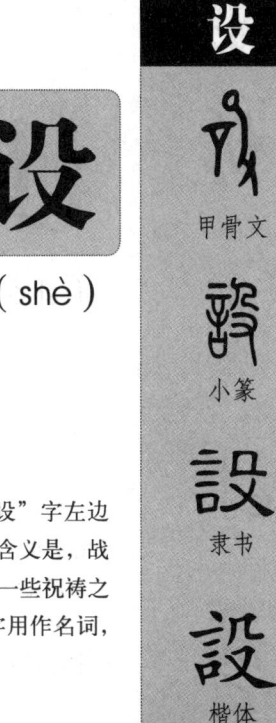

313

涉

甲骨文	小篆	隶书	楷体
⺍⺍	𣻣	涉	涉

（shè）

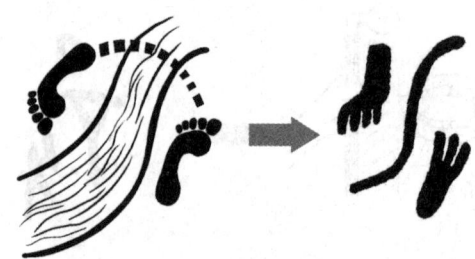

蹚过河水就是涉，现在常用的意思是"经历、牵连"。

"涉"是个会意字，本义是蹚过河水。甲骨文的"涉"字，上下各是一只脚的形状，中间的弯折曲线代表河流，整个字形就像河的两边各有一只脚，表示人正在渡过弯曲的河流。"涉"还引申为经历、经过，如宋代苏轼的《教战守》中"涉险而不伤"，意思是经历危险的情况，也不会受伤。此外，"涉"也有牵连、关连之义，如"这件事情涉及很多人"。

申

甲骨文	小篆	隶书	楷体
㇏	申	申	申

（shēn）

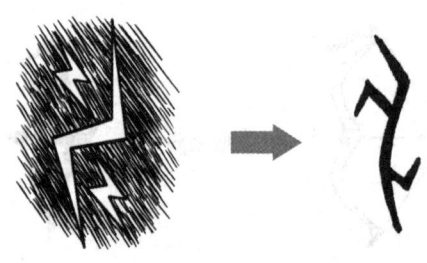

下雨时雷电发出的光束，现在变成了"说明"或"申诉"。

"申"是个指事字，本义为电闪光的样子，也就是明。甲骨文的"申"，字形就像是下雨时，天上的雷电所发出的光束。古代，人们认为雷电就是雷公电母在施展法术，所以"申"被视为神灵的显现，常与"神"字通用。"申"是地支的第九位，猴属，申时指下午的三点至五点。现在，"申"字常作"陈述、说明"讲，如"申明""申辩""申请"等。

身
（shēn）

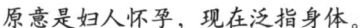

原意是妇人怀孕，现在泛指身体。

"身"是个象形字，本义是女人怀有身孕。甲骨文"身"的字形，就像是一个女人挺着个大肚子，表示她正有孕在身。甲骨卜辞中有"妇好身"，意思就是妇好这个人正怀有身孕。在古文中，"身"也作为人对自己的称呼，如"妾身"。"身"现在也指人的生命或一生，如"献身"。"出身"则说的是人的地位。"身"也可用作动词，意思是亲自，如"身体力行"。

深
（shēn）

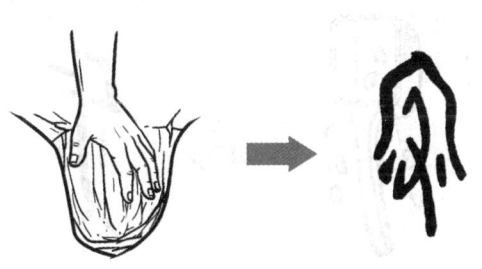

一只手在洞穴中掏挖，想知道它的深浅。

"深"是个会意兼形声字，本义是水深，本字是"罙"。甲骨文的"深"，字形就像是一只手在洞穴中掏挖，想知道它的深浅。楷书的"深"，字形左侧加入了三点水，表示和水相关。"深"现在常指从外到里的距离大，与"浅"相对。它也表示时间长、程度高，如"日久年深"。"深"后来也引申为深刻、深远，如"深谋远虑"意思就是周密谋划，考虑深远。

沈(shěn)

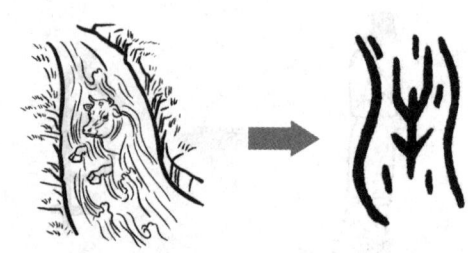

水从高处顺流而下，一头牛渐渐沉没在河流中间。

"沈"的本义是水从高处顺流而下的情形，是个形声字。甲骨文中的"沈"就像一头牛被困在了河流中间，无法挣脱。"沈"和"沉"在古时曾经是同一个字，从字形也可看出，"沈"有沉没、淹没之义。金文的"沈"像一个人被锁在了枷锁上，然后被沉入水中。汉字简化后，"沈"成了"瀋"的简体，而"瀋"的本义是植物花叶中的汁水。"沈"现常用于姓。

升(shēng)

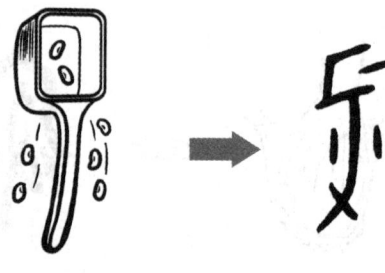

原本是度量工具，现在则是"提升、升华"之义。

"升"是个象形字，古时候是一种度量单位，表示一斗的十分之一。甲骨文中"升"的字形，就像是一个侧放着的古人用的称量器具，右上侧的一条短横，表示量器中还盛放着谷物。所以，"升"也作为量器的代称。"升"在古代也写作"昇"或"陞"，意思是上升。现在，"升"有"提高"之义，如"提升服务质量"。人们常用"升华"来比喻事物的提高和精炼。

生
（shēng）

嫩苗从土中钻出，新的生命历程开始了。

"生"是个会意字，本义是草木从土里生长出来。甲骨文的"生"，字形下方的一条横画，代表地面，上方的一个分叉，代表植物的枝叶，合在一起的意思就是从土中生出了一株嫩苗。"生"还引申为生育、养育，如"父母生我"。用作名词，"生"泛指有生命的东西，如"众生"。此外，"生"也用于表示生存的状态，如"生活"。

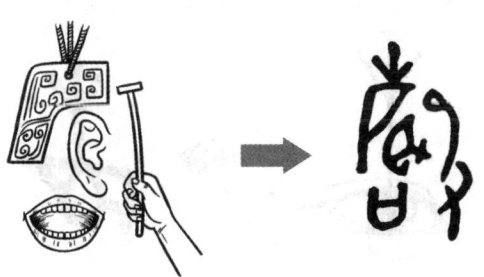

声
（shēng）

手拿鼓槌击磬，发出悠扬的声音。

"声"是个会意字，本义是声音。甲骨文的"声"，上部是石"磬"的形状，右边是个手形，手上拿着个木槌，表现出敲打的情形，中间是"耳"，下方是"口"，显现出石磬发出声音传入耳朵，就像是一个人正在说话一样。"声"后来引申为名望、名声、声誉。用作动词，"声"字的意思是"宣称、扬言"，如"针对这一事件，公司正式发表了声明"。

牲 (shēng)

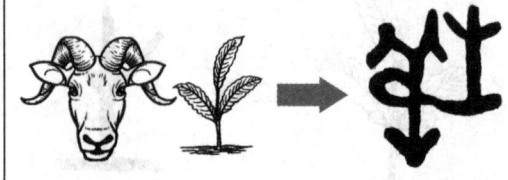

古代祭祀用的牛、羊、猪都属于牲畜的范畴。

"牲"是个会意兼形声字,本义是古代供祭祀用的家畜。甲骨文的"牲",左边就像一个羊头,左上方是个羊角的形状,中间是羊的眼睛,左下方是羊的嘴巴。金文的"牲",左边的"羊"头换做了"牛"头,两只角也由朝下弯变为朝上弯。"牲"在古代专指用于祭祀牛、羊、猪三种家畜,现在则泛指各种野生动物,如"牲畜"。

省 (shěng)

 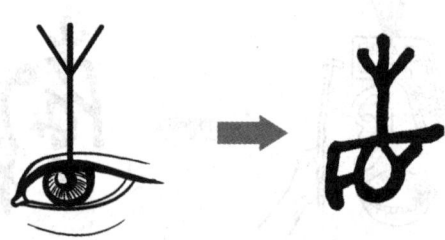

原来是用眼睛查看,又有省份、节约等义。

"省"字是一个形声字,读音为 shěng,本义是"视,察看"。在甲骨文中,其字形上边为"生",表示字音;下边是一只眼睛的形状,表示字义。"省"在我国古代是行政区域名称,如中书省,现在则有河北省、四川省等省份。"省"用作动词,意思是减少、精简、节约,如节省。后来,"省"字引申为反省、反思之义。在这个意义范围内,"省"读音为 xǐng。

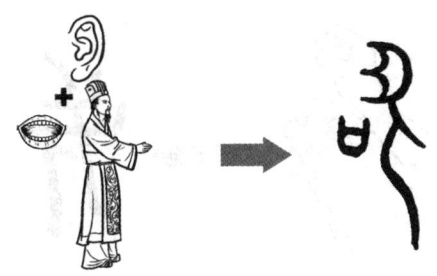

圣
(shèng)

通达事理、洞悉世情就是明智，就是"圣"。

"圣"是个形声字，本义是通达事理。甲骨文的字形中，"圣"的右下部像一个"人"，右上部像耳朵（听）的形状，左半边是个口形，合起来的意思是一个人善于使用自己的耳朵和嘴巴，说明这个人耳聪目明，还通晓道理。"圣"在古时也指与帝王有关的事物，如"圣旨"。后来引申为人格高尚、智慧高超的人，即圣人。现在，"圣"是对最崇拜事物的尊称，如"神圣""圣洁""圣地"。

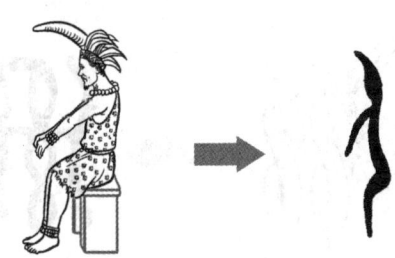

尸
(shī)

躺在床上再也不能动的人就是尸，从这个意义上来说，植物人也是尸。

"尸"是个象形字，本义是古代祭祀时为死者受祭的人。甲骨文的"尸"字，就像是一个侧身坐着的人。"尸"还有执掌、掌管的意思。古文中的"尸"也指尸体，如《礼记·曲礼》中"在床曰尸"，意思就是躺在床上再也不能动弹的人，则称为"尸"，在这个意思上，"尸"也常写作"屍"。现在，"尸"专指与尸体有关的事物，如"尸骸""尸骨"。

失
![甲骨文] 甲骨文
小篆
失 隶书
失 楷体

（shī）

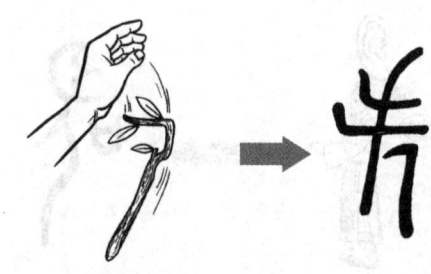

人常常为失去而叹息，却往往忽略了珍惜正拥有的事物。

"失"是形声兼会意字，本义是丢失。古字形中的"失"，左半部看上去就像是一只手的形状，代表和手的活动相关。右下方是一个"乙"字，既是声旁也是意旁，表示丢失。小篆的"失"，字形并未发生变化。后来，"失"引申为违背，如"失约"。没有达到自己的愿望，称为"失望"。"失"用作名词，意思是错误，如"失误、过失"。人们在形容机会不可错过时，常说"机不可失"。

湿
甲骨文
小篆
濕 隶书
濕 楷体

（shī）

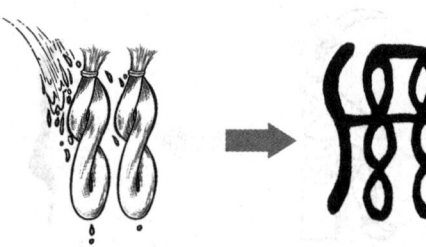

水将丝线沾湿了，意思就是被水弄湿了。

"湿"（濕）字是一个会意字，本义为渗湿。在甲骨文中，"湿"字左边为"水"，右边为连接在一起的丝。整个字形的意思是，水把丝都渗湿了。后来，"湿"引申为潮湿，与"干燥"相对。这也是"湿"现在的常用义，如"湿淋淋"，是说全身湿透了，不停地往下滴水。此外，空气中水分的含量称为"湿度"，这里"湿"是一个名词。

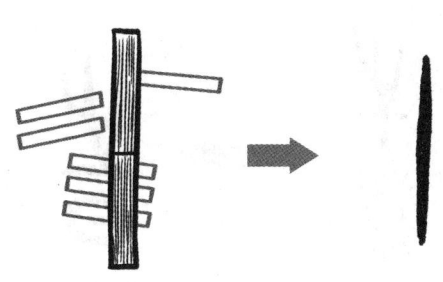 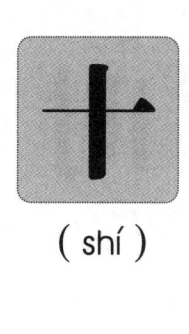

（shí）

十就是数字10，也有多而齐全之意。

甲骨文在表示数字的时候，用横画表示个位数字，如一横即为"一"，两横即为"二"；"十"则用竖画来表示，即一竖为"十"，两竖为"二十"。可见，我国很早就开始实行十进位了。随着计数方法的改进，到了金文，竖画中间加一圆点表示"十"，有"结绳记数"之义。战国时期，才用一横一竖来表示"十"。"十"字的本义就是数字十，后来引申为"多、齐全、完备"之义。

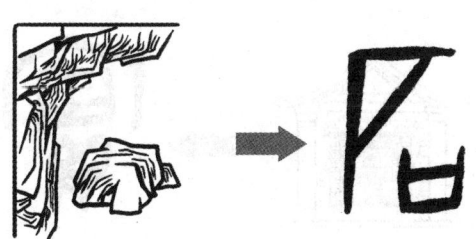

石（shí）

山崖上的一块石头，同时又是一种计量单位。

"石"字为象形字，本义是石头。从字形上看，山崖（厂）旁边，静卧着一块石头（口），即为"石"字。"石"也可用作形容词，有"坚硬"之义。现在，"石头"泛指与石头有关的事物，如石碑、石雕、石壁。该字通"硕"，表示"大"。此外，"石"还表示一种容量单位，读音为dàn，一石等于十斗；"石"还是一个重量单位，一石相当于今天的一百二十斤。

时

(shí)

 →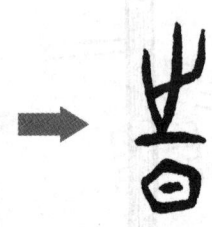

原义是四季中的季节，现在泛指一切时间。

"时"的本义是"季节"中的"季"，"四时"即为四季。在甲骨文中，"时"是一个形声字，原作"旹"，下面的"日"表示该字的含义，指代时间；上面的"㞢"表示该字的读音 zhǐ。后来，"旹"逐渐演化为"時"字，"日"仍表示该字的含义，"寺"则表示汉字的读音。后来，"時"逐渐被"时"所替代。"时"字由本义的"季节"演化为泛指一切时间，也引申为"时机""时运""时局""岁月"等含义。

实

(shí)

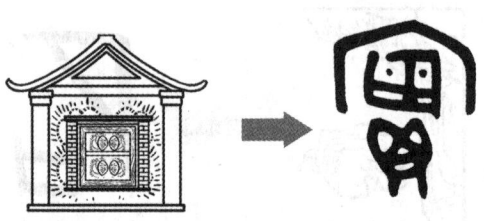

屋子里装满了财物和粮食，家境就很殷实，后来还有"果实"之义。

"实"是个会意字，本义为财物和粮食充足。在金文中，"实"的字形上部是一个宝盖头，表示房屋的形状，里面是"田"和"贝"，代表财物。小篆和楷书的字形，跟甲骨文相近。"实"后还引申为植物的果实或种子，如实谷，就是子粒饱满的谷物，并由此引申出富足之义，如"殷实"。另外，"实"也有真实、诚实的意思，如"他这番话展现了自己真实的一面"。

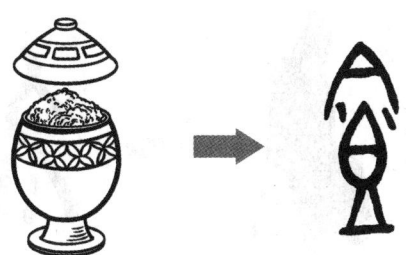

（shí）

食物是人和其他动物的生存必需品。

"食"的本义是食物。甲骨文中的"食"字是一个会意字，字形像一个古代用来盛食物的容器。其中，上面的"人"字头犹如器皿的盖子，下面的"良"像一个盛满五谷杂粮的器身，十分生动形象地表达了"食"的含义。在汉朝，"食"字也表示祭祀，如当时掌管祭祀的官员即被称为"食监"。"食"也可用作动词，意思为"吃"，读音为 sì，通"饲"。

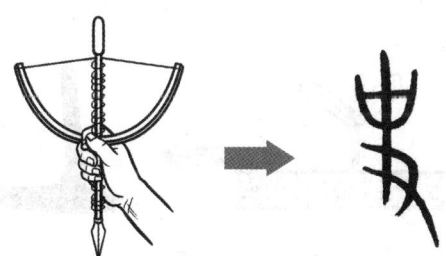

（shǐ）

古代史官记录下来的东西，是我们研究历史的重要资料。

"史"字本义是史官，一种官职的名称。该字是一个会意字。在上古时期，史官担负着占卜和记事的职责。在甲骨文中，"史"字的字形为：上面是盛放简策的容器，下面是用手握弓钻（史官常用钻龟甲来占卜吉凶）。从字源上考察，"史""吏""使""事"本为同一个字，后来才慢慢分化开来。现在，"史"字的常用义是历史，即过去发生的事情。

（shǐ）

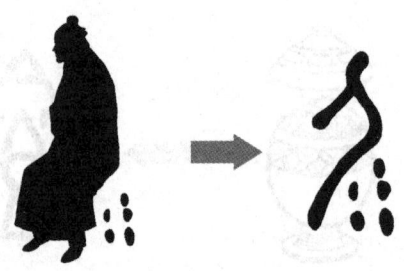

屎是粪便等脏臭、低劣事物的代名词。

"屎"是个会意字，本义就是人的粪便。甲骨文的"屎"字，左边是一个人，右下方是五个点，代表人正在排便。小篆的字形中，将"屎"字下面的五点变成了一个"米"字，表示这些是由人吃的食物变化而来的。楷书之后，"屎"字形成了现在的写法。眼睛、耳朵的分泌物也称"屎"，如眼屎、耳屎。"屎"还引申为不好的事物，如屎诗，就指的是低劣的诗句。

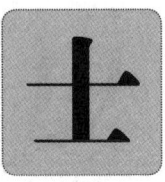
（shì）

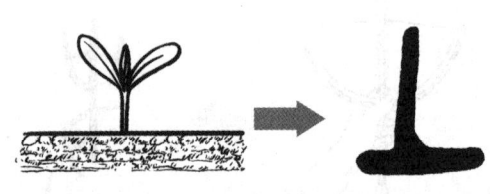

在田里插禾苗的男子就是士。

"士"是个象形字，本义是插在地上的禾苗。甲骨文的"士"字就像是一株禾苗从地上生长出来。小篆和楷书的"士"，在原有字形的基础上又加了一横画，形成现在使用的写法。《说文》中的解释为"士，事也"。"事"的意思是耕作，所以"士"就是在田地里耕作的男人，后也成为男子的代称。另外，"士"也指士兵。它还是对人的美称，如"烈士、女士"。

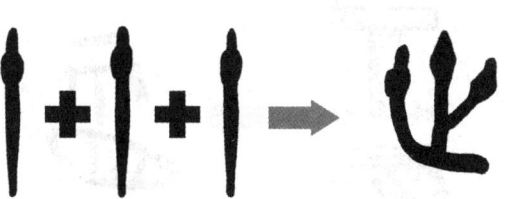 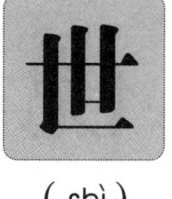

古代，一世为三十年；现在，一个世纪指一百年。

"世"是个指事字，本义为三十年。金文中的"世"字，上面的三个分叉，代表"止"字，每个分叉上面还有三个点，意思是到此为止。整个字义就是到现在为止，一共是三十年的时间。在古代，人们将三十年时间称为一世。现在，"世"仍可表示时间，如世纪、流芳百世。它还泛指人间，如人们常说"世俗""世故"。"世界"则属于空间概念。

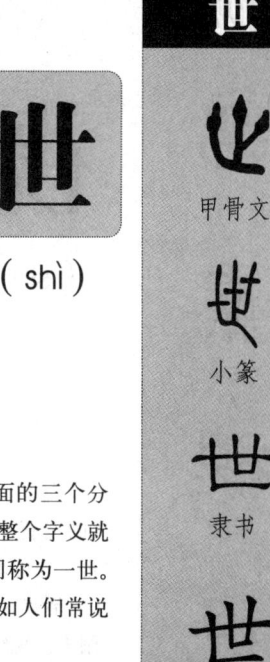

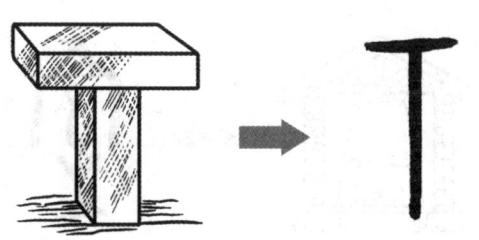

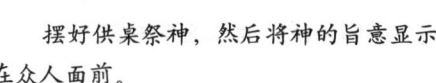

摆好供桌祭神，然后将神的旨意显示在众人面前。

"示"字为会意字，在甲骨文中，"示"为"T"形，指的是祭神所用的石制的供桌。在小篆文中，"示"的字形为：上面两横，即"二"，表示古代的"上"字，三竖指代日月星。《说文》中说："天垂象见吉凶所以示人也。古文三垂，日月星也。观乎天文以察时变，示神事也。"所以"示"字的引申义为让人看，显示。这一含义现在仍然沿用，如"示范""示众"。

视

甲骨文	𥃩
小篆	視
隶书	視
楷体	視

视
(shì)

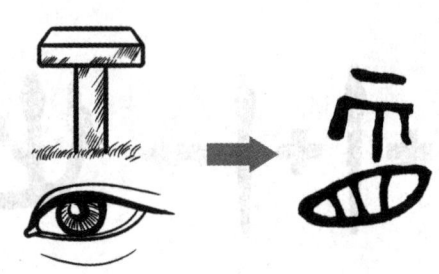

用眼睛注视着灵石，专注于祭祀的仪式。

"视"字会意兼形声字。其甲骨文字形上边是古人常用来祭祀祖先和神灵的灵石，下边是一只眼睛的形状。整个字形的意思是眼睛注视灵石，所以"视"字的本义是"看"。同时，"视"（眎）以"示"代表字音，所以又为形声字。后来，"视"引申为看待、考察等义。此外，"视"还可用作名词，意为"眼力、视线"，如"视流"是说目光流转，不专注于一物。

室

甲骨文	
小篆	
隶书	室
楷体	室

室
(shì)

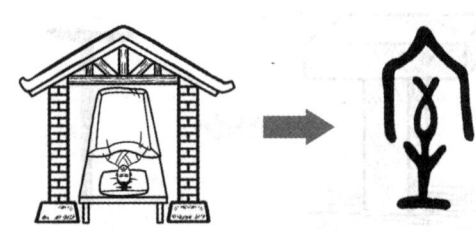

在房间中休息，现在泛指房屋。

"室"是会意兼形声字，本义是室内。古人将各种房屋都通称为"宫室"，但一般前面的称为"堂"，后面的则称为"室"。甲骨文的"室"，字形上方是房屋顶部的形状，下方是"至"字，既代表声旁，也表示止息之义，两者相连，也就是在房间中歇息。金文和小篆的"室"，字形和甲骨文相似。现在，"室内"泛指屋子、房间，如"教室""办公室"。

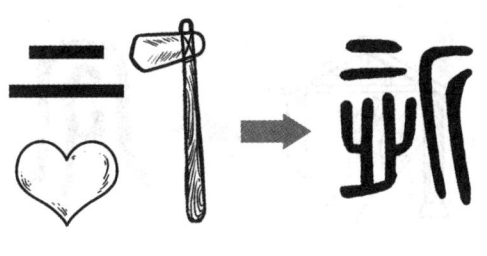 

（shì）

原来是告诫士兵用的话语，现在是国家与国家、人与人之间订立的不可违背的诺言。

"誓"是个形声字，本义是告诫将士的言辞。《说文》中解释为"誓，以言约束也"，认为"誓"，就是用言辞去约束自己或他人。金文的"誓"，左边是"言"字，代表形旁，右边是"折"字，表示声旁。小篆"誓"的字形，将左边的"言"移到了"折"的下方。"誓"后还引申为国家与国家、人与人之间所订立的誓约；用作动词，则指发誓。

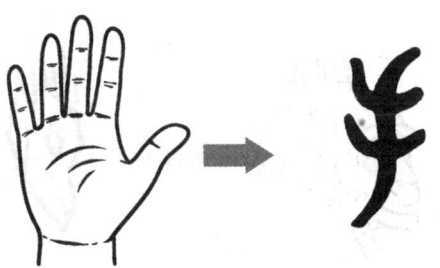

（shǒu）

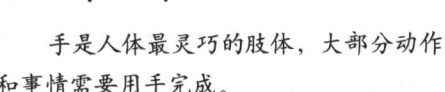

手是人体最灵巧的肢体，大部分动作和事情需要用手完成。

"手"是个象形字，本义是人体上肢中手腕以下的部分。在汉字中，带有手字旁的字，一般也都和手的活动有关。甲骨文的"手"字，就像是人手的形状，上面的五个分叉，代表五个手指。下面多出来的线条，表示人的手臂。小篆的"手"字，与甲骨文大致相仿。后来，手还引申为在某一方面有特长的人，如"能手"。

守 (shǒu)

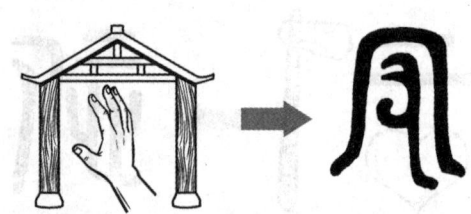

用手把着门，守护着屋子里的一切。

"守"是个会意字，本义为防守。从金文的字形上看，外部的三折就像是一个房子，里面是一个"手"字，表示用手把住门，意为守护、把持。小篆的字形，在手形旁边加了一个点，变成了"寸"字。楷书之后，"守"字便形成了现在的写法。后来，"守"还引申为守候之义，如守株待兔。另外，人们在形容一个人维持现状，不想做出改变时，常用"保守""因循守旧"。

首 (shǒu)

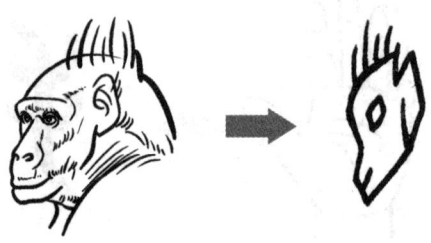

头是人体最上面的部位，首领是集体中地位最高的人。

"首"本义为"头"，是一个象形字。在甲骨文中，"首"字的字形很像一个头，但不是很像人类的头，而更像动物的头。金文中"首"字也是一个头的形状，最上面是头发和头皮，表示的是头盖；下面是眼睛，表示的是面部。在现代汉语中，"首"常常引申为元首、首领、开端、第一、最先、最早等义。此外，"首"还可用作量词，如"一首歌""一首诗"。

寿
(shòu)

老年人脸上的皱纹就像耕过的地一样层层叠叠。

"寿"字本义为年老,是一个会意字。该字古文字形由"老"和"畴"字的古文形式组成。"老"指年老,"畴"则指田地。"寿"字形左边像是一块田地,右边为一位拄着拐杖的长发老人。整个字形的意思是,老人脸上的皱纹就像是耕耙过的土地。后来,"寿"引申为长寿。这个字用作名词,意思是年岁、生命,如"寿命""寿终"。

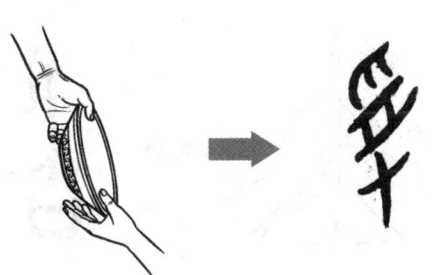
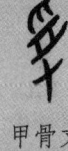

受
(shòu)

将盘中的东西交给另外一个人,就是受。

"受"是一个会意字,本义为接受、承受。在甲骨文中,"受"字的字形是用一只手将盘子交到另一个人的手里,有"授予、给予"与"接受"之义。因此,在上古时期的文字中,"受"与"授"是同一个字。在金文中,传递的盘子变成舟,其表达的意思有些隐晦不明,但两只手仍然清晰可见。现在,"受"字的本义一直沿用。它也有遭遇之义,如"遭受失败"。

兽 (shòu)

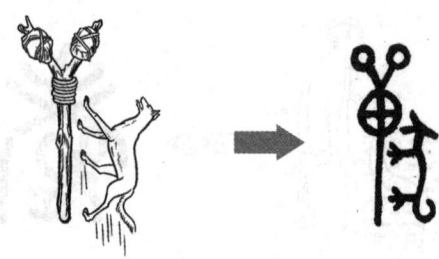

本义就是狩猎野兽，最后自己变成了野兽。

在甲骨文中，"兽"是一个象形字，本义为狩猎，后来引申为狩猎的对象。为了区分这两种含义，古人才造"狩"字。但"兽"作本义解时，通"狩"。从字形上来看，该字左边是用来捕兽的武器，右边是一头猎犬，即"獸"，后来简化为现在的"兽"字。由于兽类大多是残暴的动物，所以"兽"引申为野蛮、残忍之义，如"兽行"，指极端野蛮残忍、丧失人性的行为。

书 (shū)

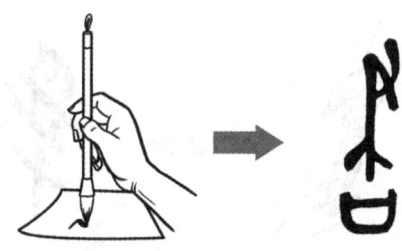

用笔写字，就是书。将写出的东西辑录成册，就是现在阅读的书。

"书"（書）字是一个象形字，在甲骨文中，其字形上边为聿（指代笔），看上去很像一只手正握着笔写字，下边的"口"表示写出来的字。因此，"书"字的本义是"著写"。在金文中，"书"字变成了一个形声字。其字形上边仍然为"聿"，代表字义；而下边却变成了"者"，代表字音。"书"用作名词，意思是书籍、著作。

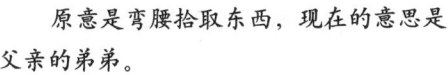

叔 (shū)

原意是弯腰拾取东西，现在的意思是父亲的弟弟。

"叔"为会意字，本义是拾取。从甲骨文的字形上看，"叔"的左半部，是一个箭头的形状，下面还系着一条绳子，右边的弯折，是"弓"字。金文的字形，和甲骨文大体上一致。古代家族中身份排行为"伯""仲""叔""季"，其中"叔"排行老三。由于"叔"的身份排在后面，所以古人还将"叔"用作"末"字使用。现在，称父亲的弟弟为"叔"。

甲骨文／小篆／隶书／楷体

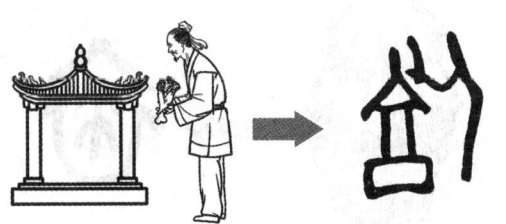

熟 (shú)

熟食是人类进化史上的重要一步，促进了人类迅速进化。

"熟"字本义是煮熟食物。在甲骨文中，其字形左边很像一座宗庙，右边则是一个面向左边站立的人。整个字形看上去，好像是这个人正在向宗庙里进献祭品。小篆文中，"熟"字的左下方增加了一个"羊"字，用来表示祭品。后来，"熟"字下边出现了四点，意思是煮熟食物离不开火。现在，"熟"除了指食物煮熟之外，还指植物成熟，如"瓜熟蒂落"。

甲骨文／小篆／隶书／楷体

甲骨文

小篆

隶书

楷体

（shù）

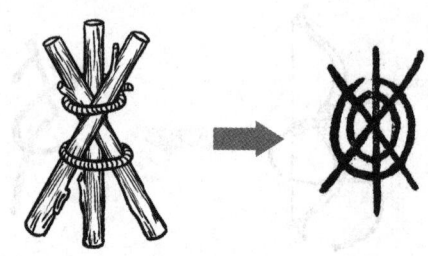

用绳子捆绑树枝，将其捆成一束。

"束"字是一个会意字，本义为捆绑。《说文》中说："束，缚也。"其字形像是用绳子将树枝捆绑起来，还有的字形看上去像是捆着一个大布袋。"束"作本义解时，为动词，也可引申为约束、限制、束缚，如"她崇尚自由，喜欢无拘无束的生活"。"束"字还可用作量词，表示把、小捆儿，如一束花。此外，事情的结束称为"结束"。

甲骨文

小篆

隶书

楷体

（shuāi）

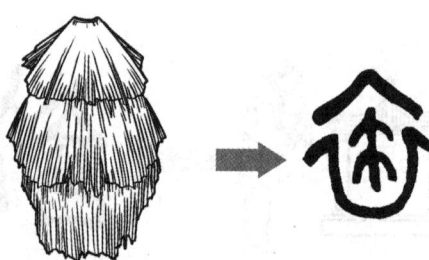

蓑衣用草编制而成，很容易破洞、损坏。

"衰"字最初读音为cuī，指的是古代用草编织的雨衣。该字是一个象形字，在古玺文中，"衰"字外围是一件衣服的形状，中间表示的则是用来编织雨衣的蓑草下垂的样子。因为雨衣最初是用草编制的，所以后人在上边加上了一个草字头，即成为"蓑"字。后来，"衰"字引申为力量减退、衰退、衰落、衰弱，读音变为shuāi。

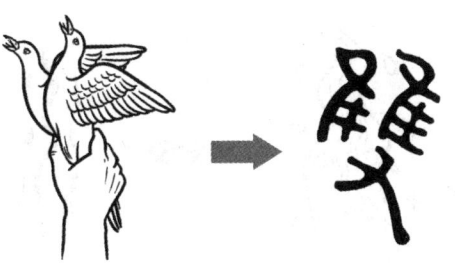

两只鸟儿成双成对，伫立在枝头。

"双"是个会意字，本义为两个、一对。《说文》中"双，隹二枚也"，认为双就是两只鸟儿的意思。金文的"双"字，上半部分是两只鸟儿，张口朝着左上方鸣叫；下半部分像人的右手。由此可知，"双"就是人的一只手上抓着两只鸟。小篆和繁体楷书的"双"，字形上与金文相似。后来，"双"还用来代表偶数的事物，如"单日不着双日着"，意思就是迟早有一天总会遇上。

人在两堆火焰之间，享受着温暖明亮的舒爽之感。

"爽"是个会意字，本义是光线明亮。金文的"爽"字，字形的正中是一个"人"字，双臂下方各摆放着一堆木柴，代表柴火燃烧时明晃晃的样子。小篆的形体，和金文大体相同，只是两侧的木柴已经变成了四个斜叉形。现在，"爽"还引申为率直之义，如"爽朗""爽快"。另外，"爽"字也引申为心情舒畅，如"今天和同学聚会，感觉爽极了"。

水

（shuǐ）

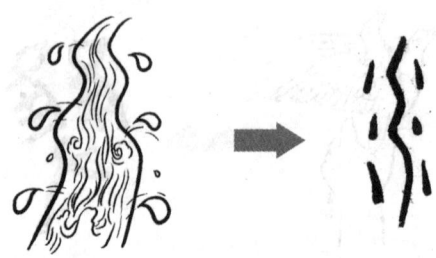

原本是云间落雨，现在指所有水状的液体。

"水"是一个象形字，本义为以雨的形式从云端降下来的液体。在甲骨文中，其字形中间有蜿蜒的曲线，用来表示水流；旁边有若干个小点，用来表示水滴或浪花。古代水为五行之一，代表所有滋润、向下物质的特性。在古代汉字中，"水"也意为"河流"。在汉字中，水是一个常用的部首。带有水字旁的汉字，大多用来表示水的流动、性质状态，或者江河、水利名称。

丝

（sī）

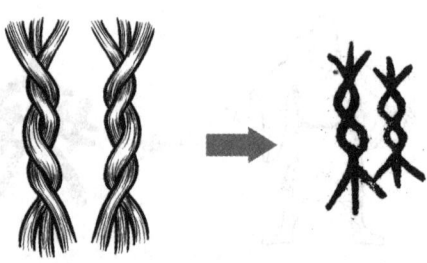

丝原本是蚕吐出来的纤维，现在指一切纤细的东西。

"丝"字本义为"蚕丝"，在甲骨文中是一个会意字。从字形上来看，"丝"字由两束"糸"（mì，意为细丝）构成。所以，该字繁体写法为"絲"，后来才简化为现在的"丝"。"丝"也用来指代丝织品。后来，人们用"丝"来泛指一切纤细如丝的东西。在现代汉语中，"丝"还可用作量词，有极小或极少的意思，如"一丝一毫"。

（sī）

掌管各种事务、向下发布命令就是司。

"司"本义为执掌、掌管，为一个指事字。在甲骨文中，其字形为一个人身体向侧面站立，并向上前方高高举起右手，嘴巴张得很大，正在发布命令，俨然一副管理者的样子。此外，"司"还可用作名词，意为"官吏""司长"。唐宋以后，"司"还用来指代官署的名称。"司"还通"伺"，意为侦察、观察。如"司日月之长短"。现在人们常用的"司法""司令""司机"等沿用的都是其本义。

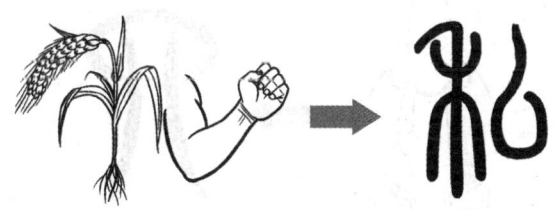

（sī）

原来是一种禾的名字，现在则表示秘密、不公开、不共用。

"私"字本义是一种禾名，是一个形声字。在小篆文中，其字形左边很像一棵谷类植物；右边为"厶"（sī），表示字音。同时"厶"字是私的本字，这里是说禾为私人所有。后来，"私"逐渐引申为"个人的"，与"公"相对。这一含义现在仍然沿用，如"私事"，即个人的事。此外，该字还有"秘密、不公开"之义，如"这个决定是他私下做出来的"。

死

（sǐ）

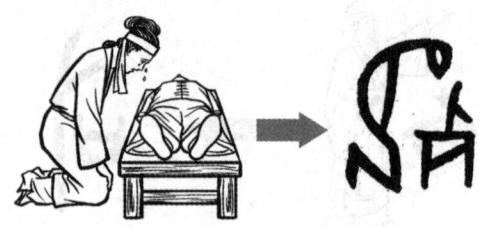

人死之后，最为伤心的是身边的亲人。

"死"字本义为"生命终止、失去生命"。在甲骨文中，该字是一个会意字。其字形特点为：一边是死去之人的残骨，另一边是活着的人在跪拜哀悼，一副极为悲痛的样子。在小篆文中，"死"字左边是人的残骨，右边是人，表示人的形体与魂魄分离，生命终止。"死"字用作动词，还引申为拼命、固守。此外，该字用作名词，表示尸体；用作形容词，意为死板，不灵活。

四

（sì）

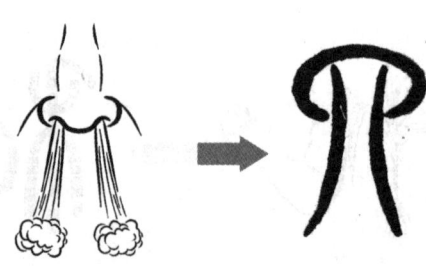

四指的就是数字4。

"四"字是一个指事字，本义为数字，即三加一所得的和。在甲骨文和金文中，"四"字是用四横画来表示的。《说文》中说："四，阴数也。四分之。"后来，"四"字假借为表示气息的意义。为了区别"四"的这两种含义，古人又造了"呬"字，专门指代气息，而原来的"四"字则作为一个数字被沿用至今，如"四方""四季"等。

（sì）

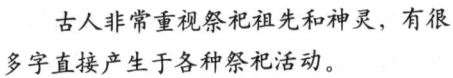

古人非常重视祭祀祖先和神灵，有很多字直接产生于各种祭祀活动。

"祀"字本义是祭拜神灵或祖先。其字形看上去很像一个人跪祭桌前，正在虔诚地祭祀神灵或祖先。"祀"作本义解，为动词，也可用作名词，意为祭神的地方。商代时，古人将"祀"释义为"年"，如《尚书》："惟十有三祀。""祀"字是一个形声字，"示"为形，表示该字的含义；"巳"为声，表示该字的读音。现在清明节时，人们也会采用献花等方式祭祀逝者。

松
（sōng）

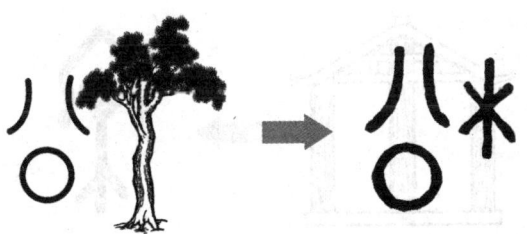

松树有很长的树龄，所以成了长寿的象征。

"松"字本义为松科植物的总称，是一个形声字。在金文中，"松"字左边为"公"，表示字音；右边为"木"，表示字义。而在小篆文中，"公"和"木"的左右位置互换，但词义没变。"松"字用作形容词，通"鬆"，指头发很乱，后来汉字简化以后，"鬆"就被"松"代替了。松树为一种常绿乔木，有很长的树龄，所以人们常用其来比喻长寿的人，如我们常说的"寿比南山不老松"。

嵩

（sōng）

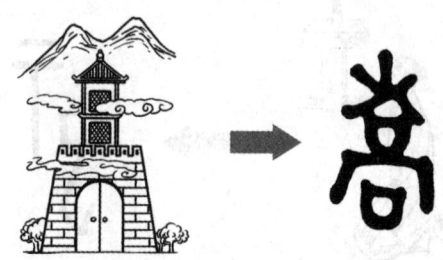

嵩山的绝对海拔不是很高，但在平原的衬托下，显得尤其巍峨。

"嵩"的本义是山高，是一个会意字。在金文中，"嵩"字的上半部是"山"的形状，下半部是"高"字，表明"嵩"的本义就是高山。小篆的写法和金文形态相近。后来的楷书字形，则是由金文变化而来。在古代，"嵩"也被当做对皇帝的尊称，如嵩呼，就是恭祝帝王万岁的意思。现在的"嵩"字，则专指地名，指的是位于河南的中岳嵩山。

宋

（sòng）

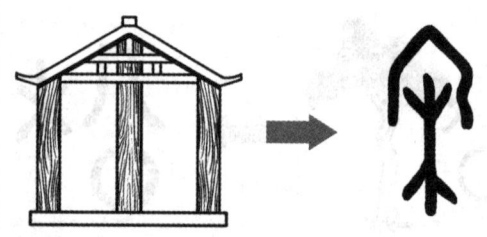

宋原意是人的定居之地，现在却专指姓氏。

"宋"字是一个会意字。在甲骨文中，"宋"字是一个房屋的形状，房屋内还有木头支撑着。因此，该字的本义为定居或居住的地方。正如《说文》中所说："宋，居也。从宀从木，读若送。"后来，"宋"专门用来指代周朝的诸侯国，即宋国，而其本义也就逐渐消失不用了。封建社会时期，"宋"成了我国古代的朝代名，如"北宋""南宋"。现在，"宋"广泛用作姓氏。

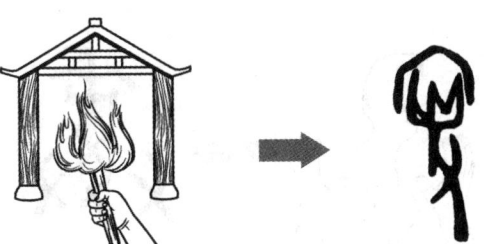

搜(sōu)

手举火把在屋里搜寻自己想找的东西。

"搜"字是一个会意字,在甲骨文中,其字形最上边很像一座房屋的形状(宀),里面有火把,右下角则是一只手的形状。整个字形的意思是,手持火把在房屋里搜索。因此,"搜"字的本义就是搜索。在楷书中,"搜"又变成了"叟"。后来因为"叟"专门指代老人,所以后人在左边加上了"扌",专门区分这两个字。后来,"搜"引申为搜查、寻找之义。

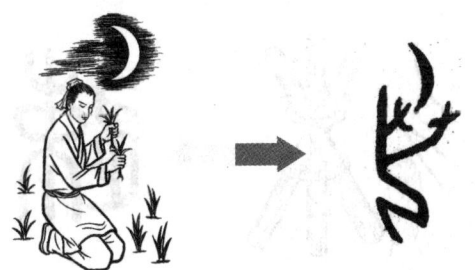

夙(sù)

残月未落的早上,一个人已经在田间干活了。

"夙"字是一个会意字。从字形上看,"夙"含义是:天还没有亮,太阳还没有上山,空中还能看到残月,一个人就已经在田间辛勤劳作了。因此,"夙"字本义为早。"夙"字在古代还可用作动词,有"肃敬"之义。后来,这个字引申义为旧的,长期存在已久的,平素,如"在家乡建一所希望小学,是他生平的夙愿"。

素 (sù)

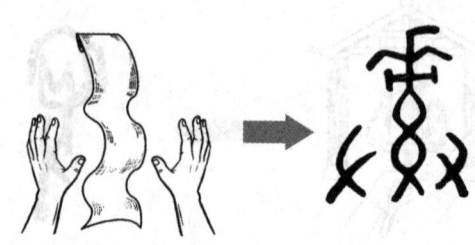

白色的丝绸，显得尤其素雅高洁。

"素"是个会意字，本义是质地细密、没有颜色的丝绸。金文的字形，中间是两条缠绕的线条，象征丝织品，下方的左右两侧各有一个手形，代表双手捧着这片布。在小篆中，去掉了下面的两个手形，只留下一张悬挂着的布匹形状，下方的"糸"（mì，丝线），表明布匹是用丝线所制。另外，"素"还引申为淳朴，未加装饰之义，如"他是一个生活很朴素的人"。

速 (sù)

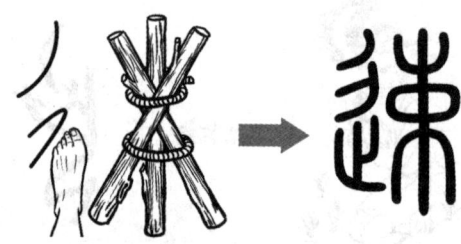

古代最强调兵贵神速，现在不论什么事速度都显得格外重要。

"速"字本义为速度快，是一个会意兼形声字。其繁体字形左边为"辵"，"辵"字是"辶"的繁体形式，其古文字形像脚在路上行走，说明行动很快；右边为"束"，表示字音。同时"束"字指捆绑，有加紧的意思。"速"用作名词，意为速度。古代，"速"还有催促之义，如"樊子使来速铭"，意思是樊子派使者前来催促铭。此外，它用作动词时，还有邀请、招致之义，如"不速之客"。在节奏越来越快的现代化社会，速度成为越来越被强调的东西。

(sù)

睡在屋里的竹席上，过了一宿。

在甲骨文中，"宿"字是一个形声字。其字形像是在一间屋子里，中间摆放着一张竹席，席子上还能看到清晰的竹编纹路，席子上有一个人正在躺着睡觉。因此，"宿"字的本义为"住宿、过夜"。该字可用作名词，表示古代官道上设立的住宿站，现在指供人休息的住所；用作形容词，意为老的、积久的等。该字还可表示计算夜的量词，读音为 xiǔ，如"住了一宿"。

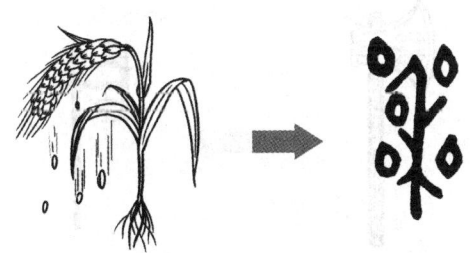
(sù)

粟就是小米，现在还是一种常见的粮食作物。

"粟"字是一个会意字，本义是粟子、谷子。其甲骨文字形中间像是一棵成熟的谷子，四周围的小圈表示谷粒脱落。而在小篆文中，"粟"字的上边已经没有了谷粒的形象，而下边却变成了"米"。后来，"粟"泛指一切粮食。因为粮食能维持人生存之所需，以后"粟"又引申为官员的俸禄。又因为粟粒十分微小，所以后人常常用其比喻微小的事物，如"沧海一粟"。

蒜 (suàn)

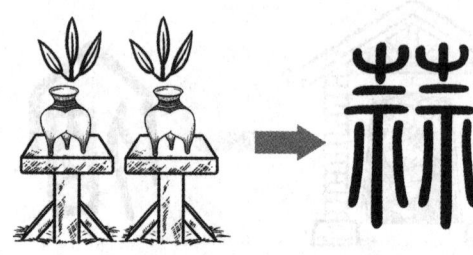

大蒜是一种常见的植物性蔬菜。

"蒜"字是一个形声字,本义为一种多年生草本植物,即大蒜。该字上边为"艸"(艹),字形像是草,说明蒜是一种草本植物,表示字义;右边为"祘",读音为 suàn,表示字音。大蒜最早是西汉时从西域传入中原的。现在,大蒜是人们日常生活中不可或缺的一种食物。蒜苗、蒜苔是常见的蔬菜,蒜头则常充当作料。

岁 (suì)

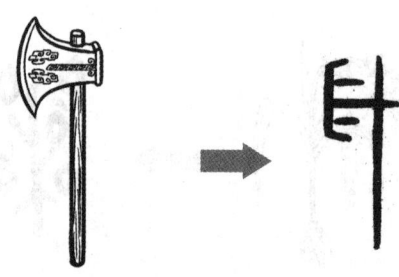

一年一次,用斧头收割庄稼。

"岁"字为形声字,本义为割。在字形上,"岁"字犹如一把带有弯刃的大斧头。斧头上有两点,原本是作为装饰物用的,后来慢慢演变为两个"止"字。为了更好地体现"岁"字的本义,古人又在"岁"的右边加上了一个"刂",即成"刿"字,读音为 guì。所以"岁"字做本义解时,可与"刿"字通用。因为农民每年都会收割一次庄稼,所以"岁"字又引申为"年岁"。

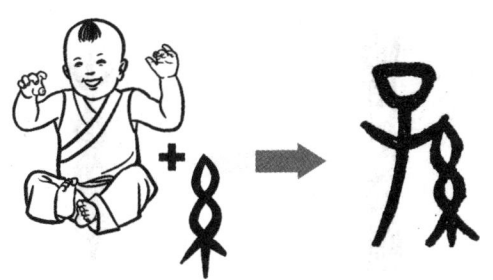

孙子是儿子的儿子,是一脉相承的一种血缘联系。

"孙"字为会意字,其繁体字为"孫",由"子"和"系"两部分构成。其中,"系"可理解为"继承、连接",所以该字的本义为儿子的儿子,表示的是人与人之间的一种血缘关系。在金文中,"孙"字的字形为用绳索捆绑小孩子,意为少年俘虏。此外,"孙"字还可通"逊"字,有恭顺之义。"孙"现在主要用于表示姓氏,并且孙已经成为我国一大姓氏。

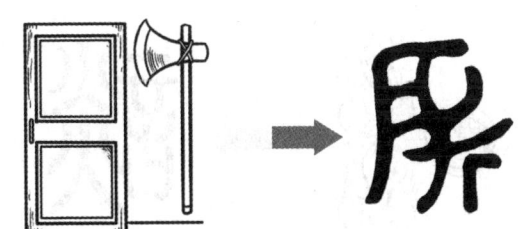

用斧子砍木头,也要找一个适合的场所。

"所"字最初读 hǔ,本义为伐木的声音,是一个会意兼形声字。在金文中,其字形左边为"户",表示字音;右边像一把斧头,后来慢慢演变为"斤"字。"所"后来假借为"处",指处所、地方,其本义也就渐渐消失不用。该字也可用作量词,指房屋,如"一所房子"。现在,人们常将其放在动词前,表示接受动作的事物,如"所部",意思是所在的部队。

索

(suǒ)

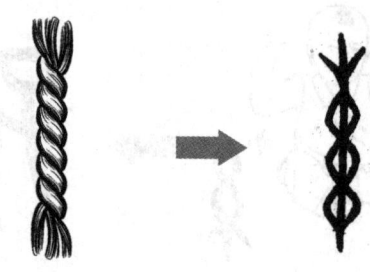

绳索可以捆绑东西，也可以穿起铜钱。

"索"字为会意字，本义为绳子。在甲骨文中，"索"字的字形很像一段绳子，最上面是绳头的一些股叉。"索"字还有的字形除了绳子之外，旁边还有两只手，意思是手搓绳索。因为古人常用绳索穿铜钱，所以"索"也用来计算钱币，每千文为一索，或为一贯。"索"字用作形容词，意为"独自、孤单"，如"离群索居"。现在，"索"字常用作动词，有搜索、寻找、探索之义。

谈

(tán)

志同道合才有共同语言，才能相谈甚欢。

"谈"字本义为说、谈论，是一个形声字。其字形左边为"言"（讠），表示与说话有关；右边为"炎"，代表字音。同时炎有热的意思，这里是说有热情才能谈得起来。"谈"字的本义沿用至今，现在人们还常说"谈心""谈判""漫谈"等。此外，"谈"字用作名词，意思是言论，如"无稽之谈"，意思是没有根据的说法、言论。

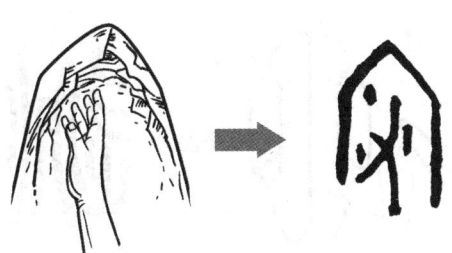

（tàn）

人手在洞穴中摸索着，探取想知道的事物。

"探"字本义是摸取，是一个形声字。在甲骨文中，"探"字其实是其初文"罙"，其字形很像是一个洞穴，穴中有一只大手。人手在穴中定有所求，好像在摸取什么。在小篆文中，为了更好地体现"探"字本义，古人又在左边加上了一只手的形状。后来，"探"引申为探求、打探、探望、侦察等义。"探"字用作名词，意为侦察人员，如探丁指的是军中的侦察兵。

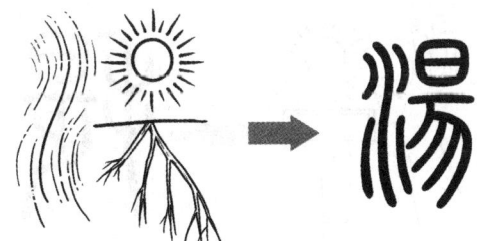

（tāng）

原意是热水，至今日本还沿用其义，将浴室称为"汤"。

"汤"字本义为热水、开水，是一个形声字。其繁体形式为"湯"，字形左边像是流水，即"氵"，说明汤与水有关；右边为"昜"，代表字音。"昜"字本是阳的初文，这里是说水在太阳的炙烤下变成热水，即汤。"汤"字的本义沿用至今。此外，"汤"字还指煮东西的汁液，如米汤。人们常常说的"煲汤"，则指的是烹调后汁特别多的食物，如鸡汤。

345

逃

逃 (táo)

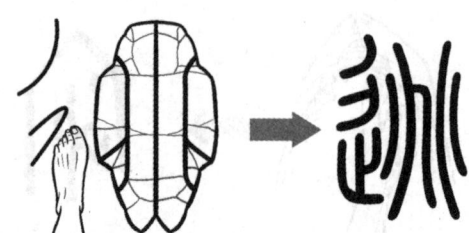

能打就打，能逃就逃，是中国人不成文的思考方式。

"逃"字本义为逃跑，是一个会意字。其字形左边很像路和脚，意思是逃走；右边为兆，代表字音。同时，兆有征兆之义，这里是说人看到危险的征兆后才会逃离。现在，"逃匿""逃敌""逃遁"等沿用的都是"逃"字的本义。此外，这个字还引申为躲开不愿意或不敢接触的事物，如"逃税"。

提

提 (tí)

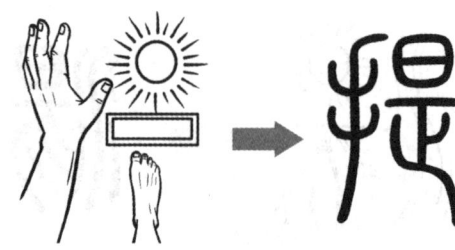

垂下手提着东西，这种基本的动作延续至今。

"提"字本义为垂手拿着，是一个会意字。在小篆文中，其字形左边为一只手的形状，表明"提"字与手有关；右边为"是"，"是"有垂直的意思，这里是说垂直上提。后来，"提"字引申为说起、举出，如"提出""提议""提要"。将犯人从关押的地方带出来，也可用"提"，如"提审"。此外，"提"还有取出的意思，如"提取""提货"。

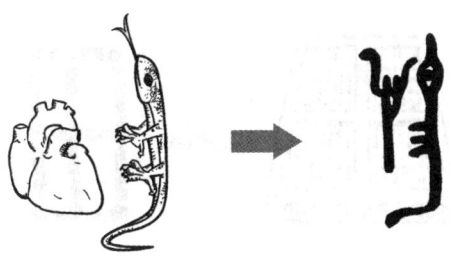

（tì）

遇到险情不要害怕，提高警惕是关键。

"惕"字本义是担心、敬畏。它是一个会意兼形声字。在金文中，"惕"字的左边为"心"，代表字义；右边为"易"，代表字音。整体看上去很像一只蜥蜴，最上边是头部，腿和尾都在下边。因为蜥蜴能咬人，所以提高警惕，小心应对。因此，"惕"又是一个会意字。现代汉语中的"惕"以及由"惕"构成的复音词，大多都没有脱离原义，如"惕厉"的意思是危惧。

天
（tiān）

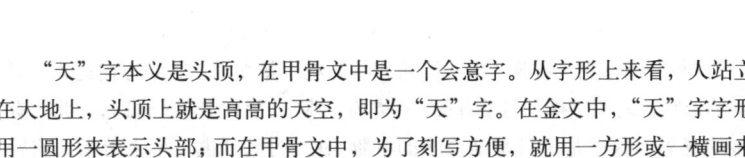

站在大地上，头顶上就是一片蓝天。

"天"字本义是头顶，在甲骨文中是一个会意字。从字形上来看，人站立在大地上，头顶上就是高高的天空，即为"天"字。在金文中，"天"字字形用一圆形来表示头部；而在甲骨文中，为了刻写方便，就用一方形或一横画来表示头部。"天"字为"颠"的本字，这在《说文》中有记载："天，颠也。"现在，"天"常指天空，一日也被称为一天。

田 畋

甲骨文

小篆

隶书

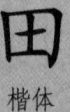
楷体

（tián）

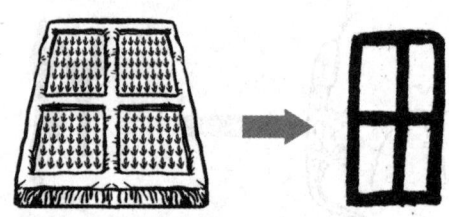

农民正在田里辛勤地劳作。

"田"字是一个象形字，本义为种田，为动词。在甲骨文中，"田"字的字形很像一块块大小不等的田地，有的甚至达到十二块之多。随着汉字的演化，在金文中，字形中的田地被简化为四块。"田"字还有打猎的含义，但后来在表示这一意义时，"田"字逐渐被"畋"（tián）替代。此外，"田"字用作名词，指与农业有关的事物，如"农田""田园"等。

挑

小篆

隶书

楷体

（tiāo）

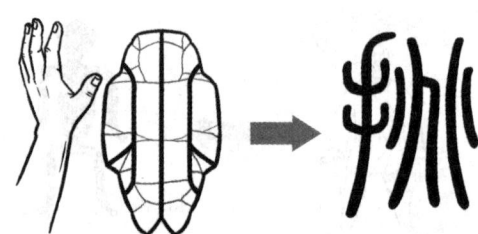

对女人来说，买东西挑挑拣拣不只是为了实惠，也是一种乐趣。

"挑"字本义为挑选，是一个形声字。在小篆文中，其字形左边为一只手的形状，表明"挑"与手有关；右边为"兆"，代表字音。同时，"兆"有多的意思，这里是说挑是从众多的事物当中选择。"挑"字也借指用肩膀担着，如挑担子。该字是一个多音字，还读 tiǎo，意思是拨弄、引动，如"挑拨""挑头"。此外，现在常用的还有"挑战""挑衅"等。

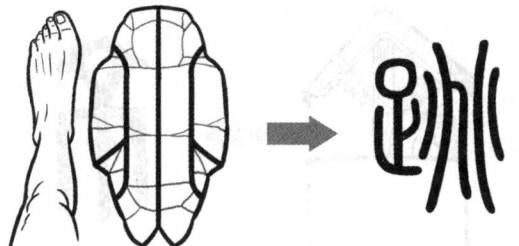

跳
(tiào)

世界上最会跳高的不是任何运动会的冠军，而是跳蚤，它跳的高度是自己身高的30倍。

"跳"字本义为跃，是一个形声字。其字形左边为脚的形状，意思是双脚离地面跃起就是"跳"；右边为"兆"，代表字音。"跳"字在古代还通"逃"，意思是逃走。它的本义现在仍然沿用，如"跳水""跳远""弹跳"，等等。此外，"跳"还引申为越过，如"跳棋""跳槽"。人们常说"心跳""眼跳"，这里的"跳"指的是一起一伏，活动的样子。

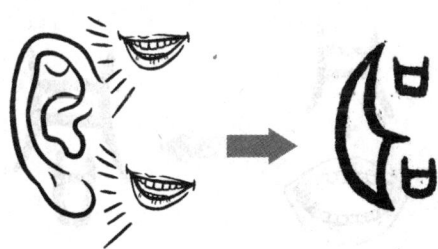

听
(tīng)

耳朵的主要功能就是倾听外界的声音。

"听"字为形声字。在甲骨文中，"听"字字形像一只耳朵旁边有一张或两张嘴在不停地说话，说话的声音直接传到耳朵里。因此，"听"字的本义是用耳朵感受外界的声音。"听"繁体为"聽"，从形声上分析，形指"耳德"，即耳朵有所得的意思，声指"壬"。后来，"聽"演化为现在的"听"字。"听"字引申为"听从、接受"等义。该字用作名词，意为耳朵、耳目、间谍等。

亭
甲骨文

小篆

亭
隶书

亭
楷体

亭（tíng）

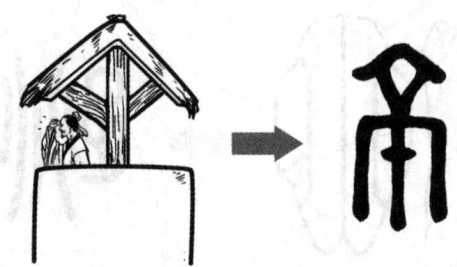

凉亭用来观察敌情，书亭用来出售书。

"亭"字本义为瞭望亭，是一个象形字。在金文中，"亭"字的字形看上去很像是一座瞭望台，其主要的用途就是观察敌情。在古陶文中，墙壁上添加了两横，用来表示窗户，这样有利于向远处眺望。古代，古人为了便于观察敌情，常常会在边塞设立岗亭。后来，"亭"字引申为凉亭、书亭、亭子。此外，"亭"用作形容词，还有适中、均匀之义，如"亭匀"。

同
甲骨文

小篆

同
隶书

同
楷体

同（tóng）

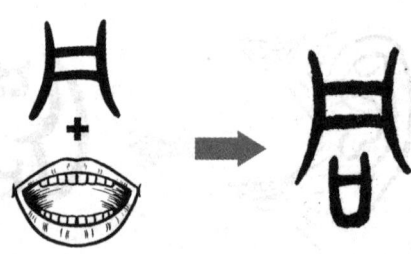

大家异口同声，意见一致。

"同"字为会意字，在甲骨文中，"同"字的上边为"凡"，有大都之义；下边为"口"，意思是说话。整个字形整体来看，就是"大家都说话，并且发出的是相同的声音"。因此，"同"字的本义是相同、共同。在我国古代，"同"是诸侯朝见天子的六礼之一。现在，"同"字除了本义之外，还表示"在一起"，如在一起学习的为"同学"，在一起工作的为"同事"。

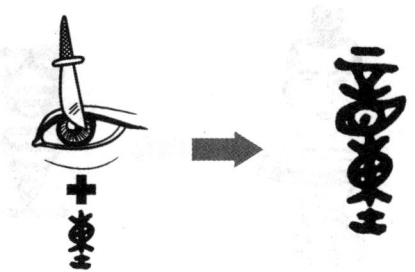

古代指的是奴隶,现在指的是孩子。

"童"字本义是奴隶、奴仆。在金文中,"童"字上边为"辛",代表刑刀;下边为"东",表示字音;中间为眼睛(目),意思是用刑刀来刺杀奴隶的眼睛。所以"童"字的本义为奴隶。后来,"童"慢慢演化,引申为小孩、未成年人,所以在表示奴仆之义时,就用"僮"字代替。此外,"童"还通"瞳",指眼睛的瞳孔。

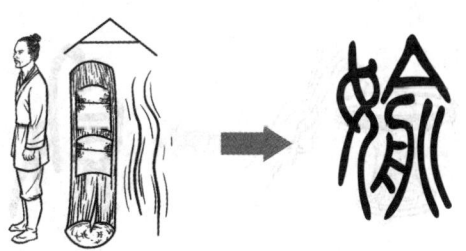

偷盗之事从远古开始,至今还存在。

"偷"字本义为偷窃,是一个会意字。其字形左边为"人"(亻),意思是人会偷东西;右边为"俞","俞"指独木舟,有相济的意思,这里是说小偷将窃取来的财物据为己有。现在,"偷盗""小偷"沿用的是其本义。除了指财物上的窃取,"偷"字还有"行动不让他人知道"之义,如"偷袭""偷听"。此外,人们常说的"偷闲"指的是抽出时间。偷盗这种行为,至今没有停止,也至今被人痛恨。

头

豆	印文
頭	小篆
頭	隶书
頭	楷体

（tóu）

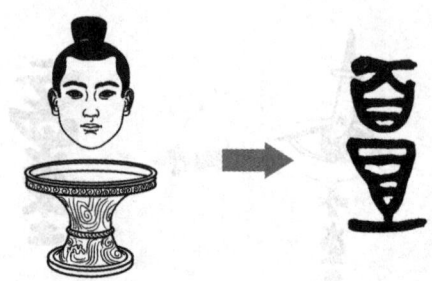

头是人和动物生存的最重要器官，代指一个部门或集体生存发展的重要人物。

"头"字本义为首，最初指的是人的头部，后来泛指各种动物的头部。"头"字是一个形声字，在战国印文中，其字形上边为"页"，指代头，表示字义；下边是"豆"，表示字音。因为人和动物都只有一个头，所以"头"引申为计算牲畜数目的量词，如"一头猪"。因为人体最上面为头部，动物最前端为头，所以"头"也表示次序在前的，如"头等"。集团的首领常被称为"头头"。

投

豆殳	甲骨文
殳	小篆
投	隶书
投	楷体

（tóu）

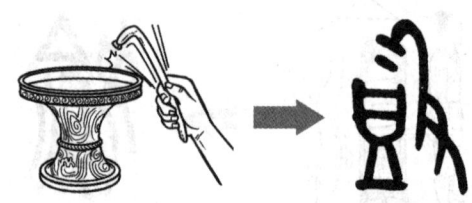

投的本义是敲击，现在却变成了扔或抛掷。

"投"是个会意字，本义是敲击。甲骨文的"投"，字形左边是"豆"，右边是"殳"（shū），表示敲击。小篆的"投"，字形和甲骨文相近。楷书的"投"，将左边的"豆"字变成了提手旁。现在，"投"常表示有目的地扔、抛，如投篮。"投河"是跳河的意思；"投资"是投入钱财用于某事；两个人很合得来，称为"意气相投"。此外，"投"还有依靠之义，如"投奔"。

（tū）

一只狗突然从洞里窜了出来，气势惊人。

"突"字本义为冲撞、冲击，是一个会意字。其古文字形很像一只犬从洞穴里猛然窜出来，带有很强的冲撞的气势。现在人们常说的"突破""突围"沿用的就是"突"字的本义。"突"用作形容词，有凸出、高耸之义，如"突目"指的是眼睛凸出来。这个字现在常用作副词，意思是忽然，如"突现"意思是突然出现；"突变"即突然发生变化。

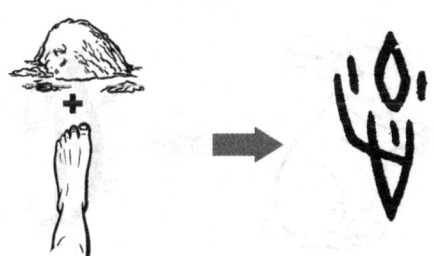

（tú）

徒步行走，是步兵的基本行军方式。

"徒"字是一个形声字，本义为"步行"。在甲骨文中，"徒"字的上面为"土"（徒字声旁），下面为"止"（形状像足，为徒字形旁），很好地表现了"徒"字的本义。金文之后，左边又加上了一个"彳"旁，即成现在的"徒"字。"徒"字可用作名词，意为步兵、兵卒，现在也指以学习为主的人，如"徒弟""学徒"，还常指代众多的坏人，如"匪徒""赌徒"。

土

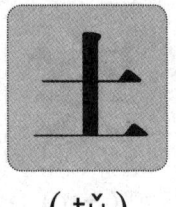
（tǔ）

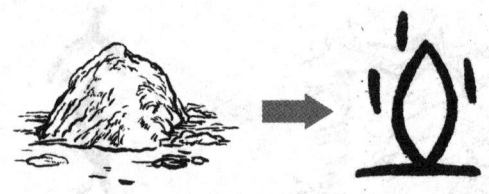

土地是人类的生存之本，古人对土地的感情尤其深厚，将其视为宝物。

在甲骨文中，"土"字是一个象形字。其字形为地面上有一土堆，所以"土"字的本义为泥土、土壤。在早期的图画文字和金文中，"土"字都是用粗笔表示的。而在甲骨文中，出于刻写方便的目的，只有勾勒出的轮廓线。在古代哲学中，"土"为五行之一，用以表示具有生化、承载、受纳特性的事物。"土"字的引申义为乡土、国土、领土等。

兔

（tù）

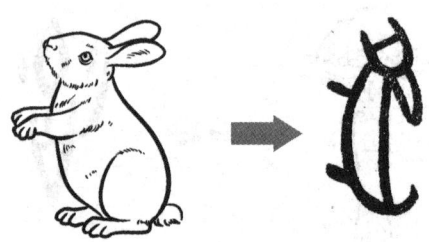

兔子性情温顺，被逼急了也难免会拼死反击。

"兔"字是一个象形字，本义为一种哺乳类动物，指代兔子。在甲骨文中，"兔"字的字形就像是一只兔子：耳朵长长的，身体十分灵活，腿和尾巴都很短小，十分生动形象。在古代神话传说中，嫦娥仙子所在的月宫内有一只玉兔，所以"兔"字有时也可作为月亮的别称，如"兔辉"，指的就是月光。此外，"兔"字还可用作动词，意为捕兔、猎兔。

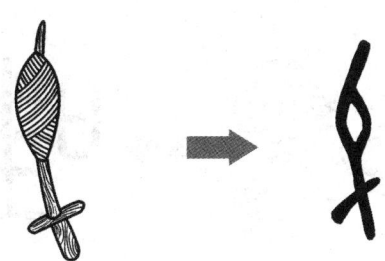

（tún）

嫩芽努力长出地面，春天随之来临，屯子里充满了春光。

"屯"字本义是艰难，在甲骨文中，为一个会意字。"屯"字的字形很像一棵嫩芽正艰难地冲破土壤的阻挠长出地面，很好地表现了该字的本义。"屯"是"春"的本字，在甲骨文的卜辞中，"屯"常会代替"春"出现。在金文中，"屯"字被假借为"纯"，有"丝"的意思。后来，"屯"字引申为聚集、驻守。这个字用作名词，意思是屯子、村庄。

屯纯
甲骨文
小篆
屯 隶书
屯 楷体

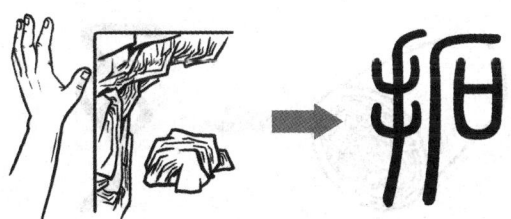

（tuò）

要想开拓新的道路，就需要推开原有的一切障碍。

"拓"字本义为以手推物，是一个会意字。在小篆文中，其字形左边像一只手的形状，表示"拓"与手有关；有关为"石头"，因为路边的石头常会阻碍前行的道路，所以以手将其推开以方便行走。后来，"拓"引申为开辟、拓展，这也是该字现在的常用义。此外，"拓"字还读 tà，指的是将石碑或器物上的文字或图形摹印在纸上，如"拓本"。

拓
小篆
拓 隶书
拓 楷体

哇

小篆 哇
隶书 哇
楷体 哇

（wā）

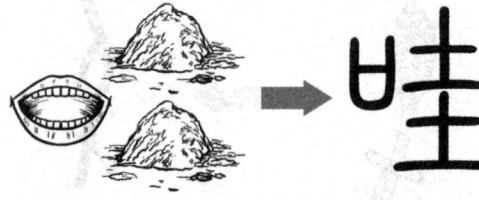

原来是指美妙的靡靡之音，现在反而变成了短促而明亮的拟声词。

"哇"字本义为靡靡之音，是一个会意字。其古文字形左边像张开的口，说明"哇"字与声音有关；右边为"圭"，"圭"是深受大家喜欢的美玉，这里是说哇是一种取悦人的靡靡之音。现在，"哇"主要作为象声词使用，如"哇哇大哭""她肠胃不适，饭后哇哇吐了很多"。此外，该字也读 wa，是常用的感叹词，如"这里的景色真美哇！"

瓦

小篆 瓦
隶书 瓦
楷体 瓦

（wǎ）

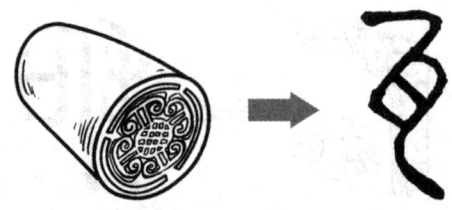

房顶上的瓦是一种烧制的土器。

"瓦"字本义是烧制土器的总称。它是一个象形字，在小篆文中，其字形很像屋瓦俯卧相承的样子。后来，"瓦"字慢慢引申为房顶上的瓦。在宋元时期，都市中的游乐和贸易场所，被称为"瓦子"，有的史料也叫"瓦舍""瓦肆"。在古代八音中，"瓦"还是"土"的别称。"瓦"是汉字的一个部首，凡是带有这个部首的汉字，大多都与陶器有一定的关系，如"瓷""瓶"等。

晚 (wǎn)

太阳落山,傍晚降临,一天结束了。

晚 小篆
晚 隶书
晚 楷体

"晚"字本义为傍晚、黄昏,是一个形声字。其字形左边为"日",表示字义,说明与太阳有关;右边为"免",表示字音。对整个白天来说,黄昏是最后结束之时,所以后来"晚"引申为"某一时期的后段",如"晚年""晚期""晚节"。现在,"晚上"指从日落黄昏到深夜之前的这段时间。它还常常与"早"相对,如"来晚了"。年轻人在长辈面前自称"晚辈"。

碗 (wǎn)

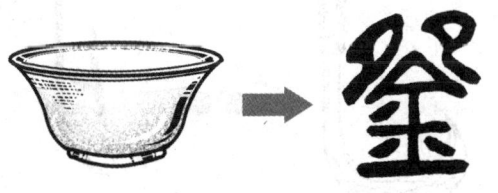

原本是用来测量的器具,现在变成了吃饭时最常用的食器。

碗 金文
碗 小篆
碗 隶书
碗 楷体

"碗"字是一个形声字,本义是一种敞口而深的量器,后来广泛用作食器。在金文中,"碗"字的上边为"夗",用来表示字音;下边为"金",用来表示字义(意思是碗是用金属做成的)。"碗"用作量词,如"一碗""两碗"。宋朝时期,人们还称一盏灯笼称为一碗。现在,"碗"泛指饮食器皿,碗的样式和色彩也多种多样。

万 虿

甲骨文 萬 小篆 萬 隶书 萬 楷体

（wàn）

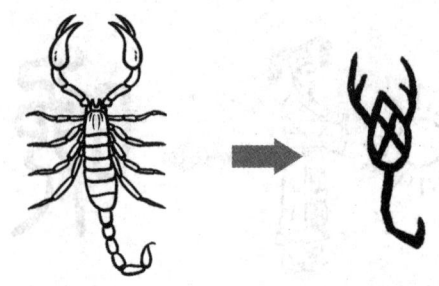

原意是一只张牙舞爪的蝎子，后来变成了数字万。

"万"字的本义是蝎子，《说文》中说："万，虫也"。在甲骨文中，该字是一个形声字。其字形十分形象地展现出了一只蝎子的外形，蝎子的钳、身体、尾巴无一不缺。在"万"字的演化过程中，曾出现了"薑""虿"，因为上面有一个"万"字，所以该字用来表示数词，表示数量很多。到了汉朝，简化字"万"字开始出现，在表示数字上也得到了越来越广泛的应用。

亡

甲骨文 小篆 亡 隶书 亡 楷体

（wáng）

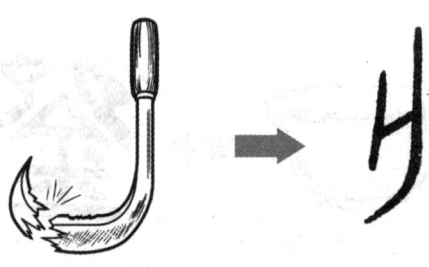

武器已经折断，人们只能逃亡，途中不断有人死亡。

在甲骨文中，"亡"字是一个会意字。在字形上，"万"字很像是一把刀刃被折断的刀。刀刃断了，刀也就失去了原本的用途。因此，"亡"字的本义为死亡、灭亡。古人将其假借为"无""毋"，意为没有、不，此时读音为 wú。"亡"字还通"忘"，意思是忘记、忘却。"亡"现在也有失去之义，如"亡羊补牢"。此外，"逃亡、流亡"等，这里的"亡"字有逃跑之义。

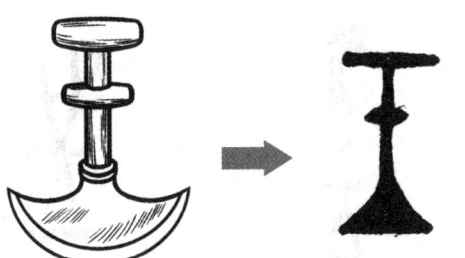 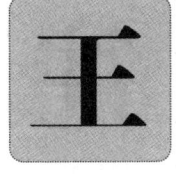

君王拥有最高的统治权和最强大的军事力量，普通人只有服从他的统治。

"王"字本义为天子、君主。在甲骨文中，该字是一个象形字，其字形很像一把很大的斧头，最上面是斧柄，下面则是宽刃。这强有力的武器，被视为实力和权威的象征。所以古人将当时的最高统治者称为"王"。从秦朝开始，天子改称皇帝，"王"则成了对贵族或功臣的封爵。现在，"王"常指代占据领先地位的人或事物，如"花中之王"。此外，"王"常用于姓。

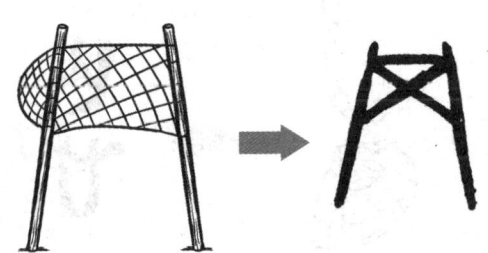  

罗网用来捕捉鸟兽动物，法网用来捕捉不法歹徒。

在甲骨文中，"网"字为象形字。其字形看上去很像是一张用来捕获鸟兽的大网，这张网是用绳索交叉在两根木棍之间编织而成的。所以，"网"字的本义是用来捕捉鱼鳖鸟兽的工具。后来，古人在其基础上又加上了"亡"，即成"罔"字。再后来，古人又加上了"糸"，成为"網"字。此外，"网"字可引申为法律、法令，如"法网"。"网"用作动词，有用网捕鱼的意思。

往
甲骨文 
小篆
隶书
楷体

往（wǎng）

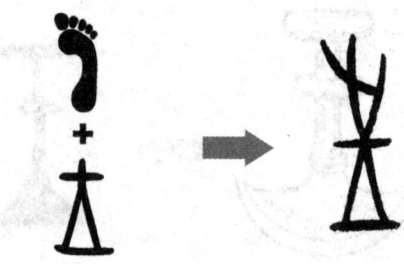

向着想去的地方去，而已经去过的地方充满了过往的踪迹。

"往"本义为"去"，是一个会意字。《说文》中说："往，之也。"在甲骨文中，"往"字上部为"止"，外形像一只脚，用来表示字义；下部是"王"，用来表示字音。在金文中，古人在左边加上了"彳"，更进一步体现了"往"字的字义。"往"字用作名词，意为过去、死者等。"往"字还可用来表示动作行为的方向，其意义相当于"朝""向"，如"往学校走去"。

忘
甲骨文 
小篆
隶书
楷体

忘（wàng）

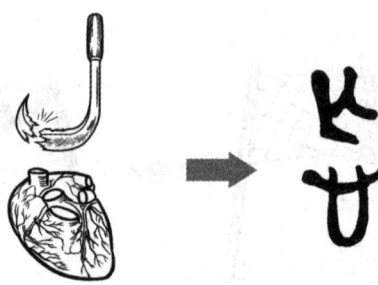

记忆被丢失了，就是忘记的本义。

"忘"是个会意兼形声字，本义就是不记得。范仲淹的《岳阳楼记》中"宠辱偕忘"，意思就是把荣宠与耻辱都忘到了脑后。金文中的"忘"，字形的上方是"亡"，既是声旁，也是意旁，表示丢失。下方是"心"是意旁，表示记忆。合起来的意思就是丢失了过去的记忆，也就是忘记。小篆的"忘"字，和金文相近。"忘"也常作为"亡"的通假字使用，意为逃亡、灭亡。

望（wàng）

站在广阔的大地上,向着远处张望。

"望"字在甲骨文是一个会意字,从字形上看,"望"字很像一个人站立在大地上,正睁大眼睛向远处眺望。所以,"望"字的本义是向远处看。在金文中,古人加上了月字形,更明确地表达了"望"字的本义。"望"在古代还有遥祭的意思,泛指古代的帝王祭祀山川、日月、星辰。现在,该字除了本义之外,还引申为拜访,如"看望""探望"。"望"用作名词,意思是声望、名望。

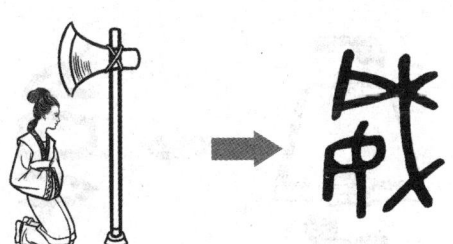

威（wēi）

与威权相比,威严更容易令人生畏。

"威"是个形声兼会意字,本义是威力、威风。《说文》认为"威"就是使人害怕的意思,所以是"畏"的通假字。金文的"威",字形的右边是"戊"字,既是声旁,也像一把大斧头,表示武器,下方是一个"人"字,整个字形就表示用武器对某人施威。另外,"威"还有威严、尊严的意思,如"他的威严让人们感到惧怕的同时,也心生敬意"。

为
(wéi)

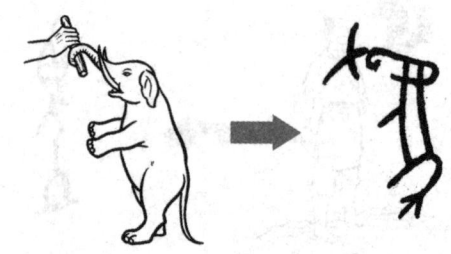

驯服了大象，它就可以为人类干活。

在甲骨文中，"为"是一个象形字。其字形为牵着大象的鼻子，让它为人们干活。所以，"为"（wéi）字的本义是"做"。后来，又引申为创作、治理、学习、研究、演奏等义。"为"为多音字，也读作 wèi，有帮助、佑助之义，还通"谓"，意为言说、告诉。此外，"为"字可用作介词，表示因为、为了等，如"他为了我们，牺牲了自己的很多时间"。

韦
(wěi)

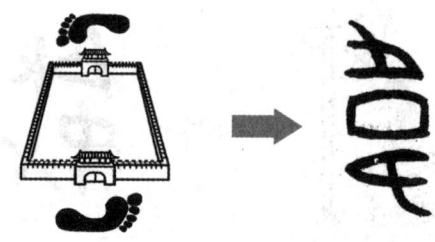

两个人从城中出来，向着两个相反的方向走去。

"韦"字本义为相背、违背，本是"违"的本字。"韦"字是一个形声字。在甲骨文中，"韦"字的字形为中间有一座人们聚居的城邑，上边和下边各有一只脚，正朝相反的方向行走，很好地表现了"韦"字的本义。"韦"用作名词，意为去掉毛以后熟治的皮革，也有人解释为"皮绳"。成语"韦编三绝"沿用得正是此义，现在常比喻人读书勤奋。"韦"也常用于姓。

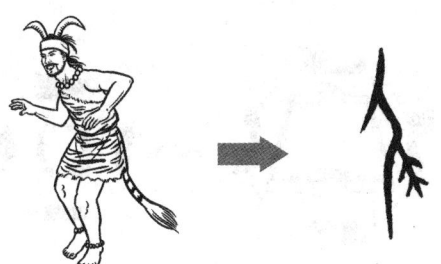

（wěi）

将动物尾巴装饰在臀部来跳舞，来表达对自然的崇拜。

"尾"是一个会意字，本义为动物的尾巴。在甲骨文中，"尾"字的字形为一个人将一件酷似尾巴的装饰物接在臀部，以示美丽。在远古时期，人们在参加庆典或跳舞时，常常会这样装扮自己。有时是为了模仿动物，有时则为了表示对本族图腾的崇拜。"尾"字用作名词，可引申为"末端、边界、水流的下游"等义。此外，"尾"字还可用作量词，相当于"头""条"，如"两尾鱼"。

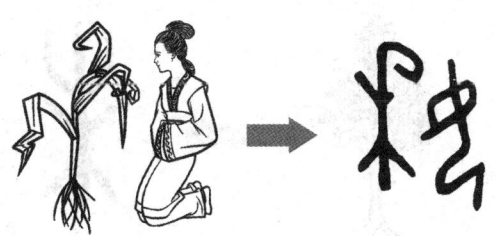

（wěi）

即使跪在已枯萎的禾苗前祈祷，也已经无力回天。

"委"字是"萎"的初文，本义是枯萎，是一个会意字。在甲骨文中，其字形左边很像是一棵已经枯萎了的禾苗，顶端弯曲下垂的形状十分明显；右边是一位女子跪在禾苗前。而在小篆文中，上边是枯萎的禾苗，下边是跪着的女子。因为枯萎之物大多没有生气，所以"委"字后来引申为"委靡"，指人的精神状态不佳。此外，"委"字用作名词，意思是水的下流，后来引申为事情的原委。

卫 (wèi)

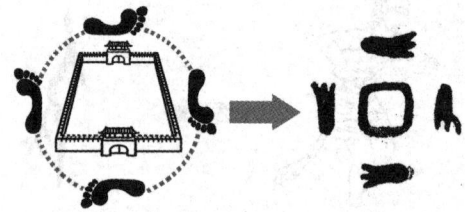

城市需要卫兵守护，守护城市和首长则是卫兵的天职。

"卫"字本义为保卫、防护。在甲骨文中，该字是一个会意字。其字形为中间有一座城邑，周围有脚，就像卫兵一样守护着这座城邑。周代时，"卫"常用来指代京师以外的行政区域。在有的史料记载中，"卫"还可作为驴的别称。"卫"字用作名词，指的是担任护卫、防守职责的人。现在人们常说的"警卫""卫士"沿用的也是这个含义。

未 (wèi)

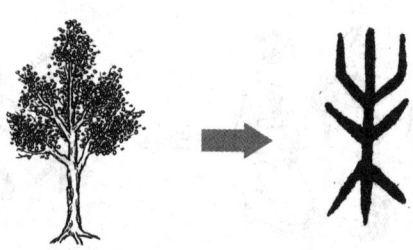

枝繁叶茂的大树，带来清新的森林的味道。

"未"在甲骨文中是一个象形字，其字形很像一棵长满了茂盛枝叶的大树。所以"未"字本义为茂盛。"未"字也是十二地支之一，与天干相配，用来纪时，如"未时"指的是下午的一点至三点。随着汉字的不断演化，"未"字又有了很多新的含义。它用作名词，有滋味之义，后来改用"味"。现在，"未"字常用作副词，意思是"没有""不曾""尚未"。

畏友，就是让人心中敬服而不会害怕的朋友。

在甲骨文中，"畏"是一个会意字，字形是一个手持棍棒的鬼魂，正在追打或已经抓住了活人。这无疑是非常可怕的事情。因此，"畏"的本义为害怕、恐惧。"畏"用作名词，通"隈"，意思是弯曲的地方，如《考工记》中记载："夫角之中，恒当弓之畏。"现在，"畏"字除了本义外，还引申为敬服，如"畏友"，意思是使人敬服的朋友。

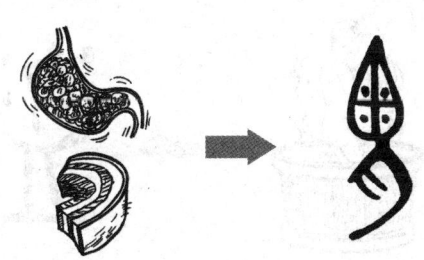 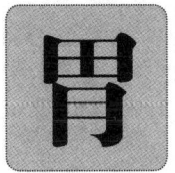

胃既是人体脏器名，也是星名。

"胃"字本义是人和动物用来储藏和消化食物的器官。它既是一个象形字，又是一个会意字。在金文中，"胃"字上边很像胃的形状，外围代表胃囊，里面四点代表胃里的食物，下边为"月"（肉）。在小篆文中，"胃"字上边比原来更加具有艺术化的色彩，下边字形没变。此外，"胃"还是我国古代星宿的名称，即胃宿，是二十八星宿之一，属于白虎七宿。

喂

小篆 喂
隶书 喂
楷体 喂

（wèi）

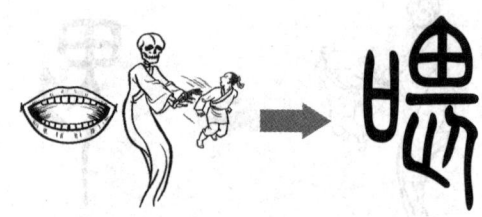

喂给人或动物食物吃，或者轻轻招呼一声。

"喂"字本义为喂养牛马，是一个形声字。该字左边为"口"，其古文字形就像张开的口的形状；右边为"畏"，表示字音。后来，"喂"字泛指喂养各种动物和人。此外，"喂"现在还常用作叹词，如打电话时用于打招呼："喂，请问是哪位？"还可表示疑问、惊奇或狂喜，但没有明确的意义，如"喂，你的书掉了。"

温

甲骨文 温
小篆 溫
隶书 溫
楷体 温

（wēn）

 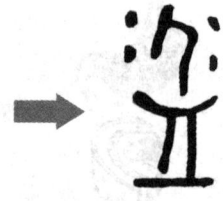

用温水洗澡，会感觉温暖。

"温"字的本义为"暖"，是一个会意字。在甲骨文中，"温"字字形很像一个人正在容器中沐浴洗身。上边有四个小点，表示水汽。水汽不断升腾，有"暖"的含义。后来，"温"字引申为温和、温厚等义。用作名词，"温"字意为温度。我国古代有一个州，名为"温州"，是在唐朝时设立的，今天浙江省温州市的得名即与此有关。

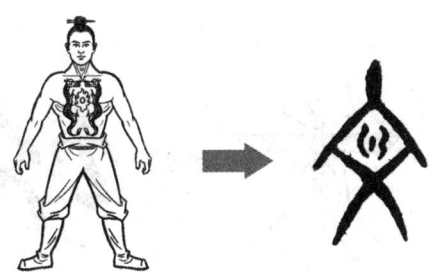  

现在纹身是一种时尚，也成了一种独特的文化。

"文"字是一个象形字，甲骨文中"文"字很像是一个人站立在大地上，胸前或背后都被刺上了很多花纹。因此，"文"字的本义是文身，也可用来表示花纹、纹理。先秦时期，"文"有文字之义。而"字"直到秦朝时，才用来指代"文字"。后来，"文"字引申为用文字记下来以及与之有关的事物，如文体、文献、文采。人类劳动成果的总结，称为"文化"。

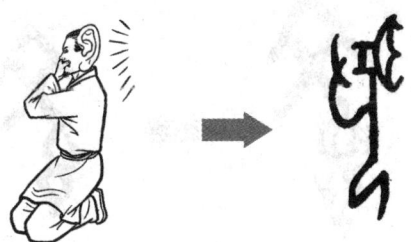 

"门内有耳"，我们说的话都被他听到了。

"闻"的甲骨字形，就像是一个张着大耳朵的人，用手拄着自己的下巴，跪着坐在地上，专心地听着外界发出的动静。关于听觉的描述，古代有两个字，一个是"听"，另一个就是"闻"，其中的"听"字，本义是"往而听之"，就是主动跑过去听，而这个"闻"字的本义是"来而闻之"，意思是声音传到我耳朵里，被我听到了，所以"闻"还有听见、听到的意思。

蚊 (wén)

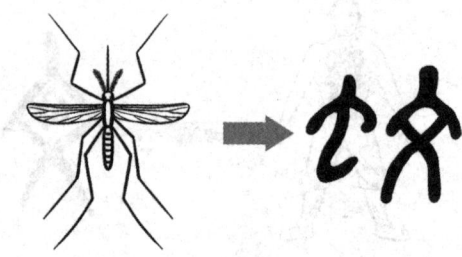

蚊子虽小，但害处却很大。

"蚊"字本义即指蚊子这种小虫。在金文中，"蚊"字是一个形声字。其字形左边为小虫的形体，代表字义；右边为"文"，代表字音。蚊子虽然是一只看上去很不起眼的小虫，但却能吸收人体血液，可谓本事很大，害处也很大。因此，后来"蚊"具有了很多相关的引申义。如"蚊力"，比喻力量十分微小；"蚊负"，比喻能力不足而不能担当重任；"蚊睫"，本指蚊子的睫毛，后来比喻极其细微的东西，等等。

紊 (wěn)

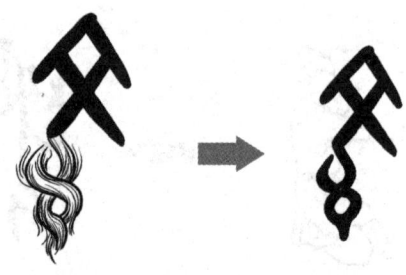

原本有条不紊的秩序都被他扰乱了。

"紊"字本义为乱，是一个形声字。在甲骨文中，"紊"字上边为"文"，代表字音；下边为"糸"（因为丝最易紊乱，所以依此表示字义），代表字义。《说文》："紊，乱也。"《尚书·盘庚上》："有条而不紊。""紊"用作动词，意为扰乱，如明朝许仲琳在《封神演义》中说："恐众官齐言，有紊太师清听。"这里的"紊"就是扰乱的意思。

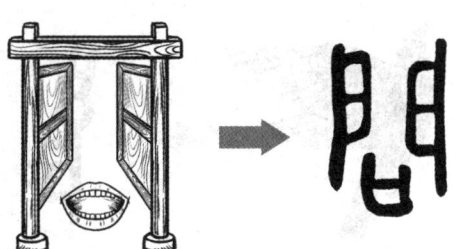

（wèn）

站在门外对屋内喊话，问了一个又一个问题。

"问"是个会意兼形声字，中间的"口"是意旁，外部的"门"字既是声旁，也是意旁，表示进入门中向人发问。《列子·汤问》中"问其故"意思就是向某人讯问事情的缘故。甲骨文的"问"，字形就像是一个人站在"门"外，张"口"对着门内喊话。后来，"问"还引申为问候、慰问之义，如《论语·雍也》中"伯牛有病，子问之。"意思就是说孔子的学生伯牛生病了，孔子前去慰问他。

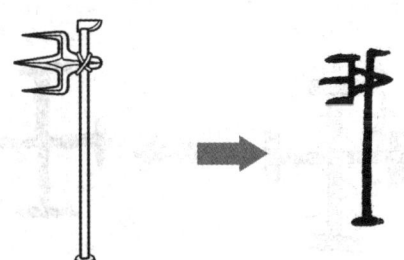

（wǒ）

"我"是第一人称代词。

一个长木棍上面，横着绑了一个短而锋利的三叉戟。这是"我"字的甲骨文字形。从形象上看，这个字形与其作为"我"的意思并不相符，但是从殷商时代开始，它就被用来作为第一人称代词"我"来使用，如商代甲骨文卜辞中就记载有"丙子卜，韦，贞我受年。"意思是商朝王室祭祀天帝，并向其卜筮，希望能够得到一个丰收的年景。后来，经过长期演变，"我"字便形成了现在这样的写法，而它的本义早已无从考证。

乌

甲骨文 小篆 隶书 楷体

乌
（wū）

传说太阳中有一只三足乌鸦，而月亮中有一只玉兔。

"乌"字本义为乌鸦，是一个象形字。在金文中，"乌"字字形很像一只鸟，上边是头部，嘴巴朝向天空，右边的两条曲线是它的翅膀，下边有一只爪子，眼睛中看不到黑点。古代神话传说中，太阳中有三足乌，所以"乌"也是太阳的代称。因为乌鸦一身黑色，所以"乌"字后来用作形容词，意为黑色。如乌衣，即黑色的衣服。

巫

甲骨文 小篆 隶书 楷体

巫
（wū）

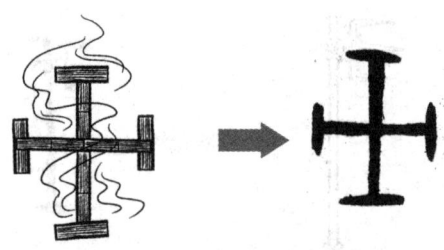

巫师是装神弄鬼替人祈祷福佑的人。

巫，在古代是一种职业，从事这种工作的人一般被人称为巫师。从字形上看，甲骨"巫"字就像是几根横竖捆绑在一起的木棍。在古代，这个形象代表的是巫师作法时所使用的道具，每次招神弄鬼时，巫师都会把这种木器拿在手里，然后手舞足蹈，并在空中不断比画着各种符咒，嘴里随之念着咒语，用这种方式，向人们表明，他正在与上天的神灵沟通，祈请其保佑世间的幸福。

屋
(wū)

帷帐也可充当房屋，供人居住休息。

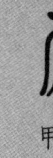屋 甲骨文

小篆

屋 隶书

屋 楷体

"屋"是个会意字。"屋"本义是"幄"（帷帐），后来"屋"字被用于指代房屋，又另造了"幄"字。《说文》中解释为"屋，居也"，认为屋就是人们居住的地方。上古字形中的"屋"字，上半部是个"尸"和"厂"字，"尸"本义是房屋，"厂"本义为山崖，下半部是一个"至"字，意为止息，表示在人屋内休息。小篆的"屋"字，去掉了字形中间的"厂"字。楷书之后，"屋"字形成了现在的写法。

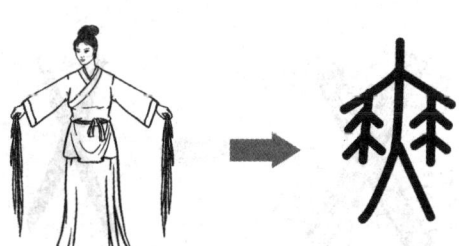

无
(wú)

最初的"跳舞"，演变为后来的"没有"。

无

甲骨文

小篆

無 隶书

無 楷体

"无"字繁体形式为無，是"舞"的初文，本义为跳舞，是一个象形字。在甲骨文中，其字形很像人执牛尾跳舞的样子。后来，"無"简化为"无"，意思是没有，而表示"跳舞"之义时则由"舞"代替。现在，人们常说的"无穷无尽""无妨"等中的"无"都表示没有之义。此外，"无"也可用作连词，如"无论"。

吴

（wú）

姓吴的人的祖先很可能喜欢大声说话。

"吴"字本义为大声说话，是一个会意字。该字上边为"口"，其古文字形很像是张开的嘴；下边则像是打着手势的人的形状。隶书和楷书中的"吴"，下边为"天"，而"天"有大的意思，这里表示说话的声音很大。后来，"吴"假借为国名，如三国中的吴国。现在，"吴"常常用于姓氏。

五

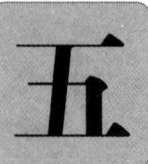
（wǔ）

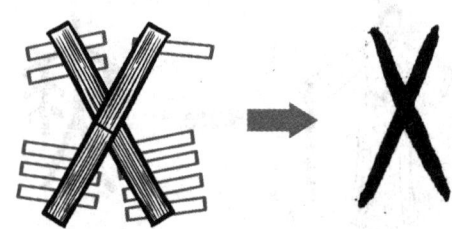

两个横杠相交叉，就是数字五。

我们古人造字，通常采用直观的方式，如数字一、二、三、四，要写的数字是几，就画几条横杠来表示。但是如果这样继续下去，势必会导致后来的数字变得繁复不堪。因此，从五这个数字开始，就改变了书写的方式，通过将两个横杠相交叉，来代表数字五。有的写法，也将交叉后的两个横杠，上下各又加了两条横杠，使其字形和字义之间的对应更加清楚。

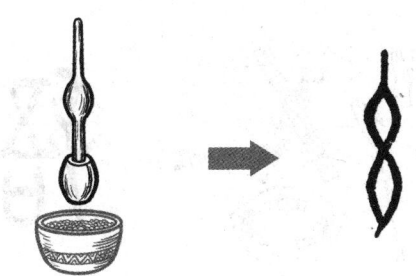

捣碎米糠，驯服烈马，时至中午。

"午"字的本义为捣碎米糠。其字形有点像我们现在所用的捣药罐，上面有一个棒子，下面是一个盛东西的器物。现在这个义项已被"杵"字所取代。另外，它还像是一个缰绳，以驾驭难以驯服的马，所以"午"字在古时还有相反、抵触之义，这个义项后来被"忤"取代。因其曾与马这种动物有关，而被借用为十二地支中的午，午时指上午十一点至下午一点。人们现在常说的"中午"，即与此有关。

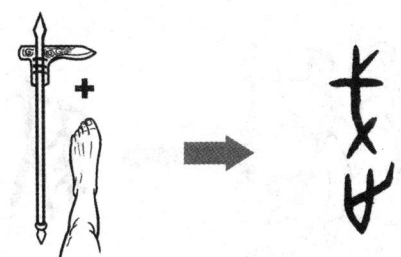

手持武器，严阵以待，准备发动武力进攻。

一只脚在下方，上面放置着一件武器，意思是一个人要出征去打仗了。古代行军打仗时的武器为"戈"，即用青铜或铁制成的一种长柄形兵器。"止"是"趾"的本字，其甲骨文字形上面分叉的代表脚趾头，下面平的象征脚掌。两个字连起来，意思是一个人身上带着戈这种武器向前行进，随时准备动武。"武"字从商代起，就代指军事行动、武力进攻。现在，"武"泛指与军事或技击有关的事物，如"武装""武器"。

373

捂
（wǔ）

小篆　隶书　楷体

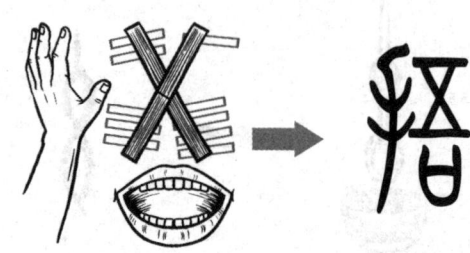

要想捂住某个东西，一定会用到手。

"捂"字本义为盖住、封闭，是一个形声字。该字左边为"扌"，其古文字形像是一只手的形状，这里是说"捂"字与手有关；右边为"吾"，表示字音。同时，"吾"是第一人称代词，这里是说人用手去捂。现在，人们常说的"捂住某件东西"沿用的就是该字的本义。"捂盖子"还比喻为掩盖矛盾。在古代，"捂"字还通"迕"，意思是对面。

舞
（wǔ）

甲骨文　小篆　隶书　楷体

手拿牛尾，伴随音乐起舞，这种快乐千年来没有改变。

一个人，两只脚方向相反地站立在地上，每个手里还各拿着一条牛尾巴，正在快乐地跳着舞。从字形上不难看出，古代的"舞"字就是将当时跳舞的场景。但上古时代的舞字，并没有下面的"舛"字，只是"無"。因为"無"后来被借用来表示没有，于是后人就在原来表示跳舞的"無"字下面加上了双脚，也就是"舛"，即形成现在的"舞"字。

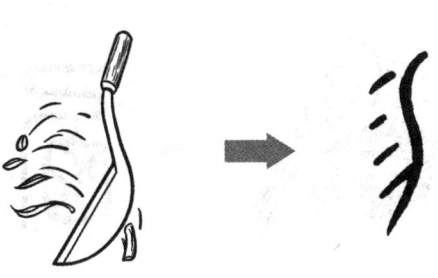

弓弦颤动,产生无形无质的音乐。

勿 (wù)

"勿"字的字形像是一个弓弦正在振动,并不断地发出声响,声音无形无相,代表这里没有任何东西。又像是一把锋利的刀将物体砍成了三截,将不需要的东西一并去除。字形的这两种解释,正说明"勿"字的本义,即"不要"。"勿"在古代还假借为"物"。另外,勿在古代还是信物的一种,它是一个用帛丝做成的旗子,再从这个字形上看,"勿"字也像是一面正在随风飘扬的旗子。

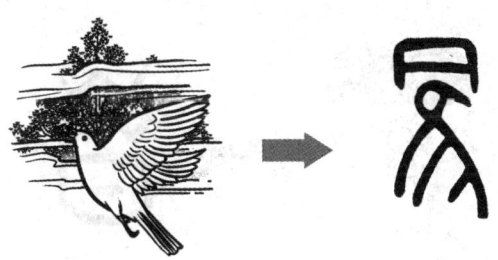

雾 (wù)

鸟不断鸣叫,就有可能袭来大雾。

"雾"字本义为接近地面的空气中的水蒸气。该字既是一个形声字,又是一个会意字。在甲骨文中,"雾"字上边是天空被雾覆盖的情形,同时也代表字音;下边为"鸟",代表字义,意思是鸟不断鸣叫,天就会有雾。白居易《与元九书》:"时之不来也,为雾豹。"这里的"雾豹"指的是金钱豹。因为金钱豹在雾天会深藏不露,所以后来常常将其比喻为在某地归隐躲避灾害的人。

西 栖

小篆 西
隶书 西
楷体 西

(xī)

西方夕阳西下，鸟儿归巢，栖落枝头。

"西"是"栖"的本字，在甲骨文和金文中，其字形就像是一个鸟的巢穴。篆书中，上面加上了一个省略写法的"鸟"字，更清晰地表明了这是一个鸟儿正在自己的巢穴上休憩，所以"西"在古时的本义为"栖"，即鸟儿归林栖息。因为鸟回巢的时间一般在太阳落山之时，而太阳落山的方向是西方，古时并没有代表西的方位字，所以人们就借用这个字形来表示方位中的西方。

昔

甲骨文 昔
小篆 昔
隶书 昔
楷体 昔

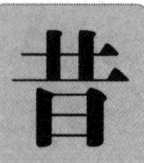
(xī)

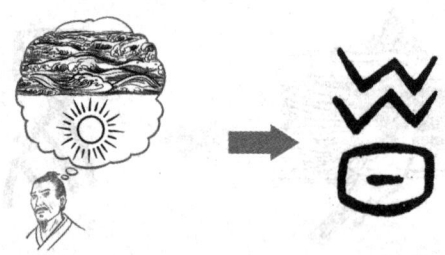

昔日人类还处于童年，大洪灾给大家留下了太深刻的回忆。

字形的上部，像是江水波涛汹涌，象征着洪水曾肆意横流，四处泛滥。字形下部，太阳落到了滔滔的江水之下，是说即使洪水这时已经过去，也不要忘记遭受过的洪灾。"昔"的本义是过往的时间，古人抵御灾害的能力弱，对于遭受的灾难往往印象深刻，久而久之，也就用"昔"字来代表过去。"昔"字的这一本义沿用至今，如"昔日""往昔"。

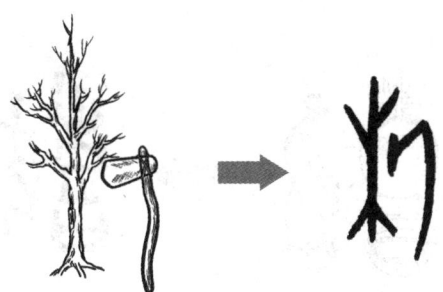 

（xī）

用斧子劈开大树，将其解析为制造木器的材料。

一棵枝叶繁茂的大树，旁边放着一把磨得锋利的斧头，这是人们要用斧子劈开大树。因此，"析"的本义就是砍伐树木。"析"的左边是一个"木"，古代人们用"木"字来作为树木的通称，上分叉是枝叶，下分叉是树根；右边是一个斤，本义为斧子一类的器物，上面一点一横是斧子的刀刃，下面的一弯竖代表斧柄。后来，析字还被借用来表示对事物的深入探究，如剖析、赏析等。

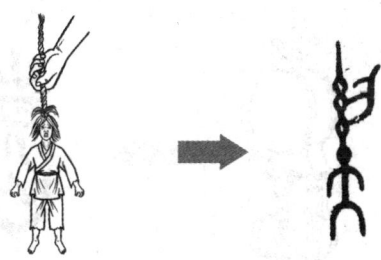 

（xī）

女奴是奚，男奴是隶，其地位与刚出生的猪仔相比差不多。

"奚"字字形像是一个挂着的人，上面有一只手将其绑住，然后提起来，看上去好像当时的奴隶。"奚"在古时主要代指女奴，而男奴隶则用隶字来代称。后来"奚"字还是婢女的代称。《说文》的另一种说法，还认为金文中的"奚"字有大肚子的意思，因为它的字形还像是一个刚刚出生三个月的猪仔。现在的"奚"常表示疑问的语气词。人们常说的"奚落"则是讽刺的意思。

嬉

甲骨文	𰈻
小篆	嬉
隶书	嬉
楷体	嬉

嬉

（xī）

开心，欢喜，游乐，嬉戏。

"嬉"字本义为喜乐、欢乐。它既是一个会意字，又是一个形声字。在甲骨文中，"嬉"字左边为"喜"，表示字音；右边看上去很像是面向左边的妇女的形体，意思是非常喜乐、欢乐。而在小篆文中，左边演变为"人"，右边为"喜"。可见，字形中的"喜"既可以表示字音，也可以表示字义。现在，"嬉"字又引申为游戏、玩耍等义，如"几个小孩子在一旁嬉戏"。

熹

甲骨文	
小篆	熹
隶书	熹
楷体	熹

熹

（xī）

点起小火，将蒙鼓用的鼓皮轻轻烤干。

"熹"字本义为炙烤，它既是一个形声字，又是一个会意字。在甲骨文中，"熹"字上边为"鼓"，下边为"火"。上古时期，古人在制好鼓以后，要点着微火，将它的蒙皮烤干。同时，"熹"字还是一个"从火喜声"的形声字。后来，"熹"字引申为"火旺""明亮"等义，如"熹微"，指日光微明的样子。

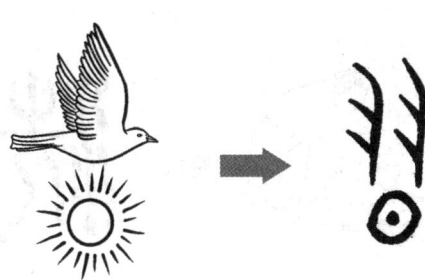 

(xí)

小鸟在空中飞来飞去，练习飞翔。

"习"字的古文字形上面是羽毛的"羽"字，下面是代表太阳的"日"字。"羽"字象征鸟的翅膀，"日"字代表天天、经常。两个字连在一起，代表鸟儿在空中不停地飞来飞去，好像是在练习飞翔。这就是"习"字的本义。后来经过演变，小篆体中将习字下面的日字，写作了白，也就形成了之后的写法。《释文》中说，"习，重也。"说明"习"就是反复不断地练习。现在，"习"常用作名词，意思是习惯。

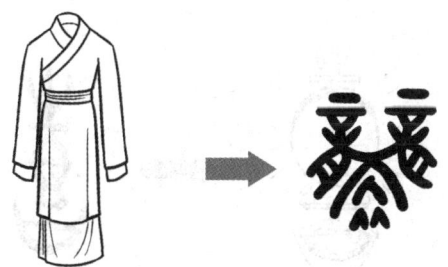 

(xí)

衣领开在左边的衣服不是正常人穿的，是死人的葬服。

"袭"字本义是死者穿的衣服，死者衣服的衣襟都在左边。在金文中，"袭"字是一个形声字。其字形上边为两个"龙"，表示字音；下边是衣服的外形，表示字义。在古代，"袭"还可用作量词，即一套衣服被称为一袭。如《汉书·昭帝纪》中记载："赐衣被一袭。"这里的"一袭"指的就是一套。"袭"用作动词，应用也很广泛，有"因袭、沿袭、继承、袭击"等义。

洗

（xǐ）

清水可以洗去所有的污垢，不管是身上的还是衣服上的。

"洗"字本义为洗脚，是一个形声字。在小篆文中，"洗"字左边为"水"，用来表示字义；右边为"先"，用来表示字音。《说文》："洗，洒（洗）足也。"后来，"洗"字的意义范围不断扩大，泛指用清水洗去污垢。现在我们常常说"洗头"，在宋朝"洗头"是一种礼俗。男女结婚数日后，女方家要迎女儿回家，并准备好礼品送回女婿家，也就是现在人们常说的"回门"。

喜

（xǐ）

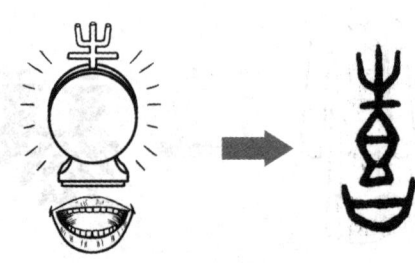

敲锣打鼓、欢笑着庆祝喜事。

在甲骨字形中，"喜"字的上半部分是"鼓"的本字，下半部分是一个长大了的口。人们敲着鼓，张着嘴巴大笑，不时发出欢乐的声音，这种场景自然代表着喜庆。这也说明了"喜"的本义，就是高兴、快乐。妇女怀孕，称为"有喜了"。现在，"喜"泛指与结婚相关的事物，如"喜酒、喜糖"。此外，"喜"也常用作动词，如"喜欢、喜爱"。

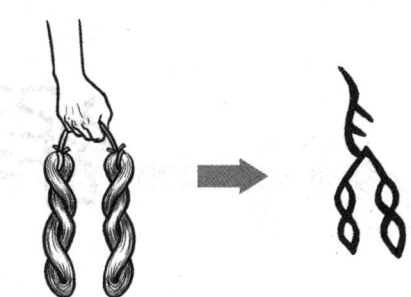

(xì)

两条丝织的线通过一只手缠绕、联系在了一起。

将两个东西连在一起，就是"系"。这个意思在字形中得到了印证，两条丝织的绳线通过上面的一只手相互缠绕、连接。因此，"系"的本义就是栓系、系结。该字在古代还有继承的意思。两个系在一起的事物，彼此之间必定有一定的关系，所以"系"后来引申为名词，意思是关系、联系。

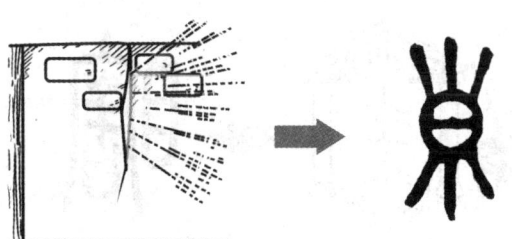

(xì)

阳光从墙壁的缝隙中照了进来。

"隙"字是一个象形字，本义为墙的裂缝，如《说文》："隙，壁际孔也。"在金文中，"隙"字中间为"日"，上边和下边的线表示墙的裂缝。整个字形的含义是，阳光透过墙的裂缝射进来。后来，"隙"引申为感情的裂痕，如《三国演义·赤壁之战》："与操有隙"，意思是与曹操不和，有矛盾。"隙"也指空闲的地方或时间，如"隙地"。

虾

蝦 小篆
蝦 隶书
蝦 楷体

（xiā）

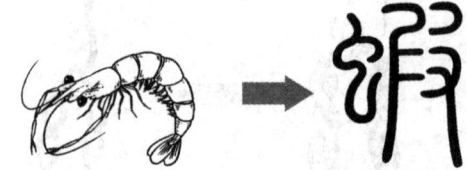

原来是蛤蟆或青蛙，现在却变成了美味的虾。

"虾"字的繁体形式为"蝦"，本义为蛤蟆，是一个形声字。该字左边为"虫"，说明虾这种动物的形体并不是很大；右边为"叚"，可用来表示字音。同时，"叚"字是"瑕"字的省文，这里是说蛤蟆的背上有如瑕的黑色斑点。简体字"虾"右边为"下"，这里是说虾的形体像虫，平时生活在水下。后来，"虾"被假借指软甲壳节肢动物。

瞎

瞎 小篆
瞎 隶书
瞎 楷体

瞎
（xiā）

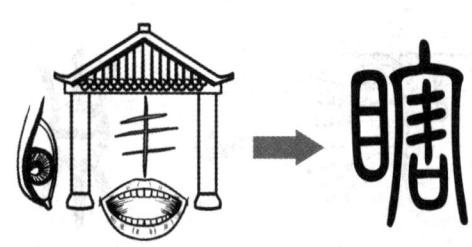

因为盲目，才会搞乱一切。

"瞎"字本义为眼睛失明，是一个会意字。该字左边为"目"，其古文字形像一只眼睛；右边为"害"，意思是眼睛因受伤而失明。眼睛失明的人，由于看不见东西，常常弄乱东西，所以后来"瞎"又引申为"胡、乱、没来由"，如瞎忙、瞎说、瞎聊。此外，农作物种子不饱满，人们也用"瞎"字来表示，如"瞎穗"。

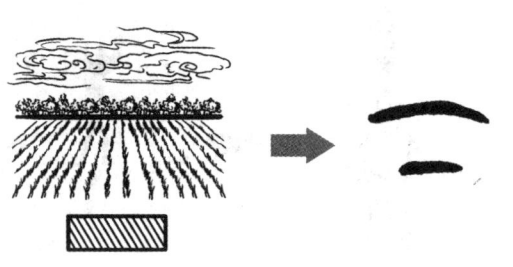
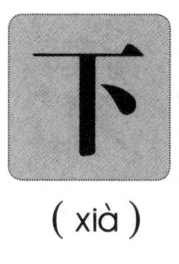

（xià）

位于地平线以下的一切事物，在指定标准线以下的一切事物。

"下"字是一个指事字，其字形上部为一长弯横，代表位于远方，并不是很平直的地平线；下部一短平横，指代地球上的各种事物，两者相联，便构成了指示方向的"下"。这个甲骨字形，与汉字中的"二"有些相似，为了区分二者，小篆就在中间加上了一条河流，逐渐形成了现在的写法。后来，"下"引申为等级低，如下等。现在，人们也常用其表示次序或时间靠后的，如下卷、下次。

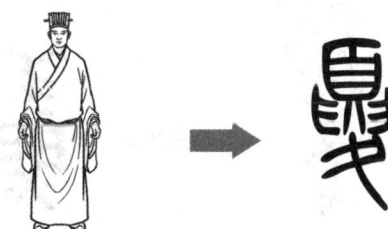
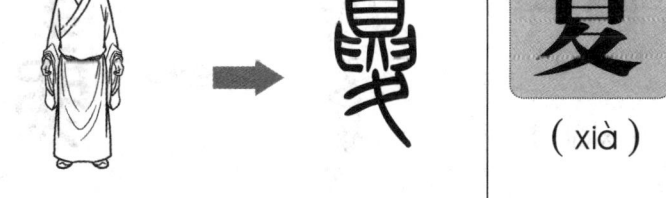

（xià）

一个完整的人形，包括头部、躯干和双手双脚，现在却成了四季中的第二个季节。

"夏"字本义为人，是一个会意字，在上古时期的字形比较复杂。在金文中，"夏"字为一个人形，头部在上边，躯干在中间，手在两侧，足在下边；在小篆文中，字形又发生了一些变化，甲骨文中的身躯不见了，只有一只大脚。古代中国被称为"华夏"。我国历史上第一个王朝，即为夏朝。后来，"夏"字被假借为夏季，用来表示一年之中的第二个季节。

先

甲骨文 小篆 隶书 楷体

（xiān）

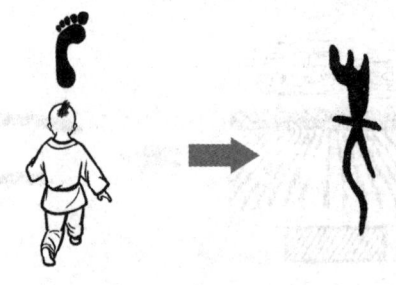

走在他人之前，就是领先一步。

　　一只脚放置在一个人的上面，这个脚的形状就是古时的"止"字，"止"是脚的本字，"脚"字有行走的意思。将脚和人的古字形上下相连在一起，意思是说上面这个人的脚都已经跑到了别人的前面。《说文》中"先，前进也。之人上，是先也。"可见，"先"就是在他人的前方行进。后来，"先"用来表示时间的先后顺次，也常常被用在对已故人的称呼中，以表示尊敬，如先帝、先祖等。

鲜

甲骨文 小篆 隶书 楷体

（xiān）

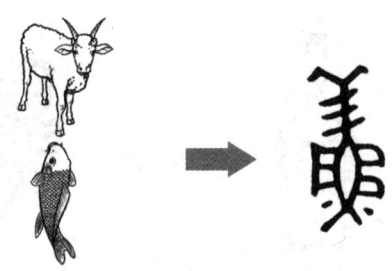

鱼和羊都是味道鲜美的肉类，这种味觉体验让古人印象鲜明。

　　"鲜"字的本义是鱼名，是一个会意字。在金文中，其字形上边为"羊"，下边为一只鱼的形状；在小篆文中，"鱼"被移至左边，"羊"则被移至右边，"鲜"字也由原来的上下结构变成左右结构。现在，人们常常用"鲜"来形容食物的鲜嫩味美。此外，"鲜"还是一个多音字，它还有另外一个读音 xiǎn，意思是少，如鲜见，即很少见。

（xián）

一圈栅栏两扇门，搞出了一个马圈。

"闲"是个会意字，本义是圈养马匹的地方。金文的字形，上半部分就像是两扇门，下面是一个"木"字，表示在门的两侧还有一排栅栏，显现出马圈的形状。小篆和楷书中"闲"的字形，都与甲骨文相近，含义也没有变化。由"闲"作为马圈的含义，后引申出范围、界限之义。现在，"闲"字常用作形容词，意思是"不忙的"，如空闲、闲暇。房屋、器物放着不用，被称为"闲置"。

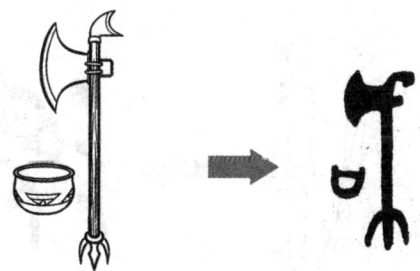

（xián）

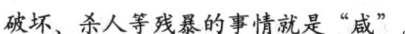

破坏、杀人等残暴的事情就是"咸"。

"咸"字形左边是一个古代储物用的陶罐，右边是一把带有长柄的大斧，合起来的意思就是用斧头将陶罐打碎。另外，甲骨字形中的左边口字，还可以理解为人的头颅，所以这个字的意思也可以说成用斧头将人头砍下。由此可知，"咸"在古代与破坏、杀人有关。后来，"咸"用以表示全、都。此外，"咸"也是五味之一，与"淡"相对。

显

(xiǎn)

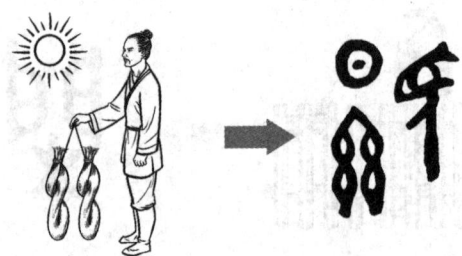

把丝线拿到太阳下曝晒，显露出灿烂的光华。

"显"字是一个会意字。在金文中，"显"字左上角是"日"，左下角为"丝"，右边则是一个面向左边站立的人形。因此，"显"字的本义是在太阳之下晒丝。古代子孙尊称已故的直系血亲为"显"，如显祖，是对祖先的一种敬称。后来，"显"引申为显露、显扬，如"显明"，即是名声显扬的意思。著名的学说、学派被称为"显学"。

限

(xiàn)

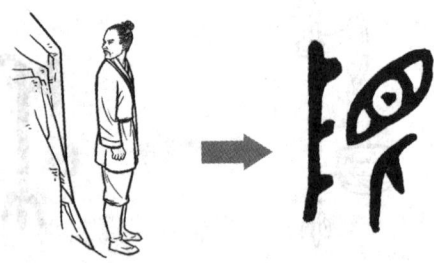

视线被阻隔了，看不到美景，被限制就是看不到更多的东西。

"限"字是一个会意字，在金文中，其字形左边为"阜"，看上去很像是高高的山丘；右上方是一只眼睛的形状，右下方则是一个面向右侧站立的人形。整体来看，字形所体现出来的含义是，一个人在回头看时，被后边的高丘阻挡了视线，所以无法眺望远处事物。因此，"限"字的本义就是阻隔。后来，"限"引申为限制、限定、界限（名词）等义。

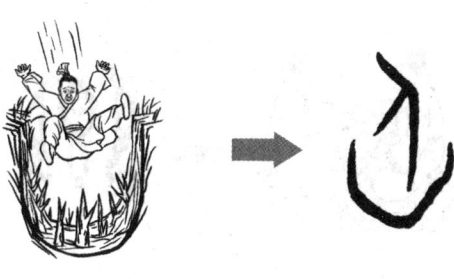

陷 (xiàn)

一个人从高处落下，掉进了陷阱里。

"陷"既是形声字，也是会意字，本义是从高处坠入、掉进。其甲骨文字形看上去都像一个人掉入了一个陷阱中。金文比甲骨文更进一步形象化，在陷阱的上方加上了一个口字，又在陷阱的底部加上了一些荆棘，更生动地说明了这个人此时所处的险境。"陷"用作名词，意思是陷阱。生活中其他呈凹进之势的也称为"陷"，如"他双眼深陷"。此外，设计害人称为"陷害"。

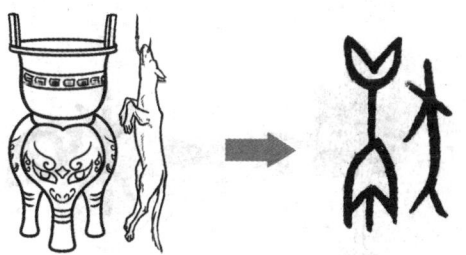

献 (xiàn)

将狗放在锅里煮熟，用来献祭给祖先。

"献"字的本义是作为祭祀的用品，后来引申为祭祀。"献"的古字由"鬳"和"犬"构成。鬳是一种古代祭祀用的炉灶，其甲骨字形下面是三个脚，上面放一个大锅。犬在古时是祭祀时经常使用的祭品，字形的右边是一个挂在钩子上的狗。"鬳"和"犬"连在一起，意思就是要将这狗放在大锅里进行烹煮，以备祭祀祖先的时候使用。现在，"献"字的本义不经常使用，而有捐献、奉献、贡献等用法。

乡

甲骨文 / 小篆 / 隶书 / 楷体

（xiāng）

朋友来了有美酒，要是豺狼来了，迎接他的有猎枪。

"乡"在古时常也写作"鄉""饗"，甲骨字形是左右各有一个人，中间摆放着已经煮熟、还冒着热气的食物，他们相向而坐，共同吃着美食。所以，"乡"的本义就是用酒水和食物来款待远方而来的亲朋。古代，该字还通"卿"和"响"。后来，"乡"引申为乡里乡亲之间亲密无间的关系，如"故乡""家乡"。另外，经过演变，现在，人们常常用其指代某种美好的意境，如"梦乡""醉乡"。

相

甲骨文 / 小篆 / 隶书 / 楷体

相（xiāng）

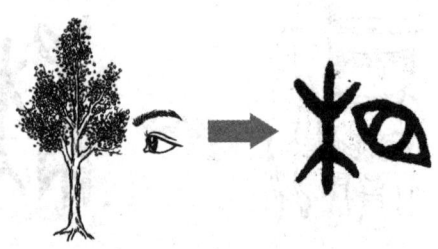

过去，古人和树木、青山相看两不厌，现在，人最先看见的是钢筋混凝土。

"相"是一个会意字，左边为"木"，右边为"目"，表示人的一只眼睛，正在目不转睛地盯着一棵树仔细进行察看。由此可知，"相"的本义就是观看、细察。古人认为地球上树木最多，眼睛能够看到的东西没有比树木更显而易见的了。后来，"相"字又引申出互相交接之义，如"相互""相连"。这个字还读 xiàng，指人的容貌、样子，如"她的相貌十分美丽"。

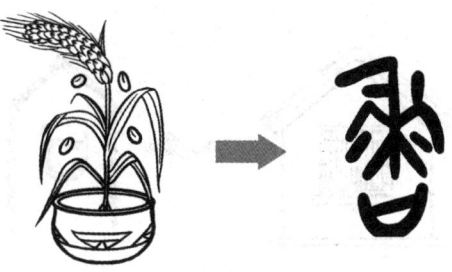

成熟后的小麦，发出阵阵馨香，其他各种令人愉快的味道都可称为香味。

香（xiāng）

"香"字本义是五谷成熟后的香味，是一个会意字。在甲骨文中，"香"字的上边很像是麦子，其中的四个小点表示麦形下落的样子；下边为"口"，代表盛放麦子的器皿。意思是小麦成熟后，会发出阵阵馨香。"后来，"香"的意义范围不断扩大，用来泛指好闻的气味。"香"用作名词，如香料、香炉等。很多资料中都将"香"释义为与女子有关的事物，"香消玉殒"用来比喻年轻貌美的女子死亡。

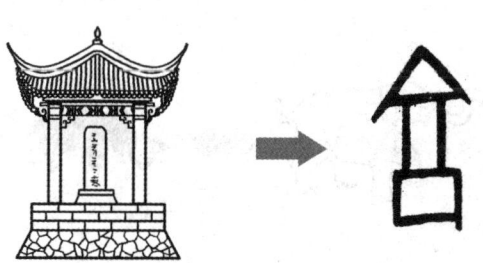

古人向先祖敬献各种珍馐美味，请祖先享用。

享（xiǎng）

"享"的字形与"亨""烹"相近。上面是"高"字的简写，象征一个高高矗立的亭子，正中间摆放着祖先的牌位，宛然一座古人祭祀先祖的宗祠。从这种形象中，就可以看出"享"与祭祀有关，它的本义就是向祖先或神灵祭献食物或供品，以供其享用。后人经过引申，也将其用于表示还活着的人的享受和享乐，如"享受生活的快乐"。

向

向
甲骨文

向
小篆

向
隶书

向
楷体

向
（xiàng）

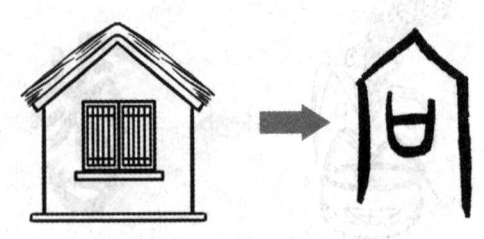

房屋的北窗就是"向"，现在表示所有的方向。

"宀"这个字形，在古时候代表的是房屋，甲骨文字形中，宀的两面还各带着一面墙，也就是图中的这种形象，上面开着一个口，象征墙上的窗户。《说文》解释为"北出牖也。从宀从口"。说明这个窗户位于北面。由于其甲骨字形与方位有关，经过演变，"向"就用来表示空间方位，如方向、朝向，也用来表示过去的时间，如向来、向使。

象

甲骨文

象
小篆

象
隶书

象
楷体

象
（xiàng）

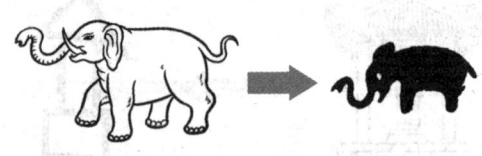

大象有两只大耳朵、一对象牙和一个长鼻子，其形象给人留下深刻的印象。

"象"是陆地上体型最大的哺乳动物，门牙很长。上古时代的中原地区，气候温暖湿润，曾经一个历史时期，也有很多大象生活在这里。《说文》中这样描述它，"长鼻牙，南越大兽，三季一乳，象耳牙四足之形"。商代的甲骨卜辞中就记载有"今夕祈雨，获象"。说明殷商时期的中原地区，多有大象的活动足迹。"象"起初是一个象形字，经过演变，也代指形象、现象、印象。

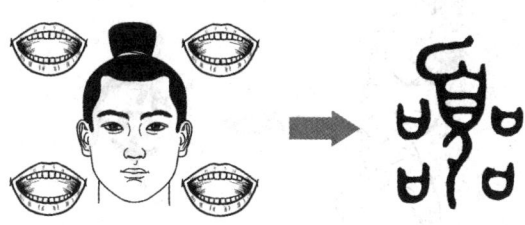

（xiāo）

喧嚣就是一个人比四个人还要吵闹。

"嚣"字是一个会意字，在金文中，中间为"页"，"页"指代头。头上有四个口，口如此之多，定会引起吵闹或喧哗。因此，"嚣"字的本义就是吵闹、喧哗，如《说文》："嚣，嚣声也。气出头上。"另外，"嚣"还是"敖"的假借字，意为忧愁，并且读音也改为áo。"嚣"用作形容词，意为"嚣张、强悍"，如我们现在常用的"气焰嚣张"即是此意。

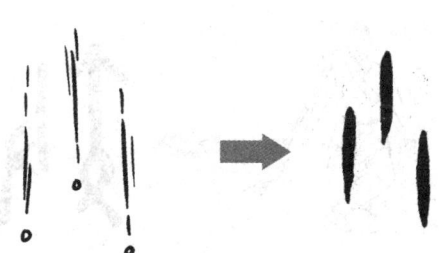

（xiǎo）

物质繁荣、多是好事，而少和小意味着贫乏，是坏事，所以"小人"指的是坏人。

"小"在古代常常与"少"字通用，都是指代各种微小的，在体积、数量、力量上比不上一般事物的对象。甲骨文和金文字形中，"小"是个象形字，形象上看是三个竖向的点，表示的是三颗沙粒，以说明物体的体积之小、数量之少。在小篆中，"小"字变成了会意字，形成了中间一竖，左边一点，右边一捺的写法。后来经过引申，还用来表示邪恶的人或事，如小人。

孝

甲骨文

小篆

孝 隶书

孝 楷体

（xiào）

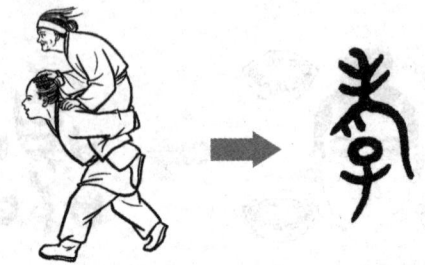

年轻人要扶助、孝敬老人，让老人安度晚年。

上部的"老"字来源于"考"，"考"的本义就是拄着拐杖前行的人，代表上面那位头发稀少、面带笑容的老人；下部一个子字，是一个年轻人，代表这个老人的子孙。两个字的字形上下相接，形象地说出了"孝"这个字的本义，就是年轻的后人要经常帮扶年老力衰的老年人，出门搀扶着老人，听从老人的教导，在生活上要多多照顾和关心老人，经常顺着老人的心思，这样老人也就每天都能开心。

效

甲骨文

小篆

效 隶书

效 楷体

（xiào）

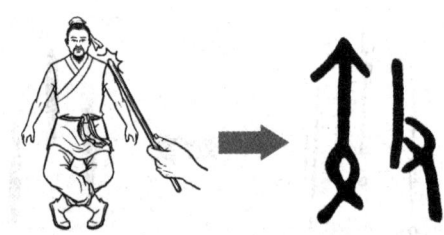

右边有一只手，正在鞭打拷问左边的人，督促他效仿、学习。

"效"字是一个会意字，在甲骨文中，"效"字左边为一人形，此人双腿交叉，正面站立；右边是一只手的形状，看上去很像手持教鞭在鞭打左边的人。这很像在旧的教育体制下，教师为了逼迫学生学习，而采用教鞭鞭打学生的方法。因此，"效"的本义为摹仿、仿效、学习。"效"通"校"，意为考察、考核。此外，"效"还可用作名词，如效果、功效。

协 (xié)

古代的洪荒旷野开垦时尤其费力，常需要几个人协作。

"协"，本义是齐心协力，是个会意字。甲骨文的"协"，字形由三个"力"字构成，"力"的古义是耕地用的犁，合在一起的就表示犁地时共同用力。小篆中的"协"，在字形的左边又加入了一个"十"字，更加确切地表示多人同力之义。"协"字也是"叶"的古字，含义为融洽。现在，人们常用的有"协商、协调、协助"。用作名词，则有"协议"。

谐 (xié)

和谐的声音才能成为音乐，没有韵律可言的声音只是噪声。

"谐"字是一个形声字。在小篆文中，"谐"字左边好像一种排箫类编管乐器，用来代表字义；右边为"皆"，用来表示字音。因此，"谐"字的本义与音乐有关，即音乐要和谐才能动听悦耳。正如《尔雅》中所说的："谐，和也。"在现代汉语中，"谐"字常用来表示社会和谐、自然界和谐。这也是"谐"字后来的引申义。"谐"字用作动词，意思是事情办妥、办成功。

鞋

鞋 小篆
鞋 隶书
鞋 楷体

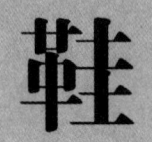
（xié）

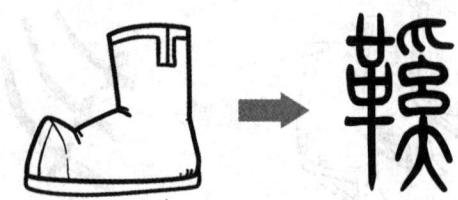

古代的鞋子一般用皮革制成，形状像是玉圭。

"鞋"字本义为鞋子，是一个会意字。该字左边为"革"，其古文字形像是一张兽皮，意思是制鞋时常常会用到皮革这种材料；右边为"圭"，"圭"本义指一种上圆下方的玉器，这里是说鞋底的形状像圭。"鞋"字的本义沿用至今，现在鞋子样式越来越多，外观也越来越漂亮。

谢

谢 甲骨文
谢 小篆
謝 隶书
謝 楷体

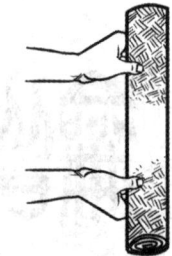
（xiè）

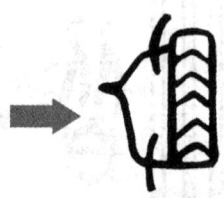

两只手卷起坐席，准备辞别主人而去。

"谢"字本义为辞谢，是一个象形字。在甲骨文中，"谢"字左边是两只手，右边很像一张席子。而在小篆文中，"谢"字则演变为一个形声字，左边为"言"，表示字义；右边为"射"，表示字音。后来，"谢"字引申为辞别、凋落之义。此外，"谢"还是一个古邑名，位于今天河南省。在现代汉语中，"谢"字应用最广泛的就是"感谢"的词义。

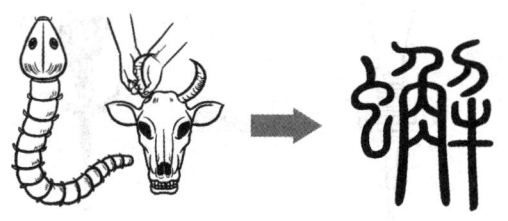

蟹 (xiè)

第一次吃螃蟹的人是很可佩服的，不是勇士谁敢去吃它呢？

"蟹"字本义为螃蟹，是一个形声字。该字左边为"虫"，说明蟹的形体像虫；右边为"解"，可用来表示字音。同时，"解"有解开之义，这里是说，只有打开蟹壳，才能吃到美味的蟹肉。螃蟹是一种常见的节肢动物，其肉味道鲜美，是现在人们饭桌上不可多得的一道美食。

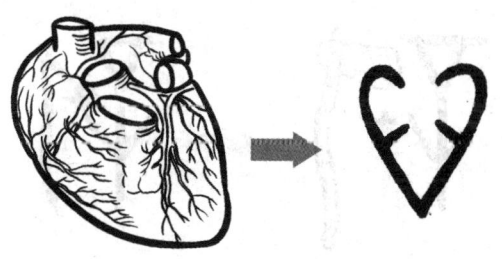

心 (xīn)

过去人们认为心才是思维和感情的主宰，现在才知道是脑。

甲骨文中的"心"，就像是人心脏的样子，这说明那时的"心"字是一个象形字。古人认为"人心，土藏，在身之中。象形。"从金文和小篆的字形上看，"心"字的中间是心脏，外部周围的一圈则是心的包络，生动地描摹出心的形态。后经引申，"心"还用来表示思虑，古中医认为"心主神明"，所以常用心来代指大脑，并将与心理活动有关的活动都用心来表示。

辛 (xīn)

 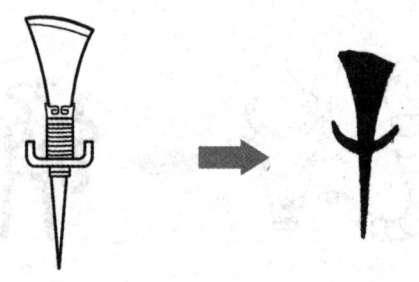

辛可在奴隶脸上刻字以便管理，辛又是艰难生活的特有滋味。

"辛"是古代的一种刑具，形似一把大刀，上有利刃，下有尖柄。古时候人们常用这种刑具在囚犯或奴隶的脸上刻下记号和文字，以便于区分和管理。因此，古时的"辛"字还常用于代指罪犯的罪行。"辛"是十天干之一，五行为金。另外，它还是五味之一，辛味即辣味。现在，人们常用到的"辛"字用法还有"辛苦、辛劳"等。此外，"辛"还用于姓。

新 (xīn)

 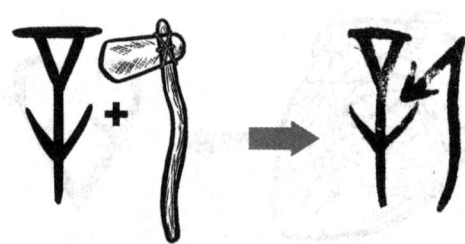

原来是砍伐树木获取薪柴，现在是新生万物，新的一切。

"新"古代是象形字，与"薪"字相通，是"薪"的本字。其字形左半部是木，代表树木；右半部是斤，代表斧头。两者结合，是刚刚开始砍伐树木，以获取木材的意思。现在的"新"已经转化为形声字，左边的"辛"是声旁，右边的"斤"则保留了原来斧子的意思。而"新"的本义也早已改变，代表伐木的"新"已经被"薪"所取代，而"新"则表示新生、初次出现的意思。

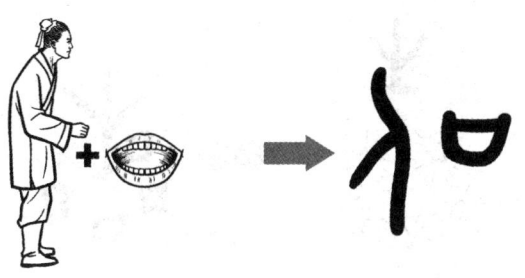

信
(xìn)

守信和诚实是做人的基本原则。

"信"字本义为守信、诚实。在金文中,"信"字是一个会意字。其字形左边为一人形,右边为"口",意思是口能用来说话,而人能遵守自己说过的话,这就是"信"的含义。正如《说文》中所说的:"信,诚也。"其后,"信"的引申义也一直与诚信、诚实有关。在有的史料中,"信"还有"住宿"的意思。"信"用作名词,意为盟约、凭证、书信等。此外,"信"还通"讯",表示音讯。

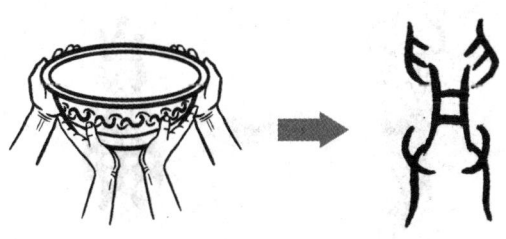

兴
(xīng)

同心协力举起一个东西,让它兴旺起来。

"兴"是会意字,本义是举起、起来。字形的下方有四只个手,从四个角上分别托住中间的那个陶盆,《说文》说:"兴,起也。从舁从同。同力也。"也说明了"兴"是人们共同用力,然后将某物高举起来的意思。另外,"兴"后来还被引申为兴盛、流行之义。现在人们常说的"兴起、兴办",则有举办、发动的意思。这个字也读 xìng,突出表示人的心理情绪,如高兴、兴致、扫兴。

星 (xīng)

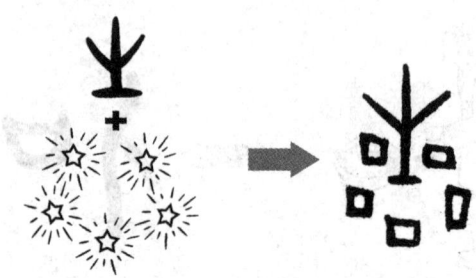

夜空中繁星密布,就像人类文明史上诸多灿烂的明星人物。

甲骨字形的"星"字,中间是一个"生",作为声旁来使用;左右两排各有几个口,这几个口代表天上的星星,其字形和甲骨文中的"晶"字很相似。金文中,上面的三个"日"字,并不是说有三个太阳,而是三颗星星。古文中用"三"表示多数,表示天空中星星繁多的意思。由于星星在夜空中非常耀眼、光亮,所以现在常用来指代受人瞩目的杰出人物,如影星。

腥 (xīng)

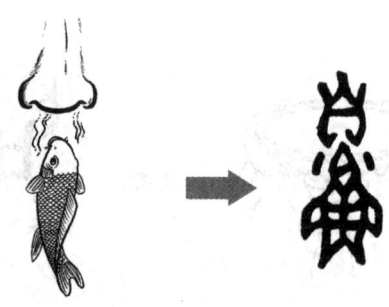

鱼的味道很腥,但要嗅觉正常才能闻到。

"腥"是个会意字,本义是鱼的腥味。甲骨文的"腥",上方的"自"代表人的鼻子,下方是"鱼"形,合起来就像是用鼻子去闻鱼的气味。小篆的"腥",变成了形声字,左边的"鱼"是形旁,右边的"星"是声旁。楷书的"腥",有两种字形,一种直接由小篆演变而来,另一种与现在的写法相同。"腥"也引申为丑恶,如"腥闻",原指酒肉的腥味,在这里比喻丑名远扬。

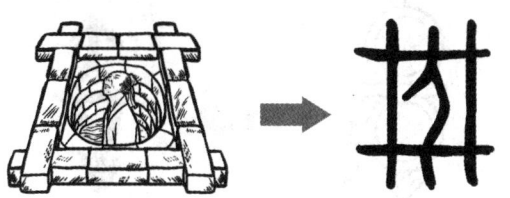

（xíng）

一个人被关进了水牢中，头脚都被束缚住，无法动弹。

"刑"是个指事字，本义为刑罚。甲骨文的"刑"字，由外围的"井"字和中间的"人"字构成，整个字的形象就如同一个人被关在了水井之中，头脚被束缚住以至于无法动弹。金文的写法，把中间的"人"字放到了"井"字的右侧。从小篆开始，"刑"的字形发生了讹变（由于字体变迁和传抄错误，古人用错别字代替原有字形的现象），后来才慢慢演变为今天的"刑"字。

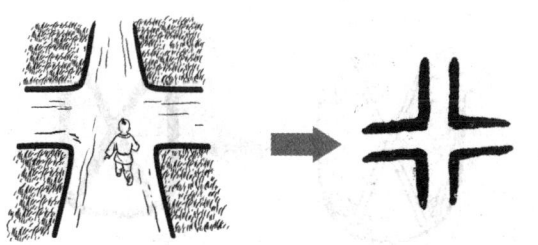

（xíng）

两条交叉的大路，一行前进的士兵。

"行"，本义为道路，甲骨字形像是一个相互交叉的两条大路。后来，也用于代指军队，如《史记·陈涉世家》中的"陈胜、吴广皆次当行。"不论是在道路上，还是在军队的行伍之中，时刻都离不开行进，所以后来人们还将"行"字进行变音（本义读 háng，变化后读 xíng），用于表示前进、行走的意思，如行百里者半九十、行云流水、运行等。

幸

甲骨文

小篆

幸
隶书

幸
楷体

（xìng）

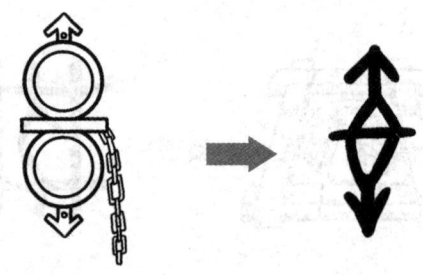

原本是因犯罪而被铐住，现在反而成了幸运和幸福的意思。

"幸"字在甲骨文中是一个象形字，其字形很像是一副刑具手铐。中间圆孔是铐住手腕的部位，上边和下边分别代表勒紧的绳子的两端。因此，"幸"字的本义是获罪戴手铐。后来，"幸"字引申为幸运。"幸"用作动词，意为宠幸，如"幸于赵王"。在古代，"幸"还特指帝王与女子同房。"幸"还通"悻"，意思是侥幸、幸亏。"幸"用作名词，则指幸福。

凶

甲骨文

小篆

隶书

楷体

（xiōng）

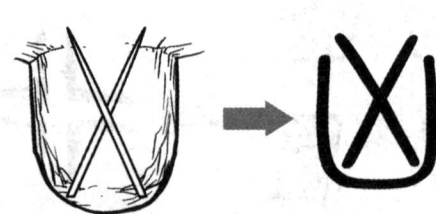

陷阱能把人陷进去，非常凶险不吉。

"凶"字本义是不吉利，是一个指事字。该字外围为"凵"，读音为 kǎn，其古文字形看上去像是陷阱；"乂"是说陷阱能陷人，这里表示凶险。后来，"凶"引申为不好的、恶的，如凶相、凶恶。古代农田庄稼收成不好，称为"凶年饥岁"。此外，"凶"字还可以表示与杀伤有关的事物，如行凶、帮凶。

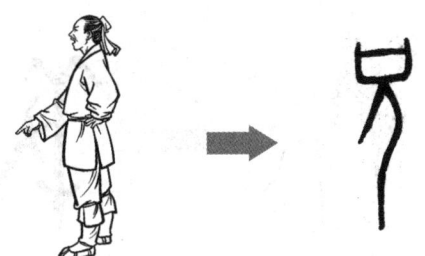 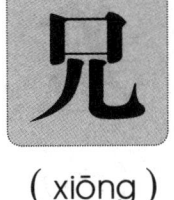

（xiōng）

过去长兄如父，对弟弟享有很多特权，现在兄弟平等，每个人都该自己主宰自己的人生。

"兄"字上面一个口字，下面有一个人，站在那里，手还指着地，就像是张大了嘴巴在指挥其他人做事。古时候，人们很重视长幼尊卑，兄长比弟弟年长，所以可以指派和吩咐弟弟去做事，兄的古字形也生动地说明了这一点。因为指示他人用的最多的便是嘴巴，所以在甲骨文的字形上，对口进行了夸张的表达。另外，在古代典籍中，"兄"还可以代替"况"字，常常作为其简写。

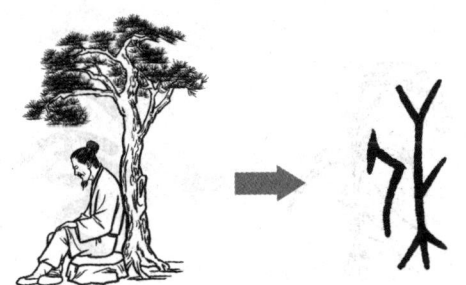

（xiū）

走路累了，可以坐在树下休息片刻。

左边一个人，右边一棵树，这个人正倚靠着，坐在树底下休息。这就是"休"字的字形，是会意字。由此可以看出，"休"字的本义就是歇息。后来经过引申，"休"有了停滞的意思，如"休业"指的就是停业。这个字在古代还通"煦"，意思是温暖。此外，"休"还有不要、离弃之义，如休得无礼、休书、休想。

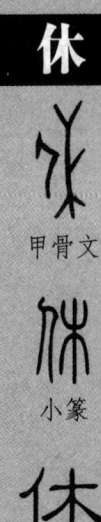

羞

羞（xiū）

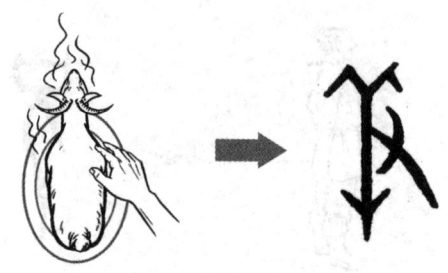

手拿鲜美的羊肉准备吃掉，现在却变成了羞涩的意思。

"羞"的本字是馐，本义是味道鲜美的食物。从字形上看，右边的一只手正拿着一块煮熟的羊肉，像是要吃掉，也像是要将它进献给他人。后来"羞"的这个义项，被馐字所取代，而"羞"则引申为推荐、进用的意思。现在的"羞"，上方还保留着羊这个字形，下方则变成了丑字，这是手字后来讹变的结果，而字义也因此发生了变化，带有了耻辱、惭愧、嘲弄和害羞的意思。

秀

秀（xiù）

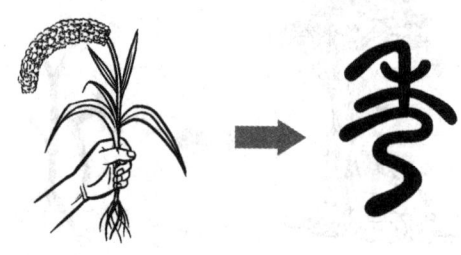

稻谷吐穗低垂，姿态清秀美丽。

"秀"是个会意字，本义是好的收成。《说文》中解释为"上讳"，因为《说文》作者许慎是东汉光武帝时候的人，光武帝名刘秀，所以为了避讳也就没有进行解释。石鼓文的"秀"，就像是一个人手中拿着禾苗，苗穗还向下低垂着的情形。因为收获的谷物一般都会吐穗开花，所以"秀"也引申指人的容貌、姿态或景物的美丽，如清秀的女子、秀美的山峰。

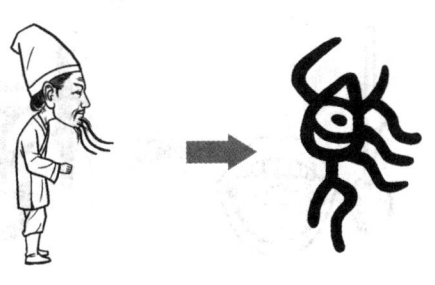

（xū）

成为男人的标志之一就是脸上长出胡须，所以有"须眉男儿"之说。

"须"是个象形字，本义是胡须。《说文》中解释为"须，面毛也"。金文的"须"，就像是一个人头的形状，右侧的三条曲线，表示脸上的胡须。小篆的"须"，右边是"页"字，"页"的本义就是人的头部，三条胡须的形状放到了左边。楷书繁体的"鬚"，在字形上方又加了"髟"，"髟"的本义是长长的须发。"须"后假借为"必须"，如《三国演义》中"男大须婚，女大须嫁，古今常理"。

需（xū）

没带伞的人需要在屋檐下避雨，不然就会被淋湿。

"需"字是由"濡"字的初字逐渐演化而来的。在金文中，"濡"的初字为一人字形，身上有水滴。到了周代，古人增加了"雨"，即成"需"。下雨了，人要停在那里等待。所以"需"字的本义是等待。后来，"需"字引申为需要、索取等义。清朝王韬在《原道》中将"需"释义为应该、必然："儒者本无所谓教，达而在上，穷而在下，需不能出此范围。""需"字还可以用作名词，意思是需要的东西。

许 (xǔ)

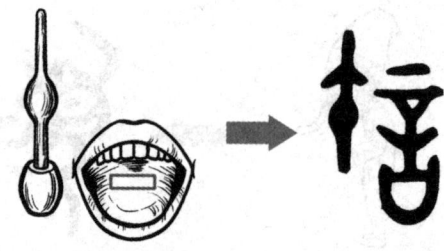

允许有时是一种期许，肯定才是一种赞许。

"许"是个形声字，本义是允许。金文的"许"，左边是"午"，表示声旁，右边是"言"，表示形旁，代表与说话有关。小篆的"许"，字形中的"午"和"言"互换了位置。楷书的"许"，字形和小篆相近。"许"后来引申为期望。现在，表示或者、可能，有"也许、或许"；承认其优点，称"赞许"；女方接受男方求亲，称"许配、以身相许"。

畜 (xù)

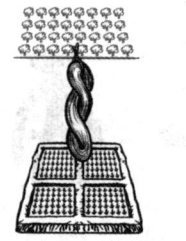 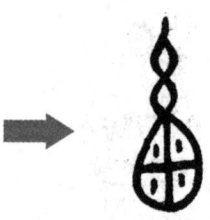

将全年收获的粮食和货物都积蓄起来，把野牛驯服为家畜，都是财富的积蓄。

"畜"字是"蓄"的本字，其字形下方是一片方田，代表着收获的粮食，上面是一束丝，代表所得的布匹等货物，两者相连，就意味着这个字是将一年收获的粮食和货物都储藏起来。因此，"畜"字的本义就是储存、积蓄。另一种解释是，下面的四个孔代表出气的牛鼻子，上面的交织线代表绳子，用绳子将牛鼻子缠住，表明它已经是被古人驯服的家畜。现在，"畜"用作动词，读音为xù，意思是蓄养家畜。

（xuān）

皇帝住的宫殿，是拟发圣旨的所在地。

字形的外部是一个大房子，中央还有一些云雾舒卷自如，缭绕其间。由此可知，这个房子肯定不是一般人住的地方。古代帝王都有祭天的礼制，每逢祭祀天帝，都会带上玉璧等器物，而大的玉璧在那时便被称为"瑄"，所以"宣室"就用以代表天子所住的大宫室。现在，"宣"常用作动词，意思是公开说出，散布，如"宣传""宣讲""宣言"，等等。

（xuán）

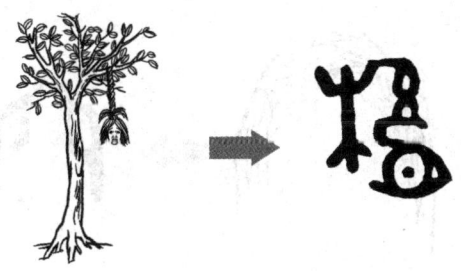

树上悬挂着一个人头，这情形令人惊心。

"悬"字本义是吊挂，是一个会意字。在金文中，"悬"字左边是一棵树的形状，右边看上去好像有一条绳索吊着一个人的头，圆睁的眼睛清晰可见。而在小篆文中，左边是倒着的（首）头，左下方指的是下垂的头发；右边为"系"，有"吊"的意思。楷书中"悬"字的字形下边增加了一个"心"，意思是这种吊挂的情景让人担心。后来，"悬"又引申为牵挂、远隔、久延不决等义，如"悬而未决"。

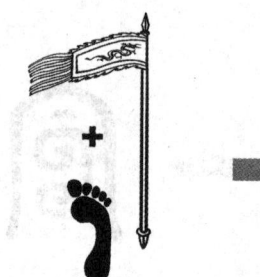
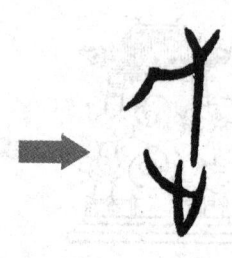

调整旗杆，改变方向，与敌人周旋到底。

　　一根长长的杆子，上方飘着一面长条形的旗子，下面还有人走过后留下的脚印，这个字形正好呼应了"旋"的本义，即古人指挥军队时使用的旗帜。旗帜随风招展，必然会有所指向，要指示固定的方向，就要调整旗杆，这在古代就叫做周旋，也就是回复运转的意思。《左传》中也说："师之耳目，在吾旗鼓，进退从之。"后来，还引申为立刻、环绕，如旋即、盘旋。

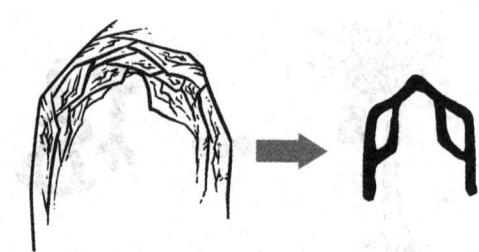

洞穴是人类最早的居处，那情形至今还深藏在人类的集体无意识中。

　　"穴"字本义为岩洞，是一个象形字。在金文中，"穴"字字形看上去很像是一座土室或岩洞。在上古时期，古人还不会建造宫室，所以只能挖洞而居。后来，"穴"字引申为墓穴，即人死后埋葬的洞穴。现在，动物的巢穴也被称为"穴"。"穴"在汉字中作为一个部首广泛应用。一般而言，带有"穴"部首的汉字，如"窝""窖"等字，大多与房屋或窟窿有一定的关系。

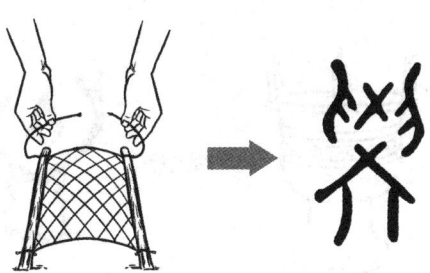 

（xué）

编织鱼网和盖房子都是需要学习才能掌握的技能。

"学"是一个会意字，本义为学习。甲骨文的"学"字，上部就像是人的两只手，下部就像一张鱼网，也像是房子的屋顶，表示人正在编织鱼网或盖房子，这两件事情都是需要仔细学习后才能够掌握的技能，所以"学"也就有了获取知识的本义。金文的字形，在最下方加入了一个"子"字，认为小孩子应该是学习的主体。后来，"学"还引申为学问、学习和教学。

学

 甲骨文

 小篆

學 隶书

學 楷体

 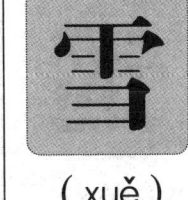

（xuě）

雪花与雨同源，飘洒的姿态却更为优美。

"雪"字是一个会意字，在甲骨文中，其字形上边为"雨"，下边为雪片的形状。而在小篆文中，"雪"字则是一个形声字。它的字形上边仍为"雨"，表示字义；但下边演化成了"彗"，用来表示字音。因为"雪"是洁白的，所以后人常常将其比喻为白色，或者高洁的品质。另外，"雪"还具有洗除、洗刷、昭雪的含义，如"犯人绳之以法，她终于洗雪了多年的冤屈"。

雪

 甲骨文

 小篆

雪 隶书

雪 楷体

血

甲骨文

小篆

隶书

楷体

（xuè）

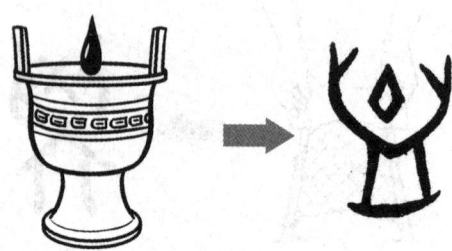

祭祀祖先和神灵时，在杯盘上滴下祭牲的血。

"血"是指事字，本义为牲血，也就是动物的血。皿是古代盛放各种物品的器具，周礼中称为珠盘，就是碗、碟、杯、盘等一类器物。上面的一撇，象征一滴牲畜的血。古人将牲畜的血一滴滴地释放到杯盘中，这是为了用来祭祀自己祖先和神灵。后来，"血"的字意扩大，也可以用来指人血。现在也引申为有某种血缘关系的人，如血亲、血脉。

巡

甲骨文

小篆

隶书

楷体

（xún）

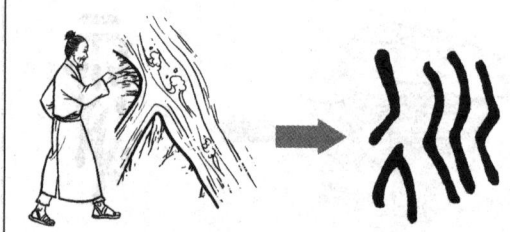

水循着河道流动，人在规定范围内巡行。

"巡"字本义为延行、循行。在甲骨文中，"巡"字左边为"彳"，意思是走动；右边为一"川"，看上去好像水流动的样子。因此，古人称水的流动为"巡"。可见，"巡"是一个会意字。但这里"川"与"巡"字音接近，可以用来表示字音，所以"巡"又是一个形声字。后来，"巡"引申为巡视、审视之义。此外，"巡"字还可用作量词，如"酒过三巡"。

旬（xún）

十天为一旬表示时间，十年为一旬表示年龄。

甲骨文中的"旬"，字形上方为一个交叉的记号，代表从这里开始；然后向下弯曲回转，代表回环往复，遍及周全。金文加上了一个日，表示这是每天的周而复始。古时度量时间，采用干支纪日法，每十天为一旬，每一天对应一个天干。将天干甲的字形进行拆分，然后循环一周，便可以得到"旬"字的字形，其本义也就由此而来。后来，又将十年作为一旬来表示人的年龄，如七旬老人，指七十岁的老年人。

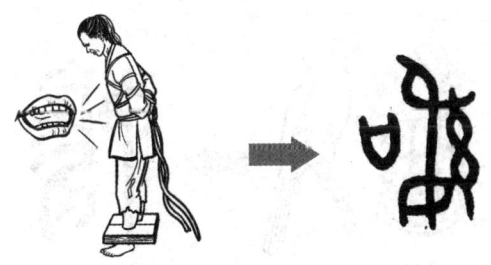

讯（xùn）

审讯犯人，让他招供警方想了解的资讯。

"讯"字字形右边是一个犯人，被人绑着双手跪着坐在地上；左边是一个口，说明在他前面还有一个人，张着嘴巴，正在审问他。因此，讯的本义是向他人问话，也就是询问、审问。后来，该字演化为形声字，左边的"言"仍表示说话的意思，右边的"卂"则变为声旁。另外，"讯"字还可用作名词，代指书信、讯息。

迅

小篆 迅
隶书 迅
楷体 迅

迅
（xùn）

飞一样迅速，飞一般有效率。

"迅"字本义为快、迅速，是一个会意字。该字左边为"辶"，其繁体形式为"辵"，在小篆文中的字形像脚（止）在路（彳）上行走；右边为"卂"，该字是"讯"的本字，有疾飞之义，这里是说动作快速如飞。同时，"卂"读xùn，也可表示字音。"迅"字的本义沿用至今，如我们现在常用的"迅猛""迅即""迅雷不及掩耳"等，其中的"迅"都是快速之义。在注重效率的现代社会，迅速而高效地处理事务已经成了一种必然的要求。

鸭

小篆 鸭
隶书 鴨
楷体 鸭

鸭
（yā）

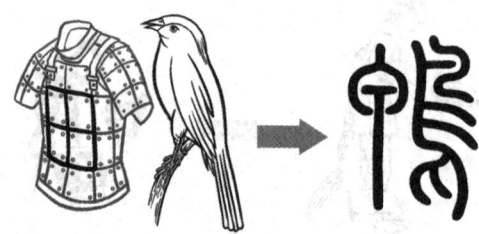

同为鸭子，野鸭和家鸭的境遇判若云泥。

"鸭"字本义为鸭子，是一个形声字。该字右边为"鸟"，其古文字形像一只鸟的形状，说明鸭子是属于鸟科动物；左边为"甲"，可用来表示字音。同时，"甲"也可表示鸭子叫的声音。鸭子是日常生活中常见的一种水禽，嘴呈扁形，腿较短，趾间有蹼，善于游泳，但不能高飞。现在，鸭肉也是人们喜欢吃的一种肉食。

牙 (yá)

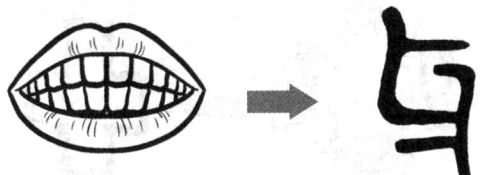

促成某事成功，并从中抽取佣金，就像牙齿咬断了食物吞下去一样。

"牙"字本义为大齿，即我们所说的"槽牙"。"牙"字是一个象形字，在金文中，其字形很像相互交错的槽牙，后来泛指牙齿。因为牙齿是用来咬东西的，所以"牙"字后来引申为咬东西。旧时人们将居于买卖双方之间撮合生意，并获取佣金的人，称为"牙人"。"牙"还是古代军中长官的称谓，如牙将指的是古代中下级军官。此外，"牙"还通"伢"，意思是孩童。

涯 (yá)

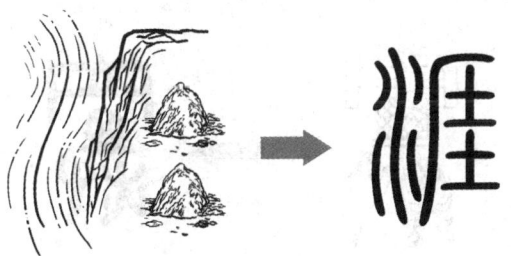

岸是水的边际，死亡是人生的边际。

"涯"字本义为水边，是一个会意字。该字左边为"水"（氵），其小篆字形像一道河水，这里有水边之义；右边为"厓"，可用来表示字音。同时"厓"是"涯"的本字，这里是说水边往往有很多山崖。"涯"字也可用作动词，意思是限制、约束。后来，"涯"字又由水边引申为边际、界限，如"生也有涯，而知也无涯"，意思是生命很短暂，但知识却没有界限。

亚

(yà)

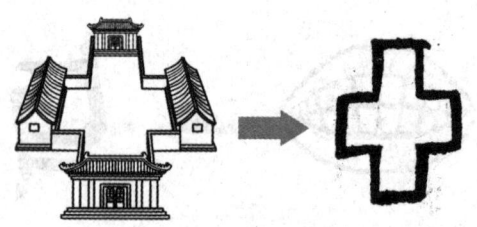

一间用做宗庙的房子,一个弯腰驼背的人。

从甲骨字形上看,这是一个中空花边的十字形,四面被分别围住,像一个通向四方的建筑物,如宫殿一般的形状,这可能代表的是古代宗庙的形式。另外,《说文》中将其解释为:"亚,醜也。象人局背之形。"认为"亚"和"恶"的意思相通,都表示丑,它的字形像是一个驼背的人,而且相貌丑陋。"亚"后被借用表示次一等的人或事物,现在人们常说的"亚军"指的是第二名。

烟

(yān)

 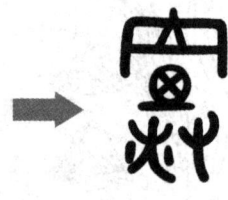

烟雾袅袅,从窗口飘散而去。

"烟"字的本义是炊烟,是一个会意字。在古玺文中,"烟"字上边很像是窗户,左下方有"火",右下方则是一只手的形状。整个字形的含义是,手持火而燃烧,冒出的烟从窗户飘散出去。在小篆文中,左边为火,代表字义;右边为"垔",代表字音。这里"烟"字又变成了一个形声字。古代,"烟"字常用来指代"人家""住户"。现在,"烟"也指烟草。

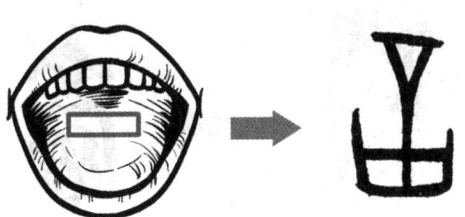

（yán）

张口伸舌讲话就是言，一句话就是一言。

"言"是指事字，本义就是说话。从字形上看，下半部分是一个凹槽，象征人的舌头。凹槽上方还有一个横行，代表指事言语的符号。两者相连，则代表话从人的口中直接说出。古人一般将自己说的话称为"言"，而将他人说的话称为"语"，有时也用"言"字来代替"音"字。与"言"有关的词语，也大多和说话有关。该字现在常用作名词，如"语言、言论"。

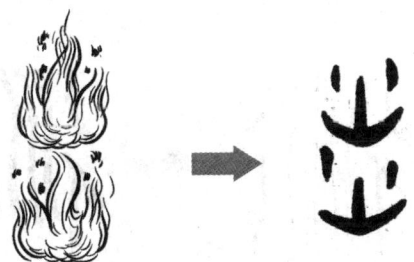

（yán）

火焰叠加蒸腾，热浪逼人而来。

"炎"字本义是火苗不断升腾，火光冲天。《说文》就解释其为"炎，火光上也"，即两堆火相互叠加，代表火势很大，燃烧得很旺盛。五行中，也将炎作为火德的主要品性，如炎运，就是代表以火德而兴的帝王之运。在古籍中，还常常将焰字写作炎，《资治通鉴》中"顷之，烟炎张天"。"炎"后被引申为天气炎热，这也是该字现在的常用义。

颜
 甲骨文
颜 小篆
颜 隶书
颜 楷体

颜（yán）

 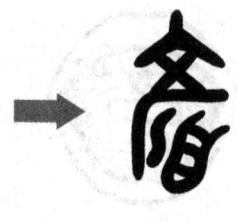

"容颜"常指美丽或引发内心美好情感的面容。

"颜"字本义是脸或脸色。在金文中，"颜"字是一个形声字，其字形右下方为"页"（页指代头），表示字义；左边为"彦"的缩写形体。后来，"颜"引申为体面、荣誉等义，如颜甲，指的是人的脸皮像铁甲一样厚，后来常用来比喻某人不知羞耻。现在我们常常用的词语，如和颜悦色、无颜见江东父老等，都与脸面有一定的关系。

衍
 甲骨文
衍 小篆
衍 隶书
衍 楷体

衍（yǎn）

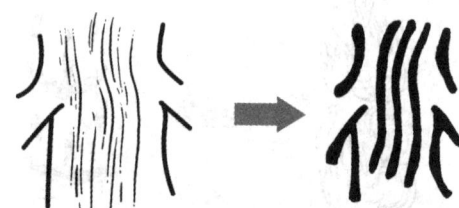

逝者如斯夫，不舍昼夜。

"衍"字的本义是水川流不息，在甲骨文中是一个会意字。其字形左边和右边连起来组成一个"行"字，意为流动，中间是河川。因此，整个字形有水川流不息的含义。后来，"衍"字引申为延展、漫延、扩展、补充等义。"衍"字用作形容词，意思是盛多，如"国富人衍"，形容国家富强，人口众多。此外，"衍"字还通"演"，有推演、演述之义。

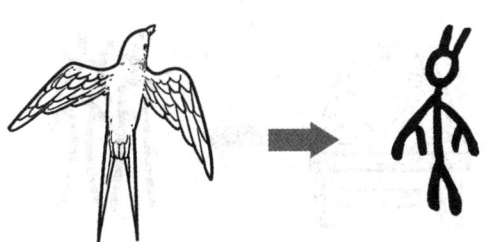

候鸟燕子，春来飞至燕国，冬日飞回南方。

"燕"是个象形字，本义就是燕子。《说文》认为燕就是一种长着黑色羽毛的鸟。甲骨文的"燕"字，就像是一只向天空飞翔的燕子，字形上方是燕子的头和嘴，两侧的分叉就像是燕子的一对翅膀，下面的弯折像燕子剪刀状的尾巴。小篆的"燕"，字形下方变成了一个"火"字。楷书之后，"燕"形成了现在的写法。另外，"燕"也是周代的诸侯国名，燕国是战国七雄之一。

挑柴时站在担子的中央，却不知何处是宇宙的中央。

"央"字本义为中间，是一个会意字。它的字形，就像一个人的肩头挑着担子，两边各绑着一捆木柴。"央"是说这个人相对于担子和木柴的位置，正好处在中央，如《诗·秦风·蒹葭》中"宛在水中央"。"央"还可用来代表时空距离上的广大。另外，该字还有无有穷尽之义，如《离骚》中的"时亦犹其未央"。"央"还也可用作动词，意思是请求、央求。

殃

殃 小篆
殃 隶书
殃 楷体

殃（yāng）

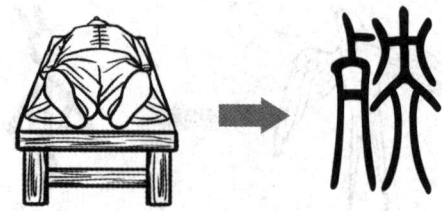

肿瘤发展到恶性阶段，就像岩石一样坚硬而凸凹不平。

"殃"字本义为灾难，在小篆文中，"殃"字左边是一个死亡之人形，用来代表字义；右边为"央"字形，代表字音。因此，"殃"字是一个形声字。现在人们常说的"遭殃"，意思是遭受灾难，沿用的就是其本义。"殃"用作动词，意思是使遭到灾难、祸害，如《孟子·告天下》："不教民而用之，谓之殃民。"意思是，不告诉民众正确的做法，就让他们去做，那就是在使百姓遭受灾难。

扬祥

扬 甲骨文
扬 小篆
扬 隶书
扬 楷体

扬（yáng）

在日光下颂扬太阳神，颂扬美好的生命。

甲骨文和金文中的"扬"，是一个会意字。甲骨文的字形上方是一个日，代表太阳；下方是一个石台，代表太阳此时已经上升到石台之上。金文在右边加上了一个跪坐在地上的人，双手向前对着太阳的方向张开，好像是在颂扬太阳，并向它祈求什么。这正形象化地说明了扬的本义，就是举起、颂扬的意思。"扬"字的本义沿用至今。

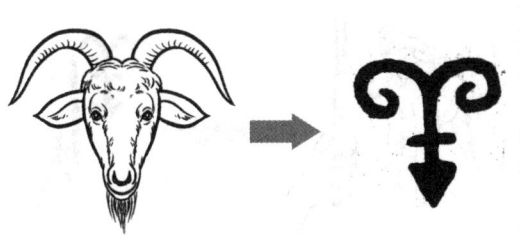

（yáng）

羊在古代是一种吉祥的家畜。

这个字的甲骨文字形，从正面看，很像一只羊头，两只羊角向下弯曲，下面的箭头代表羊的嘴巴，瘦削尖骨。因为"羊"与"祥"同源，所以"羊"在古代是一种吉祥的家畜。在祭祀的时候，羊肉和羊血也常常作为拜献祖先和神灵的祭物。《考工记注》中说"羊，善也"，认为羊代表着善良和美好。后来，"祥"字出现后，"羊"字就只用于代表羊这种动物。

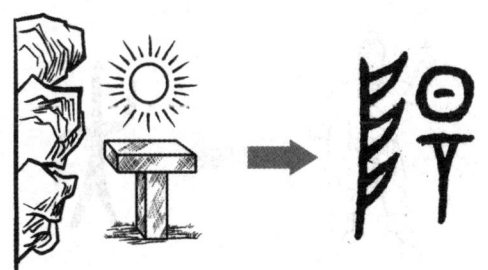
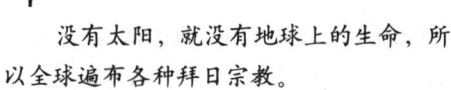

（yáng）

没有太阳，就没有地球上的生命，所以全球遍布各种拜日宗教。

"阳"字本义为太阳，其字形左面为三个叉形，代表险峻的大山；右面上边一个日，代表太阳逐渐从山上升起；下边放着一个桌子，代表古人拜神时候用的石台。三者连在一起，说明此时的太阳已经上升到了祭台的正上方，人们聚集在山下，开始祭祀祖先和神灵。由于太阳散播光明，无物能抵，所以各种与太阳有关或者属性相近的事物，都被称为"阳"，如阴阳、阳春三月等。

养

（yǎng）

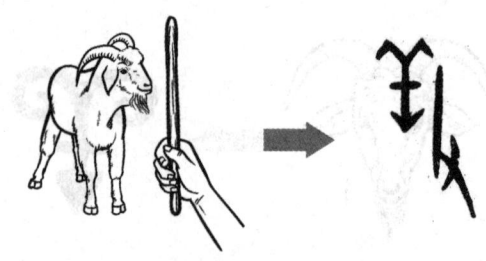

畜养家畜为生财之道，养育孩子是文明延续之道。

甲骨文和金文中的"养"字，字形左边是一只羊头，代表羊这种动物；右边是一个手持皮鞭的形象，代表这个人正在用皮鞭驱赶着羊群。可见，在古时，养的本义就是畜养家畜。篆体的"养"字，字形的上半部是羊，下半部分是食，说明人吃的食物中有羊肉，由此又能引伸出抚养、保养的意思，如后来出现的养育、养护等词。

夭

（yāo）

桃之夭夭，灼灼其华。风雨催逼，一朝夭落。

"夭"字是一个象形字，在古书中，它的本义是弯曲。甲骨文的"夭"，字形像是一个两臂弯曲、口眼歪斜，而且无精打采的人，正应合了本义。另外，该字的字形，还可以看成是一个正在手舞足蹈的人形，表示事物正处于它的活跃期，可以象征美好、舒展。后来经过词性的演化，"夭"又引申为年轻短命而亡，这也是弯曲和美好两义的结合，年轻象征着美好的年华，弯曲代表短促而损毁。

谣
（yáo）

狐狸说的话都是谣言，但是陈胜、吴广却借此发动了起义。

"谣"字是一个会意字。在金文中，"谣"字左下方为"言"，右边为"狐"。在古人看来，狐狸是一种十分狡猾的动物，它的话是不可信的。因此，"谣"字字形的含义就是"狐言为谣"，即"谣"字的本义是不可信的谣言。在隶书中，"谣"字变成了一个形声字。其左边为"言"，表示字义；右边为"䍃"，表示字音。后来，"谣"引申为行歌、乐曲，如歌谣。

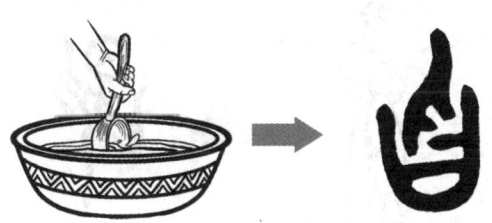

舀
（yǎo）

用手从一个器皿里舀水，这个意思千年不变。

"舀"字本义为舀取，是一个会意字。在金文中，"舀"字上边是一只手的形状，下边是一个器皿，整个字形看上去，很像一只手正伸到器皿里舀水。这个词义直到现在也没有发生改变，我们平时常常说的"舀水""舀油""舀粥"等，仍保留着它的本义。舀取东西的器具，称为"舀子"，有的地方俗称为"瓢"，底部较平，口端呈圆形，大多是用铁皮做成的。

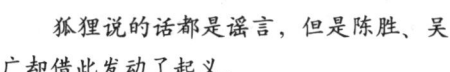

药

藥 小篆
藥 隶书
藥 楷体

（yào）

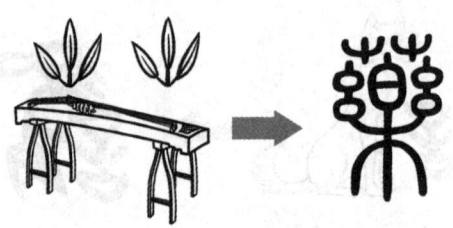

吃药治好了病以后，人就会变得快乐。

"药"字本义为治病的物品，是一个会意字。其小篆字形上边为"艸"（艹），看上去像草，说明古代治疗疾病所用的药物以草药为主；下边为"樂"，意思是借助药物解除了病痛，人会恢复以前的快乐。简体字"药"下边为"约"，意思是草药能限制、约束病情的发展，并最终达到了治愈疾病的目的。现在，"药"除了指用于医学治病的药物外，还指具有一定化学作用的物品，如农药。

要 腰

要 甲骨文
要 小篆
要 隶书
要 楷体

（yào）

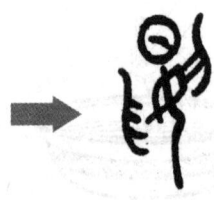

一个女人双手叉腰站在地上，强调了腰部线条。

甲骨文的"要"字，中间是一个人形，表示一个曼妙多姿的女子，上面的日字代表女子的头部。两侧各有一只手形，表示这个女人正双手叉腰，站在地上。所以"要"字的本义就是人的腰部。后来，人们在左边添加"月"（肉），专指人体的腰部。"要"字也就借用为其他的含义，如"需要""索取""重要""要求"等。

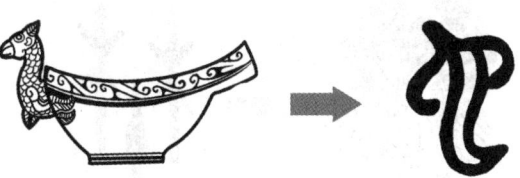

（yě）

古代用来洗漱的器具，变成了副词，表示"同样"。

"也"是个象形字，本义为盥洗器物。金文中的"也"字，就像是古代的一种取水用的器物"匜"（yí）。这种器物和放在它下方的盘子结合在一起使用。小篆的"也"字，和金文的字形大体相同。楷书后，形成了现在的写法。在古文中，"也"字也引申为语气助词使用，放在句字末尾，作为疑问词或判断词使用。现在，该字常用作副词，表示同样、并行，如"你好，我也好"。

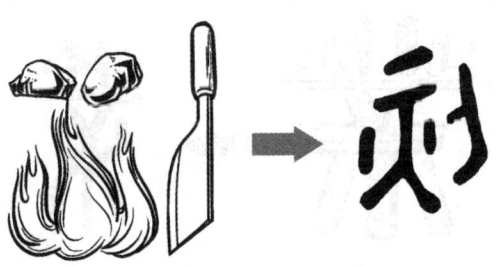
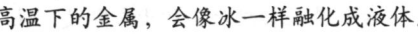
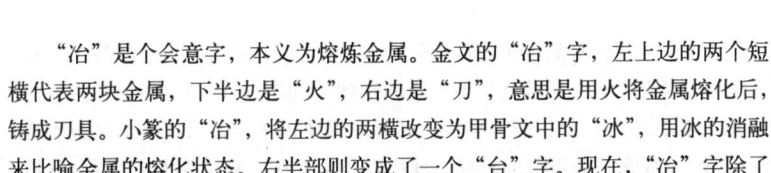

（yě）

高温下的金属，会像冰一样融化成液体。

"冶"是个会意字，本义为熔炼金属。金文的"冶"字，左上边的两个短横代表两块金属，下半边是"火"，右边是"刀"，意思是用火将金属熔化后，铸成刀具。小篆的"冶"，将左边的两横改变为甲骨文中的"冰"，用冰的消融来比喻金属的熔化状态。右半部则变成了一个"台"字。现在，"冶"字除了沿用本义外，也指过分的装饰打扮，如妖冶。

野

野 甲骨文
野 小篆
野 隶书
野 楷体

野（yě）

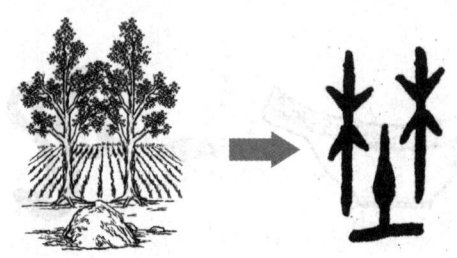

在野外生长的各种生灵，骨子里都有难驯的野性。

"野"字是一个会意字。在甲骨文和金文的字形中，上半部是林，代表郊外茂密的树林；下半部是土，代表野地里的小土丘。由此可知，"野"的本义就是野外、郊野。篆体形成后，左边的"里"代表乡里，即古代的城邑之内；右边的"予"代表和城里有接续的关系，引申为城外的野地，即郊野或野外的地方。现在，"野"引申为不好驯服、不受约束、不讲情理、不通礼数之义，如野性、野蛮等。

业

业 甲骨文
業 小篆
業 隶书
業 楷体

业（yè）

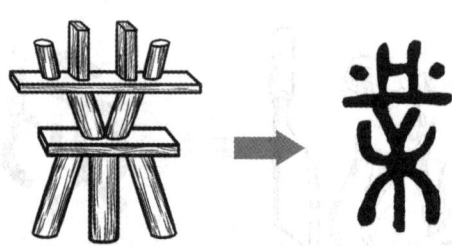

古代悬挂各种乐器的大版就是"业"。

"业"字的本义是古代乐器架子横木上的大版。该字是一个象形字，在金文中，"业"字字形就是一架大版的形状。《说文》认为这种大版主要的用途就是悬挂钟、鼓、磬等乐器，其外形很像锯齿。古人将书册之版也称为"业"，放置一旁不用的时候，就用皮条穿捆在一起；阅读时，再解开皮条展开。后来，"业"引申为学业、事业、家业、产业等义。

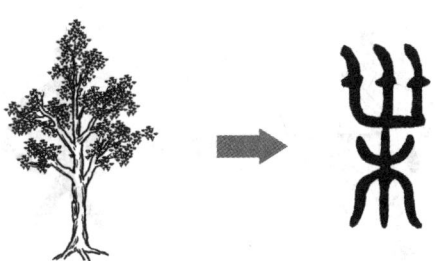 

叶
(yè)

叶	
金文	
小篆	
隶书	
楷体	

长在树枝上的叶子，青葱稠密。

"叶"是个象形字，本义是树叶。《说文》中解释为"叶，草木之叶也"。金文的"叶"，下方是"木"，表示树木，上方的三条竖线，代表树枝，竖线上的三个点，代表长在树枝上的叶子。石印文的"叶"，字形和金文相近。小篆的"叶"，在字形上方又加了个草字头。楷书繁体的"叶"，字形和小篆相近。"叶"后来引申为世代、时期，如"初叶""末叶"。

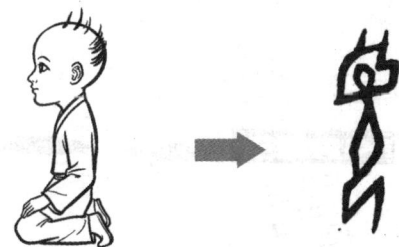 

页
(yè)

页	
甲骨文	
小篆	
隶书	
楷体	

人的头相似而不相同，书页和纸张也是如此。

在甲骨文中，"页"的字形就像是一个人，跪着坐在地上，夸张地显露出他的头部，金文的字形与甲骨文相近。"页"的本义，也就是人头。因为每个人的头面之间都有相似的地方，但是也有微小的区别，所以后来该字又引申为各自相似又各有不同之处的书页。后来，"页"还被借用为量词，表示书册的篇目，也用于代指各种书信和纸张。

夜 (yè)

甲骨文　小篆　隶书　楷体

月亮升起到人腋下的时候，夜晚就来临了。

　　"夜"本义是夜晚，是一个形声字，"月"是意旁，"亦"是声旁。《说文》中解释为"夜，舍也。天下休舍也。"认为"夜"就是人们都停止了活动，回到房中休息。金文的"夜"字，像是一个站立的人，左边的一点是指事符号，表示人的腋下部位，右边是"月"，表示月亮此时已升到了人的腋下，这也就是夜晚了。小篆的字形，和金文大体上相同。楷书的"夜"字，和现在的写法相同。

一 (yī)

甲骨文　小篆　隶书　楷体

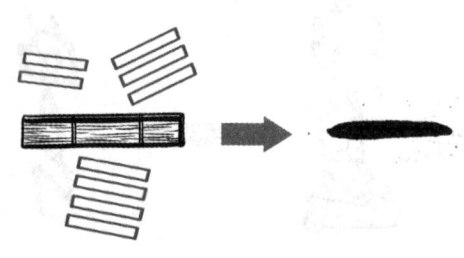

一是万物之始，一是一切之源。

　　在古今汉字字形的变化中，"一"字的变化最少，用一个横画来表示事物的单数属性。《说文》解释其为"惟初太始，道立于一，造分天地，化成万物"，可见"一"字在古代文化的地位之高。《淮南子·诠言》也说："一也者，万物之本也"，认为"一"是各种事物的根本。"一"字后来出现了弌、壹等变体，意思也得到了扩展和引申，有了全部、纯粹、相同、初次、时间连续等意思，如一切、纯一、一样、一见如故、一朝一夕等。

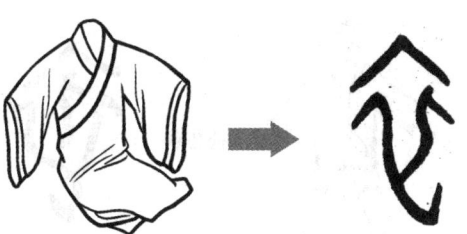

(yī)

上衣为衣，下衣为裳，现在不论上下都叫衣裳了。

"衣"是象形字，本义就是人上身的衣服。甲骨文的"衣"字，生动地展现出了这个上衣的形象，上面的一折，就像是上衣的领口。左右两侧的开口，像是张开的袖口。底下两个衣襟相互遮盖，下面的弯折处，就是衣服的下摆。另外，古人的上衣与下衣有不同的叫法，上衣称作衣，下衣称作裳。现在，"衣"泛指衣服。因为衣服的遮蔽作用，后来还被引申为物体外部包裹的东西，如糖衣。

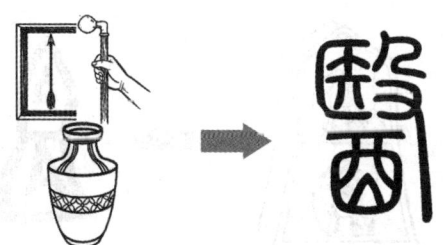

(yī)

医者父母心，不仅是说医生对患者会由衷关心，还指医生对所有患者一视同仁。

"医"字本义为医生，是一个会意字。该字的繁体形式为"醫"，上边为"殹"，"殹"代表治病时发出来的叩击的声音；下边为"酉"，"酉"指代酒器，古代医生在治疗疾病时常常会用到酒。简体字"医"外围为"匚"，表示盛器；里边为矢，指代箭。两部分连起来是说将取出的箭放入容器，有医治箭伤的意思。"医"也用作动词，意为医治、治疗。在解决了温饱问题后，健康成为国人最关心的问题，因此，关于医疗、治病之类的话题一直非常热门。

依

(yī)

人依靠衣服取暖，衣服因人而有存在的意义。

"依"的本义是凭借、依靠，是一个会意兼形声字。《史记·刺客列传》中"依柱而笑"意思就是靠着柱子大笑。甲骨文的"依"字，外部就像是人的衣服，左右两边的开口处，就是人的袖口，里面还有一个"人"字，表示人需要穿上衣服，才能遮蔽身体和保持体温。小篆的字形，把中间的"人"字放到了"衣"的左边，字义并没有变。现在，"依"还有顺从之义，如"依顺"。

宜

(yí)

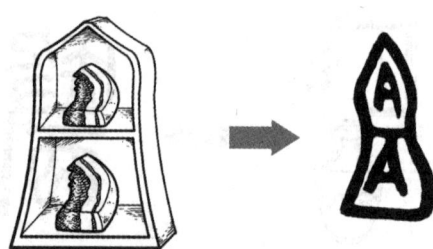

当世间发生不幸的事情时，古人认为就应该祭祀神灵或祖先了。

"宜"字是一个象形字，本义为用牲之法，其甲骨文字形像是古代祭祀时盛放牛羊等祭品的礼器，中间有两个"A"，指的就是牛羊肉等祭品。金文的字形比甲骨文复杂了一些。《说文》所载"宜"字的字形外部演变为"宀"，看上去就像一个罩子。该字还用来指代祭名。因为祭品属于美味佳肴，合乎口味，所以又引申为"合适"之义。现在，"宜"字还表示应该，如"不宜妄自菲薄"，即不应该看轻自己。

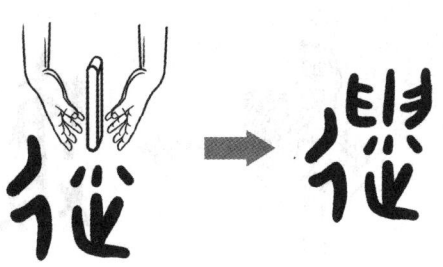

遗 (yí)

把手里的东西送给别人,比不小心弄丢了要好多了。

在金文中,"遗"是一个会意字。其字形右上方为一双手,中间一竖表示遗落的东西,左下方是一个表示"动"的符号。意思是,手中的东西会落下去。因此,"遗"字的本义是遗失。后来,字形的最下边演化为"贝",用以指代遗落的东西。后来,"遗"字引申为遗弃、残存、缺失、遗忘等义。另外,"遗"是一个多音字,它还有另外一个读音 wèi,意思是给予、馈赠。

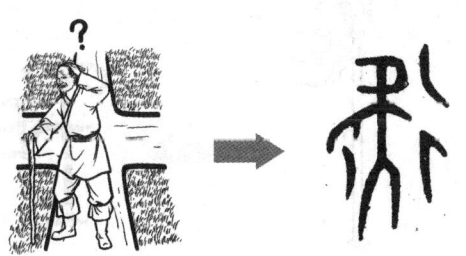

疑 (yí)

凝立在十字路口,充满疑惑,不知该向何处去。

在甲骨文中,"疑"的字形就像是一个人站在路口,一手拄着拐棍,一手摸着脑袋,迷了路而不知所措。因此,"疑"字的本义就是疑问、困惑。金文字形,又在左上边加上了一个"牛"字,更形象地说明了这个人是因为丢失了牛,正在左右寻找,以致困惑无解。在古代,"疑"字还通"凝"。此外,"疑"字也可用作动词,意思是猜度,如"猜疑、怀疑"。

（yí）

在火把节、二月八等重要节日时杀鸡祭祖，是彝族保持到现在都没有改变的风俗。

"彝"是个会意字，本义是古代的祭祀活动，后来引申为祭祀时候用的礼器。甲骨文的"彝"，下方是两只"手"形，上方是一只"鸡"的形状，合起来就表示双手捧着鸡，来祭献祖先。小篆的"彝"，字形发生了较大变化，上方变成了"彑"（本义是猪肉），中间是"米"和"丝"字，说明此时祭祀的物品发生了改变。"彝"后来引申为"不变的事物"，如"彝准"，就是固定的制度。

（yì）

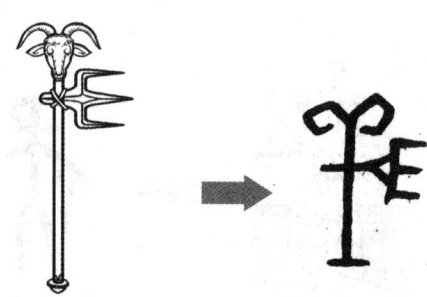

隆重的仪式与真正的正义之间，并没有必然的关联。

"义"是"仪"的本字，本读 yí。从甲骨文的字形上看，一个长柄的木杆上面挂着一个羊头，中间还横插着一把三叉戟一样的武器，象征着一种威严的气势。因此，"义"字的本义是威仪，是一种古代礼仪的象征，后又引申为仪制、法度。现在，"义"指合宜的道德、行为或道理，读音为 yì，如正义、义气。这也是该字现在的常用义。

（yì）

种植花木就是艺，人类的精神创造之花也是艺。

"艺"字本义为种植，其甲骨文字形左边是一个木字，像是斑驳树木的幼小枝条，代表着各种植物和农作物；右边有一个人，跪坐在地上，双手谨慎地捧着这棵树木的幼苗，准备将它栽种在地里。金文字形，在左下方还加上了一个"土"字，更形象化地说明了栽种时候的情景。后来"艺"的词义经过扩张，又有了技艺、才能和艺术的意思，如"她很有艺术才能"。

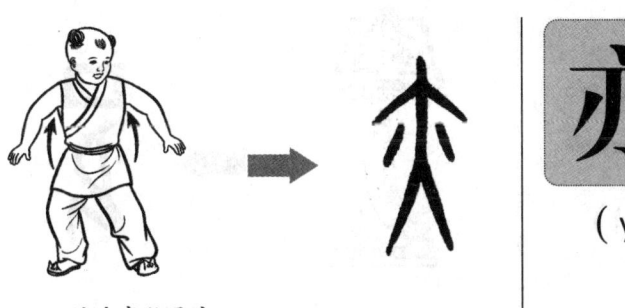

（yì）

人的腋窝就是亦。

甲骨文中"亦"的字形，像是一个人伸展开两条强健的臂膀，腋下便出现了两个看上去很明显的黑点，这便是"亦"字的本义。在古代，"亦"是一个指事字，指事的就是人腋下的那两点，它与"腋"字的意思相通，本义都是指代人的腋窝这个部位。后来，"腋"字出现后，"亦"就逐渐被取代，而它也演变为副词，意思是"也，表示同样"，如"亦无不可"。

异

甲骨文

小篆

异 隶书

异 楷体

异
（yì）

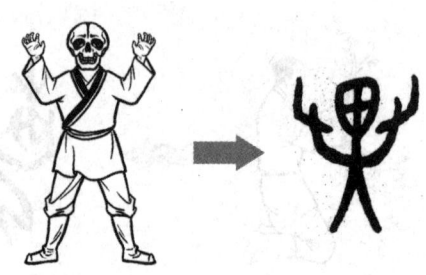

"异"就是奇特怪异之事，记录这类事件的书就叫"志异"。

甲骨文的"异"字，下面是一个有手、有脚的人形，代表这是人的身体。上面是一个面具，代表鬼怪。人的两只手和脚都相互展开，头上带着鬼怪的面具，还不时地做出一些奇特怪异的姿态，这种非人非鬼的状态，便被古人称为"异"。所以异的本义就是与众不同、奇异。"异"字的这一本义沿用至今，如现在人们也常说"求新求异"。

邑

邑 甲骨文

邑 小篆

邑 隶书

邑 楷体

邑
（yì）

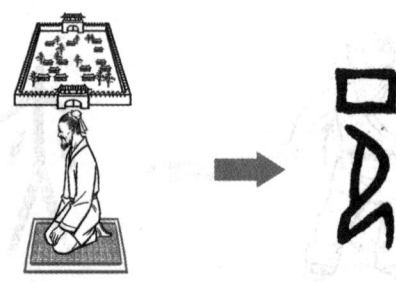

由古代的城邑、邦国到现在的小城镇，地域的范围在不断缩小。

"邑"是一个会意字。在甲骨文的字形中，上面的口代表城池的疆域，下面的席地跪坐着的人，代表人口。在一座城市中，既有城池的四围建筑，也有居住的人口，所以"邑"的本义就是人们聚集在一起，可以居住的地方，在古时常常与城邑、地名和邦国有关。另外，邑还可以引申为国都、封地，"国"和"邑"两个字字义相通，可以互用。"邑"，后多指县城或小城镇，如郡邑、邑所。

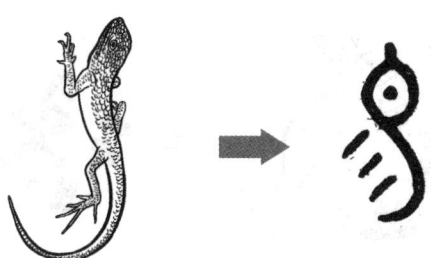

（yì）

变色龙是蜥蜴的一种，很容易根据环境改变体色。

"易"的本义为蜥蜴，因为蜥蜴生性多变，所以后来引申为变易。甲骨文的"易"字，像是一个蜥蜴趴在墙上，正在等待扑食的状态。金文中的"易"，与"赐"相通，常常也写作"锡"，意为奖赏。另外一种看法认为，"易"的字形还像是一个酒杯，表示一个人正在将酒杯中的酒水倒出，从这个方面可以引申出改变、容易、平易的意思，这也是"易"字现在的主要用法。

（yì）

水已经溢了出来，并非一切都是多多益善。

甲骨文中"益"字，下面的圆弧形，是一个古人盛水所用的器皿。圆弧里面的几点，是甲骨文的"水"字，代表了器皿中所盛的水。两者联系起来，就表示器皿中已经盛满水，马上就要漫到外边。因此，"益"的本义是水漫出。"益"是"溢"的本字，因为其中的"水"字后来经过隶变，人们就重新造了一个"溢"字来表示溢出。而"益"，也被引申为在体积、数量或力量方面的增长、对某人某事有好处。

逸 (yì)

甲骨文 逸
小篆 逸
隶书 逸
楷体 逸

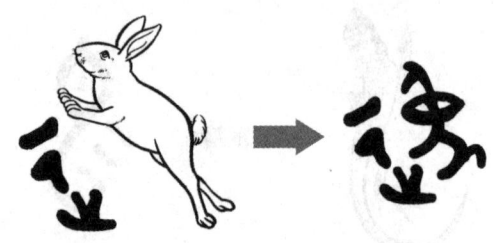

野兔常需逃逸，人偶尔也需要安闲。

"逸"字本义是逃跑，在金文中是一个会意字。其字形左边是一个表示"动"的符号，右边则是一只兔子的形状。整个字形很好地表达了"逸"字的本义。后来，"逸"字又引申为奔跑、超越等义。此外，"逸"字用作形容词，意思是闲适、安逸，这也是该字现在的常用义，如"安逸的生活常常会消磨一个人的斗志"。

裔  (yì)

甲骨文 裔
小篆 裔
隶书 裔
楷体 裔

"承袭衣钵"是古人血脉传承的象征说法，因此"后裔"是"后代"。

"裔"是个象形字，本义是衣裳的前襟。《说文》中所载的古字形，上方是"衣"字，下方是"裙子"的形状。小篆的"裔"，变为形声字，上方的"衣"表示形旁，下方的"冏"（jiǒng）表示声旁。"裔"的字义由衣服的前襟，引申为衣服的边缘，后来又泛指各种事物的边沿。现在，"裔"常用来指后代子孙，如"后裔"。

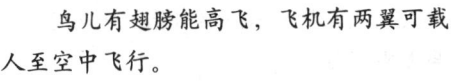

（yì）

鸟儿有翅膀能高飞，飞机有两翼可载人至空中飞行。

"翼"字是一个形声字，在金文中，其字形上边为"飛"（飞），表示字义；下边为"異"（异），表示字音。该字在金文中还有一种形体，上边为"非"，看上去很像一双翅膀。因此，"翼"字的本义就为翅膀。该字的这一本义现在仍然沿用。此外，它还泛指一切与翅膀的形状相似的事物，如飞机的左右两翼。

（yīn）

一个人舒服地平躺在一张大床上。

甲骨文的"因"字，中间一个人字，代表人。外围四周是一个大口，代表大床。人和口两字内外相连，就像是一个人正平躺在一张大床上。从这里看出，"因"字的本义就是一张床褥或坐垫。"因"是"茵"的本字，后来因为"因"字被假借作虚词，所以就新造了"茵"来代替。坐垫可以被人做倚靠，所以"因"也可引申为根据、凭借。现在"因"常表示原由、原因。

433

阴 (yīn)

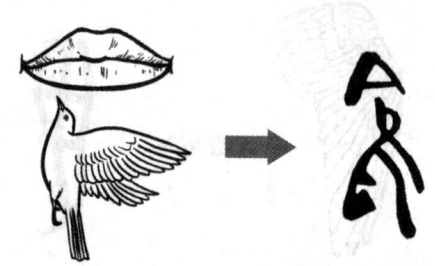

鸟儿聚集在低处不停鸣叫着,天色阴沉,马上要下雨了。

"阴"是个形声字,本义是昏暗。甲骨文的"阴",字形上方是个简写的"今",表示声旁,下方是"隹",表示形旁,指代"鸟",合在一起就是说鸟儿在低处不断鸣叫,表明天气阴沉快要下雨。古时还将山的北面、水的南面,背对着太阳光的地方称为"阴",而将山的南面、水的北面,能够被阳光直射到的地方称为"阳"。"阴"也引申为阴险或不可告人的事情,如阴谋诡计。

殷 (yīn)

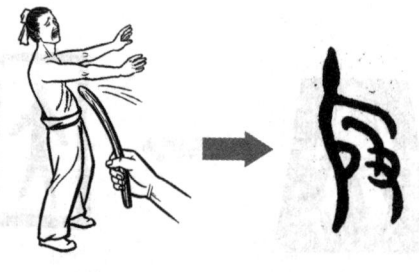

奴隶主以鞭子驱使着奴隶不停劳作,使家境越来越殷实。

在甲骨文中,"殷"字左半边,形状像是一个人,背脊弯曲,向前伸展开双手,头部低含着。左下方有一只手,手里还拿着一个短鞭。从字形的整体上看,就是左边那个人正在被另一个人用鞭子击打,这就像是古代的奴隶主正在驱使着奴隶劳作的场面。由此可知,"殷"的本义就是被压抑、忧伤。另外,"殷"还被用于表示盛大、富饶的景象,如"殷实的生活"。

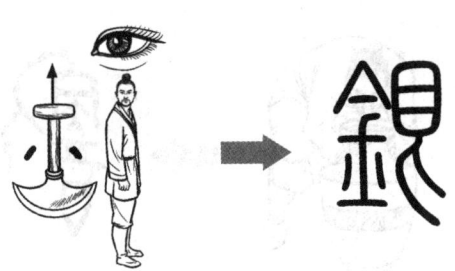 

（yín）

银子曾是长期通用的货币，现在依旧是金融业的代称之一。

"银"字本义为银子，是一个会意字。该字左边为"金"（钅），说明银属于金属；右边为"艮"，可用来表示字音。同时，"艮"有怒目相视、不相上下的意思，这里是说黄金和白银都属于贵金属，二者不相上下，并称金银。现在，"银"是一种金属元素，颜色为白色，有着较好的导热和导电性能。"银"也泛指与货币有关的事物，如银行。该字用作形容词，表示像银子的颜色。

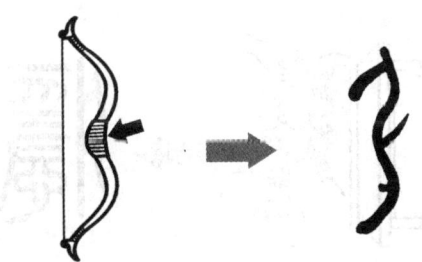 

（yǐn）

引弓射箭，英姿勃发。

"引"是个指事字，本义是拉开弓。《说文》中解释为"引，开弓也"。甲骨文中的"引"字，就像是一张弯弓，上面的两撇，是指事符号。在小篆中，"引"字的右边多出了一条竖线，代表箭矢。在古代，"引"还是一种长度单位，以十丈称为一引。现在，"引"泛指拉和伸的动作，如"引力""引吭高歌"。此外，人们常说的"引见""引言"，其中的"引"则有"领、招徕"之义。

饮
(yǐn)

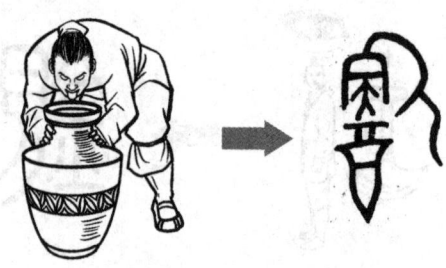

低头扶着酒坛，牛饮着里面的好酒。

"饮"字是一个会意字，本义为饮酒。甲骨文字形中，"饮"的下面是一个酒坛，上面有一个人正低着头，张着大口，伸着舌头，用手扶着坛子，喝着里面的酒。金文在甲骨文的基础上，在左上角加了一个"今"字，"饮"也变成了形声字，"今"作为声旁来使用。"饮"字，后还引申为隐没、藏匿，和"隐"意思相通。现在，"饮"泛指喝，如饮水。用作名词，则有冷饮、饮料、饮食。

瘾
(yǐn)

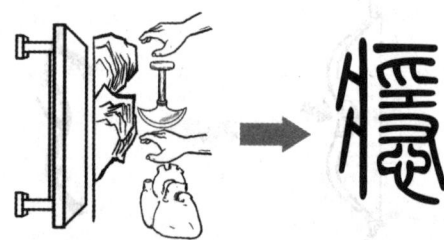

瘾是犹如生病般不由自主的迷恋，想要戒除需要身心两方面的努力。

"瘾"字本义为不良癖好、嗜好，是一个形声字。该字由"疒"和"隐"两部分组成。其中，"疒"用来表示字义，其古文字形像是一张病床，这里是说"瘾"所代表的癖好有点近乎病态；"隐"字用来表示字义，该字有隐藏的意思，这里是说"瘾"这种不良癖好大多是隐藏于内的。后来，"瘾"泛指对某项事物的特殊兴趣、爱好，现在最常引发社会性关注的是毒瘾和网瘾。

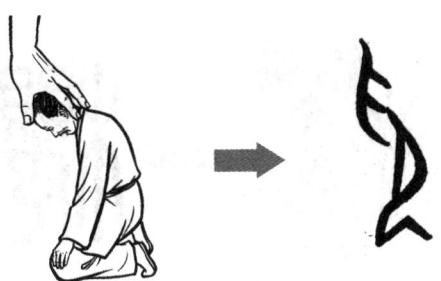

印（yìn）

压抑在人心上留下的印痕，需要很长时间才能平复。

甲骨文的"印"字，字形的左上边，是一个人的手，右下边是一个跪坐在地上的人，合起来就表示上面那个人的手正在压着下面那个人，使其跪拜，这也说明"印"的本义就是压抑、贬抑。"印"本是会意字，也是"抑"的本字。印章出现后，因为每次按印章的时候，都有向下压的动作，"印"就假借作为印章的代称，又新造了"抑"字来表示它的本义。现在，"印"的用法很多，如印刷、手印、印证、印象。

婴（yīng）

对女人来说，婴儿比璎珞要宝贵得多。

"婴"字是一个会意字，和"璎""缨"的意思相通。甲骨文中的"婴"字，右边是一个跪在地上的女人，手里拿着一串贝壳做成的珠子。由此可知，"婴"的本义就是女人戴在脖子上的一种装饰物，类似于现代人的项链。后来，"婴"又引申为动词，意思是缠绕、束缚。现在，"婴"被用于专门指代婴儿。

樱

樱 小篆
樱 隶书
樱 楷体

（yīng）

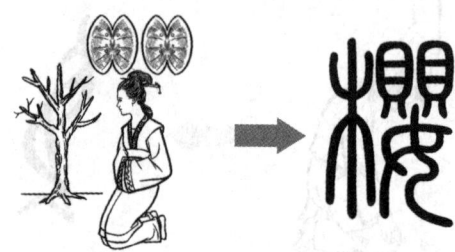

樱花姿色之美冠绝群芳，樱桃滋味之美超越诸果。

"樱"字本义为樱桃，是一个形声字。该字左边为"木"，其小篆文字形看上去像是一棵树，说明樱属于木本植物；右边为"婴"，可用来表示字音。同时，这个字本义为女子戴的项链，这里是说樱桃形状匀称就像是项链上的串珠。现在，"樱"除了指樱桃外，还指樱花，属于一种落叶乔木，花的颜色为白色或粉红色。

鹰

鹰 甲骨文
鹰 小篆
鹰 隶书
鹰 楷体

鹰
（yīng）

为了给人间带来温暖和光明，从天上盗取了火种的普罗米修斯被锁在高山下，每日被鹰啄食肝脏。

"鹰"的本义是鹰属的各种鸟。其字形左边是一个人形，右边则是一只隹正在啄人，人形臂下有一短竖，用来表示人身上被啄掉的肉。可见，"鹰"是一种很凶猛的鸟。为了让后人更好地识别此字，古人又加上了一个鸟形，用来表示字义，而"雁"则用来表示字音，这样"鹰"就成了一个形声字。由于鹰是一种很凶猛的鸟，所以后来比喻为作恶多端的爪牙，如鹰犬，就指的是为虎作伥供人指使行恶的爪牙。

拥抱和音乐一样，是通行全世界的语言。

"拥"字繁体形式为"擁"，是一个形声字，本义为抱。该字左边为手（扌），表明"拥"与手的动作有关；右边为"雍"，可用来表示字音。简体字"拥"右边演变为"用"，同样作为声旁表示字音。"拥"字在古代也通"壅"，意思是阻塞。现在人们常说的"拥抱"沿用的是"拥"字的本义。双手去抱呈包围之势，所以它又有"围着"的意思，如前呼后拥。

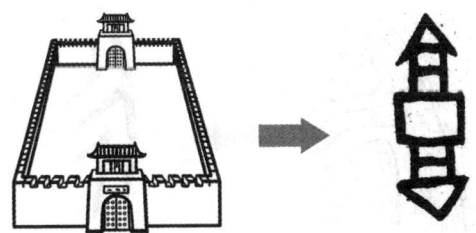

安全地在城池中度过平庸的一生，未尝不是一种幸福。

"庸"的甲骨文字形，上方和下方各有一个尖顶带有台阶的亭子，代表位于古代城池两头的城楼；中间的两条包围的竖线，代表城中四面的围墙和中央的城池。因此，"庸"的本义为城墙、城池。作此解时，"庸"和"墉"相通。"庸"现在常用作形容词，意思是平常的、不高明的，如"庸医"，就是医术不高明的医生。"庸庸碌碌"则是说一个人没有志气，没有作为。

雍

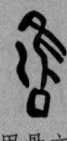

（yōng）

水流壅塞形成了池沼，水面上停着一只雍容的水鸟。

"雍"是个会意字，本义是水流壅塞而形成的池沼。甲骨文的"雍"，左上方是"水"，右上边是"鸟"，右下边是"口"，表示水流在这个地方聚集起来，水面上面还站着一只鸟儿。金文的"雍"，在字形下方又加了个"口"，字义没有变化。小篆的"雍"，两个"口"形变成了"邑"字。现在"雍"常用作形容词，如"雍容"，指文雅大方、从容不迫的样子。

永 派 咏

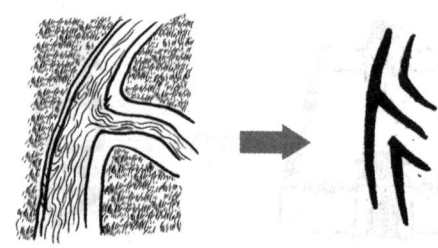

（yǒng）

滔滔大河派生出了几条支流，曲曲折折奔流不息。

"永"字是一个会意字，也是"派"的本字。"派"的左边三点，古代就写作"永"。从甲骨文的字形上看，上游是一条大河，下游派生出了几条小的支流，显现出河水流淌时曲曲折折的样子。由此可见，"永"字的本义就是漫延的流水。后来，"永"还被作为"咏"，表示声音的延续时间长，意思是歌唱、吟诵。现在，"永"字的常用义为久远，如"永远""永久"。

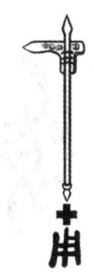 

（yǒng）

不怕失败，不逃避，就是勇敢。

"勇"，是个会意兼形声字，本义为勇气。《说文》认为"勇"字的意旁是"力"，声旁是"甬"。《左传·昭公二十年》中"知死不辟，勇也"，意思就是明明知道会牺牲，但是却不躲避，这就叫"勇"。金文中的"勇"，字形上半部是"戈"字，下半部是"用"。"用"在这里既代表声旁，也代表使用"戈"这种武器的人，勇猛善战。该字的本义沿用至今。

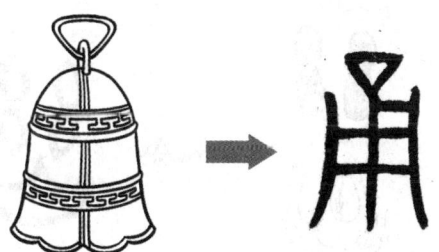

用
（yòng）

一口大钟，一个木桶，都是有用之物。

甲骨文中的"用"字，就像是一座大钟，下方的三个脚是钟口，中间的两横，是钟上镌刻的文字和纹饰，上面的三角，是钟的挂环。"用"是象形字，是"甬"的本字，在本义上还和"镛"的意思相通。另外，甲骨文的"用"字，还像是一个圆形的大桶，桶能提水，对人来说有一定的用处，所以"用"就有了功用、使用的含义。这也是该字现在的常用义。

441

忧

玺文
小篆
憂 隶书
憂 楷体

（yōu）

侧立搔首，若有所忧，为丧父故，忧毁过度？

　　"忧"字本义为忧愁，是一个象形字。在金文中，"忧"字是一个人形，此人面向左边站立，正在举手挠头，好像有什么发愁的事情。在古玺文中，"忧"字上边为"页"，代表头部；中间为"心"，仍然是一副忧愁的样子。"忧"字在古代还有居丧的意思，大多指父母丧。如"忧毁"，意思是因为居父母之丧悲伤过度而伤害了自己的身体。现在，"忧"的用法主要沿用其本义。

幽黝

甲骨文
小篆
幽 隶书
幽 楷体

（yōu）

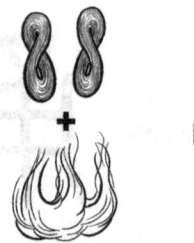 +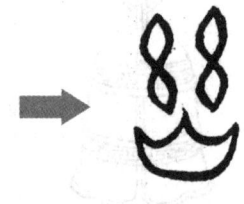

如丝般细小的火焰不能带来光明，反而显得更加幽暗。

　　"幽"的本义是微小的火苗。甲骨文的"幽"字，字形的上半部分是两束丝，下半部分是一团火焰，结合在一起，就是说火焰像丝一样微小。也有认为，"幽"字是"黝"的假借，黝的意思是黑色，所以"幽"有幽深、阴暗之义。段玉裁《说文注》认为，"幽"就是隐藏在山中的石头后面，将身体遮蔽起来。由此，也可引申出退隐、藏匿的意思。后来，还用"幽"来代称各种阴暗邪恶的事物，如幽冥。

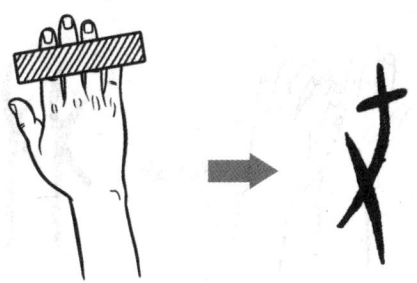 

尤
(yóu)

管住自己的手，不做不该做之事。

在甲骨文中，"尤"字的下半部分是三个手指，它也是一个"又"字，"又"在古时代表人的右手，也用来表示手的活动能力。上面一个短横，像是要将手附着住，使其无法弹。从整体上看，就是要限制人手的活动范围，使得其不能为非作乱。这是"尤"的本义，就是不去做不好的事情，这样才能没有过失。后来由此引申为责怪、归咎之义。现在，"尤"常用作副词，意思是更加，如"尤其"。

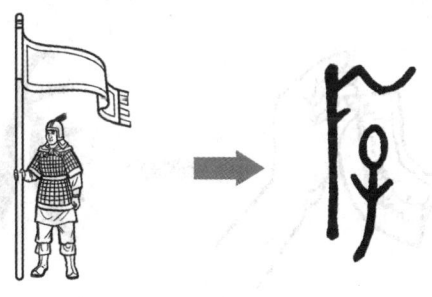 

游
(yóu)

旗子迎风飘动，犹如在空气中游泳。

"游"是个象形字，本义是手里拿着旗子。《说文》认为"游"是旌旗飘动的样子，这其实是"游"的引申义。甲骨文的"游"，字形左边是个旗子的形状，右边是个"人"形，形象地表现出本义。金文的"游"，下方变为水流的形状，表示旗子迎风飘动的样子。"游"后还引申为游水、漂浮，如游泳。用作形容词，"游"还有不固定之义，如游击、游离。

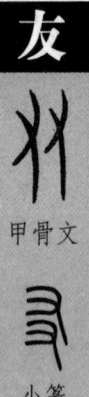
甲骨文

小篆

友
隶书

友
楷体

金文

小篆

有
隶书

有
楷体

（yǒu）

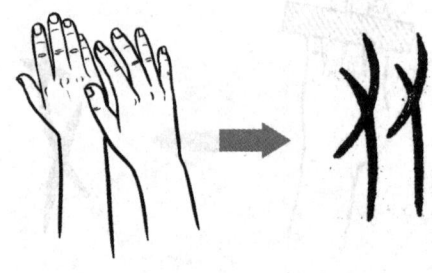

真正的友情是向着同一个方向，共同努力。

"友"字是会意字，本义为朋友。甲骨文中的"友"字，左边一只手，右边一只手，两只手在相同的方向上并拢合在一起，象征两个齐心协力的人，这形象地表明了友就是两个人同时在一个方向上用力，互相互助，共同建功立业，一起努力克服遇到的困难。古代，"朋"和"友"的含义并不完全相同。"朋"有结党之义，而"友"只是说两人关系友善，能够互相合作。

（yǒu）

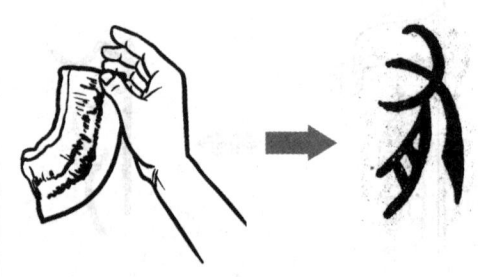

手抓到了就是拥有，二鸟在林不如一鸟在手。

"有"字本义是用手抓物。在甲骨文中，"有"和"又"的字形相同，都是一个右手的形状。从金文开始，"有"字下方加入了一个"月"，"月"在古时代表祭祀用的腊肉，表示手中抓着一块腊肉，意思是获得。"有"字后经过引申，表示所属、拥有，如"我有一本书"。它还表示存在，如"我们之间有很大的差距"。此外，"有朝一日"，这里的"有"有等待之义。

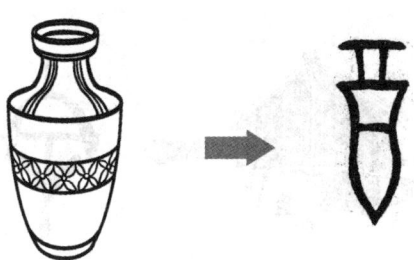

(yǒu)

成熟的黍子酿出了香喷喷的好酒，装满了酒瓶。

"酉"字是"酒"的本字，本义为酒水。其甲骨文字形就像是一个古时候用来装酒的罐子。《说文》中"酉，就也，八月黍成，可为酎酒"，意思是"酉"代表着饱满、成熟，八月份正是黍子丰收的季节，可以用它来酿酒。另外，带有"酉"字旁的汉字，一般都和酒有一定的联系，如发酵、醉酒。后来，"酉"被用于纪时，代指十二地支的第十位，于是后人又造"酒"字来代表酒水。

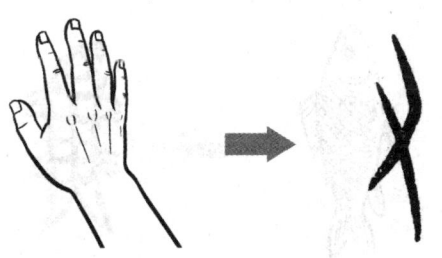

(yòu)

又就是简化了的右手。

"又"字是象形字，是"右"的本字，本义为右手。在古籍中，"又"还经常被假借为右、佑。其甲骨文字形中的三个分叉，代表人的手指。古代一般用"三"表示多数，这里"三"代表人右手的五个手指。由此看出，图中的"手"字此时已经完全符号化，与实际的手形并不相像。"又"的含义，后来也多与手的各种动作相关。"又"也引申为再一次、更进一层的意思，这也是其现在的常用义。

余

(yú)

一间用茅草建成的小屋，简陋却足以安身有余。

"余"是一个象形字，本义是房屋。《说文》中解释说"余，语之舒也"。认为"余"代表舒缓的语气，这是"余"字后来的引申义。甲骨文的"余"，字形就像远古社会人们用茅草搭建的房屋，与"舍"字的意义相同。金文和甲骨文的字形相近。后来，"余"字假借为第一人称代词，本义便不常使用。现在，"余"还表示剩下来的、多出来的，如剩余、多余。

鱼

(yú)

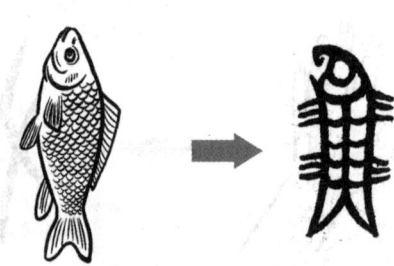

人羡慕鱼的自由，鱼却嫉妒着人的强大。

从甲骨文的字形中，可以清晰地看出这是一个鱼的形象：尖尖的鱼头，两边各带一个鱼鳍，剪刀状的鱼尾，身上还有线条明晰、彼此交叉的鱼鳞。后来汉字经过发展演化，"鱼"字开始慢慢变得不再像鱼。在隶书中，还在鱼下面加上了一个火字，"鱼"字离象形的本义越来越远。另外，"鱼"还用于作为书信的代称，也常被借用为动词，与"渔"相通。

渔
（yú）

授人以鱼，不如授人以渔。

　　从甲骨文的字形上看，"渔"字左边是一条鱼的形象，右边是一只手的形象，上部的弯折，代表钩子的形象，很明显这是一个人正在捕鱼时候的情景。在甲骨文和金文的字形中，"渔"还有多种其他的写法，如有的描写水中鱼儿游动的姿态，有的用鱼竿钓鱼，有的用鱼网捞鱼。"渔"字本义就是捕鱼。根据"渔"字有抓捕的意思，也引申出猎取、掠夺之义，如渔色渔财。后也用于指代别有所图的人，如渔人得利。

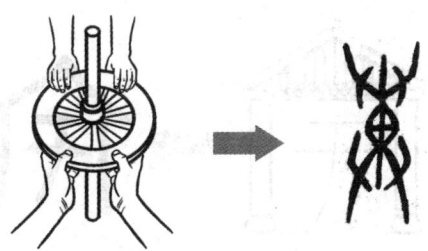

舆
（yú）

人类社会就像一个大车厢，所谓舆论就是众多乘客一起发出的声浪。

　　"舆"的本义为车厢，是形声字。甲骨文的"舆"字，字形的中央是一个车轮，上下左右各有一只手抓住中间的车轮，表示四只手合力造车的场景。"舆"字也作为车马的代称，还可用作动词，意思是乘坐、运载，如舆粮，说的就是运载粮食。《广雅》解释说"舆，多也"，这说明"舆"还有人多的意思，后来所使用的舆论、舆情等也都是这一用法。

与 (yǔ)

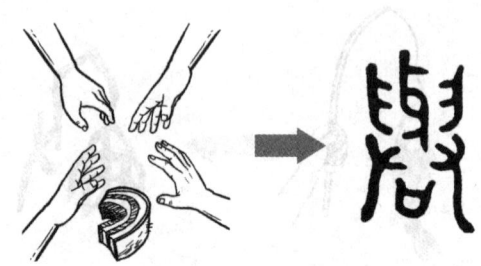

人与人之间相处，要多给予，而不能只想着索取。

"与"是个会意兼形声字，本义是给予。《正字通》中解释为"与，赐也"。金文的"与"，字形外侧是四个"手"，下方是"口"，表示器物，中间的"与"是声旁，合起来就像一个人将某物递给另一个人。小篆的"与"，省略了下方的"口"。楷书繁体的"与"，字形和小篆相近。"与"后来引申为"帮助"。现在，"与"常用作介词，表示"和、跟"，如"我与你"。

宇 (yǔ)

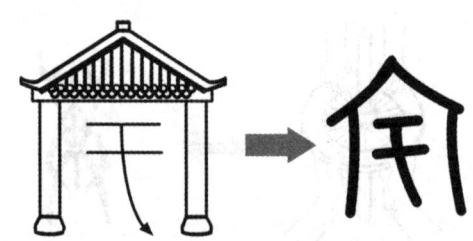

曾是一方超越房屋的屋檐，后来却囊括了上下、四方所有的空间。

"宇"字本义为房檐，是一个形声字。该字上面为宀，其古文字形像是一座房屋，说明"宇"与房屋有关；下边为"于"，可表示字音。同时，"于"有超过的意思，这里是说房檐向外突出超过墙面。后来，"宇"泛指房屋，如"屋宇""庙宇"即是此意。随着汉字的演化，"宇"字所指代的空间范围越来越大，现在人们常说的"宇宙"指的是整个空间。此外，"宇"也指人的仪容，如气宇轩昂。

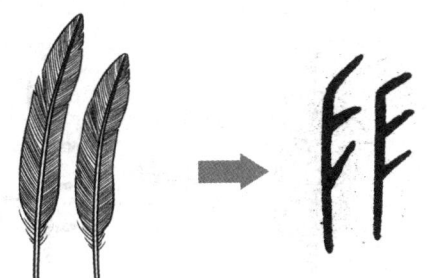

羽
（yǔ）

孔雀爱惜自己的羽毛，君子爱惜自己的名声。

"羽"字是一个象形字，本义是鸟的翅膀和尾巴上舒长而坚硬的羽毛，区别于繁复杂多的细毛。甲骨文中的"羽"字，就是左右相互并列排放的两根羽毛，生动形象地描画了鸟身上这种长羽的形态。"羽"是鸟独有的特征，所以羽还常常代指鸟类。羽毛具有簇拥丰满的形状，所以还用来比喻辅助，如羽翼已成，就是辅佐的人很多，势力已经巩固。

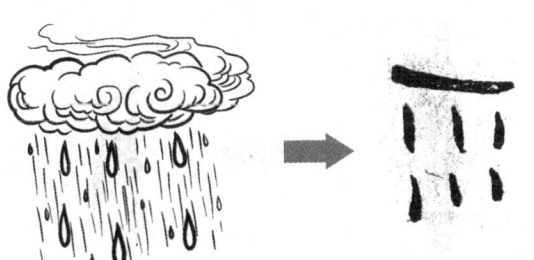

雨
（yǔ）

雨是天、地，阴、阳交互沟通的信使。

"雨"字是象形字，本义为雨水。甲骨文中的"雨"字，上方的一条斜横，代表天空中的云朵，下面的六个点，代表雨滴从空中落下。这种文字形象生动地展现了下雨时的景象。金文中的字形发生了些许变化，在水滴的外面加上了一个外框，像是雨水沿着屋顶上的瓦砾顺流而下。另外，"雨"字还可以用于说明事物的密集，如"雨矢"，就是箭矢像雨一样地落下。

甲骨文

王
小篆

玉
隶书

玉
楷体

（yù）

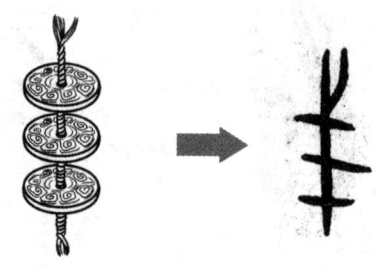

玉有"仁、义、智、勇、洁"五德，谦谦君子，温润如玉。

　　像一根细直的长绳，从上到下，穿着一串玉石，这就是甲骨文中的"玉"字。它形象地表达了"玉"的本义，即一种温润而且能够发出光泽的美石。金文和篆书中的"玉"，形态与"王"字相仿，唯一的区别就是"玉"的三横长短相同，而且横画之间的距离相等。从隶书开始，为了便于区分，就在右下角加上了一点。由于玉石是一种珍贵的饰物，所以人们常用其形容事物的美好与尊贵。

甲骨文

小篆

聿
隶书

聿
楷体

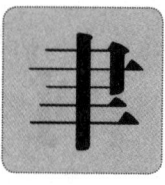
（yù）

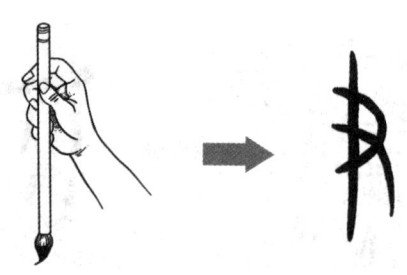

古人用毛笔书写历史，著名建筑师贝聿铭用建筑书写辉煌。

　　甲骨文的"聿"字，左边一条笔直的竖线，代表一支笔；右边一个三叉的形状，代表人的右手。连在一起，就表示人的右手握着笔书写文字的情景。因此，"聿"的本义指的就是毛笔，它也是"笔"的本字。笔在先秦时期的名称并不统一。秦代以后，在"聿"的上部，加上了一个竹字头，才形成了繁体楷书的写法。后来，"聿"作为笔的用法被弃，而只是作为语气助词使用。

育(yù)

母亲生下孩子后,又悉心地养育他/她长大成人。

"育"字是会意字,本义是妇女生孩子。从甲骨文的字形上看,上面是一个头戴装饰物的女人,代表母亲;下面是一个头面朝下的小孩,旁边还有一些水滴,表示母亲对孩子照料得细致入微。在甲骨卜辞中,"育"还和"后"的意思相通,都代表养育后代。古书中,"育"和"毓"是同一个字,后来,"毓"字专用于称呼人名。"育"现在还有教导和训练之义,如教育。

郁(yù)

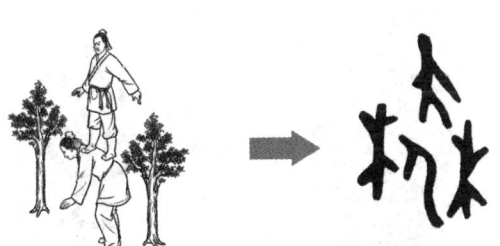

一个人站在另一个人的头上,欺压着对方,后者别提有多郁闷了。

"郁"是个会意字,本义是蹂躏。甲骨文的"郁",字形两侧都是"木"字,代表树林,中间是两个人,一个站在另一个的头上,整个字形就像是一个人在树林中蹂躏他人。小篆的"郁",字形变复杂了,上方的"人"变成了"缶",下方又加入了"鬯"和"彡"。"郁"后来引申为忧愁、烦闷,如"他这几天心情很郁闷"。

狱

（yù）

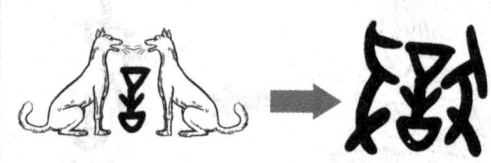

两只狗互相对着狂吠，就是狱。

"狱"字本义是争讼，是一个会意字。在金文中，"狱"字左右两边为两只犬的形状，中间则是"言"，就好像是两犬以言辩解、争斗。后来，"狱"字引申为用来关押犯人的监狱。在我国古代，凡是乡野关押犯人的地方，就被称为"犴"；而在朝廷关押犯人的地方，则叫做"狱"。此外，"狱"用作名词，还用来指代讼案、刑罚。

浴

（yù）

一个人站在大盆里沐浴，溅出了水滴。

"浴"的本义就是洗澡，其甲骨文字形下面放置着一个大盆，盆里站立着一个人，四周还溅出几点水滴，很好地表现了其本义。金文中还没有发现这个字形，从出土的战国时期的楚国帛书中可知，"浴"在此时已经变成形声字：左半边为水，代表洗澡；右半边为谷，表示声旁。"浴"字的本义沿用至今，如沐浴，现在这个词还常比喻受润泽，如"沐浴在阳光下"。

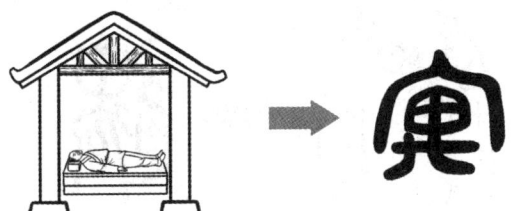

（yù）

人居住在公寓中，深意居住在寓言中。

"寓"字本义是居住的地方，在金文中，该字是一个形声字。其字形上边为一座房屋的形状，代表字义；下边为"禺"，代表字音。"寓"用作动词，意为寄居、居住，如《说文》："寓，寄也。"该字的本义沿用至今，如现在人们常说的"寓所""公寓"，都表示居住的地方。此外，"寓"字还有寄托之义，如"他借用典故，寄寓新意，来表示自己的决心"。

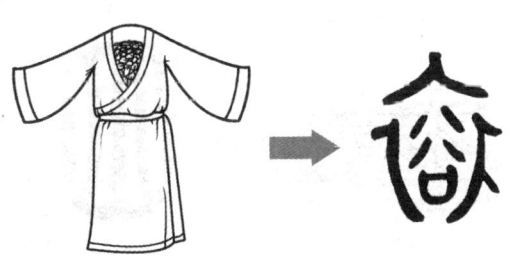

（yù）

衣服多得能够填满山谷，物资真的充裕了。

"裕"是个会意兼形声字，本义是财物充足。金文的"裕"，外部的"衣"是形旁，表示衣物，里面的"谷"，既是形旁也是声旁，表示山谷，意思是衣物多得已经可以堆满山谷，显现出富裕之状。小篆的"裕"，"衣"字放到了左边，字义没有变化。"裕"后来引申为宏大，如《法言·孝至》中"天地裕于万物"，是说天地之大，蓄含着万物。此外，"裕"字本义仍然沿用，如"生活富裕"。

遇
（yù）

遇见，是人生最奇特的事情之一，每一种遇见，都是一次成长。

"遇"字本义为相遇、相逢，是一个形声字。在金文中，"遇"字上边为"寓"，代表字音；左下方为"辶"，代表字义（因为要相遇，一定会行走）。在小篆文中，右边改为"禺"字来表示字音。后来，"遇"字引申为遭受、对待、接触等义。如《诗·卫风·中谷有蓷》："遇人之艰难矣"，意思是遭遇艰难。"遇"用作名词，意为际遇、机会，现在也常常用来指代酬金、薪水。

渊
（yuān）

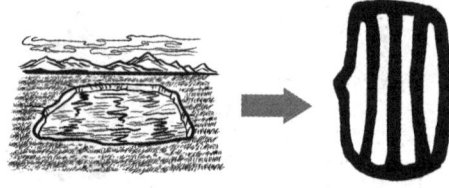

如果你一直盯着深渊，深渊也会盯着你。

甲骨文的"渊"字，外部的一个椭圆形，代表地上的大坑；里面的三条竖线，代表坑里注满了水。整个字形像是一个大的水塘。金文的字形，在水的左右加了两条竖线，代表水塘的岸边；中间加上了一条偏斜的横线，代表水中的波纹，说明站在岸边只能看到池塘中水涡盘旋，却无法知道它有多深。由此可知，"渊"是会意字，本义是打着旋涡的水，或者说深不见底的水塘，后也引申为深渊。

（yuán）

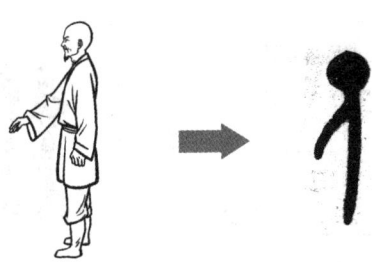

一个剃了光头的人站在那里，头部显得尤为引人注目。

从整个字形上看，这像是一个头发被剃光的人，侧向站立在那里。在甲骨文的字形中，上面的一长横，指代的是人的头部，上面一短横是后来加上去的。根据汉字的造字法则，"元"的顶部应该是一横，其上也可再加一条短横。古代"元"和"兀"的意义相通，经常互相借用。后来，"元"字又引申表示"开始、第一"，如元月指每年的第一个月。

员
（yuán）

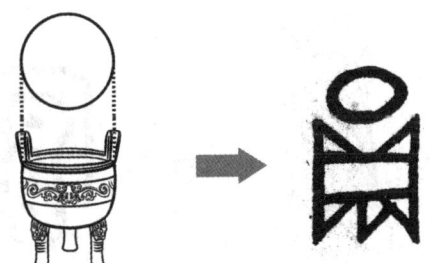

从上面看，用来烹煮食物的鼎口是圆形的。

"员"字的甲骨文字形，是一个古代烹煮食物时候所使用的鼎，下面有三个脚，称为鼎足；中间的两条横线，是烧刻在鼎身上的纹饰；上面的两个角，是鼎耳；上面画的一个圆，代表从上面俯视，看到鼎的口是圆形。因此，"员"的本义为圆形，"员"是"圆"的本字。小篆字形中，下面为贝，代表财货；上面为口，代表人口。所以，"员"字后来也表示数目的多少和丰富的财物，如人员的数额。

垣 (yuán)

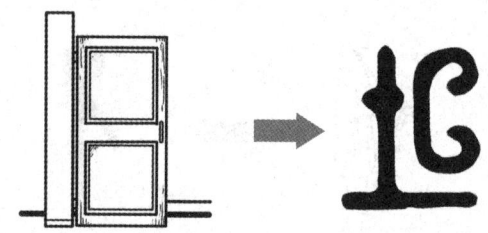

泥土做的矮墙经不起风雨，轻易就倒下成为残垣。

"垣"是个会意兼形声字，"土"是形旁，"亘"是声旁，本义是矮墙。战国石刻文的"垣"，字形左方是"土"字，表示砌筑围墙需要用到泥土；右方就像围墙的形状，外侧还留有出口。小篆的"垣"，字形显得复杂了，右侧的围墙显出环绕的形状。"垣"后引申为一种官职的名称。"垣"字本义沿用至今，如人们常说的"断壁残垣"，形容一片荒凉破败的景象。

原 (yuán)

 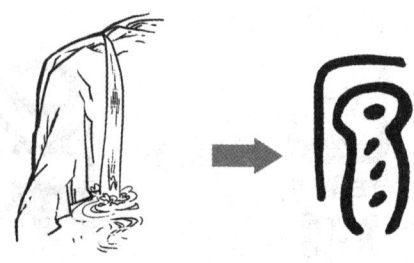

原来，清澈的泉源来自山间。

"原"字的本义是水源，是一个象形字。《说文》中解释为"原，水泉本也"，认为"原"指的就是山泉。金文中的"原"，字形的上方是一个"厂"字，代表嶙峋陡峭的山崖，下面有一个弯折包围着三个点，表示从山间流淌出来一股股的泉水，这个字形生动地表明了"原"的本义。现在，"原"常用作形容词，意思是最初的，原始的，如原本、原来。

缘 (yuán)

缘分成为人与人结识最美丽的借口,也是分别时最华丽的告别辞。

"缘"字本义为衣服的边饰,是一个形声字。该字左边为"糸"(纟),表示字义,其小篆文字形看上去很像是一束丝,说明"缘"与丝絮、布帛有一定的关系;右边为"彖",表示字音。同时,"彖"指的是毫兽,而"毫"是兽的边缘。这里是说"缘"指的是衣服的边饰。后来,又泛指各种事物的边缘。此外,"缘"还指人与人之间的缘分。

緣 小篆
緣 隶书
緣 楷体

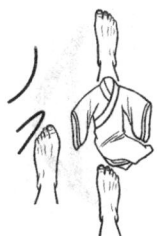

远 (yuǎn)

想要抵达远方,就要走很长的路。

"远"字本义为距离长,是一个形声字。该字繁体形式为"遠",左边为"辶",是"辵"的简体形式,有行走的意思,这里是说因为距离远,所以要走很长的路;右边为"袁","袁"字是说衣服长,这里是说道路很长。简体字"远"右边为"元","元"有开始的意思,这里是说从开始到终点要走很远的距离。后来,该字还指时间上的长久,如久远;也可表示人与人之间的关系不亲近,如"疏远"。

遠 小篆
遠 隶书
遠 楷体

曰 (yuē)

说话时，会不断从口中哈气。

在甲骨文中，"曰"是一个指事字，下面的一个口，表示人的嘴巴。上面的一个横画，表示从人口中说出的话，也是一种指事符号。小篆的字形，在横划中间画了一条竖线，表示说话时不断从口中哈出的气，使字形变得更加形象生动。从隶书开始，"曰"逐渐形成现在的写法。"曰"的本义也是说话，如子曰，就是孔子说。"曰"后来常被用作虚词使用，并没有实在的意义。

月 (yuè)

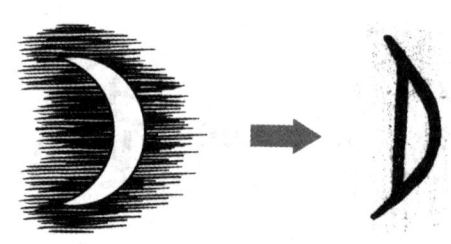

明月几时有，把酒问青天。

"月"字是象形字，在古文中指月亮。甲骨文的"月"字，右边的一条曲线包围着左边的那条直线，生动地展现出夜空中新月出现时半弯形的姿态。在甲骨文和金文中，"月"还常常与"夕"通用，这两个字都能用来表示月亮。篆书形成后，才专用"月"来代表月亮。月亮常表现出不完满的形状，只有当满月时，才会显露出它的全部。由于月亮这种圆缺变化的规律性，古人便将月相变化的一个周期称为一月，形成了后来所说的农历。

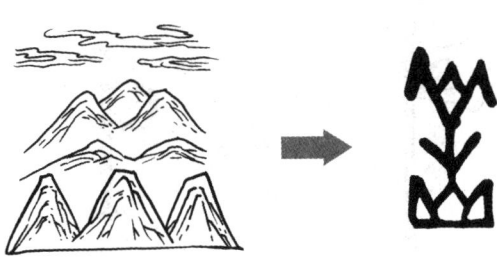

（yuè）

岳父就像矗立在女婿面前的高大山岳，需要严肃对待。

"岳"是一个象形字，本义为高大的山。《说文》认为古代有五大名山，称为"五岳"，即东岳泰山、西岳华山、北岳恒山、南岳衡山、中岳嵩山，这都是帝王经常巡视的地方。甲骨文中"岳"，有如山峦叠嶂之形，上方和下方各是三座隆起的山峰，中间的三折则代表山坳，形象生动逼真。现在，"岳"常用于姓。此外，丈夫称妻子的父亲为岳父。

（yuè）

在屋内清点物品，一一阅览过目。

"阅"是一个形声字，本义为在室内查点、计算事物。《说文》解释为："阅，具数于门中也。"该字外边为"门"，里面为"兑"，"兑"字在古代通"悦"，读音为yuè，表示字音。后来，"阅"字引申为察看，如阅览、阅读、检阅。该字用作名词，有经历之义，如阅历，指的是过去所经历的事迹，如"他的人生阅历很丰富"。

越 (yuè)

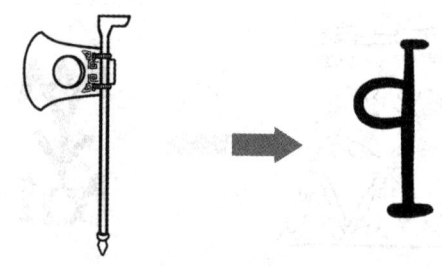

谁不愿穿越时空,抵达自己的梦想之地?

"越"字是一个形声字,本义为行动、越过。在甲骨文中,"越"字字形很像一种兵器钺;在小篆文中,左边加上了表示行走的符号,更加明确地表明了"越"字的本义。在古代,"越"字还有"及、到"之义,如范仲淹《岳阳楼记》:"越明年,政通人和,百废俱兴。"这里的"越明年",即是到明年的意思。后来,"越"字引申为超越、超出等义。它还可以作副词,表示程度加深,如"越快越好"。

云 (yún)

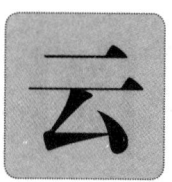

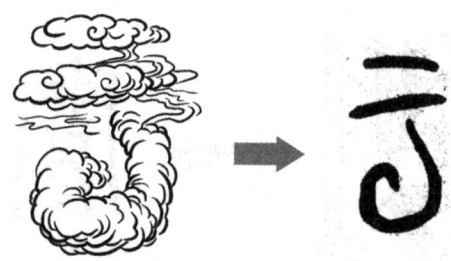

云往东,车马通;云往南,水涨潭;
云往西,披蓑衣;云往北,好晒麦。

"云"在甲骨文中的字形,与简化字类似,意思也相同。上面的两个横画代表天空中的云层;下面的弯曲状代表盘旋往复的云雾,缭绕其间。从这个字形中就可以明显地看出"云"的本义。后来古人另造字"雲"来表示天空中的云彩,而原来的"云"则被借用为说话。现在,这一含义仍然沿用,如"不知所云",意思是不知道说的是什么。

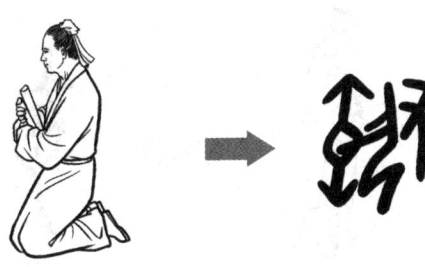 

（yún）

原意是物体不多，所以也容易分得均匀。

"匀"字是一个会意字，本义为少。在金文中，"匀"字由"勹"和"二"组成。"勹"好像人形体弯曲有所包裹，里面的"二"表示所裹很少，很好地体现了本义。后来，"匀"字假借为"均"，意思是分出，如《说文》："匀，调匀也。"此外，"匀"字还有涂抹之义，如卢全在《小妇吟》中说："小妇欲出门，隈门匀红妆。"现在该字常用作形容词，意思是均匀、匀称。

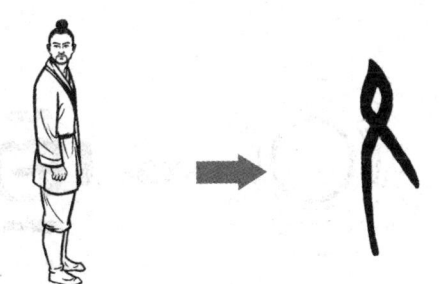 

（yǔn）

不轻易允诺，一旦允诺就要践行。

"允"是个会意字，本义为诚信。在甲骨文中，"允"的字形上方是一个"以"的古字，下面是一个"人"字，"以"的古义是任用，与"人"字相互连接，就代表能够做到用人不二。从整个字形上看，"允"还像是一个人正在转头回望，嘴里还说着一些话，代表言行之间相互一致。现在，"允"常用作东西，意思是认可、答应，如"这件事情还没有得到父母的允许"。

孕

甲骨文

小篆

孕
隶书

孕
楷体

（yùn）

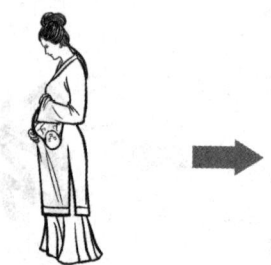

精卵结合的瞬间，一个新的生命孕育而成。

"孕"是一个会意字，本义是怀胎。从甲骨文的形态上看，"孕"字就像是朝左站立的人，中间的"子"字说明她的腹中还有一个孩子。两者相互联系，便可以明显地看出这是一个女人怀胎时候的形象。小篆的形体，上半部分变成了"乃"字，已经看不出人形，下半部分还是一个"子"，字义并没有改变。现在，"孕"也常比喻为新事物的产生。

晕

甲骨文

小篆

隶书

楷体

（yùn）

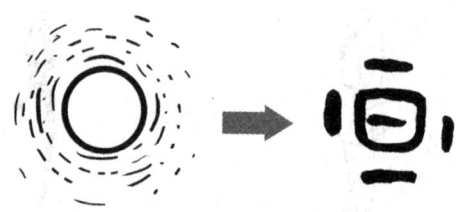

日晕三更雨，月晕午时风。

"晕"是个象形兼形声字，本义是日月周围形成光圈。《说文》中解释为"晕，日月气也。"甲骨文的"晕"，中间是"日"，外围的四点，代表太阳发射出的光芒。小篆的"晕"，变成了上形（日）下声（军）的形声字，字义没有变化。"晕"后来引申为光影或色彩四周模糊的部分，如"晕圈"。此外，该字还可用作动词，如晕倒、头晕。此时读音为 yūn。

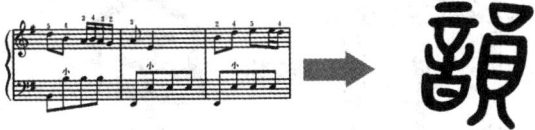
（yùn）

并非所有声音都有韵，只有和谐悦耳的声音才是有韵味的音乐。

"韵"（韻）字本义是和谐悦耳的声音，是一个形声字。在小篆文中，其字形左边为"音"，代表字义；右边为"员"，代表字音。简化字"韵"以"匀"为声，也为形声字。"韵"在古代还是诗词格律的基本要素之一，从《诗经》直到后代的诗词，几乎没有不押韵的。"韵"字现在的常用义为风度、情趣、意味，如"这是一幅很有韵味的风景画"。

（zāi）

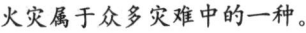
火灾属于众多灾难中的一种。

"灾"字是会意字，本义为火灾。甲骨文的"灾"字，上面的弯折，代表人们居住的房屋，里面为"火"，表示房屋就要着火，预示着灾难即将来临。古人对火灾的描写有两种，其中小的火灾直接称为"火"，大的火灾则称之为"灾"。另外，"灾"还可以用災、烖来表示。其中災象征洪水，代表水涝灾害；烖象征武器，代表兵灾。在简化字中，这两个字已经不用，而统一用"灾"来代替。现在，"灾"泛指一切灾难。

宰

(zǎi)

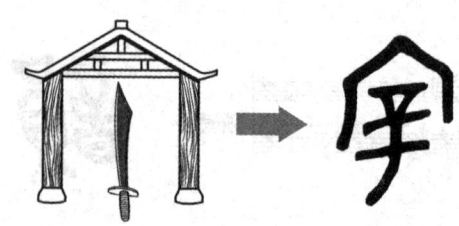

古代的奴隶没有生命保障，随时都有可能面临被宰杀的命运。

"宰"的本义是充当家奴的罪人。还有一种说法，认为"宰"是指古时候，在贵族家中管理家奴的管家，如《说文》中"宰，罪人在屋下执事者"。从甲骨文的字形上看，上面是一个房屋的形状，代表一个家；下面是一个"辛"字，代表刻字用的刑刀。连在一起，就表示给在贵族家里做工的奴隶脸上都刻上记号，以便进行管理。另外，"宰"还被引申为宰杀牲畜、分割疆土之义，如烹羊宰牛、宰割天下。

载

(zǎi)

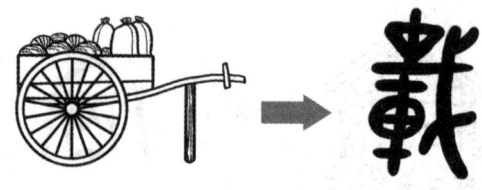

车用来装载东西，这种功用已经持续了千秋万载。

"载"字在金文中是一个形声字，其字形左边为车，代表字义；右边为"灾"的最初表现形体，代表字音。因此，"载"字的本义与车有关，此时读 zài 如装载、运输、乘坐。"载"用作名词，意指车、船等交通工具。"载"用作名词，有"年"之义。夏朝时称年为"岁"，商朝称年为"祀"，周朝时就称"年"，而在唐虞时则称其为"载"。现在，人们常说的"三年五载"也有此义。

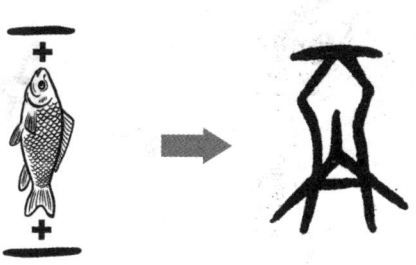

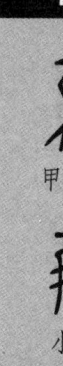

（zài）

有第一次，就会有第二次。

甲骨文的"再"，字形的中间有一条鱼，上下又各加上了一条横画，表示第二次的意思。古文中"再"和"二"有一定的区别，两两相对，就用"二"来表示；一个一个相互堆叠，就用"再"字。现在，"再"常表示"更加"，如"再勇敢一点"。此外，这个字也可表示先后顺序，如"先写作业，再看电视"。

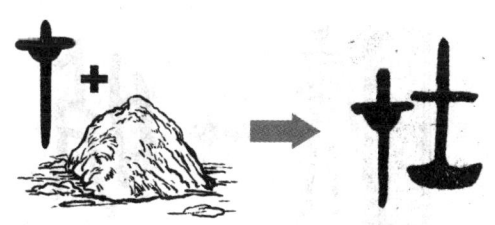

（zài）

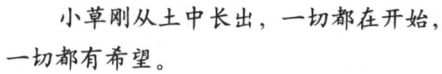

小草刚从土中长出，一切都在开始，一切都有希望。

"在"的本义是生存、存在，表示小草从土里刚刚长出来的状态。从小篆字形上看，它是一个形声字，字形左边的"才"是声旁，右边的"土"是形旁，代表其本义。商代卜辞中，也常常将"在"写成"才"。后来，该字又引申为居住、处在，如《尚书·尧典》中"朕在位七十载"，意思就是尧帝处在帝位上已经有七十多年。后来，经过词性变化，还用来表示时间、地点，如正在、所在。

臧 (zāng)

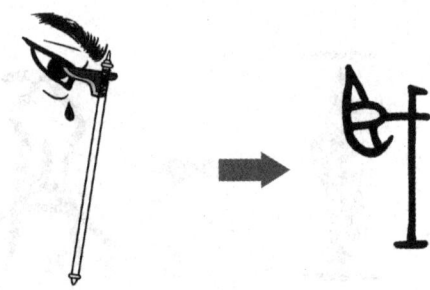

用武器刺伤奴隶的眼睛，以防止其逃跑，这就是"臧"。

甲骨字形的"臧"字，左侧是一个人的眼睛，右边是古人打仗时候用的武器"戈"。两者相连，就表示用戈这种武器去刺伤眼睛。这就是"臧"字的本义。先秦时期，正处于奴隶社会，奴隶主经常用这种方法来管理奴隶，弄瞎他们的眼睛以防止其逃跑。在篆体中，字形中间加上了一个"臣"，表示这个字指代的是奴隶，外部的"戕"，则表示伤害。"臧"也常与"藏"通用，表示收集。现在，"臧"常用于姓。

葬 (zàng)

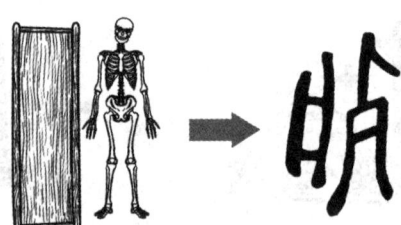

为死者穿好丧服，将其葬入野草丛生之处。

"葬"是个会意字，本义是人死后，用草覆盖后埋入土中。甲骨文的"葬"，左边像一个床，中间是个"人"形，右边是个"骨"，合在一起就表示人死后尸骨躺在床上即将下葬的情形。上古时代，人们用野草来遮身蔽体，所以一般也用这种衣服来装扮死者，整个字形就表示人死后盖上草席，埋藏在野草丛生的地方。现在，"葬"泛指处理尸体的方式，如土葬、火葬。

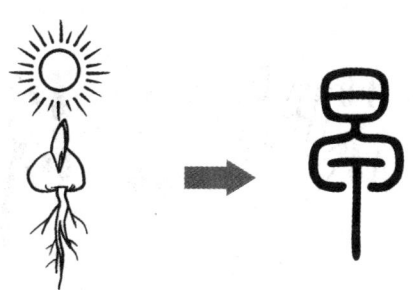 

（zǎo）

早晨是一天之中时间最早的时候。

"早"字本义为早晨，是一个会意字。在小篆文中，其字形上边为日，下边为甲，甲字的古文字形像"十"，看上去像种子皮开裂的样子。这里是说，天将破晓，太阳冲破黑暗就是早晨。后来，"早"字又引申为副词，意思是时间靠前的，与"晚"相对，如"早退""早逝"。用作形容词，意为"在平生的早期，在年轻时"，如"他早年当过兵"。

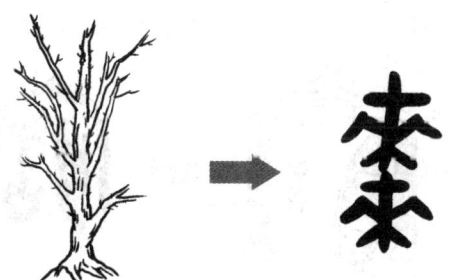
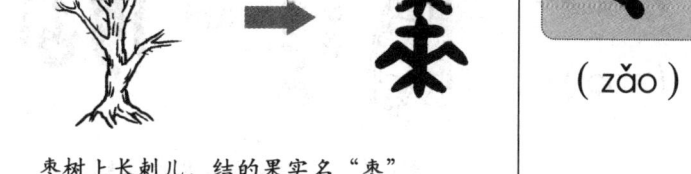

（zǎo）

枣树上长刺儿，结的果实名"枣"。

"枣"（棗）字是一个会意字，在金文中，"枣"（棗）字由上下两株带刺的树木组成。因为枣树一个很明显的特征，就是枝上有刺儿，所以"枣"字的本义就是枣树。在小篆文和隶书中，"刺儿"的表现形式也发生了一定的变化。"枣"不仅指枣树，也指枣树上结的果实。现在，枣成了人们喜欢的养生保健食品。

澡 (zǎo)

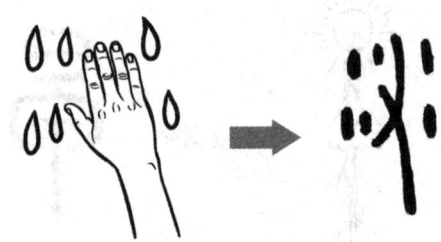

洗手，能洗去手上的污垢；澡心，则能洗涤心灵。

"澡"字本义为洗手，是一个会意字。在甲骨文中，"澡"字中间是一只右手的形状，其中有六个小点，很像水滴，意思是用水洗手。而在小篆文中，"澡"字左边为"水"，代表字义；右边为"喿"，代表字音。这样，"澡"字又变成了一个形声字。后来，"澡"字引申为改过、修炼之义，如澡心，是改过自新的意思；"澡雪"，即改正、洗雪。现在，洗澡指沐浴全身。

造 (zào)

 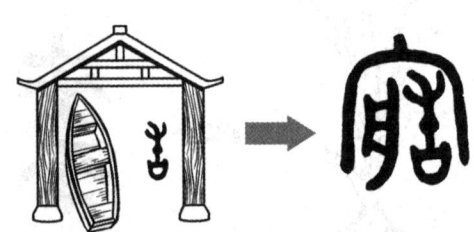

制造船只，能体现人类的创造性。

"造"字本义为造舟，即制造船只。该字既是一个会意字，又是一个形声字。在金文中，"造"字外围是一座房屋的形状，内部靠左边为一只小船（舟），意思在房屋内制造小船。内部靠右为"告"，用来表示字音。后来，"造"引申为制造、制作、创造、制定、建立等义。"造"字用作名词，意为成就。此外，"造"通"猝"，意思是忽然、仓促。

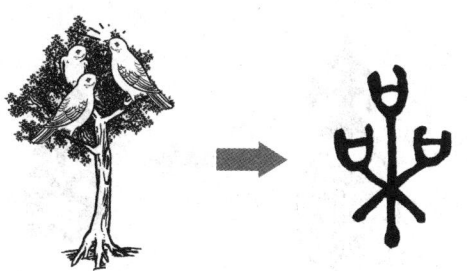

噪
（zào）

过去是鸟儿鸣叫，现在是杂乱噪声。

"噪"字本义为鸟叫，是一个会意字。在金文中，"噪"字字形很像一棵树，上边有三个"口"，好像几只鸟儿站在枝头鸣叫。唐朝韩愈《永贞行》："狐鸣枭噪争署置，瞬䀹跳踉相妩媚"，这里的"狐鸣枭噪"比喻小人气势十分嚣张。后来，"噪"字引申为喧哗，大声喧嚷，如噪嚷。此外，这个字现在也指代声音杂乱，如噪声。

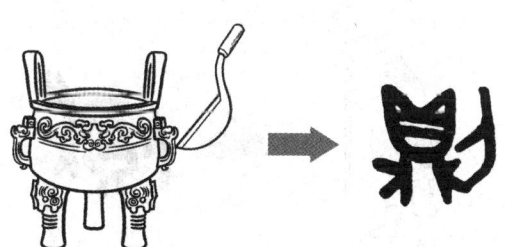

则
（zé）

在铜鼎上刻下各种法则命令，下令让人民遵守。

"则"是个会意字，本义为准则、法则。古代的君王，常常将各种规章法令刻写在铜鼎上，以便让人遵守。这种情形生动地体现在了"则"的古字形。金文的"则"，左侧是一尊大鼎，右侧是一把刀，刀的锋刃正好紧贴着鼎身，表示要在鼎上刻画各种文字符号。在小篆的字形中，左边的"鼎"变成了"贝"。"则"后还引申为助词，表示两件事情之间的联系，如"欲速则不达"。

责 (zé)

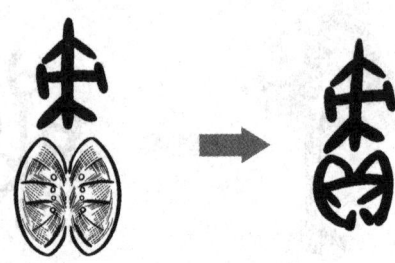

欠债要还,这是债务人的责任和义务。

"责"字既是一个会意字,又是一个形声字。在甲骨文中,"责"字上边为"朿",下边为"贝",其本义是索取财物。如《说文》:"责,求也。"在古代,"责"也可用作名词,表示欠别人的财物,也就是债务,后来被"债"取代。"责"字引申为责备、斥责、惩罚等义,如"责备某人的过错"。另外,"责"责任、职责之义,如"教书育人是教师应尽的责任"。

贼 (zéi)

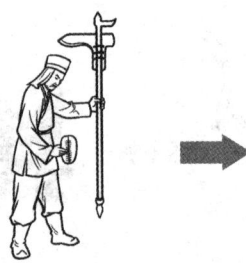

过去的贼作乱叛国,现在的贼小偷小摸。

"贼"字是一个会意字。在金文中,其字形很像一个人手持戈,掠夺财物(贝指代财物)。因此,"贼"字本义为偷盗、掠夺。此外,"贼"字字形看上去也很像一个人手持戈破坏财物,所以该字也有破坏之义。在先秦两汉时期,"贼"专门用来指作乱叛国危害人民的人。"贼"用作形容词,意思是邪恶的,不正派的,残暴的,狠毒的,如"贼心不死"。

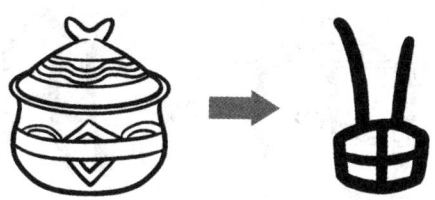

曾（zēng）

蒸饭用的饭甑，曾经是许多家庭的必备品。

"曾"字是"甑"的初字，本义是一种炊器。该字是一个象形字，在甲骨文中，其字形很像古代蒸饭用的炊器。在金文中，炊器的形状表现得更加生动形象，上边为盖子，下边还有底。后来，"曾"被借用为虚词，所以就用"甑"代替"曾"来表示炊器的意义。现在，"曾"（céng）常表示从前经历过，如曾经。此外，"曾"还有另一个读音zēng，用来表示中间隔两代的亲属关系，如曾祖父。

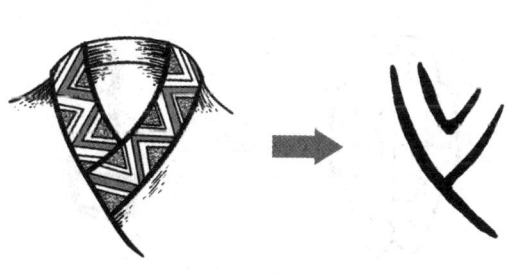

乍（zhà）

制作衣服就是"乍"。

在商周时代的金鼎文中，"乍"常常与"作"通用。在甲骨文中，"乍"的字形看上去像是上衣的衣襟处，也像是领口的形状，所以"乍"的本义就是制作衣服，也是"作"的本字。《说文》中的解释是"止也，一曰亡也"，认为"乍"是忽然的意思，又可写成"亡"。这是"乍"后来的引申义，并且一直沿用至今，如"乍一听，他的话还挺有道理的"。

471

宅 (zhái)

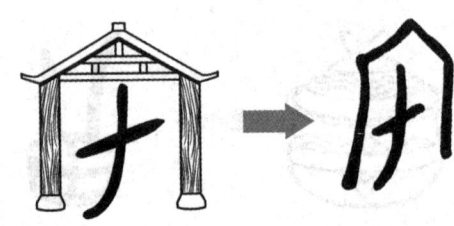

宅是居家之所，也是一种生活态度。

"宅"是个形声字，"乇"（zhé）是声旁，"宀"（mián）是意旁，本义是处所、住所。甲骨文的"宅"字，外部就像是一个房子的形状，里面是"乇"的古字形。金文的"宅"，字形和甲骨文相近。古代，"宅"也用于指代大的家族，如《红楼梦》中"宁荣两宅"意思就是住在宁国府和荣国府的贾氏家族。现在，人们常说某人很"宅"，意思是这个人不经常出门，或痴迷于某物，或依赖着网络。

占 (zhàn)

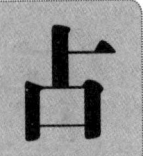 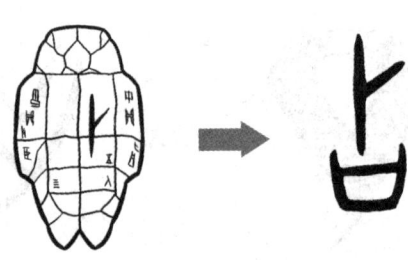

古人几乎每做一个重大决定，都会用占卜来推测祸福吉凶。

"占"是古代的一种卜筮形式，本义是古人通过察看龟壳和兽骨上面的裂纹或蓍草的排列情况来推测人世间的吉凶祸福。在甲骨文的字形中，上半部是一个"卜"，形状像是占卜时候用的蓍草，也像是龟甲上裂开的纹线，都代表这种占卜的活动。下半部是一个"口"，代表某人正在说话，好像巫师正在告诉人们向神灵占卜的结果。"占"也读 zhàn，如占领、占有。

斩 (zhǎn)

亚历山大一剑斩断了马其顿之结，于是成为最大的君王。

"斩"字本义为砍、杀，是一个会意字。在战国印文中，"斩"字左边为"车"，右边为"斤"，指代斧钺。我国古代就有车裂的刑罚，而斧子也是一种杀人的工具。在古代史料中，"斩"还有剪裁之义，特指丧服不缉下边，如《广雅·释诂二》："斩，裁也。"现在，"斩"字泛指砍断东西，如砍柴。人们常说的"斩钉截铁"，比喻处理事情或说话干净利索，毫不犹豫。

章 (zhāng)

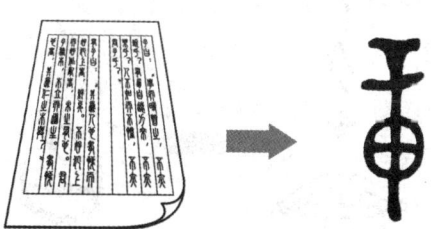

用规章制度来约束罪恶的发生，是一种行之有效的办法。

"章"字的本义为规章、法令，是一个会意字。在金文中，"章"字上边为"辛"，指代刑刀；下边为"曰"。"辛"代表罪恶，"曰"横在下边，表示约束罪恶的行为。因此，"章"字本义是约束罪恶的规章、法令。"章"字通"彰"，意思是表彰、显著。在先秦、两汉时期，两个字可以通用，但在汉朝以后，在表达此意义时，"章"字被"彰"替代。现在，"章"的用法则有文章、乐章、杂乱无章，等等。

账

賬 小篆
賬 隶书
賬 楷体

账
（zhàng）

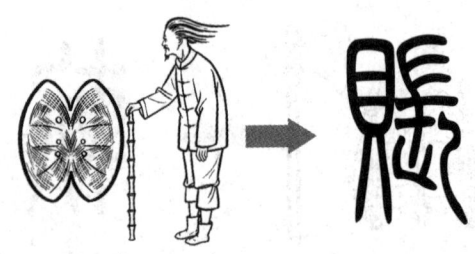

秋后收获了庄稼，终于有了收入，欠下的债务都可以还清了，所以要"秋后算账"。

"账"字本义为账目，是一个形声字。该字左边为"贝"，表示字义。"贝"在古代曾充当货币，这里说明"账"与钱财有关；右边为"长"，表示字音。同时，"长"有增加的意思，这里是说账目不断增加。"账"字本义沿用至今，如"账本""记账""账簿"，等等。此外，这个字还有债务的意思，如欠账，就是欠债的意思。现在，人类社会没有一天不和账目发生关系的。

召招诏

召 甲骨文
召 小篆
召 隶书
召 楷体

召
（zhāo）

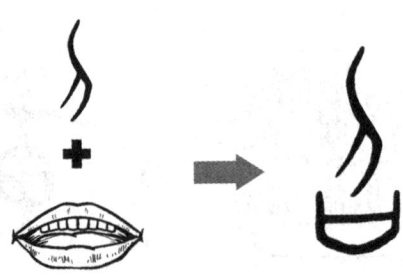

召唤他人来住处，拿出酒肉待客人。

"召"字本义为召唤，是一个形声字。上面的"刀"是声旁，下面的"口"是形旁，表示从口中说出。从甲骨文和金文的字形上看，上面像两只手，下面是个大缸。连在一起，是说两只手从缸中取出各种酒肉来招待客人。所以，"召"还有招待、邀请的含义，在古时可以和"招""诏"相互通用。此外，"召"还意为招致、引来，如"召祸"，就是招来灾祸的意思。

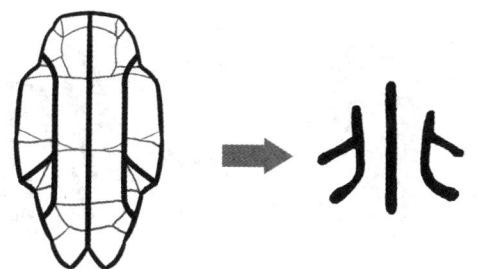

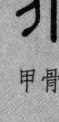
（zhào）

古人看龟甲裂纹可预测吉凶，今人看各种征兆可预知未来事。

"兆"字是个象形字，本义为古代占验吉凶时灼龟甲所成的裂纹。金文的"兆"字，中间有一条竖线，代表古人烧灼龟甲后在其上所形成的一道裂纹；字形两边各有一个"卜"字，代表这种活动与占卜有关。整个字形是说，占卜的人需要根据龟甲两面的裂纹来判断事情的吉凶，也代表占卜一件事情的好坏。小篆的字形，变为三个"卜"字，变得更加繁复。现在，"兆"指事物发生前的症候或迹象，如地震的征兆。

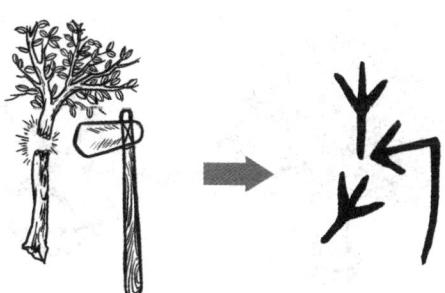

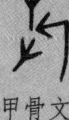
（zhé）

树木被砍成两段，再也无法复原。

"折"字的甲骨文字形，左边是两个"木"，代表两截断开的木头；右边是一个"斤"，代表斧头。整个字形的意思，就是用斧头将树木砍成两段。因此，"折"的本义就是断开、折断。后来，左边的两块断木，逐渐演变为"手"字，意思是手里拿着斧头去弄断各种东西。现在，"折"的用法则有夭折、曲折、周折、折寿等。此外，该字还读 shé，意思是断，如树枝折了。

哲 (zhé)

"爱智慧""追求智慧"就是哲,"爱智慧的学问"就是哲学。

"哲"字本义为聪明,有智慧,是一个形声字,如《说文》:"哲,知(智慧)也。"在金文中,"哲"字上边为"折",表示字音;下边为"心",表示字义(聪明)。古代将那些有着超常才能与见识的人称为"哲人",而在某些方面有很深造诣的人则被称为"哲匠"。此外,"哲"字还可表示对他人的一种尊称、敬称,如哲兄,指的是对兄长的尊称;哲昆,对他人兄长的尊称,等等。

者 (zhě)

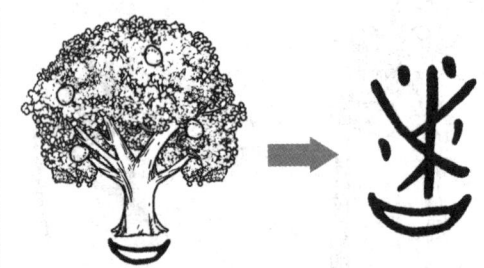

原来是一棵楮树,现在作为人的代称。

"者"字是一个象形字,在金文中,其字形上边很像一棵楮树,其中的四点表示结的果子,最下边的"口"是附加的表形的符号。因此,"者"的本义为楮树,一种树名。"者"为"楮"的初字。后来,"者"字本义逐渐消失,而被应用最多的则是它作代词。如《老子》:"知人者智,自知者明。"这里的"者"指代人。此外,"者"还表示语气助词,如"陈胜者,阳城人也"。

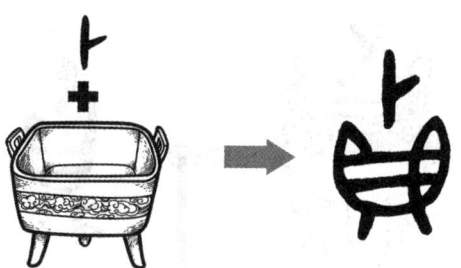

(zhēn)

利用火具来占卜,就是贞的本义。

"贞"的本义是占卜。在甲骨文的写法中,"贞"和"鼎"的写法相同,鼎本来是古人烧火做饭用的器具,后来也经常用于祭祀,意为用火具进行占卜。金文的字形中,在"鼎"的上部又加了一个"卜"字,明确说明"贞"有占卜之义。《说文》认为贞是一个会意字,意思是占卜,其字义来源于卜,下面的"贝"是"赟"(是一种古代拜见尊长所送的礼物)的简写。"贞"字后来引申为坚贞、贞操。

(zhēn)

生命宝贵,但人生中还有一些比生命更值得珍惜的事物。

"珍"字本义为珠宝等宝物,是一个形声字。该字左边为"王",其字形看上去像是一串玉,说明像玉一样非常宝贵;右边为"㐱",可表示字音;同时,"㐱"字有发光的意思,这里是说珠玉珍宝有很多光泽。现在,"珍"泛指一切宝贵的东西。用作形容词,意思是宝贵的、贵重的;用作动词,则有看重、珍爱、珍惜之义,如"每个人都要珍惜自己的生命"。

真

| 甲骨文 | 小篆 | 隶书 | 楷体 |

真
（zhēn）

最真实的东西才是最珍贵的。

"真"字是一个形声字，本义为珍贵。后来，"真"字引申为"真实、真切"，与假相对。为了与本义区分开来，古人又造了"珍"字，专门用来表示珍贵。"真"字用作名词，意为本性、本原。道家将存养本性或修真得道的人称为"真人"。现在，"真"还常用作副词，如真好。

振

| 甲骨文 | 小篆 | 隶书 | 楷体 |

振
（zhèn）

人生是一场远行，振作精神才有抵达终点的可能。

"振"字是一个形声字，在甲骨文中，"振"字左边是一个表示某种动作的符号，代表字义；右边为"晨"，代表字音。在金文中，下边为"止"，旁边还有小点，代表振动；上边为"辰"，代表字音。因此，"振"字的本义是振动。"振"字通"震"，有震撼、震惊之义。后来，"振"引申为振作、奋起之义，如"振奋精神，从头开始"。

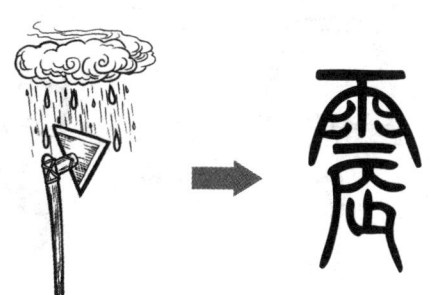

一个霹雳，雷声震动大地，也震惊了地面上的人。

"震"字本义为极雷，即霹雳，是一个形声字。该字上边为"雨"，表示字义，说明下雨时常常会伴随有雷声；右边为"辰"，表示字音，同时"辰"是日、月、星的通称，有天上的意思，这里是说打雷是一种天象。后来，"震"字引申为动词，意思是震动，如地震、震耳欲聋。它还指人的情绪过分激动，如"他被这突如其来的场景震惊了"。

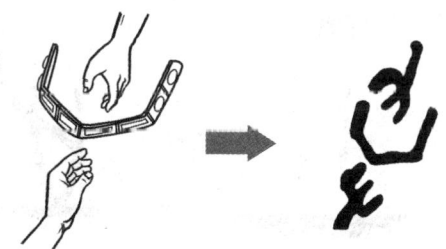

竞争非常残酷，却又是生存的天然法则。

"争"是个会意字，本义是争夺。《说文》认为争就是各种事物互相竞逐。甲骨文的"争"字，字形的上方和下方各有一只手的形状，中间有一条曲折的弯线，表示某种物体。合起来的意思就是，两只手正在争夺中间的这个东西。金文的字形与甲骨文相仿，只是中间的弯线变成了一个像耕犁一样的形状。"争"还有力求实现的意思，如争取、争气。

正 征

甲骨文 小篆 隶书 楷体

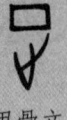
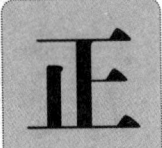
（zhèng）

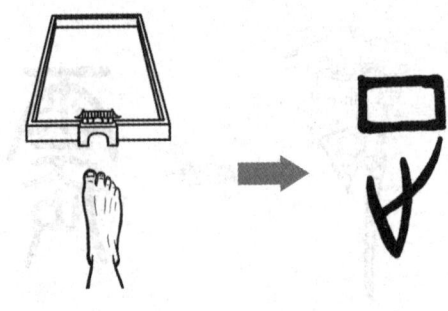

正对着目标前进，绝不歪斜偏离。

"正"字是指事字，本义是平正、使不偏离。从甲骨文的字形上看，上面的一个长方形，代表的是古代的城邑，象征方位、目标；下面的三叉状，就像是人的脚。两者连在一起，就是说这个人正在朝着这个城市的方位不偏不斜地走去。在甲骨卜辞中，有"王来正人方"，这里的"正"是"征"的本字。后来，"正"还被借用代表品行，有改正、端正之义。

之

甲骨文 小篆 隶书 楷体

（zhī）

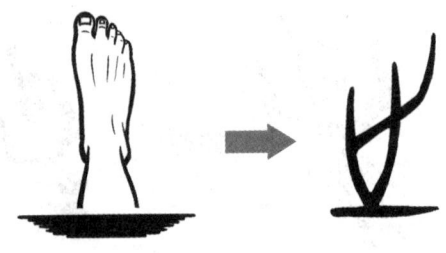

向着目标前进，绝不改变。

甲骨文中的"之"字，上方是一个人脚的形状；下面是一个"一"字，代表方向和目标，象征这个人正在朝着这个目标前行。因此，"之"的本义就是去往某地。另一种看法认为，这个字形像是一个从地上生长出来的枝蔓状植物，如《说文》认为"之"就是生长出来的意思，象征各种草木破土而出，向着枝叶繁茂的方向发展，"一"代表的是土地。现在，"之"常用作助词，表示"的"。

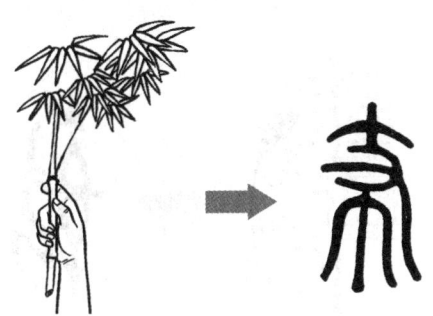 

支（zhī）

去掉枝叶，剩下一支干净的竹枝。

　　"支"的本义是去除枝叶的竹子，是一个会意字。上古字形中的"支"字，上下两部分就像一根带有两片叶子的竹，下面还有根须的形状，夹在中间的，就像是人的右手握在竹枝的中央，从而形象地刻画出用人手去采摘竹枝的情形。在古文中，"支"也常代指枝条，和"枝"相通。后来还引申为支流、支脉之义。它现在也常用作动词，如支出、支援、支撑等。

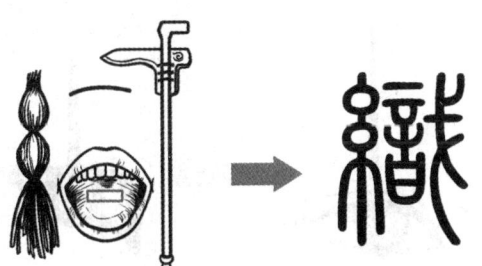 

织（zhī）

手织的"温暖牌"毛衣，总是比机织的更暖身暖心。

　　"织"字本义为纺织，是一个形声字。该字繁体形式为"織"，左边为"糸"（纟），其小篆文字形像是一束丝线；右边为"戠"，"戠"字有聚合的意思，而纺织、编织同样有聚合的意思。简体字"织"，右边为"只"，可以表示字音，同时还说明只用丝或纱就能纺织。后来，"织"引申为编织各种东西，如"妈妈为我织了一件好看的毛衣"。

甲骨文

小篆

隶书

楷体

（zhí）

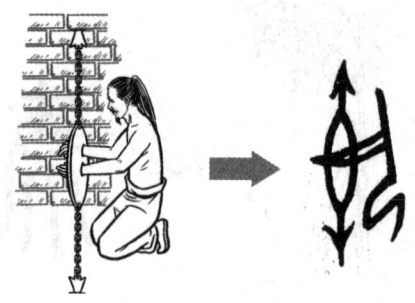

给犯人铐上枷锁，是执法人员的工作。

"执"是会意字，本义是拘捕、捉拿。甲骨文的"执"字，右边是一个跪坐在地上的犯人，右边是一个枷锁。整个字形的意思是，右边的那个犯人，双手正被左边的枷锁紧紧铐着，这种情形，也正迎合了"执"的本义。《说文解字》认为执，就是缉拿犯人的意思。由"执"的本义，后来也引申出操持、主管和掌控之义，如执掌、执法、执鞭等。

甲骨文

小篆

隶书

楷体

（zhí）

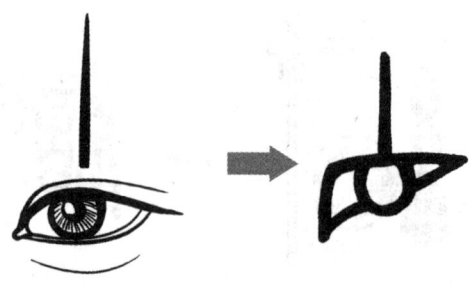

视线是直的，因为光是按直线传播的。

"直"字是会意字，本义为不弯曲。从甲骨文的字形上看，像是一个眼睛的上方，画了一条笔直的线条，代表从眼睛发出的视线是笔直的。金文的字形，在甲骨文的基础上，在左边加了一条折线。另外古人还常常用"直"代替"值"，表示事物的价值。"直"字现在常用于表示一个人个性爽快、坦率，如"他说话比较直，有什么说什么，从不拐弯抹角"。

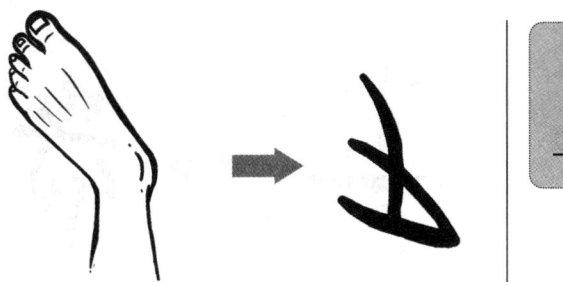
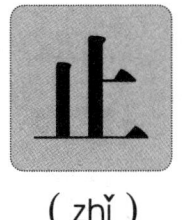

懂得在应该停止的时候停止，是一种大智慧。

甲骨文中的"止"字形就像是人的一只脚：上面的三个斜线，代表脚趾头；下面的三角状，代表脚掌。脚趾头简化为三个，说明这已经不是简单的图画，而成为一种固定的文字符号。"止"是一个象形字，本义也就是脚，是"趾"的本字。后来，古人在左边加上表示"脚"的"足"字指代脚趾，而则"止"用作动词，意为停住不动，如止步不前。

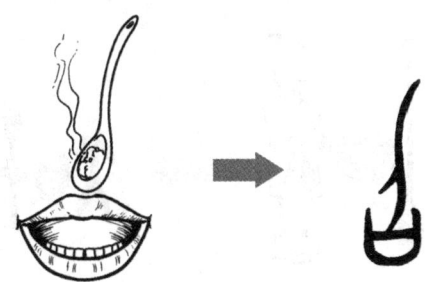

一支箭从天而降，正好射中了地面上的目标。

甲骨文中的"至"，下面的一横画，代表地面；上面像是一支利箭。整个字形的意思是，一支箭从天而降，正好射中地面上的目标。因此，"至"的本义为到达。《说文》认为"至"字是象形字，它的字形就像是一只鸟儿从高处飞到低处，然后落在地面上，"一"就像是地面，代表了"至"的本义。古人常常用"至"来表示到达之义，后来便逐渐用"到"来代替。现在，"至"则常用于表示"最、极"之义，如至纯至真。

志

(zhì)

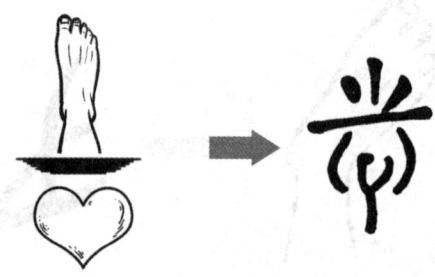

志向常常深埋于心，而非宣之于口。

"志"是个形声字。在古字形中，"志"字由上部的"心"和下部的"之"字构成，两字都是"志"的意旁，其中"之"也作声旁。"志"的本义是志气和意愿，即心里没有表露出来的长远打算。"志"引申为记忆，如《史记·屈原贾生列传》中"博闻强志"，意思就是他知识广博，能够记住很多事情。另外，"志"还是"帜"的通假字，意思是旗帜。现在，"志"的本义就是其常用义。

智

(zhì)

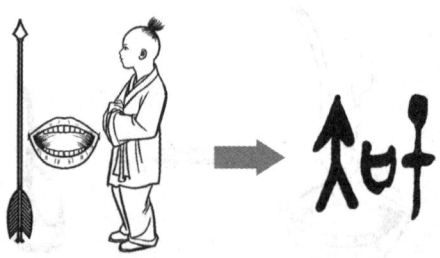

见微知著，能预测事物的发展方向，就是一种智慧。

在金文中，"智"字左边为"箭"（矢），中间为"口"，右边为"子"，左右两边合起来为"疾"，即"子"中箭（矢）会生疾。意思是，口中说对方放箭了，并因中箭而生疾，由此产生"知道情况"的含义。而"智"是"知"的后起字。因此，"智"字既是一个会意字，又是一个形声字。在古代汉字中，"疾""知""智"三个字读音是相同的。后来，"智"字引申为智慧、智谋等义。

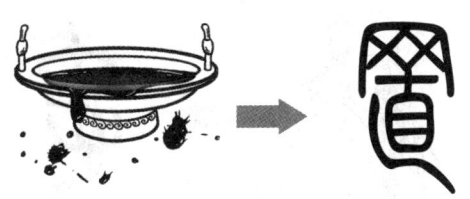

(zhì)

曾被抓住的人即将被赦免、释放，回到原来属于自己的位置。

"置"字是一个会意字。在小篆文中，"置"字外围很像一张大网，里面为"直"，意思是网是"直"的，意味着身在网中的人会被赦免罪行，最后释放。因此，"置"字的本义为赦罪，释放。同时，"置"字还是一个以"网""直"代表字义，以"直"代表字音的形声字。后来，"置"引申为安放、搁置一边、设置、位置等义，如"他将礼物置于一边，不再理会"。

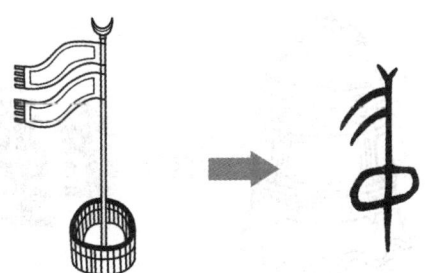

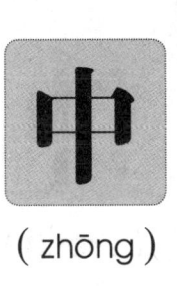

(zhōng)

原以为地球是宇宙的中心，没想到谁也没找到宇宙的中心。

甲骨文的"中"字，字形下方有一个圆圈，代表一圈围起来的栅栏。上方两条弯曲的折线，代表迎风招展的旗帜，一条竖线从上而下贯穿圆形，代表旗杆正好插在于栅栏的正中央。这形象化地展现了"中"的本义，即中间、中央。金文的字形，像是一根旗杆从圆穿过，上面有旌旗，下方有飘带，而圆环则正处其中，更加贴合字义。"中"还读 zhòng，如中意、中奖、中计。

忠

（zhōng）

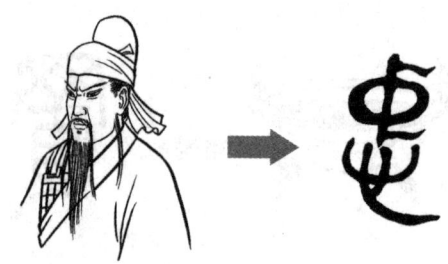

把心放在中间，不偏不倚就是忠，每个人都应该忠于自己的内心。

"忠"字是一个形声字，本义是忠诚无私、尽心竭力。在金文中，"忠"字上边为"中"，表示字音；下边为"心"，表义字义。古人以尽心任事为忠，又因为"中"有正直不偏之义，所以"忠"又被视为中正之德。宋代司马光在《训俭示康》中说："君子以为忠。"可见，在古人看来，"忠"乃一种美德。"忠"字用作名词，意为忠臣。该字还通"中"，有中间、适中之义。

钟

（zhōng）

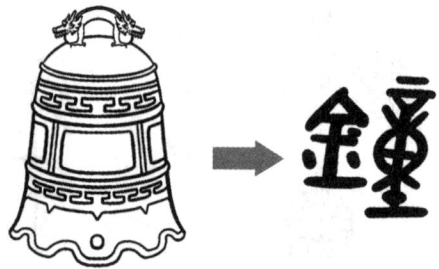

钟原是盛酒的器具，后来变成了测量时间的仪器。

"钟"（鍾）字本义是古代一种青铜制的打击乐器。在金文中，"钟"字是一个形声字。其字形左边为"金"，用来表示字义；右边为"童"，用来表示字音。我国古代的钟用槌叩击使其发出声音。"钟"用作名词，通"盅"，在古代是一种用来盛酒的器皿。后来，"钟"所指代的意义范围不断扩大，如佛寺悬挂的钟、钟表、警钟，等等。

（zhòng）

烈日当空，众人正在挥汗劳作。

古时，人们用"三"来表示多数，甲骨文的"众"，字形下面的三个人，也就表示人数很多的意思。上面是一个"日"，表明正值中午时分，烈日高照。两个字形连在一起，表示正午的时候，很多人正在烈日下辛苦劳作。在金文中，上面的"日"变化为"四"，进一步接近现在的字义，即多数人。

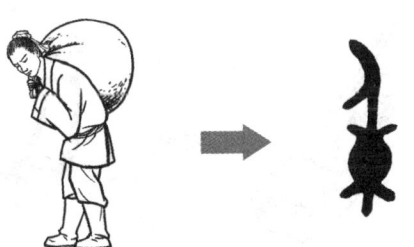

（zhòng）

负重前行，更需要重视信念的力量。

"重"字本义为东西重，与"轻"相对，是一个会意字。在金文中，"重"字字形看上去很像一个人背着重重的东西，是对其本义的生动体现。后来，"重"字引申为重要、重视。用作名词，"重"意为重量，如重三十斤。此外，"重"是一个常用的多音字，它还读 chóng，意思是重复、重叠。此外，"重"还可用来表示家庭关系中的辈分，如重孙。

州 洲

甲骨文　小篆　隶书　楷体

（zhōu）

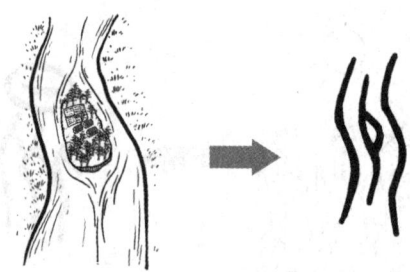

一条河蜿蜒而下，水流中间露出一片沙洲。

甲骨文中的"州"，上部有两条弯折的曲线，代表河流；中间带有圆圈的曲线，代表陆地。两者连在一起，就代表一条自上而下弯曲流淌的河水，水流的中间还露出一片空地。在小篆中，将两个"州"字合在一起，形成字形。"州"的本义就是水中的陆地，这个意义上的"州"，后来被"洲"所取代，而"州"则被借用作为行政单位的代称，现在常用作地名，如兖州、徐州等。

舟

甲骨文　小篆　隶书　楷体

（zhōu）

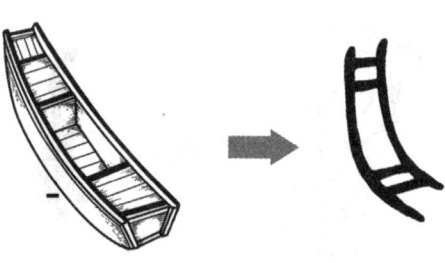

一叶扁舟，一艘小船。

"舟"是象形字，本义为船。其甲骨文字形就像是一只弯曲的小船形状，外侧的两根横线，就像是前后两端的船帮，内侧的两条线则代表船头和船尾，中间的空白代表船舱。先秦时期，人们常常使用"舟"来称呼船，而汉代之后，使用"船"便多起来。"舟"在古代也可用作动词，意思是用船过渡。另外，在汉字中与船有关的字，大多都带有舟字旁。

方田中种满了禾苗，稠密而长势喜人。

"周"的本义就是作物生长旺盛，显出密密麻麻的样子，稠密、遍布而没有疏漏。甲骨文中的"周"，字形就像是古人耕作时的方田，每个小方格里的点，代表田里种植的农作物。在金文中，又在字形的下方加入了一个"口"，代表将禾苗插在碗中，以祭祀谷神。文字学家段玉裁认为，"周"的下方加上"口"，意思是善于用口则能够处事周详。因此，"周"也有周详、周全之义。

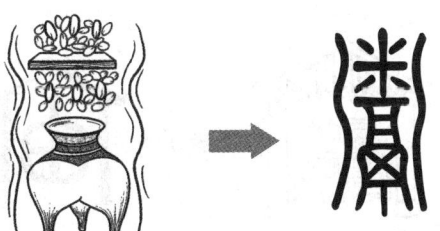

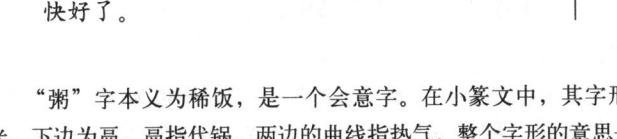

锅里煮着米，不断散发出热气，粥就快好了。

"粥"字本义为稀饭，是一个会意字。在小篆文中，其字形中间上面为米，下边为鬲，鬲指代锅，两边的曲线指热气。整个字形的意思是，将米放在锅里煮，不断有热气冒出，这就是粥。古代，"粥"字通"育"，意思是生养；通"鬻"，意思是卖。现在，"粥"除了本义外，还指像粥的东西，如泥粥、乱成一锅粥。

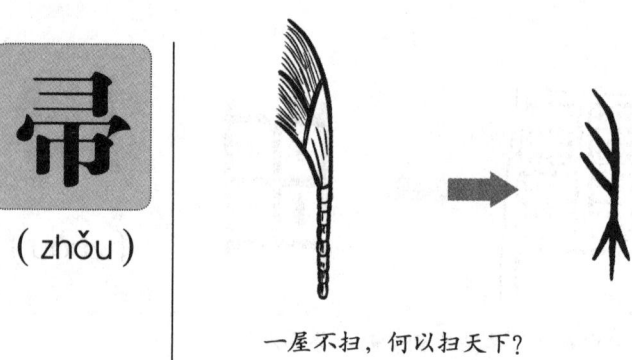

一屋不扫，何以扫天下？

"帚"是象形字，本义为扫帚。从甲骨文的字形上看，上面的三条斜线像是弯曲的帚苗，下面的三个分叉，就像帚把。两者中间的空隙，就像用绳索将帚苗和帚把相互捆扎在一起。小篆中，还在扫帚的下方加上了一个"巾"字，这是下面的帚把的变形。在古时，扫帚还被用于占卜吉凶，如吴中（今江苏吴县一带）地区，每逢元宵赏灯的时候，妇女们都会将一把扫帚系在自己的围裙上，来占卜来年的吉凶。

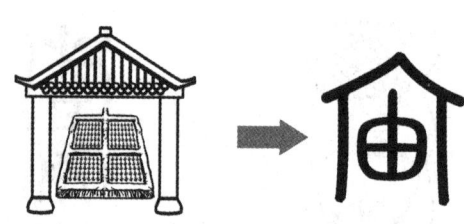

架在屋顶的一道大梁，通过农田的一条道路，从古至今的所有时间。

"宙"字本义为房屋的栋梁，是一个形声字。该字上边为"宀"，其古文字形像是一座房子，说明"宙"最初与房子有关；下边为"由"，可表示字音，同时该字的字形像一条路通过农田，这里是说"宙"作为房屋的大梁，能通贯整个房顶。现在，"宙"指古往今来所有的时间，如宇宙（空间为宇，时间为宙）。

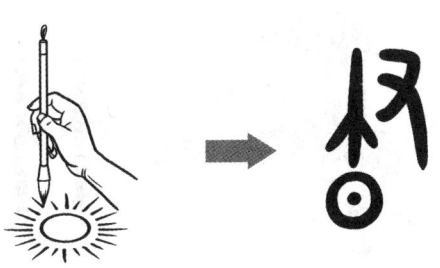 

握着画笔画出太阳,画出一个白天的温暖。

"昼"字本义为白天,与夜晚相对,是一个会意字。在甲骨文中,"昼"字字形很像一只手握着画笔在画太阳,意思是太阳出来,即为白天。《说文》:"昼,明也。日之出入,与夜为介。""昼"字也指中午、正午,如"昼饭",指的是中午饭。此外,"昼"还是古代一个地名,在今天山东省淄博市临淄西北方。《孟子》记载:"孟子去齐,宿于昼。"意思是,孟子前往齐国,晚上在"昼"这个地方住宿。

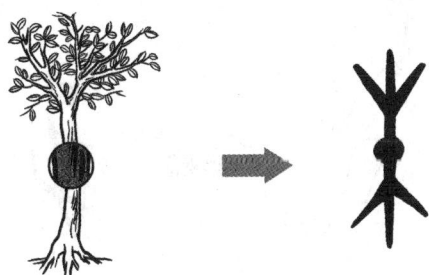  

山海经中的神木,红艳艳的颜色。

"朱",是指事字,本义是赤心木。在上古神话中,"朱"是一种树木的代称,《山海经·大荒西经》中记载"有盖山之国,有树,赤皮支干,青叶,名曰朱木。"就是说在岭南一带地区,生长着一种树木,有着红色的树皮和枝干以及青色的叶子,名字叫朱木。因为这种树的皮是红色的,所以后来"朱"就专门用来指代红色。此外,"朱"也常用于姓。

竹 (zhú)

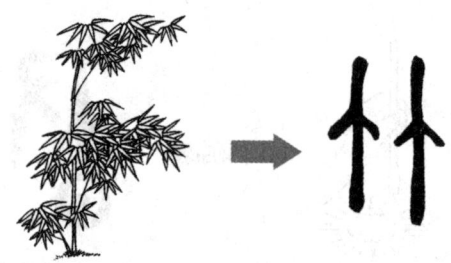

竹子不但有用，而且清雅有节，宁可食无肉，不可居无竹。

"竹"字本义为竹子，是一个象形字。在金文中，"竹"字的字形很像双枝下垂的竹叶。竹在古代应用十分广泛，如在竹简上记事书写，史籍中出现的"竹帛"指的是书籍。"竹刑"，指的是记载于竹简上的刑法条文。在古代，"竹"也是八音之一，即箫笛一类的竹制乐器。"竹"是汉字的一个部首，一般而言，大凡带有"竹字头"的汉字，都与竹子有一定的关系。

逐 (zhú)

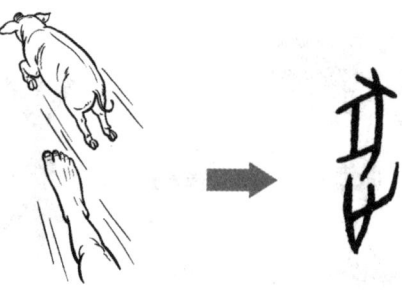

追逐任何事物，都像追猎野猪一样，需要用尽全力。

"逐"字本义为追赶。在甲骨文中，字形的上方是一只猪的形状，也是甲骨文中的"豕"字，"豕"在古时候就代指猪这种动物；下面是一只脚的形状，也是一个"止"字。"豕"和"止"连在一起，就代表一个人正在追赶一只向前奔跑的猪。金文的字形，加上了一个"彳"（本义为走走停停的状态），和"止"结合，使追赶的意思更加完整。后来还引申出驱逐、流放的含义。

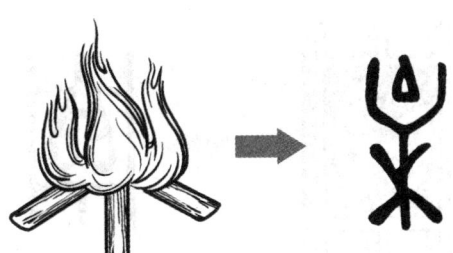
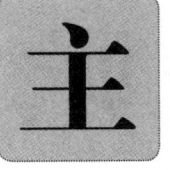

（zhǔ）

有主心骨的人做事犹如夜晚点燃了火把一样，不会迷失。

"主"是个象形字，本义为灯心。甲骨文的"主"，字形下方是一个"木"字，上方是一个"火"字，连接起来就像燃烧着的火把。小篆的字形，就像是一盏点燃的油灯。"主"也是"炷"的本字，"主"后被假借作为主人、君主，就又造了"炷"字来代表灯心。"主"字用作动词，有主持、掌管之义，"主事的人"。此外，该字还常用作形容词，意思是主要的。

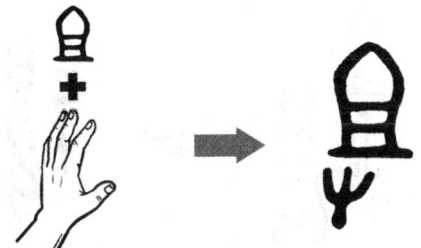

（zhù）

帮助他人有很多种方式，助力也可，助财也可，有心为善，不拘形式。

"助"字，是一个形声字，本义是帮助。金文的"助"字，字形上半部分是个"且"字，代表声旁；下半部分是一个手的形状，为"又"字，代表意旁，意思是用手去帮助别人。小篆的"助"，将金文中的"又"写作"力"，并将它移到了右边，表明帮助别人要用力。在古文中，"助"还与"锄"相互通用，有去除之义，如《庄子·徐无鬼》中"以助其色"，"以助其色"就是去除他人的骄色。

贮 (zhù)

要贮存一部分资财以备不时之需，是理财中不可缺少的一部分。

从甲骨文的字形上看，"贮"字就像是一个大箱子，里面放满了贝壳。贝在古代是各种财货物品的代称，所以整个字形的含义就是将得到的财货都储藏起来。因此，"贮"的本义就是积蓄、储藏。后来在金文中，"贝"的字形移到了箱子外面，但含义未变。另外，古文中的"贮"还常常与"伫"通用，意思是等待。"贮"字的本义沿用至今。

祝 (zhù)

跪在祭桌前，仰头向天祈祷，希望美好的祝福成真。

甲骨文中的"祝"，左边的字形像是一个古人祭祀时候所使用的石桌；右半边的字形看上去就像一个跪在地上的男人，张口仰面，向天祈祷的样子。从这个形象上，便可以看出"祝"的本义与祭祀有关。《说文》认为"祝"指掌管祭祀事务，主持祝告的人。后来，还引申为动词，有庆贺、赞美的意思，如"向老人祝寿"。

铸 (zhù)

铸造器物需要模具，铸就人才的方式却要不拘一格。

甲骨文中的"铸"，字形上部的左右两侧各像一个爪子，代表人的双手；中间是一个"鬲"字，鬲是一种古代炊具，可放在火上烘烤；下面为"皿"，代表器皿。整个字形就像是一个人双手捧着器物放在火上烤，待到熔化后倒在下面的模具中。因此，"铸"的本义是锤炼、烧造，是一个会意字。后来，隶变为左形右声的形声字。后来，该字引申为造就人才之义。

抓 (zhuā)

紧紧抓住一个人的身体，不如紧紧抓住他的心灵。

"抓"字本义为用手挠、搔，是一个会意字。该字左边为手（扌），说明"抓"与手的动作有关；右边为"爪"，可表示字音，同时"爪"可指人的指甲。整个字形的意思是，动手用指甲来挠、搔。"抓"字的本义沿用至今，如抓耳挠腮。它还引申为用手拿取，如抓住绳子。此外，"抓"字还有"吸引"的意思，如"她一出场就抓住了观众"。

甲骨文

小篆

隶书

爪
楷体

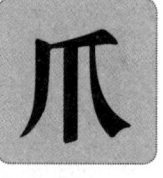
（zhuǎ）

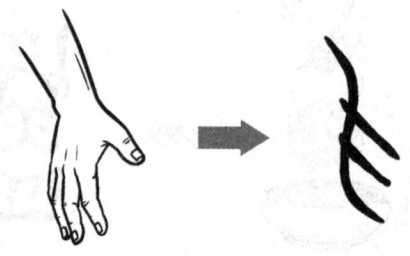

动物的爪牙用来抓取食物，坏人的爪牙只懂趋炎附势。

"爪"（zhǎo）字是一个象形字，本义为鸟兽的脚趾。在甲骨文中，其字形就像一只指尖朝下的爪子。在金文中，指尖朝上，与甲骨文正好相反。后来，"爪"成为手脚指甲的通称。该字也可用作动词，含义同"抓"。"爪"在汉字中常作为偏旁部首，即"爫"，带有"爪"字的汉字大多都与手或有的动作有关。另外，"爪"字还读 zhuǎ，也指鸟兽的脚爪，但常用于口语。

转

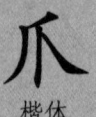
甲骨文

小篆

隶书

楷体

转
（zhuǎn）

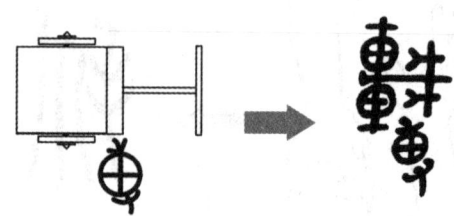

用车子来运输物资，将东西转移到其他地方。

"转"字在金文中是一个形声字，本义是用车运输。其字形左边为"车"，用来表示字义；右边为"专"，用来表示字音。在古代，"转"还是一个量词，相当于"次"，士兵每获得一次军功，官爵就升一级，即为"一转"。后来，"转"引申为转动、转变、转移等义。"转"是个多音字，还读 zhuàn，意思是旋转、绕过，如峰回路转。

妆 装

对镜梳妆,从古至今都是女性的必修课。

"妆"是一个形声字,本义为装点容貌。在"妆"的甲骨文字形中,左半部为"爿"(pán),代表声旁。在甲骨文字形中,右边的意旁,像一个跪坐在地上的人,正在对着铜镜梳妆打扮,这也与"妆"的本义相互呼应。另外,这个字还有很多异体的写法,如斐、莊等。古文中也常用"装"来代替"妆",如宋玉的《登徒子好色赋》中"不待饰装",意思就是用不着妆扮和修饰。女子出嫁时陪送的衣物称为嫁妆。

壮

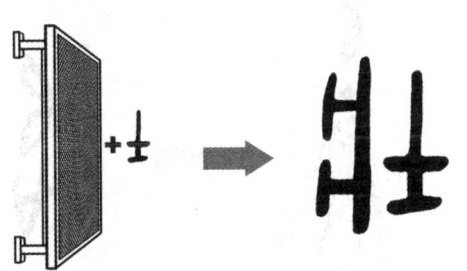 (zhuàng)

三十岁是男人人生的壮年。

"壮"字本义为"大,强壮"。《说文》指出:"壮,大也。"《广雅》:"壮,健也。"在金文中,"壮"字是一个形声字。其字形左边为"床"(爿),代表字音;右边为"士"(士在古代为雄性人、畜生殖器象形符号,表示强壮),代表字义。因此,"壮"常用来形容雄狮、公牛、男人力量强大。后来,"壮"字又引申为壮丽、宏伟、坚实等义。此外,"壮"用作名词,意为壮年。在我国古代,男子三十称为"壮"。

隹 唯

甲骨文	小篆	隶书	楷体

（zhuī）

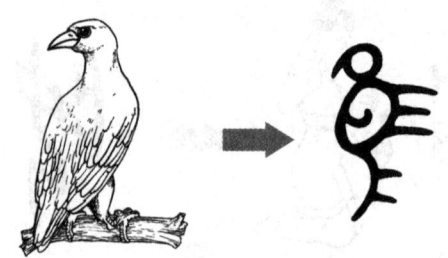

短尾的鸟儿歪着头站在树枝上。

甲骨文的"隹"，就像是一只鸟儿，歪斜着头，站在树枝上。《说文》中解释为"鸟之短尾之总名也。"认为"隹"就是古代对短尾鸟的一种总称。"隹"和"鸟"同源，所代表的意义也相同，从字形上看，也都是一只鸟的形象。在甲骨文和金文中，"隹"还常常被借用为句首的语气词，与"唯"相通。另外，"隹"在古时还是一种植物果实的代称，如《古今注》中"柘实曰隹"，认为柘树的果实就称为隹。

追

甲骨文	小篆	隶书	楷体

（zhuī）

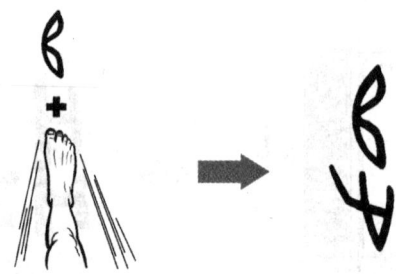

追始终是一种跟随，更多的时候，我们更需要的是引领。

"追"，本义为紧跟上去，是一个形声字。《说文》的解释是"追，逐也"，认为追的意思就是追逐。甲骨文中的"追"，字形上方的"自"（duī）字，代表声旁。下方的"止"是意旁，表示字义，"止"在甲骨文中的意思是脚。金文中的字形，在左上方加入了"彳"，更加贴合追赶的本义。后来，"追"引申为回溯、补救之义，如追溯。现在，"追"也有竭力探求、寻求之义，如追寻。

卓 (zhuó)

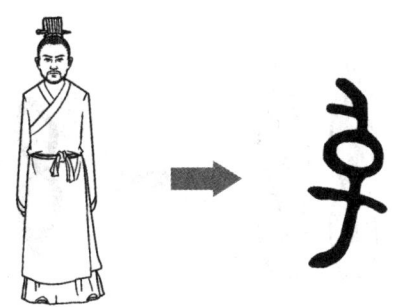

使人卓越的，不是身份，而是踏实做出的真实成就。

"卓"是指事字，本义是高。《说文》中解释为"卓，高也"。金文的"卓"，字形下方是"子"，代表小孩，头上还顶着一个标志物，显示出"卓"的本义。小篆的"卓"，字形下方讹变为了"早"。"卓"还代指高远的事物，如《后汉书·祭遵传》中"卓如日月"，意思就是像日月一样高远。后来，"卓"字由"高"引申为超出、不平凡，如"追求卓越"。

浊 (zhuó)

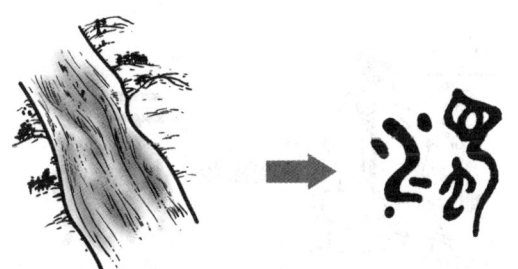

清者自清，浊者自浊。泾渭分明，毫不相混。

"浊"（濁）字本义为浊水。在金文中，该字是一个形声字。字形左边为水形，用来表示字义；右边为蜀，用来表示字音。水不清澈，即为浊，后来由此引申为昏暗不明、庸俗、混乱等义。在古代史籍中，"浊"字也常常用来比喻人品行卑劣或者社会风气败坏，如屈原在楚辞中说："举世皆浊我独清，众人皆醉我独醒，是以见放。"

（zī）

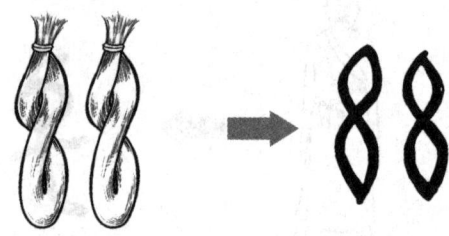

相互缠绕在一起的丝线，就是"兹"。

在甲骨文和金文中，"兹"的字形就像是互相缠绕的两条丝绳，并列地摆放着。从图示中可以清楚知道，"兹"的本义是丝线，"兹"也就是"丝"的本字。小篆中的"兹"，在原来字形的上面加上了一个草字头，是为了将"兹"和"丝"相互区分开来。"兹"在古文中经常作为指示代词使用，如"兹事体大"，意思是这件事情关系重大。后来，"兹"也表示时间，指现在，如"兹聘请刘先生为本校教师"。

（zī）

曼妙的姿态比美丽的容颜更吸引人，更有持久的生命力。

"姿"字本义为容貌、姿态，是一个形声字。该字下边为"女"，其小篆字形像是一位女子，说明"姿"指的是女子的容貌、姿态；上边为"次"，可表示字音，同时"次"是"资"的省文，有资质的意思，这里是说女子外在的容貌、姿态与内在的资质有一定的关系。该字还引申为形态、样子，如姿势、舞姿。此外，"姿"还指资质，即天资、禀赋，如"她天资聪明"。

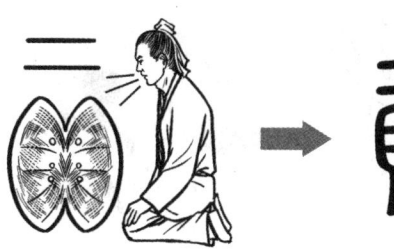

(zī)

有了资产,还要注意使用时轻重缓急的次序。

"资"字本义为钱财,是一个形声字。该字下边为"贝","贝"在古代曾充当货币,说明"资"与钱财有关;上面为"次","次"指次序,这里是说分配使用钱财时要注意轻重缓急的次序。该字本义沿用至今,如资产、资本、耗资。后来,"资"字引申为资历、资格,如"他资历不够,还不足以挑起这个重担"。用作动词,这个字的意思是资助。

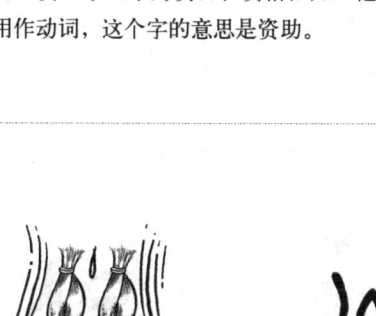

(zī)

水滋润了丝线,滋养了地球上的大部分生命。

"滋"字本义为滋润,它既是一个会意字,又是一个形声字。在甲骨文中,"滋"字左边和右边均为"水",中间为"丝",所以为会意字;同时,"丝"也可以表示该字的字音(在甲骨文中,"丝"和"兹"是同一个字),所以又为形声字。"滋"在古代还通"孳",意思是滋生、繁殖。"滋"字还引申为滋补、浸染、增长之义。"滋"用作名词,意为滋味、汁液。

子

（zǐ）

孩子被包裹在襁褓中，露出了头和臂膀，手在空中舞动。

"子"字是象形字，本义为婴儿。《广韵》认为"子"一般用来表示子孙后代。在甲骨文和金文的字形中，"子"字有两种写法。一种如图所示，就像一个小孩，其双腿被包裹在襁褓之中，只露出头和臂膀，两只手还在空中摆弄，两脚并拢在一起。另一种字形，也是一个小孩，露出一个大脑袋，头上还长了一些头发，两个脚高高抬起。"子"后来指称十二地支中的第一位，用于表示时间。现在，"子"专指儿子。

仔

（zǐ）

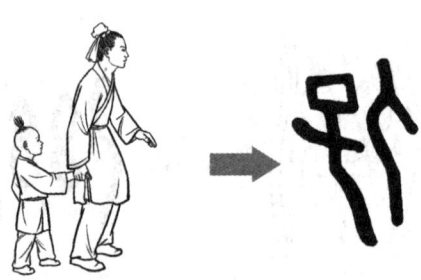

母亲生了一个孩子，照顾时格外用心、仔细。

"仔"（zǎi）是会意兼形声字，本义是幼小的。甲骨文的"仔"字，右半部是一个脸面朝右，蹲坐着的人形，代表大人。左边的形状，代表小孩。合在一起的字义，就代表母亲生了一个小孩。金文中的"仔"，将大人和小孩的位置进行了互换，就像是母亲正要背着这个小孩。广东称物小者为"仔"，其实就是"崽"的意思。后来，该字由"幼小的"引申为细小，之后又演变为细心、仔细（zǐ）之义。

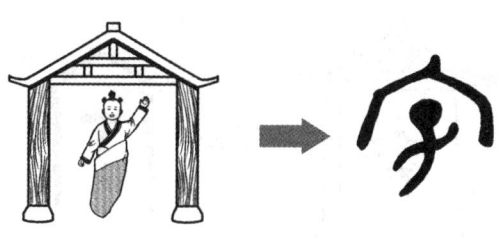

(zì)

在屋子里生下一个孩子，就是"字"。

"字"本义为生育、扶养，它既是一个会意字，又是一个形声字。在金文中，上边为房屋（宀），下边为"子"，意思是在屋里生孩子。"字"用作名词，意为"文字"。上古时期，仓颉造字时，将单体称为"文"，"合体"称为字。古代将人的别名称为"字"，如"孔子，字仲尼"。现在，"字"泛指与文字有关的事物，如字据、字画、字典等。

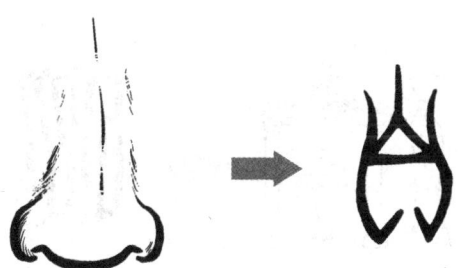
(zì)

鼻子是脸的最高峰，用来指代自己最恰当不过。

"自"字本义为鼻子，是一个象形字。在甲骨文中，"自"字的字形就是一只大鼻子的形状，鼻梁在上边，鼻孔在下边，中间还有两横，用来表示鼻纹。后来，"自"被借作指示代词，即自己，其本义渐渐消失。而古人为了表示"鼻子"这一意义，就在原来"自"字的下边加上了一个"畀"，即现在的"鼻"字。"自"可作为汉字的部首，凡是带有"自"部首的汉字，大都与鼻子有一定的关系，如"息""臭"等。

宗

（zōng）

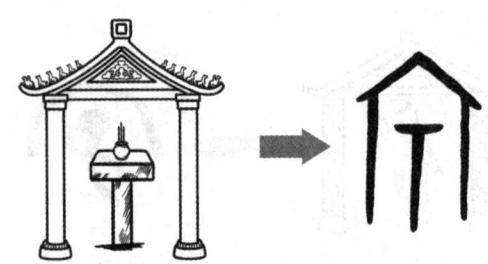

在宗庙里祭祀祖先，在心中的殿堂供奉宗师。

在甲骨文中的"宗"字，上面是一个房子的形状，里面放着一个石台，表明这里是祭祀先祖的地方。"宗"的本义，就是宗庙。《说文》中说"宗，尊祖庙也"，认为宗就是供奉和祭拜祖先的祠堂，后来还引申为祖宗、宗族。之后经过词性的演变，"宗"也作为动词使用，如《诗经·大雅·公刘》中"食之饮之，君之宗之"。现在，"宗"也有目的和意图之义，如"宗旨"。

踪

（zōng）

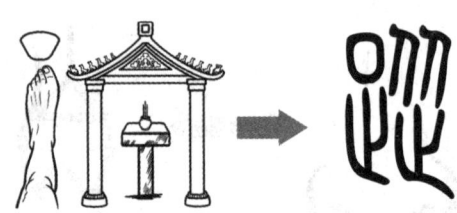

人过留名，雁过留声，每一个生命都会在世界上留下曾来过的踪迹。

"踪"字本义为足迹，是一个形声字。该字左边为"足"，其古文字形上边为口，表示膝盖；下边为止，指脚趾。"踪"字右边为"宗"，可表示字音，同时"宗"有"往、去"的意思，这里是说去往一个地方一定会留有足迹。后来，"踪"泛指各种事物留下的痕迹。此外，这个字还可用作动词，意思是追随，如"踪行"就是跟着走的意思。

 (zǒu)

甩开双臂大步奔跑，现在变成了一步步安稳前行。

在金文中，"走"字上边是一个人形，并且此人还甩开了双臂；下边为"止"，很像一只大脚。整个字形看上去，就是一个人正在跑步前行。因此，"走"的本义为跑，是一个会意字。后来，"走"引申为奔向、逃跑等义，如走北，意思是战败而逃。在古代，侍奉主人的仆人常常要一路小跑。因此，仆人被称为"牛马走"。现在，"走"主要指步行。

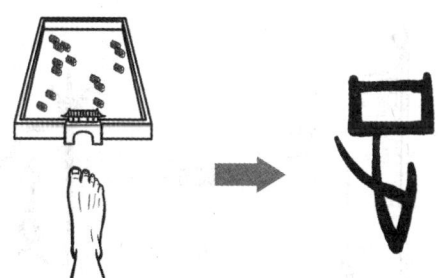

 (zú)

先秦时代，足指小腿，魏晋之后，才是脚部。

"足"字是一个会意字。在甲骨文中，"足"和"正"的字形相同。不过，在对字形的解释上有一些差别。"正"字上部的口，代表城池。"足"字上面的方口，则代表人的膝盖，而下面一个"止"，代表的是人脚。膝盖和脚合起来，便是小腿，这也是先秦时代"足"的本义。魏晋以后，"足"就专用于指人的脚部。此外，器物下面支撑的部分，也被称为"足"，如碗足。

卒	
	甲骨文
衺	小篆
卒	隶书
卒	楷体

（zú）

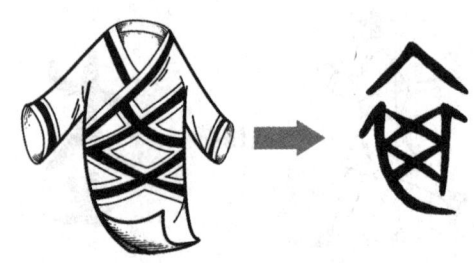

过河的卒子不能回头，若坚持勇气，平凡人也是英雄。

甲骨文中的"卒"字，上面的弯折像是衣服领口的形状。左右两侧的开口，就像是衣服的两个袖子。下面的弯折，就像是衣服的下摆。中间画有的两个斜叉，像是衣服上印制的纹饰。这种式样的衣服，是古代士兵或劳役所穿的制服，衣服上的纹饰代表各种标志，以有别于常人。《说文》认为供人驱使、帮人做事的人就称为"卒"。"卒"也常写作"褚"。后来的"卒"，也成为士兵的代称。

族	
	甲骨文
㺋	小篆
族	隶书
族	楷体

（zú）

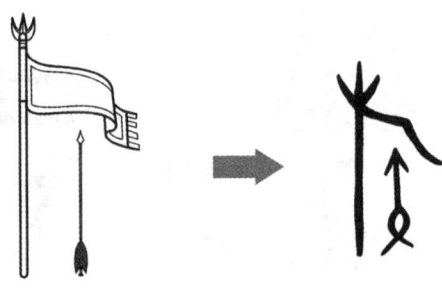

一百个家庭就是一族，要共同劳作，共同战斗。

甲骨文的"族"字，字形的左边是一个带有长柄的三叉戟，上面向外突出的一条折线，代表长柄上系着的飘带。右侧下方像一个箭矢。整个字形像是一面旗帜下摆放着一根箭，箭矢在古代象征着武力。古人的宗族观念比较强，一个家族中的人平日里要一起劳作。当家族遇到危险的时候，还要在旌旗的指挥下，共同出征作战。在周代，一般将一百个家庭称为一族。现在，"族"指具有某种共同特征的人群，如电脑一族。

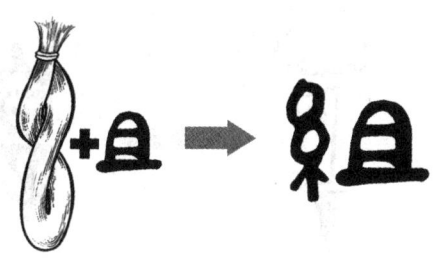

每一个组织都应该像编好的丝带一样,紧紧团结在一起。

组 (zǔ)

在金文中,"组"字是一个形声字,本义是用丝编织。其字形左边为"纟",代表字义;右边为"且",代表字音(这里"且"是"祖"的初字,读音为zǔ)。"组"用作形容词,意为华丽;用作量词,相当于"套"或"束",如一组线;用作名词,指的是宽丝带,古代多用作佩印或佩玉的绶。后来,"组"字引申为结合、构成等义,如组织、组合。

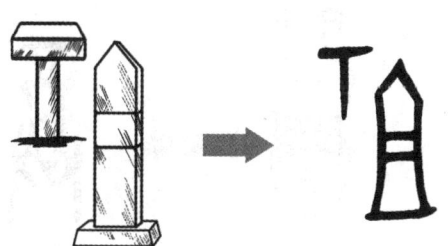 

祭拜祖先不只要用物品,更要用心灵。

祖 (zǔ)

"祖"字是一个形声字,其中"示"是意旁,其本义为祖庙。带有"示"字旁的字,在古代大多都和祭祀、宗庙有关。从字形上看,甲骨文中的"祖",左边就像是一个石台,用于摆放各种祭品,右边像是一个墓碑,用于刻写祖先的恩德。连在一起的意思,就是用各种物品来拜祭祖先。"祖"后来还引申用来称呼祖父及与其同辈的尊长,如祖父母、外祖父母。

(zuì)

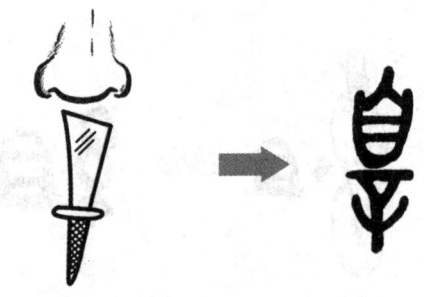

犯罪的人应该受到刑刀的惩罚,为自己的罪过付出代价。

"罪"字原形为"辠",本义为作恶或犯法的行为。在金文中,"罪"字是一个会意字。其字形上边为"自",指代鼻子;下边为"辛",指代刑刀,代表罪人。据史料记载,秦人认为"辠"的字形与"皇"字十分相似,如此是对皇上的大不敬,所以将"辠"改为"罪"。"罪"字后来引申为过失、错误、苦难等义,如遭罪,就是遭受苦难的意思。

(zūn)

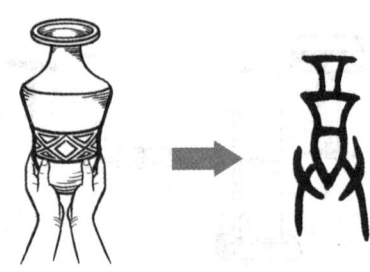

双手捧起酒尊,献给尊贵的客人。

"尊"字通"樽",其甲骨文字形,上部是一樽酒器;下面的双叉形,代表人的两只手。两者结合在一起,就代表一个人正在用双手捧着这樽酒。《说文》中解释为"尊,酒器也",说明"尊"在古代是一种盛酒所用的器物。向他人敬酒时,一般态度都会很恭敬,所以后来"尊"字又引申出尊敬、敬重、推崇之义,如"他是我最尊敬的人"。

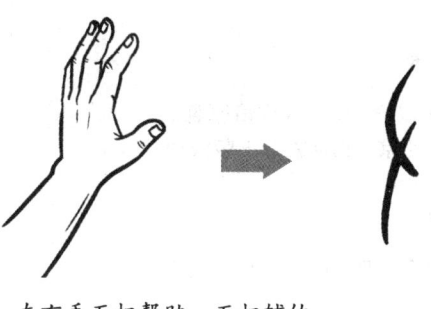 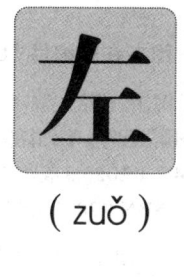

左（zuǒ）

左右手互相帮助，互相辅佐。

甲骨文中的"左"，两条弯曲的折线一上一下，相互交叉，就像是一个简化了的左手形状，也像是两只手相互紧握的样子。《说文》中说"左，手相左助也"，认为"左"的本义就是相互协助。后来，人们又造了"佐"字，"左"作为辅佐的意思也就不常用了，而常用来表示方位，与"右"相对。此外，"左"也可用作形容词，意思是不同的，如"我们两个人意见相左"。

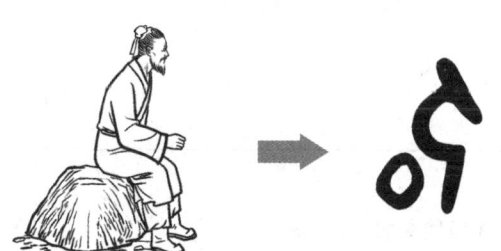 

坐（zuò）

坐在什么位置上，怎么坐，是一门很深的学问。

"坐"本义是古人休息的一种方式。在甲骨文中，"坐"字是一个会意字。其字形很像一个人坐在土堆上。随着汉字的演化，"坐"字字形变成两个人坐在土堆上。古人常常席地而坐，坐的时候双膝着地，臀部压在脚跟上。"坐"也常指建筑物的位置或背对着某一方向，如坐落、坐北朝南。"坐"还有乘坐之义，如"坐火车"指的是乘坐火车。

图书在版编目（CIP）数据

图解《说文解字》：画说汉字 /（东汉）许慎原著；《图解经典》编辑部编著. -- 北京：北京联合出版公司，2014.7（2025.3重印）

ISBN 978-7-5502-3188-7

Ⅰ.①图… Ⅱ.①许… ②图… Ⅲ.①《说文》－图解 Ⅳ.①H161-64

中国版本图书馆CIP数据核字(2014)第126117号

图解《说文解字》：画说汉字

原　　著　（东汉）许慎
编　　著　《图解经典》编辑部
责任编辑　徐秀琴
项目策划　紫图图书ZITO®
监　　制　黄　利　万　夏
营销支持　曹莉丽
装帧设计　紫图图书ZITO®

北京联合出版公司出版
（北京市西城区德外大街83号楼9层　100088）
艺堂印刷（天津）有限公司印刷　新华书店经销
字数200千字　720毫米×1000毫米　1/16　32印张
2014年7月第1版　2025年3月第30次印刷
ISBN 978-7-5502-3188-7
定价：49.90元

版权所有，侵权必究
未经许可，不得以任何方式转载、复制、翻印本书部分或全部内容。
本书若有质量问题，请与本公司图书销售中心联系调换。电话：010-64360026-103

紫图·国学经典　《澄衷蒙学堂字课图说：白话全解版》

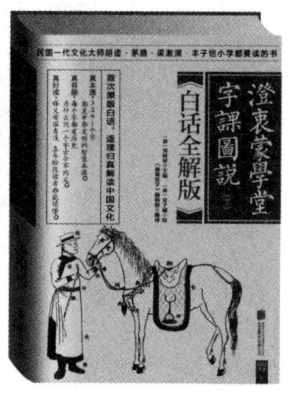

国内首次原版白话全解

追本溯源解读中华文化

中国第一部学校教科书

近现代中华文化百科全书

胡适、茅盾、梁漱溟、丰子恺等

民国一代大师们的启蒙读物

出版社：北京联合出版公司　　定价：99元（全二册）　　开本：16开　出版日期：2015-12

内容简介

修身、体育、音乐、图画、历史、科技一应俱全，115年前民国第一套课本如何用3291个字，说清古今中外与5000年中华文明？

爆料！很多知识你可能此生从未看过：

"姓""氏"本不同，区别到底是什么？你的姓氏是否也和三皇五帝有关系？

为什么孔子的祖上是宋国人？银子在一百多年前除了做成钱，还有什么"高科技"用法？

山西为什么称为"晋"？陕西到底位于什么地方？各省简称背后，到底隐藏着什么历史密码？

上至天文地理、风雨雷电；下至山川河岳、人事物性；远至大洋彼岸，近至分子毫厘。这套书凭什么撑起了"百科全书"式的教科书？

看到本书你会惊呼：我看得太晚了！

《澄衷蒙学堂字课图说》是自有学校以来的第一部教科书。全书共收录3291个汉字，广涉天文地理、人事万象，先解释汉字的字根意义，再适当讲解引申义及假借义等，并引经据典，列举相关用法。该书既是一部常用字字典，又是一部正本清源、释义解字的"说文解字"。

本书沿用原书六宫格体例，保留例字、切音与插图，白话全解每一个汉字的意义和用法，让大小读者都能读懂汉字的奥秘。

名人推荐

中国自有学校以来，第一部教科书，就是《澄衷蒙学堂启蒙读本》，这一部读本在中国教育史上，有着历史性的价值。

——胡适

这套巨著，不仅仅是一部孩童识字字典，一部可靠实用的百科全书，还是缔结人类命运共同体的纽带，它将赋予读者一个清新、刚健的世界观，哺育出高贵、纯朴、自然的人来。

——FT中文网专栏作家、著名社会观察家　老愚